Francisco Carranza Romero
Diccionario Quechua Ancashino - Castellano

Francisco Carranza Romero

Diccionario Quechua Ancashino – Castellano

Edición y prólogo de Wolf Lustig

del Seminario de Filología Románica
de la Universidad Johannes Gutenberg de Maguncia

Iberoamericana · Vervuert · 2003

Bibliographic information published by Die Deutsche Bibliothek
Die Deutsche Bibliothek lists this publication in the Deutsche Nationalbibliografie;
detailed bibliographic data is available in the Internet at http://dnb.ddb.de.

ISBN 84-8489-098-8 (Iberoamericana)
ISBN 3-89354-618-9 (Vervuert)

© Iberoamericana, Madrid 2003
© Vervuert Verlag, Frankfurt am Main 2003
Reservados todos los derechos
Ilustración de la cubierta: Guaman Poma de Ayala: El primer nueva coronica y buen gobierno
Diseño de la portada: Michael Ackermann

The paper on which this book is printed meets
the requirements of ISO 9706
Printed in Spain

PRÓLOGO

El quechua es, con el guaraní y el maya-quiché, la lengua amerindia viva con el mayor número de hablantes, cifra que todavía debe superar los 8 millones. Es el lazo lingüístico cultural que reúne seis naciones andinas, desde el sur de Colombia hasta el norte de Chile. Tiene una larga y rica historia como forma de expresión de la cultura incaica y posteriormente como receptáculo de las tradiciones campesinas que se formaron sobre el substrato de las creencias, las sabidurías y conocimientos heredados del mundo precolombino, aunque bajo la presión cada vez más prepotente de lo hispánico-occidental. El *handicap* del quechua no es sólo su escaso prestigio entre la clase política y económicamente dominante, fenómeno que, en general, ha estigmatizado durante siglos a los pueblos indígenas, sino también su gran fragmentación dialectal que, en cierto sentido, es una consecuencia de la diglosia que se impuso desde la colonia y que reservó para el castellano todos los privilegios de lengua oficial, normatizada y escrita. En la base de datos del SIL[1] se registran 47 variantes del Quechua – muchos de ellos poco inteligibles entre sí –, de los cuales 17 pertenecen al gran grupo norteño llamado Quechua I. Éste integra también los seis dialectos del quechua ancashino[2], que forman la materia del presente diccionario. Algunas de estas comunidades lingüísticas no alcanzan ni los diez mil habitantes, si bien en total el quechua ancashino puede representar la décima parte del actual mundo quechuahablante.

Pero, lo que numéricamente es reducido y puede parecer una rama insignificante del frondoso árbol de las lenguas amerindias, se puede revelar de una riqueza y profundidad insospechables. Ésta será seguramente la impresión del curioso lector que se adentre en el mundo de las voces del quechua ancashino que por así decir han encontrado un "refugio" en las páginas del libro de Francisco Carranza. La triste verdad es que de generación en generación el caudal de esta lengua se va disminuyendo y son pocos los capacitados para registrar, ordenar e interpretar el valioso material. Muy pronto podría perder su soporte tradicional que desde siempre han sido la oralidad y el diálogo. Para emprender una tarea lexicográfica que equivale a rescatar y conservar (en la medida que el papel se presta para ello) una cultura preponderantemente oral a través de la palabra es ciertamente indispensable una sólida formación y una larga experiencia como lingüista – calidades que nadie le negará al profesor Francisco Carranza[3].

---

1 Summer Institute of Linguistics: Ethnologue report for Quechua I
   http://www.ethnologue.com/show_family.asp?subid=1874 (25-09-02)

2 Siempre según el SIL se trata de las siguientes variantes: Huaylas, Chiquián, Conchucos (Norte), Conchucos (Sur), Corongo y Sihuas.

3 El autor del presente diccionario se ha destacado por varias publicaciones sobre la lengua quechua y la cultura tradicional andina, la literatura peruana y la didáctica del español, entre las cuales merecen especial atención: "Analisis morfológico y semántico de algunas particulas del verbo en el quechua ancashino", en: *Lenguaje y Ciencias (Trujillo),* 13, (1973), 201-07; "Diptongación y adiptongación en el kechwa de Ancash-Huaylas", en: *Lenguaje y Ciencias,* 17, (1977), 96-101; "Cambios fonéticos en el contacto quechua-español", en: *Lenguaje y Ciencias,* 18, (1978), 23-29; *La vigencia del kechwa en el Perú*. Trujillo: Universidad Nacional de Trujillo, 1978; "Los grados de confianza en el quechua ancashino", en: *Lenguaje y Ciencias,* 19, (1979), 104-109; "Funciones, combinaciones y distribución de la particula verbal *ku* en el quechua ancashino", en: *Lenguaje y Ciencias,* 19, (1979), 19-28; "Los grados del adjetivo en el quechua ancashino", en: *Lenguaje y Ciencias,* 19, (1979), 70-75; "Cambios fonéticos internos en el quechua de Ancash", en:

No obstante, una condición adicional para que un diccionario sea más que una minuciosa colección de datos y se convierta en el espejo coherente de las vivencias de un pueblo es el profundo arraigo del investigador en esa misma cultura, y – por qué no decirlo – el amor que le inspiran todas sus manifestaciones, por más profanas que parezcan a veces. Es esta feliz conjunción que ha acompañado la elaboración del presente diccionario, obra de un hablante nativo que siempre ha cultivado los vínculos con su *ayllu*, y es también lo que diferencia este trabajo visiblemente de otros que le han precedido.

No cabe señalar que este *Diccionario del Quechua Ancashino* cumple con las pautas que rigen la elaboración para diccionarios modernos de lenguas amerindias, empleando por ejemplo la grafía más ampliamente usada, en este caso el *alfabeto básico del quechua*, aprobado por las autoridades peruanas en 1975. Así será empleado con gran provecho en la enseñanza escolar y académica.[4] Lo que más llama la atención es que prácticamente todas las casi 8.000 entradas están complementadas por ejemplos que ilustran el uso de cada vocablo. En la mayoría no sólo se trata de frases realmente oídas por el autor y frecuentemente usadas, sino de locuciones que expresan la esencia de las costumbres y formas de pensar del pueblo quechua. No pocas veces transportan el distanciamiento y la crítica frente a la cultura colonizadora, como ocurre por ejemplo en el lema **chinirun**: "garañón, mujeriego, donjuan. *Chinirun kuuraqa, chiinaata rikapan*: El cura mujeriego mira con atención a mi novia." Además de un compendio de fraseología tenemos entre manos un manual de etnografía[5], botánica, zoología, agricultura y medicina tradicional. P. ej. más de doscientas entradas son dedicadas a la flora de aquel ámbito lingüístico. Muchas designaciones vernáculas se identifican por primera vez con su nombre científico cuidadosamente verificado. En numerosos casos se hace referencia al significado mítico-mágico de las plantas y se explican sus virtudes curativas. En sus comentarios el autor nos hace partícipe de una auténtica visión desde dentro. Con elegancia supera el escepticismo del foráneo cuando nos informa – otro ejemplo – sobre el pájaro **yukris**: "Pájaro de bello y canoro canto, de plumaje marrón, de pico y patas amarillentas, con buba en el trasero, defeca mientras come. Pregonero

---

Lenguaje y Ciencias, 20, (1980), 61-66; "Asimilación de morfemas españoles en el quechua", en: Elson Benjamin, F.: *Language in Global Perspective: Papers in Honor of the 50th Anniversary of the Summer Institute of Linguistics, 1935-1985*, Dallas 1986, 417-420; "Literatura y cuestionamiento político en *Conversación en la Catedral* (Vargas Llosa)", en: *A Collection of Articles and Essays (Hankuk University of Foreign Studies/Seoul)*, 20, (1987), 313-322; *Estudios críticos sobre J. M. Arguedas y Vargas Llosa*. Trujillo 1989; *Resultados lingüísticos del contacto quechua y español*. Lima 1993; "Asimilación del quechua y español en el cántico religioso *Alabaduy*", en: Arzápalo Marín, Ramón: *Vitalidad e influencia de las lenguas indígenas en Latinoamérica: II Coloquio Mauricio Swadesh*, México: UNAM, 1995, 555-567; "Edades del mundo en Waman Puma y proceso narrativo de *Ollantay*", en: *Philologica Canariensia*, 6-7 (2000-2001), 371-381; "Mito del Hombre Oso en Peru y Corea", en: *Journal* (Hankuk University of Foreign Studies, Seúl), Vol. 33 (2001), 263-270; "La cantidad vocálica en el quechua de Ancash", en: *Homenaje a Luis Jaime Cisneros*, Tomo I, Lima 2002, 125-134.

4   Francisco Carranza ha sido autor de materiales didácticos. Además de un *Diccionario Español-Quechua* (Seúl 1992) ha publicado un método práctico *Kechwata yachakuy* (Trujillo 1975) que sirvió de base a un curso de tres semestres en la Universidad Johannes Gutenberg de Maguncia.

5   Mitos y leyendas de la tradición quechua ancashina se encuentran reunidos en: F. Carranza: *Madre Tierra, Padre Sol. Mitos leyendas y cuentos andinos*, Trujillo: Computer Age, 2000.

del día, noche y presencia de enemigos. Por haber pregonado al revés el mandato divino, es el causante del mundo al revés; y tiene buba por los azotes divinos." Si por ahí el diccionario de Carranza parece ser una mina de oro para autores de novelas mágico-realistas, se asoma también en sus páginas la riqueza de la poesía autóctona, por la inclusión de decenas de *huaynos*, que figuran como expresión directa del amor de los andinos por la música y el baile.

Para una lengua que como el quechua ancashino a largo plazo se enfrentará a la amenaza de la extinción y el olvido un diccionario como éste – al mismo tiempo enciclopédico y auténtico – puede cumplir principalmente dos funciones: primero registrar y salvar para futuras generaciones algunas voces y huellas de una tradición que durante siglos ha podido prescindir de la expresión escrita y que sin ella ahora tiene pocas perspectivas. Esta motivación ya animó al primer peruano que escribió una enciclopedia del mundo quechua, el Inca Garcilaso de la Vega. Ahora – ¡ojalá! – ha llegado el momento oportuno para una segunda iniciativa más satisfactoria: despertar un renovado interés por lo que fácilmente se puede perder para siempre en los últimos que todavía no han cortado del todo el cordón umbilical y que mantienen el recuerdo de su lengua materna quechua. Es cierto que para motivarlos hay que buscar nuevos caminos y medios. Desde la ciudad alemana de Maguncia, que en su tiempo fue la cuna de la Imprenta (arte negro que nunca ha acabado por implantarse en el mundo quechua) desde hace algún tiempo hemos intentado contribuir modestamente a ello por diferentes vías. Una de ellas fue la creación de un sitio en Internet donde durante cierto tiempo se presentó la versión experimental de una edición electrónica del presente diccionario. Invitamos a los lectores y a todos los que se interesan por el quechua a visitarlo en *http://www.romanistik.uni-mainz.de/quechua/* y lo ponemos a disposición como plataforma de discusión sobre esta temática. La proyectada segunda edición del diccionario electrónico así como materiales y documentos adicionales serán anunciados bajo esta dirección.

Hemos incluido esta advertencia porque confiamos en que los nuevos medios – juntamente con lo oral y lo escrito en libros – constituyen una nueva perspectiva para las culturas amenazadas y marginadas en la era de la globalización. Pero lo que ahora deseamos más que nada es que este libro encuentre los que sepan aprovecharlo, siempre conscientes de que con su publicación la labor no está concluida.

Wolf Lustig, Maguncia – diciembre de 2002

INTRODUCCIÓN

I. ADVERTENCIAS PARA EL USO DEL DICCIONARIO

1. Las entradas están en orden alfabético, orden que muchas veces separa la familia semántica.
2. Las palabras y morfemas en negritas precedidas de una flecha son sinónimos o más referencias de la entrada. Es un recurso que trata de ayudar al usuario del diccionario.
3. Conforme al uso más generalizado usamos diferentes tipos de corchetes: /r/ para fonemas, [r] para su transcripción fonética y <r> para los grafemas.
4. Siguiendo la clasificación dialectal del quechua propuesta por Alfredo Torero se usan las siglas Q I (Quechua I o Quechua Waywash: Ancash, Huánuco y Junín) y Q II (Quechua II o Quechua Wampuy: los demás dialectos quechuas tanto del Perú como de Ecuador, Colombia, Bolivia y Argentina).
5. Se consideran, principalmente, las lexías y morfemas del quechua ancashino (Q I).
6. Por respetar la norma se prefieren los morfemas *-shqa* (participio pasado) y *-rqa-* (pret. lejano), *-rqu-* (pasado cercano) en vez de las realizaciones con la postvelar /q/ elidida. Ejemplos:
    wañushqa (muerto) tiene su variante *wañusha*.
    munarqaa (quise) tiene su variante *munaraa*.
    munarquu (he querido) tiene su variante *munaruu*.
7. Se hace mención de otras variedades dialectales sólo cuando hay la seguridad de su procedencia.
8. Los hipocorísticos también están considerados porque es el proceso de quechuización de los nombres propios impuestos, primero a través del bautismo cristiano y luego por los medios de comunicación.

II. ALGUNAS PARTICULARIDADES DEL QUECHUA DE ANCASH

1. Vocales breves y largas

El Quechua I se diferencia del Quechua II por la presencia relevante de la cantidad vocálica: vocal breve / vocal larga. Estas últimas están transcritas como vocales duplicadas evitando los signos diacríticos.

1.1. Valor fonológico de la cantidad vocálica

1.1.1. De campo semántico diferente

chuchu (teta, ubre)   *chuuchu* (chocho, tauri)
haka (cuy, cobayo)   *haaka* (aliento, vapor)
haku (manto, rebozo) *haaku* (vacío)
muka (tierra labrada) *muuka* (zarigüeya)

1.1.2. Variación del campo semántico

La vocal larga varía el significado original que va con vocal breve.

a. Participación en la actividad: tema verbal *-tsi-y*

arutsiy (hacer trabajar)   *aruutsiy* (ayudar en la labor)
aswatsiy (mandar a preparar chicha)   *aswaatsiy* (ayudar a preparar chicha).

b. Énfasis en la duración: tema verbal + *-pa-ku-y*.

ishpapakuy (orinarse)   *ishpapaakuy* (orinar tranquilo, pasar el tiempo)
musyapakuy (informarse, curiosear)   *musyapaakuy* (criticar después de informarse).

1.1.3. Distinguidor de préstamos españoles homónimos

El préstamo cambia su acento de intensidad por el de duración.

chupa (cola, rabo)   *chuupa* (chupa, chaqueta)
hacha (vegetal)   *haacha* (hacha, segur)
waka (huaca, adoratorio) *waaka* (vaca).

1.2. Realización fonética

1.2.1. Monoptongación de los diptongos decrecientes

<ay> › <ee>; <au> › <oo>; <uy> › <ii>

Este fenómeno subdialectal se da en el área del Callejón de Huaylas (C de H). Y en este diccionario se mantienen los diptongos, característica del subdialecto del Callejón de Conchucos (C de C).

Callejón de Conchucos	Callejón de Huaylas	equivalente español
kuyay	*kuyee*	amar, amor
mikuy	*mikii*	comer, comida
ruminau	*ruminoo*	como piedra

Para quien conoce el quechua, el subdialecto del Callejón de Conchucos está más cerca del quechua general. Pero, la preferencia por uno no significa el desconocimiento ni el rechazo del otro que aparece como una alternativa.

1.2.2. El alargamiento vocálico del morfema verbal *-ya* cuando precede a los siguientes morfemas verbales: -ku, -tsi, -ri, -pa

-ku: karuyaakuy (hacerse lejano)

-*tsi*: *karuyaatsiy* (hacer que se vuelva lejano)
-*ri*: *karuyaariy* (empezar a volverse lejos)
-*pa*: *karuyaapakuy* (hacerse lejano contra la voluntad del sujeto)

1.3. Valor morfemático (marca de la primera persona)

1.3.1. Marca de posesión
markaa (mi pueblo)
wasii (mi casa)
qalluu (mi lengua [órgano])

El alomorfo -*nii* (después de vocal larga, diptongo decreciente y consonante) también alarga la vocal final:

muñaanii (mi muñá)
kuyaynii (mi amor)
arashnii (mi lagartija)

1.3.2. Marca verbal
kuyaa (amo)
kuyarqaa (amé)
kuyarquu (he amado)

2. Consonantes

2.1. /ts/

Este fonema que en otros dialectos se realiza como la africada palatal [tʃ] (<ch>), en Ancash, puede ser fonema:

tsaki (seco)   *chaki* (pie)
patsa (tierra)   *pacha* (estómago).

Algunas veces es un alófono de /tʃ/: *tsarki*, *charki* (charqui, tasajo); *tsaka*, *chaka* (puente).

2.2. /ʃ/ (<sh>)

La presencia de esta consonante es muy frecuente en el quechua ancashino. Algunas veces hace par mínimo con /s/:

shumaq (hermoso)   *sumaq* (solemne)
qashay (desgarrar)   *qasay* (enfriarse)

En otros casos es la característica de Ancash, mientras que en otros dialectos se prefiere los alófonos [s] y [χ] (<h>):

mishki, miski (dulce)
shamuy, hamuy (venir)
shillu, sillu (uña)
shitqa, hitqa (nabo silvestre)
shipash, sipas, hipas (muchacha)
shuti, suti, huti (nombre)

III. ALFABETO USADO EN ESTE DICCIONARIO

El alfabeto usado en este diccionario se adecúa al panalfabeto quechua, tal como puede verse en esta tabla de correspondencias:

alfabeto quechua	realización fonética	grafía castellana
a	[a]	a
ch	[tʃ]	ch
h	[χ]	j
i	[i]	i
k	[k]	k (c^a, c^o, c^u, qu^e, qu^i)
l	[l]	l
ll	[ʎ]	ll
m	[m]	m
n	[n]	n
ñ	[ɲ]	ñ
p	[p]	p
q	[q] (postvelar)	
r, rr	[r], [ř]	r, rr
s	[s]	s (c^e, c^i, z [por seseo])
sh	[ʃ]	sh
t	[t]	t
ts	[ts]	ts
u	[u], [ʊ]	u
w	[w]	hu^a, hu^e, hu^i
y	[j], [i̯]	y
aa	[a:]	
ii	[i:]	
uu	[u:]	

Excluimos del alfabeto quechua las consonantes *b, d, f, g, v, z*, porque no pertenecen al cuadro fonológico quechua. En el caso de las vocales [e], [o], las consideramos como realizaciones fonéticas de /i/ y /u/.

IV. PRÉSTAMOS DEL ESPAÑOL

Desde el Siglo XVI, el quechua y el español han vivido en contacto constante influenciándose mutuamente. Muchos elementos hispánicos aparecen en el quechua actual, algunos se han convertido en otro sinónimo más del quechua (*machka, harina; watu, hiilu*); y otros han desplazado al quechua (*diidu, diriicha* que son más usados que *rukana, allauka*).

Todas las palabras llegadas a través del español están consideradas como hispanas, aunque etimológicamente se remonten a otras lenguas. Aquí están algunas características de estos préstamos:

1. Mantienen una pronunciación parecida a la del español del S. XVI:

/χ/

haacha (hacha)
harina (harina)
hichur (hechor)
hiilu (hilo)
hurnu (horno).

/g/

baaguidu (váguido, vahído).

2. Expresiones españolas en desuso actual, por eso de difícil comprensión fuera del contexto quechua:

de arranque › *arranki* (vivaz, intrépido, osado)
de vuelta › *bwilta, wil'a* (otra vez)

3. Fonéticamente quechuizados que dificulta reconocer su origen hispano:

Dios se lo pague › pague › *paaki, paachi* (gracias)
Dios se lo pague › se lo pa(gue) › *sullpay* (gracias)
pelo pinto › *pillupintu* › *pillpintu* (ganado de varios colores)

4. El morfema diminutivo *-ito* (esp.) › *-iitu* (q.):

wayaniitu (diminutivo de *wayanay*: golondrina)

5. El morfema aumentativo *-ón* (esp.) › *-un* (q.):

pukalun (*puka-l-un*: muy colorado)

6. El morfema de género *-o* / *-a* › *-u* / *-a* (q.):

Es más común en los hipocorísticos:

Alejandro, Alejandra	*Aliichu / Aliicha*
Víctor, Victoria	*Wituuchu / Wituucha*
Catalino, Catalina	*Katashku / Katashka*
Santacruz	*Shantaaku / Shantaaka*

V. MORFEMAS GRAMATICALES

-ch (después de vocal breve) **-chi** (después de vocal larga, diptongo creciente y consonante)	morf. nom., v. dubitativo, de posibilidad: *¿acaso?, posiblemente*	*¿nuqach?*: ¿acaso yo? *nuqach*: posiblemente yo *¿shamunqach?*: ¿vendrá? *¿munaachi?*: ¿acaso quiero? *¿paychi?*: ¿es él? *paychi*: posiblemente él
-chaku	morf. v.: con atención y cuidado	*wiyachakuu*: escucho con atención.
-chi	morf. nom. despectivo	*musyachi*: chismoso *tapuchi*: preguntón *kutichi*: que regala y luego pide lo regalado.
-ka	morf. v. pasivo reflexivo	*aurikay*: enredarse.
-ku	1. morf. interrogativo. Va pospuesto al núcleo de la interrogación. Alomorfo *-chu* (Q II)	*¿payku?*: ¿es él?
	2. morf. verbal refl.	*ñaqtsakuy*: peinarse
	3. morf. enfático	*arukuy*: trabajar con esmero
-kuna	morf. nom. de plural: *-s, -es*	*kakashkuna*: gallos.
-lla	1. morf. nom., v. de cortesía y afecto	*markallaa*: pueblo mío *mikullaashun*: comamos, por favor
	2. adv.: *-(sola)mente*	*rumilla*: solamente piedra *kikillan*: solamente él *puñunllam*: solamente duerme
-llu	morf. nom. despectivo: *-uelo*	*upallu*: tontuelo *wayllaallu*: afeminado.
-m (después de vocal breve) **-mi** (después de vocal larga, diptongo decreciente y consonante)	morf. aseverativo	*runam*: es gente *nuqam*: yo soy *munaami*: quiero.
-ma	morf. pron. complementario incorporado en verbo (transición): *me*	*qam kuyamanki*: tú me quieres *pay kuyaman*: él me quiere.
-man	1. morf. nom. de dirección: *a, hacia*	*wasiiman ayway*: ve a mi casa

	2. morf. nom. de superposición: *sobre, en*	*punchuu hanaman churay*: pon sobre mi poncho
	3. morf. v. condicional: *si*	*yachatsiptikiqa yachakunmanmi*: aprendería si le enseñaras
	4. morf. v. desiderativo	*mamaata rikaaman*: cuánto querría ver a mi madre
	5. morf. v. de sugerencia	*shumash mikunkiman*: debes comer bonito
-mantaq	morf. de advertencia: cuidado, posibilidad	*ishkinkimantaq*: cuidado con caerte; puedes caerte *kutinmantaq*: cuidado que vuelva
-mu	morf. v. locativo (acción dirigida hacia aquí)	*qawamun*: vigila hacia aquí
-n	morf. v. de 3ª persona	*shamun*: él (ella) viene *aywarqan*: él fue *aywayan*: van *aywayarqan*: fueron
-na	1. morf. nom. sustantivador	*mikuna*: comida, lo que se come *tarina*: lo que se encuentra
	2. morf. nom. de asunción de responsabilidad	*qamna*: ahora tú (es tu oportunidad)
	3. morf. adj. de posibilidad: *posible, -ble*	*upyana*: potable, bebible
	4. morf. adv. de proceso concluido: *ya*	*yashqana*: ya es mayor *waranna*: ya amanece
-na	morf. v. desiderativo, volitivo	*yakunay*: tener sed
-naku	morf. v. de reciprocidad	*yatanakuy*: tocarse
-naq+kay	(conjugado en pte.) morf. v. temp.: pretérito pluscuamperfecto. Acción atribuida al sujeto	*qishyanaq kanki*: habías estado enfermo
-nau **-noo** (C de H)	morf. nom., v. de comparación: *como, semejante a*	*warminau*: como mujer *ninqannau kutimun*: vuelve como dijo
-nchu	morf. nom. despectivo	*warminchu*: afeminado

-ni (después de vocal larga, diptongo decreciente y consonante)	morf. nom. posesivo: *mi, tu, su*	*qaraynii*: mi regalo *qarayniki*: tu regalo *qaraynin*: su regalo *qaraynintsik*: nuestro regalo
-nki	morf. pron. en v. presente o futuro. Su alomorfo es: *-yki*.	*qunki*: das; darás *quyanki*: dais
-nnaq (después de vocal breve) **-ninnaq** (después de vocal larga, diptongo decrec. y consonante)	morf. nom. caretivo: *sin*	*qallunnaq*: sin lengua, mudo *ñatinninnaq*: sin hígado
-npi	morf. nom. adyacente: *con*	*wayranpi tamyan*: llueve con lluvia
-nqa	morf. v. de futuro imperfecto	*shamunqa*: vendrá *wañuyanqa*: morirán
-nqa	morf. v. de orac. relativa: *el (lo, la) que*	*nuqa musyanqaata pipis musyantsu*: nadie sabe lo que yo sé *musyanqaykita ruray*: haz lo que sabes
-ntin (después de vocal breve) **-nintin** (después de vocal larga, diptongo decreciente y consonante)	morf. nom. aditivo y adyacente: *con*	*warmintin*: con su mujer *muñaanintin*: con su muñá
-ntsik (después de vocal breve) **-nintsik** (después de vocal larga, diptongo decreciente y consonante)	morf. incluyente o universal. (Q II: *-nchis*) 1. morf. pron	*nuqantsik*: todos nosotros
	2. morf. nom. de posesión: *nuestro*	*wasintsik*: nuestra casa *kuyaynintsik*: nuestro amor
	3. morf. v.	*kuyantsik*: amamos
-pa	1. morf. nominal: a. genitivo: *de*	*runapa ayan*: el alma de la gente
	b. tránsito: *por*	*kallkipa aywan*: él va por la quebrada
	c. dirección	*yaku uraypa aywan*: el agua va hacia abajo
	2. morf. verbal temp. de breve duración	*rikapaa*: veo con atención
	3. morf. adverbial de modo	*ichikllapa*: por poco *hinchipa*: con fuerza *kuyaypa*: con cariño, cariñosamente

-paq	morf. nom. final o benefactivo, o. i.: *a, para*	*paypaq*: para él *pukllananpaq churakun*: se prepara para jugar
-pis	morf. nom. o v. aditivo: *también*	*qampis*: tú también *allim pukllanpis*: también juega bien (bonito)
-pti	morf. v. subordinante obviativo (cuando los sujetos de oración principal y subordinada son diferentes)	*munaptiki kutimushaq*: volveré si quieres *waqaptin kutimuu*: vuelvo porque llora
-pu	morf. pron. complementario: *le, lo, la*; va incorporado en el verbo	*qillqapuu*: se lo escribo
-q	morf. v. agentivo, nominalizador, p. pte	*shukaq*: el que silba, silbador *tushuq*: el que baila, bailarín
-qa	morf. topicalizador	*payqa shamunqam*: él vendrá *pukllarqa alli pukllanki*: cuando juegues debes jugar bien
-ra	morf. v. temporal de larga duración	*rikaray*: quedarse mirando, mirar detenidamente
-ri	morf. v. incoativo	*mutsarin*: empieza a besar; acaba de besar *yachakuyri*: aprende, pues
-rku	morf. v. de acción repentina	*rikcharkun*: se despierta repentinamente
-rnin, -r	morf. subord., gerundio. Expresa causa, tiempo, modo, condición. Cuando el sujeto de orac. principal y subordinada es el mismo. *-r* es apócope de *-rnin*.	*munarnin (munar) kutimunqa*: volverá si quiere *waqarnin (waqar) kutimun*: vuelve llorando
-rqa	morf. v., pasado lejano, pretérito indefinido	*tamyarqan*: llovió *wañukurqar*: se murió
-rqu-	morf. v., pasado cercano, pretérito perfecto	*tamyarqun*: ha llovido
-s	morf. nom. de quasidad: *casi*	*yanas*: negruzco *pukas*: rojizo

-sapa apócope: **-s**	morf. nom. aumentativo	*pachasapa*: barrigón *sikisapa*: culón *piqasapa, pachas, piqas*: cabezón
-saq, -shaq	morf. nom. colectivo	*hatusaq*: los grandes *ichishaq*: las cosas pequeñas
-sh (después de vocal breve)	1. morf. nom. superlativo: *muy*	*yanash*: muy negro *pukash*: muy rojo
-shi (después de vocal larga, diptongo decreciente y consonante)	2. morf. v. de exclusión de responsabilidad: *dicen que, se dice que*	*runash*: dicen que es gente *shamunshi*: se dice que viene
-shaq	morf. v. de 1ª pers. de fut.	*nishaq*: diré *niyaashaq*: diremos
-shka	morf. v. de acción muy reciente cuyo recuerdo aún queda fresco	*mikushkaa*: recién he comido acabo de comer *mikushkanki*: recién has comido
-shku	morf. nom., paragoge en hipocorísticos	*katashku*: catalinito
-shpa	morf. v. subordinante, con mismo sujeto en oración principal y subordinada	*kayta yarpashpa shamuu*: vengo pensando esto (después de haber pensado)
-shqa	morf. v. del participio perfecto	*wañushqa*: muerto
-shu-	morf. pron. complementario de 2ª persona, incorporado en verbo, con sujeto en 3ª persona: *te, le (a ud.)*	*kuyashunki*: te quiere
-shun	morf. v. de sugerencia a todos	*aywashun*: vayamos
-t	morf. exagerativo	*qishpit*: de canto a rabo (v. g. telas que se arrancan de extremo a extremo) *hankat*: todito, toditito *chipyat*: todito *tiqllat*: hasta hartarse *hukta wañut ishkiskii*: me caí hasta morirme una vez
-tan	morf. enfát. interrogativo	*¿pitan kanki?*: ¿quién eres?

-taq	1. morf. n. Preventivo: *cuidado (con)*	*hukpa qillaynintataq uqrankiman*: cuidado con perder dinero ajeno
	2. morf. enfát., después del pron. o adv. interrog.; en esp. se puede expresar con mayor énfasis en la tensión y tono	*¿imaytaq kutimunki?*: ¿cuándo vas a volver?
	3. morf. aseverativo, de igual función que *-m, -mi*: sorpresa o aclaración a alguna duda	*nuqataq*: yo (soy) *paytaq*: él es; ocurre que es él
-tsa	morf. transformativo y causativo (después de adj. y s.)	*rumitsay*: empedrar *allitsay*: arreglar *runatsay*: hacer que se haga persona *llanutsay*: adelgazar
-tsi	morf. causativo (después de tema verbal) Q II: *-chi*	*musyatsiy*: hacer conocer *yachatsiy*: enseñar
-tya	morf. v. desiderativo exagerado: *tener ganas de*	*mikutyay*: tener ganas de comer.
-wan	morf. nom.: 1. comitativo: *con*	*yayanwan purin*: camina con su padre
	2. instrumental: *con*	*rumiwan takay*: golpea con la piedra
	3. copulativo: *y*	*Shantiwan Isha tushuyan*: Santiago e Isabel bailan
-y	1. morf. del infinitivo	*ruray*: hacer
	2. morf. v., 2ª persona imperativo	*ruray*: haz *rurallay*: haga, por favor.
-ya	1. morf. pl. v.	*mikuyan*: comen *mikuyanki*: comeis
	2. morf. v. transf.	*wamaqyay*: hacerse famoso
-yka	morf. v. progresivo	*munaykanki*: estás queriendo
-ykacha	morf. v. de frecuencia y de poca seriedad: *-ear*	*rikaykachay*: merodear *taqllaykachay*: palmotear por palmotear.
-yki (después de vocal breve) **-yniki** (después de vocal larga, dipt. decrec. y cons.)	morfema de segunda persona. Su alomorfo es *–nki*. 1. morf. nom. posesivo: *tu, vuestro*	*mamayki*: tu madre *kuyayniki*: tu cariño
	2. morf. pron. en v. en tiempo pasado	*tapurquyki*: has preguntado *mikurqayki*: comiste *mikuyarqayki*: comisteis

-yuq	morf. nom. de tenencia	*warmiyuq*: que tiene esposa
		chuqayuq: que tiene tos.

El alargamiento de la última vocal como morfema de primera persona se da en estos casos:

1. **morf. nom. posesivo (alomorfo: *-nii*):**

    chakraa (mi casa)
    wasii (mi casa)
    hampiikuna (mis remedios)

2. **morf. v.:**

    kuyaa (amo)
    riqii (conozco)
    shamuu (vengo)
    kuyayaa (amamos)
    riqiyarquu (hemos conocido)
    kuyayaashaq (amaremos)

    excepto: *kuyashaq* (amaré)

Más datos en el apartado II.1 de esta introducción.

Francisco Carranza

VI. ABREVIATURAS

adj.	adjetivo	o. d.	objeto directo
adv.	adverbio, adverbial	o. i.	objeto indirecto
apóc.	apócope	onomást.	onomástico, nombre de persona
C de C	Callejón de Conchucos		
C de H	Callejón de Huaylas	onomat.	onomatopéyico
cons.	consonante	orac.	oración
decrec.	decreciente	pas.	pasivo
dipt.	diptongo	per.	peruanismo
enfát.	enfático, énfasis	pers.	persona (pron.), personal
esp.	español, castellano	pl.	plural
excluy.	excluyente	pos.	posesivo
exp.	expresión	pron.	pronombre, pronominal
fem.	femenino	p. p.	participio pasado
fonét.	fonético	pte.	presente
hipoc.	hipocorístico, hipocorismo	q.	quechua
		Q I	Quechua I, Quechua Waywash
imperat.	imperativo		
incluy.	incluyente	Q II	Quechua II, Quechua Wampuy
indef.	indefinido		
interj.	interjección	recíp.	recíproco
interrog.	interrogativo	ref.	referente a, se refiere a
lit.	literal, literalmente	refl.	reflexivo
locat.	locativo	s.	sustantivo
masc.	masculino	sing.	singular
mit.	mito, mitología	temp.	temporal
morf.	morfema	top.	topónimo
nom.	nominal, nombre	transf.	transformativo
m. s. n. m.	metros sobre el nivel del mar	v.	verbo, verbal
num.	numeral		
o. c.	objeto circunstancial		

DICCIONARIO

A

a [a]: vocal abierta, central y la de mayor frecuencia.

aa adv.: seguramente, indudablemente, sí, seguro.

aabas s.: haba.

aachaa (C de C) adv.: seguramente, posiblemente. Se usa en la respuesta. →**aachari**.

aachari (C de H) adv.: seguramente, posiblemente. →**aachaa**.

aachi (*aachari* › *aachi*) adv.: seguramente, posiblemente.

aachiyaa adv.: sí pues, seguramente, posiblemente, muy probable. *¿Paytsuraq suwa?*: ¿El será el ladrón? *Aachiyaa*: Posiblemente lo es.

aachiyaari adv.: posiblemente, no hay duda.

¡aahi! interj.: ¡aaji! Interj. de desafío, alegría, muy común entre los borrachos. →**waahi**.

aahiy v.: emitir el "¡aaji!". *Runakunaqa aahiyta qallaykuyan, allichari upya karqun*: Los hombres comienzan a gritar "aajis", seguro que la toma habrá sido buena. Es propio de varones; si la mujer lo hace puede ser maldición o desprecio. Es igual si la gallina canta como el gallo.

aahus s. esp.: ajo. *Aahusta manash bruuha mikuntsu*: Se dice que la bruja no come ajo.

aala s.: ala de pájaro. →**rikra**.

aalasta quy exp. v. español y quechua: dar alas, consentir, engreír. *Wamrataqa, kuyarninpis maram aalasta quntsiktsu*: Al niño, por más que se le quiera, no se le engríe (no se le da alas).

aanikuy v.: aceptar, comprometerse. *Aanikunkimantaq*: Oye, cuidado con comprometerte.

aaniy (*aa-ni-y*) v.: aceptar, dar la palabra, decir sí.

aayakashqa (*aayaka-shqa*) p. p.: boquiabierto, atontado, asustado. *Shanti aayakashqa kanqanyaq huk pitsak wallpanta apaskin*: Mientras Santiago estaba boquiabierto un gavilán se llevó su gallina.

aayapaakuy v.: bostezar.

aayarapay v.: hacer bulla, cantar o llorar a gritos. *¿Ima nirtan aayarapamanki?*: ¿Por qué me haces tanta bulla?

aayaray v.: estar boquiabierto, llorar a gritos. *¿Ima nirtan aayaranki?*: ¿Por qué lloras a gritos?

aayay v.: abrir la boca. *Wamrataqa, manam aayaptin patsatsu mikutsintsik, mikunar. punchaumi mikutsintsik*: Al niño no se le da la comida apenas abra la boca, se le da a su hora.

abas, aabas s. esp.: haba. *abas kamtsa (kancha)*: haba tostada. *puka abas*: haba colorada. *llanqi abas*: grande y de forma de llanque (sandalia). *qarwa abas*: haba amarilla. *pultu abas*: vaina de haba en desazón. *abas shinti*: haba tostada y sancochada. Se recomienda a los niños masticar haba para tener buena memoria y dientes fuertes.

abaspa (aabas) tuktun s.: flor de haba, tejido que se parece a la flor de haba.

abugaadu s. esp.: abogado.

achaaki s. esp.: achaque, pretexto, motivo. *¿Ima achaakita kaychau ashinki?*: ¿Qué pretexto buscas aquí? →**rayku**.

achachaakuy (*achacha-a-ku-y*) v. enfát.: sentir calor, hacer calor. *Kay llantu kaqman witikamuy allaapanam achachaakun*: Acércate aquí donde hay sombra que ya hace mucho calor.

achachaatsinakuy v. recíp.: darse calor, calentarse.

achachaatsiy v.: calentar, dar calor. *Aswaqa kunkaataqa achacharkatsimun*:

La chicha ya me calentó la garganta.
¡achachau! interj.: 1. ¡qué calor! Ecua.: ¡alalay! 2. interj. ante la sensación de algo punzante. →**akakau**.
¡achachay! interj.: ¡qué miedo!, ¡qué espanto!
achachay s.: algo que da miedo. *Wamraqa ima achachaytach rikashqa, shiminpis pashtantsu*: Qué cosa espantosa habrá visto el niño que hasta ha perdido el habla. *¿Imallaqash, imallaqash kallan?: ishkay achachay, huk añañau, chusku tash tash*: ¿Qué será, qué será?: dos que dan miedo (cuernos), una que da ganas (ubre) y cuatro que hacen *tash tash* (ruido de patas al caminar). Respuesta: *waaka* (vaca).
achakauka s. onomat.: zarigüeya, muca. Tiene muchos nombres: *achaku, muuka, qarachupa, chanku, paqlla, kanshul*. *paariq achakauka*: lit. "zarigüeya que vuela", ave de la puna parecida al búho, con plumaje sobre los oídos que dan la apariencia de orejas. Ante todo lo extraño grita ¡achakaukaukau!
achaku s.: zarigüeya, muca. Marsupial americano. →**achakauka**.
¡achallau!, ¡achallay! interj.: ¡qué deseable!, ¡qué rico! *¡Achallau!, mamay, tsaynikita rikaykullaptii kay shunqullaa imanaskirqunchi*: ¡Qué rico!, mamita, no sé qué le pasó a mi pobre corazón cuando vi su cosita.
achankaray s.: begonia. Su raíz cura la terciana.
achay s.: calor, rayo solar. *Llantukaramushaq, achay yanuykaaman*: Voy a refrescarme en la sombra, el calor me está sancochando.
achay v. hacer calor. *Kananqa achanmi*: Hoy día hace calor.
Achikay s. (C de C): Achicay. mit. anciana devoradora de niños, personifica el mal. Mujer mala que no sabe ayudar a los pobres. *aksay* > *achkay, achikay, achkay, achikee, achkee*.
Achikee s. (C de H): Achicay. →**Achikay**.
achillku s.: cabello de mazorca de maíz. →**aqtsillku**.
achipay v.: trepar, subir agarrándose. →**achpay**.
achipsa s.: tallo delgado y seco bueno como mecha. *¿Maychautan achipsallata yantakaykamunkiqa?*: ¿Dónde has encontrado la leña sólo de tallitos delgados?
achiira s.: achira (Canna indica). Planta cannácea cuyas hojas sirven para envolver tamales y humitas.
achis s.: ajonjolí, sésamo. Planta parecida a la quinua. *Achispa raprantapichushun*: Guisemos las hojas de ajonjolí. *chiqaa, kuuyu*: sésamo silvestre.
achiusa s. onomat.: estornudo. *Achiusa tsariskaman*: Me atacó el estornudo.
achiusay v. onomat.: estornudar. *¿Pitan llutanpana achiusaykamun?*: ¿Quién ha estornudado aquí tan fuerte?
achiwa s.: parasol, toldo.
achka (Q II) adj.: mucho, bastante, gran cantidad. →**atska**.
achkash s.: corderito. *waachu achkash*: corderito sin madre. →**ashkash**.
Achkay s.: Achicay, mujer mala y devoradora de niños. →**Achikay**.
achkuy v.: atrapar, agarrar. →**aptay**.
achkukuy v.: agarrar algo para uno mismo, adueñarse.
achpay v.: subir agarrándose, trepar. *Aukis, chakwas, allau, allau / achpanqanchau hiqaskinaq*: Viejo con vieja, qué va a poder / cuando subía se rodó (huayno de Quitaracsa).
achpaykachay v.: subir cayéndose, jugar trepándose. *Hatun rumichau achpaykachanqanchaumi makintapis muqashqa*: Por estar trepándose a la piedra grande hasta se ha dislocado la mano.

achpiy v.: arañar. *Ama achpimaytsu, manam imanashaykipistsu*: No me arañes, no te voy a hacer nada.
achu s.: paja, astilla, leña menuda.
achupa s.: achupa. →**achupaalla**.
achupaalla s.: achupalla. Planta silvestre y espinosa como la piña.
achuti s.: achicte, achote, bija (Bixa orellana). Su semilla roja es usada como colorante para comidas y teñidos.
achuy v.: buscar paja o leña menuda.
adisir exp. esp.: ha de ser, de todas maneras. *Adisir kutimunkim*: De todas maneras volverás.
adrii, adriipa adv. esp.: adrede, con intención. *Manam adriitsu rurallarquu, ishkipakurquumi*: Perdón, por favor, no lo hice adrede, se me cayó.
agustu s. esp.: agosto (mes). *wayra killa* (mes de viento). *Agustuqa wayra killam, ama ninawan pukllaytsu*: No juegues con fuego, agosto es mes de viento.
aha adj.: difícil. *Aha kaptinpis ruranaami*: Aunque sea difícil debo hacerlo.
ahaa adv.: 1. sí. Usado entre los interlocutores de la misma edad, confianza y a menores. 2. interj.: con que así.
ahaan interj.: con que así, ya me enteré. Expresión irónica con que se trata de chantajear; pero también se usa en bromas. *Ahaan, qamchi kayta rurarquyki*: Ajá, con que tú has hecho esto.
ahaatsiy v.: hacer infectar.
ahahay v.: reír sin control, carcajearse. No es bueno reírse así. →**wakakay**.
ahalla adv.: muy rápido. →**saslla**.
ahallay v.: apurarse, apresurarse.
aharway s.: langosta. Los prehispanos la comían. →**chiyampu, tinti**.
ahashqa (*aha-shqa*): infectado.
ahatsiy, ahaatsiy v.: infectar una herida, inflamar. *Achaychauqa qirikita ahatsinkim*: Vas a infectar tu úlcera exponiéndola al sol.
ahay v.: 1. infectarse, inflamarse. *Kananqa chakii manam ahanqatsu*: Ahora no se va a inflamar mi pie. 2. resondrar, molestar, reprender, aconsejar bien. *Wamraiaqam, ichikninpita ahantsik*: Al niño se le reprende desde cuando es pequeño. →**piñapay, yaatsiy**.
ahayaatsiy v.: cansar, fastidiar, ponerlo difícil. *Qilallam maychaupis ahayaatsikun*: Sólo el ocioso cansa a otros en cualquier lugar.
ahayay v.: cansarse de algo o alguien, sentir lo difícil. *Amana ahayaamaytsu, aywakushaqnam*: Ya no te canses de mí, ya me voy a ir.
ahinhu s. esp.: ajenjo. *ahinhu yaku*: té de ajenjo.
ahumpay v.: encogerse de frío o dolor.
ahuy v.: mezclar, combinar.
ahwilay v. esp.: afilar. *kuchillu ahwilaq*: afilador de cuchillos. *Kayta ahwilay*: Afila esto.
aka s.: excremento. →**ismay**.
Akachu, -a s.: hipoc. de Acacio, -a.
akaka s. onomat.: acaca, cargacha (Colaptes rupicula). Pájaro de la puna que ante la presencia de extraños hace mucha bulla. A las mujeres chifladas (que se ríen con cualquiera) se las compara con la acaca.
¡akakau! interj.: 1. ¡acacau!, ¡achachau! ante la sensación de algo punzante. 2. risa femenina descontrolada.
akapa adj.: menudo, pequeño. *akapa rumi*: piedra menuda. *Akapa papallata yanuykallaamuy*: Sancocha, por favor, sólo papa menuda.
akapana s.: celaje, coloración del cielo en el alba o en el ocaso. →**qarwayllu**.
akaraqay s.: majada, corral del ganado ‹ *aka*: excremento; *raqay, raqaa*: corral.
akatanqa, akatanka ‹ *aka tanqaq* (sur del Perú) lit. "que empuja excremento" s.: escarabajo. →**punchinkuy**.
akatay v.: acudir por algo, recurrir, ir sin ser invitado. *Qamqa payman aka-*

tanki: Tú recurres a él (ella).
akaushu s.: pequeño tubérculo silvestre de la puna. Es comestible y de sabor de oca dulce. →**uqaushu**.
akilla s.: vaso de oro o plata.
aklla s.: joven escogida de la casa real, virgen para servicio religioso.
aklla wasi s.: gineceo incaico, casa de las escogidas.
Aklli s.: hipoc. de Agripino, -a.
akrashqa (*akra-shqa*) p. p.: seleccionado, escogido.
akray v.: escoger, seleccionar. *Uushakunata akrallaashunna*: Escojamos ya las ovejas, por favor.
akray papa s.: papa harinosa, papa selecta. *Akray papaqam nuqantsikpaq, lluta papallam rantikuna papa*: La papa harinosa es para nosotros, sólo la papa común es papa de venta.
aksay adj.: malo, cruel, envidioso. También ref. a "mal sitio" (lugar causante de enfermedades). top. Acsaycocha (*aksay qucha*), laguna que cambia de colores según los meses, días y horas. Quitaracsa.
akshu (Corongo). s.: papa. *Akshutam munaa*: Quiero papa.
akta (Santiago de Estero) s.: garrapata. →**amuku**.
aktsi (Huaraz) s.: luz. →**atski**.
aktsina s.: linterna, candil, algo que alumbra.
aktsiy v.: alumbrar, iluminar.
aku exp. v.: vamos, vámonos. *Akuna aywakullaashun, / akuna markallay, / akuna ayllullay*: Vámonos, ya es la hora, / vámonos ya, pueblo mío, / vámonos ya, ayllu mío.
aku s.: harina. →**machka**.
Akuchu, -a s.: hipoc. de Augusto, -a: Cucho, Cucha.
akurma (Huaraz) s.: cola de caballo. Planta que cura inflamaciones internas y externas. →**matiwakwa, shaqashaqa**.

akuy v.: comer algo molido (harina, azúcar). *Kay machkaata akushun*: Comamos mi machca (generalmente harina de trigo o cebada tostados que se usa de fiambre).
Alabadu s. esp.: Alabado. Cántico religioso introducido por los doctrineros, se entona al sacar el cadáver de la casa.
alabaduq, alabaaduq s.: rezante, cantante del Alabado.
alabaduy, alabaaduy v.: entonar el Alabado.
¡alalau! interj.: ¡qué frío!, ¡qué calor! (Ecuador).
alalaq adj.: frío, friolento, que siente frío, que hace frío. *alalaq hirka*: colina fría (donde se siente frío).
alalaatsiy v.: enfriar, refrescar. *Au, runakuna, kay kuway papataqa alalaatsishunraq, hinata mikushqaqam, pachantsik tintinyanqa*: Oigan, señores, conviene que enfriemos la papa asada, si la comemos así, nuestro estómago se va a hinchar.
alalashqa (*alala-shqa*) p. p.: frío, enfriado, refrescado.
alalay v.: sentir frío, tener frío, hacer frío. *Alalarmi quyalla sharikuutsu*: Por tener frío no me levanto temprano.
alay s.: frío, calor (Ecuador).
alay v.: hacer frío, hacer calor (Ecua.).
alaymuska s.: piedra dura y lisa de color verde o azul, usada en molino y batán.
alayri esp.: 1. exp. adv.: igual al aire, rápido, pronto. *Alayri ayway tamyamunqanam*: Ve pronto que ya va a llover. 2. adj.: ágil, que puede caminar solo, bastante aliviado (recuperado) de alguna enfermedad. *Qanyan wañunaykaq kuchi, kananqa alayri uksikuykan*: El chancho que ayer estaba muriéndose ahora está hociqueando recuperado.
alhurha s. esp.: alforja. →**alpurha**.
alhwal s. esp.: alfalfa. *Alhwal Pampa-*

chau huk waaka wañushqa: Una vaca ha muerto en Alfalpampa
alhwalhwa s.: alfalfa.
alhwiris s. esp.: alférez. Persona que tiene el cargo de celebrar la fiesta.
Ali s.: hipoc. de Alipio, -a.
Aliicha s.: hipoc. de Alicia: Alicha, Licha.
Aliichu, -a s.: hipoc. de Alejandro, -a.
alishtakuy v. esp.: alistarse. →**churakuy**.
alishtay v.: alistar, preparar.
almasay v. esp.: hacer almácigo.
alunsiillu s. esp.: aluncillo, planta medicinal para la irritación interna.
alunsu s. esp.: alonso. Planta cuya raíz cura la inflamación y úlcera estomacal sangrienta. →**ashnu hacha**.
alpaka s.: alpaca. *llullu alpaka*: alpaca tierna. →**paku**.
alpurha s. esp.: alforja. →**alhurha**.
altay v.: remover, sacar fuera.
alsa s.: comida que recibe el tejedor, bailarín, músico o cualquiera que colabora con la fiesta.
alsakuy v.: recibir la comida en la fiesta por haber ayudado o "complementado" (colaborado) en su realización.
alsay v.: ser complementado. →**alsakuy**.
altsay (Huaraz) v.: arreglar, componer, ordenar. →**allitsay**.
altus s. esp.: los altos o el segundo piso de la casa. *Altusman tsarkita churay*: Guarda el charqui en el segundo piso. *altusyuq wasi*: caso con segundo piso.
allaapa adv.: demasiado, mucho. *Allaapa atskata qaramanki*: Me regalas mucho (lit. muy mucho). →**ashwan**.
allaapay v.: exagerar cualquier acción, empeorar.
allankaatsiy v.: poner de espalda a alguien o algo.
allankaray v.: estar tendido de espalda, ociosear. *Warmin yantata tsiqtanqanyaq, ullquqa chaqchar allankaran. ¿Tsaypis ullqutsuraq?*: Mientras su mujer raja la leña el marido está tendido chacchando. ¿Ése también es hombre? →**ankallaray**.
allankay v.: echarse (tumbarse) de espalda.
¡allau! interj. de compasión: ¡pobrecito! *Wañuy kaqtana rikaamarniipis, ama allau nimankitsu*: Aunque me veas ya muriéndome, no me digas ¡pobrecito!
allauchi interj. de compasión: ¡pobrecito!
allauka s.: lado derecho. *allauka maki, alli maki*: mano derecha.
allay: 1. v.: remover la tierra para cosechar tubérculos. 2. s.: cosecha de tubérculos. *papa allay*: cosecha de papa.
allay killa s.: abril, mes de cosecha de tubérculos. →**ayriwa**.
alli adj.: bueno. *Alli runa*: gente buena.
alli adv.: bien, muy bien. *alli riqishqa*: muy conocido. *Alliqpaqa alli mikunki*: En la mañana debes comer bien. →**ancha**.
allin (alli-n) exp.: lo mejor. *Paymi llapanpa allin*: Él es el mejor de todos. *Allin kaq hampita rantikallaamay*: Véndame, por favor, la mejor medicina.
alli weenu, allweenu, alweenu exp. adv.: muy bien, bien bien. Para mayor énfasis se usa *alli* (quechua) y "bueno" (español).
alliq s.: temprano, al amanecer, la mañana. *Alliqllam kutimushaq*: Voy a volver temprano.
alliqyay v.: amanecer.
alliraq (*alli-raq*) exp.: todavía bien.
allish adj.: mejor. *Allish pukllaqnintsikta paqchiriyan*: Acaban de tumbar a nuestro mejor jugador.
allitsay v.: arreglar. *Kay takllaykita alli allitsanki*: Arregla bien este arado tuyo.
allitupaanakuy v. recíp.: reconciliarse. *Qanyan alli qayapaanakuskir, kanan*

allitupaanakuyan: Hoy tratan de reconciliarse después de haberse gritado tanto ayer.
allitupay (*alli tupay*) v.: hacerse el bueno para ganarse la gracia.
alliyay v.: mejorarse, hacerse bueno.
Allka s.: hipoc. de Arcadio, -a.
Allma s.: hipoc. de Armando, -a.
allmay v.: deshacer los surcos con puntilla o palana en el sembrío (por boleo) de cebada o trigo.
allmiy v.: levantar de lado algo que está tendido. →**kiptay**.
allpa s.: tierra, polvo. *yana allpa*: tierra negra. *Allpapita karmi, allpaman kutintsik*: Porque somos de tierra volvemos a la tierra. *aya allpa*: tierra muerta, polvo negro que ni con agua se hace compacta. *puka allpa*: tierra colorada. top. Pucallpa (pueblo de la selva peruana).
allpatsay (*allpa-tsa-y*) v.: cubrir con tierra, ensuciar.
allpayay v.: convertirse en tierra. *Wañuskirninqam, llapantsik allpayantsik*: Muertos, todos nos convertimos en tierra.
allpay v.: echar tierra, cubrir con tierra.
allqay adj.: blanquinegro. →**arqay**.
allqu s.: perro. *Atuqshi qullanankunapa allqun kanaq*: Dicen que el zorro había sido el perro de los antiguos. El alma del perro guía al alma de su amo en la otra vida; por eso el perro tiene su día (Día de San Lázaro) en que es bien atendido y servido en plato. *allqu aytsa*: carne de perro. *Wankakunam allqu mikuq kayan*: Los huancas son comeperros. *chushchu*: cachorro.
allqu kuru s.: gusano de perro.
allqu qishyay s.: carbunclo, carbunco, carbúnculo. Toma la figura del galgo y muerde el ganado vacuno.
allqu traasa s. (insulto): perro, lit. trasa de perro.
allqupa yantan s.: planta de tallos delgados y de frutos pequeños, negros (cuando maduros) y comestibles.
allqutsaakuy (*allqu-tsa-a-ku-y*) v. enfát.: faltar el respeto, menospreciar, abusar.
allqutsaanakuy v. recíp.: faltarse el respeto, abusarse, menospreciarse.
allqutsay (*allqu-tsa-y*) v.: maltratar, tratar como a perro, abusar. *Kachaakukunaqa waktsakunallatam allqutsaayan*: Los militares sólo maltratan a los pobres.
allwi s. esp.: arveja, alverja. *Allwitaqam wankukuy punchau murukuntsik*: La arveja se siembra el día de huancucuy (24 de diciembre). *purun allwi, inkapa allwin*: arveja silvestre de frutos muy pequeños. *ruyru allwi*: arveja redonda.
Allwi s.: hipoc. de Alberto, -a: Beto, Beta.
allwish s. esp.: arveja, alverja.
ama adv.: no (prohibición). *Ama llulla. Ama suwa. Ama qila*: No mientas. No robes. No seas ocioso.
ama niy, amaaniy v.: prohibir. *Imanau yashqatan kanki, pishi wamrata ama niyta yachankitsu, aalasllata qunki*: Qué clase de mayor eres, no sabes prohibir a un niño menor, sólo sabes darle alas (consentir).
amaa s.: ruina antigua, resto arqueológico. *Amaa rurinchau ama puñukunkitsu*: No duermas dentro de una ruina.
amaa kirpaa s.: capullo de barro de ciertos gusanos, está pegado en piedras. Medicina para granos infectados.
amaanu adj. esp.: a la mano, muy cerca, cerquita. *Wasikiwan wasiiqa amaanulla*: Tu casa y mi casa están muy cercanas.
Amachu, -a s.: hipoc. de Amadeo, -a.
amaka s. (prést. caribe): hamaca.
amalay (Q II) exp.: ojalá. →**itsa**.
amallyay v.: haber gusanos en gran cantidad y que se mueven en masa,

también ref. animales y personas. *Tushuchauqa runakunaqa amallyayan*: En el baile la gente abunda como gusanos.

amana (*ama-na*) exp. adv.: ya no. *Amana shamuytsu*: Ya no vengas.

amankay s.: amancae, amancay (Paramongaia weberbaueri Velarde). Flor amarilidácea de poder sicotrópico. *Quri Amankay*: lit. "Amancae de Oro", Jesucristo en un rezo de Quitaracsa. *Amankaypa chakinta watantsik auqakuna mana chaatsimaanapaq*: Se amarra el pie del amancae para que los enemigos no nos alcancen. →**llaqitumay**.

amapanki s.: amapanqui. Planta con que se pone el "tranca" (*tsapana*) contra el daño; para lo cual, uno debe bañarse diez martes y viernes con agua hervida con amapanqui. *Amapanki, amapanki. / Ama pankimaytsu, amapanki*: Amapanqui, amapanqui. / No me ates pies y manos, amapanqui.

Amanshu s.: hipoc. de Amancio, -a.

amaraq (*ama-raq*) exp. adv.: todavía no, aún no, espere. *Kutuliinu kakash, amaraq waqaytsu, tsayraq wahupaykaa, tsayraq yatapaykaa*: Gallo cutulino (sin cola), aún no cantes, recién la estoy provocando, recién la estoy paleteando.

amari ‹ *ama ari* exp. adv.: por favor no. *Amari lluta tumpamaytsu*: Por favor, no me sospeches sin averiguar bien.

Amartay s. top.: Amartay. Una laguna en Quitaracsa. *amaru ratay* (descenso del amaru) › Amartay.

amaru s.: Serpiente mítica que baja del cielo como el rayo.

amaru hacha s.: yerba culebra. Planta de hojas aceitosas que como emplasto cura la rotura de los huesos.

Amash s.: hipoc. de Amancio, -a.

amash s.: especie de papa de interior morado y blanco.

amatsay v.: hacer desistir, tranquilizar a los que riñen.

amatsu exp.: mejor será que no.

amauta s.: maestro, sabio. *Maypa rupay yarqamunqanta mana musyaykar, amauta tukun*: Se cree sabio sin saber siquiera por dónde sale el sol.

amaylla s.: hormiga grande y oscura.

Amllu s.: hipoc. de Ambrosio, -a.

ampa s.: yuca pelada y seca. *ampa api*: mazamorra de harina de yuca.

ampatu s.: sapo grande. *ampatu rikuq hirka*: cerro igual al sapo. top. Ambato (Perú y Ecuador).

ampatuy v.: caminar lentamente como el sapo grande.

ampi adj. s.: nublado, oscuro. →**amsa**.

ampiy v.: oscurecer. *Ñawii ampiirin*: Mi vista comienza a oscurecerse.

ampiyay v.: hacerse de noche, oscurecer.

amsa adj. s.: nublado, oscuro. →**tuta**.

amshi s.: afrecho que se añade a la jora al preparar la chicha. *Atska amshita churashqam aswapis mishki*: La chicha es dulce porque se pone bastante afrecho.

amu s.: bocado.

amuku s.: garrapata.

amukuy v.: ser atacado por garrapata.

amuqlla s.: furúnculo, absceso. →**puqru**.

amushyaq (*amushya-q*) p. pte., adj.: suave, fácil de ser labrado. *amushyaq allpa*: tierra suave y fácil de labrarse. *amushyaq qiru*: madera suave fácil de ser labrada.

amushyay v.: ser fácil de ser labrado (terreno, madera, piedra). *Kay rumita, amushyaananpaq, tullpuy*: Remoja esta piedra para que sea fácil de labrar.

amutsiy v.: meter a la boca, servir a la boca, invitar un bocado. *Pachataqa kikikim ashikunayki, manam pipis amutsishunkiraqtsu*: La comida debes buscártela tú mismo, nadie va a servirte a la boca.

amuku s.: garrapata. *Amuku allaapa*

waatakunata uyuutsin: La garrapata enflaquece mucho a los ganados.

amuray v.: tener algo en la boca.

amuy v.: tomar algo con la boca.

anaka s.: anaca. Baile de pallas (bailarinas) que lucen vistosos vestidos de manga ancha y larga (Ancash).

anakay v.: bailar anaca. *Kay shipashkuna shumaq anakayan*: Estas jóvenes bailan bonito el anaca.

anaku s.: anaco, saya usada en Corongo.

ananau, ananay interj. de dolor y cansancio. *¡Ananau!*: ¡Qué dolor!, ¡Qué cansancio!

anaq adj.: duro de ser arrancado, difícil de ser realizado. *Anaq kaqta␣ruraykamuu*: Hice lo más difícil.

anau adv.: no, no quiero, no me da la gana. Negación tajante. *¿Aruyta munankiku?*: ¿Quieres trabajar? *Anau*: No. No me da la gana. No quiero.

ancha adv., adj.: muy, mucho. *ancha riqishqa*: muy conocido.

anchakashqa (*ancha-ka-shqa*) p. p.: perniabierta, defecto físico o mal hábito.

anchakay ‹ *ancha chankay* v.: abrir la pierna descuidadamente.

ancharay v.: estar con piernas abiertas (postura de los ociosos). *Wakin runakuna aruykayaptin, taqay runaqa␣ancharaykan*: Cuando otras personas están trabajando, aquel señor está ocioseando con piernas abiertas.

anchaylla adv.: soberbiamente, sobradamente.

anchay v.: abrir las piernas. *Shumaq hamakuy, ama anchaytsu*: No abras las piernas, siéntate bonito.

anchaykachay (*ancha-ykacha-y*) v.: pasar y repasar sobre algo sin ninguna consideración, no respetar la dignidad ajena. *Mikuy hananpa anchaykachaytsu*: No andes sobre la comida.

Anchi s.: hipoc. de Andrea, Andrés.

andas s. esp.: andas. →**wantu**.

andasllay v.: llevar en andas.

anguratay s. ‹ *ankuratay* (sonorización de k postnasal): anguratay. Planta pequeña de clima cálido, cura la verruga. Cordillera Negra (Ancash).

Anhi s.: hipoc. de Ángel, -a. →**Anki**.

anka s.: anca. Enfermedad de papa, el tubérculo es cubierto de una especie de verrugas por todo lugar sin poder desarrollarse.

anka s.: fritura. *haka anka*: fritura de cuy.

anka s.: gavilán. →**pitsak**.

anka s. esp.: anca. →**kachpa**.

ankallaray metátesis de *allankaray* v.: estar echado de espalda como ocioso. →**allankaray**.

ankallay v.: echarse de espalda.

ankash adj.: liviano, no pesado, fácil. *Huk ankash qipillata apay*: Lleva sólo un equipaje liviano.

Ankash s.: Ancash (tierra de cielo azul). Departamento del Perú, cuna de la cultura Chavín, dialecto Q I, considerado como el más arcaico. *anqas* (azul) › *ankas* › *ankash* (muy azul).

ankashllay v.: llevar a alguien en el anca del animal. *Wauqikitaqa ankashllay*: Lleva en el anca a tu hermano.

ankaushu s.: ancausho. Granos de choclo tostado. →**awashinka**.

ankay v.: tostar. *Harata ankakushun*: Tostemos maíz.

Anki s.: hipoc. de Ángel, -a. →**Anhi**.

ankiishu s.: Granos de choclo tostado. →**ankaushu, awashinka**.

anku adj.: duro, difícil de romperse estirando. *anku aytsa*: carne dura (difícil de masticarse).

anku s.: nervio, tendón. *Ataka ankuu nanan*: Me duele el nervio de mi talón.

ankupaakuq s., adj.: compasivo, de buen corazón.

ankupaakuy v.: compadecerse. *Qamqa*

ankupaakunkitsu, rumi shunquch kanki: Tú no te compadeces, posiblemente eres corazón de piedra.
ankupay v.: compadecerse, apiadarse. *Qapaq, ¿manaku markaata ankupanki?*: Dios, ¿no te compadeces de mi pueblo?
ankuratay s. ancuratay, anguratay. Arbusto medic. →**anguratay**.
ankuyaa s.: ancuya, ancuyá, angusacha. Planta pequeña de raíces profundas por lo que es difícil destroncarla.
anqa adj.: muy salado. →**puchqu**.
anqara (Huaraz) s.: mate grande, plato grande.
anqas adj.: azul. top. Ancash, Angasmarca, Angascancha.
anqas killa s.: mes de cielo azul, mayo.
anqay v.: estar muy salado.
anqush s.: angush, angus. Planta medicinal para la tos.
Anshi s.: hipoc. de Anselmo, -a.
ansuylu s.: anzuelo. *Ansuyluu kantsu*: No tengo anzuelo. →**challwa siwina**.
anta s.: cobre. top. Andaymayo (*anta mayu*: río de cobre). Ancash.
antakasha s.: lit. "espina de cobre", aguja de arriero. →**watupa**.
antara s.: flauta de pan de carrizos delgados y cortos. Si es de tubos grandes y gruesos se llama sicuri o zampoña.
anti, adj.: oriente, oriental. *anti runa*: persona del oriente. *anti* › ande.
antikuchu s.: anticucho (trozos de carne asada con picante). *anti uchu* (picante oriental, andino) › *antikuchu*.
antimuniu s. esp.: antimonio, gas venenoso de tumbas y socavones.
antimuniuy v.: ser afectado por gas de antimonio.
Antisuyu (*anti suyu*) s.: Zona de la Cordillera Oriental, una de las cuatro regiones del Tahuantinsuyo.
anturmaa, anturma s.: anturmá. Planta enredadera de hojas delgadas y suaves, usada como emplasto para bajar la fiebre. *waaka anturmaa*: anturmá de vaca, anturmá suave. *qachqa anturmaa*: anturmá áspero.
antsa adj.: agonizante. *antsa uushata, hina kutsushun*: Mejor degollemos a la oveja agonizante.
antsaq (*antsa-q*) p. pte.: que está agonizante, en coma, moribundo. *Antsaq runataqam watukanantsik*: Es deber visitar a la persona que está agonizando.
antsay v.: agonizar, empeorar. *Runa antsaykaptinna hampita yuriratsimunki*: Qué suerte que traes el remedio cuando el hombre ya estaba agonizando.
Antu hipoc. de Antonio, -a.
Antuku, -a s.: hipoc de Antonino, -a.
anuta s., adj.: desazón ref. frutos, ni muy maduro ni muy tierno. *Anutallata rantikamay*: Véndeme sólo el fruto en desazón. *anuta utsu*: ají en desazón.
anutay v.: estar los frutos en desazón.
anyay v.: reprender, enseñar con severidad, espantar, arrear. *Wamrakunataqa, kuycy karpis anyanantsikmi*: A los niños, aun amándolos, los debemos enseñar con severidad.
aña s.: lunar. *Añaykipitam riqirquq*: Te he reconocido por tu lunar. *hatun aña*: lunar grande.
Aña s.: hipoc. de Anastacio, -a, Ana.
añaku s : mofeta. →**añas**.
¡añañau! interj.: ¡qué bonito! *¡Añañau! ¿Imatan kayqa?*: ¡Qué bonito! ¿Qué es esto?
añas s.: mofeta, zorrillo (Conepatus suffocans). *Añasmi papaata uksir ushan*: El zorrillo está acabando de hociquear mi papal. →**añaku**.
añu (Cuzco) s.: mashua (Tropaeolum tuberosum). Tubérculo andino semejante a la oca, comestible. Es veneno para las acémilas. →**mashwa**.
apa s.: frazada, cobija. →**qata**.
apaakuy s.: aluvión, alud. *Apaakuyta*

mantsarmi rikchaq rikchaqllana puñukuyaa: Por temor al aluvión dormimos semidespiertos.
apachita s.: apachita, apacheta. Montón piramidal de piedras que se ofrecen a las montañas.
apachiy v.: cargar en al espalda al niño.
apakuy v.: llevar el fiambre a los trabajadores, llevarse algo. *Nuqaqa, kikiipatam apakuu*: Yo me llevo lo mío.
Apalliku s.: mit. Apallico. Se manifiesta como un niño que gime y dice: *Apallikallmay* (Álceme en sus brazos, por favor). Y cuando alguien lo hace se vuelve en un ser grotesco y abre su boca de murciélago dispuesto a morder. A su rugido aparecen sus compañeros escondidos. Es gregario.
apamuy (*apa-mu-y*) v.: traer. *Waray, waskata apamunki*: Mañana traerás soga.
apana (*apa-na*) s.: algo para llevar. *¿Maytan apanaa kaq?*: ¿Dónde está lo que debo llevar?
apanhuray s.: cangrejo.
apariihu s. esp.: aparejo. Especie de montura para las acémilas.
aparitsiy (*apa-ri-tsi-y*) v.: ayudar a poner la carga sobre la espalda, hacer cargar.
apariy v.: cargar algo en la espalda. *Yana pumash chiinata apariskinaq*: Dicen que el oso había cargado a la joven sobre su espalda.
apasanha s.: tarántula. →**atapuquy**.
apatsikuy v.: hacer encargo, mandar encargo, enviar.
apatsiy v.: hacer llevar algo, mandar encomienda. *Qillayta mamapaq apatsiy*: Manda dinero para mamá.
apaatsiy v.: ayudar a llevar algo.
apay v.: llevar, transportar. *Kayta wasiman apay*: Lleva esto a la casa.
apaykachay v.: forcejear, atreverse a.
api s.: mazamorra con dulce, algo espeso. *chiklau api*: mazamorra de calabaza. *papa api*: mazamorra de papa rallada.
apichu s.: camote, batata. →**kamuti**.
apiy v.: hacer mazamorra. *Tsunuta apimuy, chakwan*: Mamita, haga mazamorra de chuño.
apiyay v.: hacerse mazamorra, sancocharse mucho, espesarse.
aptapakashqa (*aptapaka-shqa*) adj.: maniapretado, manos que no se pueden abrir por defecto o lentitud.
aptakuy v.: agarrar algo para uno mismo. →**achkukuy**.
aptapakay v.: quedarse empuñadas las manos por tullirse.
aptay v.: agarrar, atrapar. *Tsay hakata aptamuy*: Atrapa ese cuy. →**achkuy**.
apu s.: (título honorífico) gran señor, persona principal de un ayllu. El frejol más importante en el juego de frejoles. Se empuña decenas de frejoles, se tira al aire y se recibe con el dorso de la misma mano y se vuelve a tirar y se agarra con la palma cogiendo solamente lo suyo. Cada jugador tiene su "apu" que se distingue de los demás por su forma, color, tamaño o por algo especial. Si el jugador agarra el "apu" del contrincante gana el juego. El apu es como el rey en ajedrez.
Apu s.: Apu. Espíritu o poder de la montaña. El Apu se manifiesta y protege a los que recurren a él.
Apurimac (*apu rimaq*: señor locuaz) s. top.: Apurímac. Dpto. y río del Perú.
aputu s.: hongo negro que ataca a la mazorca del maíz. Es comestible en ensaladas y guisos. →**puqpii**.
aq: 1. adj.: foráneo, no del lugar. *Aq warmitam kuyaa*: Amo a una mujer foránea. 2. adv.: afuera. Se usa con suf. locat. *Aqman ayway*: Ve afuera. →**waqta**.
aqa s. (Cuzco): chicha. →**aswa**.
aqallpu s.: molido, harina. →**machka**.
aqapaakuy v.: pasar el tiempo moliendo despacio.

aqapakuy v.: moler granos para otra persona. *Aqapakuptiimi kay aqallputa qarayaamarqun*: Por moler sus granos me han regalado esta harina.

aqapay (*aqa-pa-y*) v.: moler levemente, desmenuzar los granos. C de H: *aqapiy*.

aqash s.: intestino, tripa. *tita aqash*: intestino grueso. *llanu aqash*: intestino delgado. →**chunchulli**.

aqatsi s.: molleja. *aqatsi kanka*: molleja asada.

aqay v.: moler, desmenuzar. *Aham kukupa aqay*: Es difícil moler la papaseca.

aqllu s., adj.: tartamudo. →**wataaru**.

aqñu s.: lo que se bota de la boca, algo mal masticado como lo que bota el cerdo al comer. →**aqñupi**.

aqñupi s.: bagazo de caña masticada. *Aqñupikita munaatsu*: No quiero tu sobra mal masticada. →**kachupi**.

aqñuy v.: masticar de mala gana.

aqshu (Huaraz) s.: manta. →**ashqu**.

aqshuy (Huaraz) v.: cubrir con manta.

aqtukashqa (*aqtu-ka-shqa*) p. p.: con la lengua afuera (por defecto físico o mal hábito).

aqtukay (*aqtu-ka-y*) v.: estar con la lengua afuera (por algún mal o descuido), quedar con la lengua afuera.

aqtupaanakuy (*aqtu-pa-a-naku-y*) v. recíp.: sacarse la lengua, enseñarse la lengua, ofenderse mostrándose la lengua.

aqtupay (*aqtu-pa-y*) v.: sacar la lengua a otra persona, ofender sacando la lengua, dejar lo masticado para otro.

aqtuy v.: botar algo de la boca. *Kay kuchiqa tiqllashqana karmi mikuyta aqtun*: Este cerdo bota la comida de su boca porque ya está harto.

aqtsa s.: pelo, cabello. *yana aqtsa*: pelo negro. *tsuqllu aqtsa*: pelo de la mazorca de maíz. →**chukcha** (Cuzco).

aqtsa rutuna (*wasi*) s.: peluquería.

aqtsa rutuq s.: lit. "cortador de pelo", peluquero. *Aqtsa rutuqllapis yarqurqa, allim kanki*: Estarás bien si siquiera logras ser peluquero.

aqtsa rutuy s.: corte de pelo, ceremonia del primer corte de pelo. Los padrinos que cortan el pelo regalan un ganado, por lo cual son muy agasajados.

aqtsillku s.: pelo de la mazorca de maíz.

aqu s.: arena, piedrita. *yuraq aqu*: arena blanca. top. Agocucho (*aqu kuchu*) en Caraz – Ancash.

aqusha s.: arenal, arenilla. *aqusha chakra*: chacra arenosa.

aqushay v.: arenillarse, ensuciarse con arenilla.

aqushayay v.: volverse en arena, desmenuzarse.

arariwa, arariwaq s., adj.: espantador de pájaros, pajarero.

arash s.: lagartija, lagarto. *china arash*: lagartija hembra. →**pilata.**

araway s.: horca. *allqu araway*: horca de perro.

ari adv.: sí. ¿*Waray aywankiku? Ari*. ¿Vas mañana? Sí. *ari, aumi*: claro que sí, segurísimo. *ari aumi*: sí pues. *ari manam*: que no, de ninguna manera. →**au.**

ari manka s.: olla nueva por inaugurar.

ariy v.: inaugurar, estrenar. *Kay punchutaqa kanan arishaq*: Hoy voy a estrenar este poncho. →**wariy**.

ariki (Huaylas) exp. adv.: claro que sí. Usado entre amigos. ¿*Waray kutimunkiku?*: ¿Volverás mañana? *Ariki*: Claro que sí. →**auriki.**

arkaraq s.: que se queda mirando sin intervenir.

arkaray v.: quedarse mirando, mirar mientras otro trabaja o está en problemas. ¿*Ima nirtan arkaraamankilla?*: ¿Por qué solamente te quedas mirándome?

arkiiru s. esp.: arquero, golero, guardavalla. →**tsapaq**

arku s. esp.: 1. montón piramidal de planta de maíz cortada y amontonada en la cosecha. 2. arco del campo de fútbol.
arkuy v.: formar el "arco" con la chala (panca) de maíz.
armakuna s.: lugar donde se baña, objeto con que se baña.
armakuy v. refl.: bañarse, lavarse todo el cuerpo. *Wata qallanan punchaumi, tukuy laaya waytakunata timpuskatsir armakuntsik*: En el año nuevo nos bañamos hirviendo toda clase de flores.
armatsinakuy (*arma-tsi-naku-y*) v. recíp.: bañarse, baldearse en carnaval.
armay v.: bañar, lavar todo el cuerpo.
armay v.: 1. tomar un bocado de coca ("una armada"). 2. obtener el efecto de la coca al mezclarla con cal dentro de la boca. *Kay kukaa manam armantsu*: Esta mi coca no llega a su punto. 3. s.: un bocado de coca. *Huk armayllata tariikullaaman*: Si siquiera encontrara un bocado de coca.
arpa s. esp.: arpa. *arpa chanka chakwas*: vieja de piernas largas y delgadas como las del arpa.
arpana s.: ofrenda del sacrificio.
arpay v.: ofrecer el sacrificio al Apu o Huaca.
arqay adj.: coloreado (anaranjado, amarillo y rojo).
arranki ‹ de 'arranque', adj. esp.: vivaz, sin miedo, intrépido, sociable. *arranki wamra*: muchacho intrépido.
arruba s. esp.: arroba. *Chusku arrubam huk saaku*: Un saco es cuatro arrobas.
arsu (Huaraz) s. esp.: arzón, el asa que cuelga del yugo para que por allí pase la punta del timón. →**balsus**.
arukuy v.: trabajar, cocinar (Huaraz) (dichos con énfasis).
aruy s.: trabajo. *¿Tarinkiku aruyta?*: ¿Encuentras trabajo?
aruy v.: trabajar, cocinar (Huaraz).
arwa s.: sombra. *yana arwa*: sombra negra. →**llantu**.
arwaakuy v.: sombrearse, descansar en la sombra.
arway v.: hacer sombra.
asaksa s.: piojo de aves. →**chuchuuya**.
asaksay v.: llenarse del piojo de las aves.
asanchi s.: primera capa de paja de los techos.
ashana s.: apodo, sobrenombre. *Kay markantsikchau, ¿piraq ashanayuqtsu?*: En nuestro pueblo, ¿quién no tendrá apodo?
ashanakuy (*asha-naku-y*) v. recíp.: insultarse, ponerse sobrenombres. *Kay runakunaqa, ashanakuy karmi, maqanakuyman churakaayarqun*: Ocurre que estos hombres han llegado a pelearse por estar insultándose.
ashanqu s.: ashango (La Libertad). Especie de hamaca redonda que sirve para airear platos y para guardar comida lejos del alcance de perro y gato. →**wayrinka**.
ashay v.: insultar, apodar. *Ama pitapis ashankitsu*: No insultes a nadie.
ashipakuy (*ashi-pa-ku-y*) v.: rebuscar, esculcar.
ashipanakuy v. recíp.: rebuscarse. *Huk wasillachau taakurpis manam ashipanakuntsiktsu*: Aun viviendo en una misma casa no nos rebuscamos.
ashipay (*ashi-pa-y*) v.: rebuscar, provocar, buscar bronca. *Añau kakuq kuruta imapaq ashiparquyki*: Para qué has provocado al gusano que estaba tranquilo.
ashipuy (*ashi-pu-y*) v.: buscar algo para otro, ayudar a buscar, buscar errores en otro.
ashiy v.: buscar. *Aywakuptii ama ashimankitsu*: Si me voy, no me busques.
ashkash s.: cría tierna de oveja, per. 'huachito'. *muru ashkash*: corderito de varios colores, alguien que se ha orina-

do en la ropa.

ashnu s. esp.: asno, burro. *Ashnunau puñunqaykiyaq pumaqa ushaykita mikushqa*: Mientras dormías como un burro el puma ha comido tu oveja.

ashnu adj.: bruto, irrespetuoso. *Ashnullam rimaykukuyta yachantsu*: Sólo el burro no sabe saludar.

ashnu hacha s.: alonso. Planta medicinal para úlcera estomacal sangrienta.

ashnupa ranin s.: lit. "verga del burro", cartucho (flor blanca como cartucho).

ashqu s.: manta, rebozo. →**lliklla, haku**.

ashqukuy (*ashqu-ku-y*) v.: cubrirse con algo, abrigarse. *Taqay hirkaqa llutanpam alalan, alli ashqukuyanki*: Aquella colina es muy fría, deben abrigarse bien.

ashqunakuy (*ashqu-naku-y*) v. recíp.: abrigarse, cubrirse.

ashqutsiy (*ashqu-tsi-y*) v.: mandar que se abrigue, abrigar.

ashquy v.: abrigar con manto o poncho. *Allau, imanau taqay wamra alalan, imallawanraq ashquuman*: Pobrecito, cuánto frío tiene aquel niño, ¿con qué lo podría cubrir?

ashtapakuy (*ashta-pa-ku-y*) v.: trastearse, mudarse.

ashtay v.: acarrear, transportar, cargar. *Kaypitam yantata ashtarqayki*: De aquí acarreaste leña.

Ashu, Ashuku s.: hipoc. de Asunción.

asi s.: risa, buen ánimo. *Asi, asi imatapis rurayaallanki*: Por favor, cualquier cosa, háganlo de buen ánimo.

asikuy v. refl.: reírse. *Asinkunqaykipitaqa yanapamankiman*: En vez de reírte deberías ayudarme.

asinaray (*asi-na-ra-y*) v.: mantener el rostro sonriente.

asinay v.: tener ganas de reírse, aguantar la risa. *Asinarqa, shumaqlla yarqukuskir, asikunki*: Si tienes ganas de reírte, debes retirarte con sigilo, y reírte afuera.

asinat s.: sonrisa.

asinatyay (*asi-na-t-ya-y*) v.: sonreír levemente. *Tsay warmi shumaq asinatyan*: Esa mujer tiene bella sonrisa.

asipaanakuy v. recíp.: burlarse mutuamente riéndose.

asinaypaq (*asi-nay-paq*) exp.: que da risa, que causa risa risible, ridículo. C de H: *asineepaq*.

asipay v.: reírse de otro. *Asipaakuypis allitsu*: Reírse de otro tampoco es bueno.

asiy v.: reír. *Asin, asin aruytaqa usharintsik*: Contentos (riéndonos) hemos terminado el trabajo (entre risas).

asna adj.: maloliente, apestoso, hediondo. top. *Asnapuquio* (*asna pukyu*: lit. "manantial apestoso"). →**asyaq**.

asnay v.: heder, apestar. →**asyay**.

aspiy v.: escarbar, cavar. *Aspirqa maypis yakuta tarishun*: Si cavamos quizás encontremos agua.

asqaq (Huaraz) adj.: de sabor agrio, amargo. →**ayaq**.

asqay (Huaraz) v.: amargar (sabor), estar amargo. →**ayay**.

asqu (Huaraz) adj.: oscuro. *asqu patsa*: hora oscura.

asquy v.: oscurecer. →**tutapay**.

astana s.: 1. chicote, látigo, azote. 2. adj.: azotable.

astay v.: chicotear, latiguear, azotar.

aswa s.: chicha. *Aswallaykita qaraykamay, quri wayta*: "Flor de oro", por favor, regáleme su chicha. *aswa chaqa*: pequeño envase que sirve para sacar la chicha. *aswa manka* olla de chicha, botija, tinaja de chicha *aswapa ñawin* (lit. "el ojo de la chicha"): la primera prueba de chicha que está espumosa. *aswa pacha*: bebedor de chicha, chichero. *aswa wasi*: chichería. La venta de chicha se anuncia con una banderita roja. *hara*

aswa: chicha de maíz. *muulli aswa*: chicha de molle (miel que cubre el grano). *manii aswa, intsik aswa*: chicha de maní. *yuraq aswa*: chicha blanca (de maní, haba, quinua, etc.). →**aqa** (Cuzco).
aswakuy v.: hacer la chicha, conseguir la chicha.
aswana s.: olla grande para hacer chicha.
asway v.: hacer chicha. *Aswarqa, alli aswanki*: Si haces chicha, debes hacer buena chicha.
asyapaanakuy v. recíp.: lit. "hederse", no congeniar, aborrecerse.
asyapay (*asya-pa-y*) v.: apestar para otro, no gustar a otro.
asyaq (*asya-q*) adj.: maloliente, apestoso. *asyaq hamay*: aliento fétido. →**asna**.
Asyaq s.: diablo, demonio. Se cree que el diablo tiene olor fétido por eso se lo combate con algo fétido. →**Supay**.
asyaq siki s.: lit. "culo apestoso", mofeta, zorrillo. →**añas**.
asyaq wayta ‹ *Asyaqpa waytan* s.: geranio, flor del diablo. No se pone en el altar. Su olor causa trastornos.
asyay v.: apestar, heder. *Wañuskirqam llapantsik tsaynaulla asyantsik*: Muertos, todos apestamos igual. →**asnay**.
ashpiy v.: escarbar, rasgar. →**aspiy**.
ashpu (Huaraz) adj.: (tierra) fácil de escarbar, suave.
Atachu, Ataachu s.: hipoc. de Atanasio.
ataka s.: talón. *Atakaatam haytamushkanki*: Has pateado mi talón.
¡atallau! interj.: ¡qué lindo! referido a algo que se desea con mucha vehemencia. →**añañau**.
atapiina s. esp. (¿atapinga o atapierna?): atapina, cinchо para asegurar la carga de las acémilas.
atapiinay v.: atapinar, asegurar con el cincho la carga.
atapuquy s.: tarántula. *Atapuquytaq kanishunkiman*: Cuidado que te muerda la tarántula. →**apashanka**.
ataqu s.: atago. Pequeña planta cuyas hojas son comestibles en sopa y guiso. También: *ataqu shitqa, ataqu hitqa*.
¡atatau! interj.: ¡qué asco!, ¡qué feo!
atatay v.: abominar, rechazar. →**atay**.
¡atau! interj.: ¡Qué asco! →**atatau**.
Atawalpa (*atau wallpa*: qué asco de gallina) s.: Atahualpa. Nombre del último inca y que fue mandado matar por Francisco Pizarro. Para los sureños es el símbolo de deslealtad por su guerra fratricida con Huáscar.
atawallpa s.: atahualpa. Planta muy similar al chulco, de tallos delgados, pelusientos, rojos y de sabor ácido. Se usa en la tintorería, para cuajar la leche.
atay v.: abominar. →**atatay**.
ati s.: mal agüero, mal pronóstico, algo fatal. →**ranya, tapya, winchu**.
atikay (Huaraz) v.: advertir, exhortar.
atinay v.: poder. *¿Kayta atinankitsuraq?*: ¿Podrás esto?
atipay v.: escaparse, zafarse, vencer escapándose. *Uushakuna yanasaykita atipayan*: Las ovejas vencen a tu amigo (Tu amigo no puede atajar a las ovejas).
atsikya s.: amanecer, alba, luz.
atsikyaapakuy (*atsik-ya-a-pa-ku-y*) v.: amanecer antes de que se haya hecho lo programado, no madrugar. *Puñuy sikikuna, imaypis atsikyaapakushqa puriyanki*: Dormilones, siempre andan atrasados (nunca temprano).
atsikyay v.: amanecer, alborear, clarear, alumbrar, iluminar. *Shaarikuyay patsa atsikyannam*: Levántense que ya amanece el día.
atska adj.: mucho, bastante, demasiado. *allaapa atska*: lit. "muy mucho", muchísimo. *atska niray*: parecer mucho (bastante). →**achka**.

atskaq ‹ *atska kaq* adj.: muchos. *Atskaq chaayaamushqa*: Muchos han llegado.
atuq: 1. s.: zorro, ladrón. En los cuentos quechuas el zorro (como puma y cóndor) representa a los curacas, hacendados, curas y autoridades abusivos. *pallian, palian (atuq)*: zorro palian (pequeño y propio de las zonas yungas). *yana uma atuq*: ladrón, persona que come ganado ajeno y luego dice que fue el zorro. *Akuñakunaqa imaypis yana uma atuqmi kayashqa*: Los Acuña siempre han sido "zorros de cabeza negra". 2. adj.: salvaje, no comestible. El zorro es animal salvaje como el cóndor y ratón. *atuqpa papan*: "papa del zorro", papa silvestre muy amarga.
atuq hara (sara) s.: "maíz del zorro", una especie de maíz silvestre que se usa como jabón.
atuq kuru s.: alacrán. lit. "gusano del zorro". Para que los perros sean valientes y no teman al zorro se les hace picar la nariz con el alacrán. →**chushchu kuru**.
atuqpa papan s.: lit. "papa de zorro", papa silvestre muy amarga y que si se come produce diarrea.
atuqpa ullukun s.: olluco silvestre. Planta andina cuyas hojas y tubérculos son comestibles.
Atuq Shayku s. top.: lit. "que cansa hasta al zorro", Atocshayco. ref. a caminos de cuestas muy empinadas.
au adv.: sí. *aumi*: para contestar a un mayor, *au* es descortesía. *au ari*: seguro, claro, muy posible. *auchaa* (C de C): seguro, muy posible. *aumi, aumiri*; C de H: *oomi, oomiri*: sí, seguro, sin duda. →**ari**.
au (llamativo a menores o entre amigos): mira, oye. *Au, wiyachakuy, imach waqan*: Oye, escucha, no sé qué llora.
auha s. esp.: aguja. *llanu auha*: aguja delgada. →**anta kasha**.

auhiilla s. esp.: agujilla. Planta de flores como agujillas, crece en los papales. Buen pasto para cuyes.
aukapis exp. adv.: de verdad, verdad, no lo sabía. *Taqay chiinaqa chichuna kanaq*: Ocurre que esa muchacha ya había estado embarazada. *Aukapis*: Verdad.
auki s.: auqui. El espíritu de las montañas, príncipe.
aukillu s.; abuelo, antepasado.
aukin, aukish s., adj.: viejito (afectivo) ref. no sólo al anciano. *Aukin Iullu*: Viejito Eulogio.
aukis s. masc.: viejo, anciano. *Wamrakuna, kay aukista alli wiyachakuyay*: Muchachos, escuchen bien a este anciano. *aukis allqu*: perro viejo. →**ruku**.
aukish s.: viejito (afectivo). El nevado Huascarán es también conocido como *Aukish Matash Rahu*. El sonido palatal -sh es afectivo. →**aukin**.
aukisyay, aukinyay, aukishyay v.: envejecer (ref. hombre o animal macho). →**rukuyay**.
Aulli hipoc. de Aurelio, -a.
aulli s.: ídolo. →**qunupa**.
aulliy v.: preparar los hilos en una pampa para ponerlo en el telar. *Aulliqa, Aulli kaykar, aulliyta yachantsu* (juego de palabras por analogía fonética de *Aulli* y *aulliy*): Aulli, siendo Aulli, no sabe preparar el hilo para el telar.
aumi (au-mi) adv.: sí (con más cortesía y seguridad). *aumi, ari*: claro que sí, segurísimo. *aumi ari*: sí pues, así es. C de H: *oomi*.
auqaadu s. esp.: ahogado, especie de caldo. *runtu auqaadu*: ahogado de huevo.
auqay v. esp.: ahogar, rehogar (aderezar o estofar la comida con grasa, sal y cebolla). *Mamaami kashkintsikta auqaykan, ichikta shuyaykuy*: Espérate un rato que mi mamá está aderezando nuestra sopa.

aurikay (*auri-ka-y*) v.: enredarse con bejucos o sogas. *Shumaqlla ayway, mullakawantaq aurikankiman*: Anda con cuidado, no vayas a enredarte con la mullaca (bejuco).
auriki exp.: claro que sí. →**ariki**.
auriy v.: asegurar con soga, enredar, amarrar. *Qinchata alli auriy*: Amarra bien la quincha.
aurura s. esp.: aurora (una especie de trigo de grano un poco redondo y produce sobre 3000 m. s. n. m.)
autsay v.: ganar. →**shiqiy**.
awa s.: tejido, lo que está por tejerse y está en el telar.
awakuy (*awa-ku-y*) v. enfát.: tejer.
awa maki exp. s.: lit. "mano que teje", tejedor, diestro tejedor. *Alli awa maki kaptikim piimay aruyta apamun*: Todos te traen trabajos porque eres un diestro tejedor.
awana s.: herramienta para tejer, material para tejer.
awankana s.: ave rapaz, especie de águila. →**illawanka**.
awankari s.: cesto grande de coca.
awapakuq p. pte.: que teje, tejedor, que se gana la vida tejiendo.
awapakuy (*awa-pa-ku-y*) v.: ganarse la vida tejiendo.
awaq p. pte.: que teje, tejedor. *hiqna awaq*: tejedor incumplido.
awash s. esp.: haba, habas. →**aabas**.
awashqa (*awa-shqa*) p. p., adj.: lo tejido. *shumaq awashqa punchu*: poncho bien tejido.
awawinkay v.: enredar con soga las patas del ganado.
away v.: tejer. *¿Chumpataku awaykanki?*: ¿Estás tejiendo chompa?
Awi s.: hipoc. de Abelardo, -a.
awi s.: lado, costado.
awikay v.: ladearse, moverse inclinándose de un lado a otro.
awila s. esp.: abuela. →**tsatsa**.

awilu s. esp.: abuelo. →**tsatsa, aukillu**.
awiy v.: moverse de un lado a otro (los árboles por el viento), menearse.
¡ay! interj. de dolor y pena: ¡ay! *¡Ay pachallaa, mamay!*: ¡Ay mamá, me duele el estómago!
aya s.: alma, espíritu, difunto, cadáver. *Ayapis naanintach purikun*: Seguro que el alma también anda por su propio camino.
Aya s.: Difunto, Mortaja. Signo zodiacal, visible en el atardecer de julio y agosto. Es como una inmensa nubosidad.
aya allpa s.: tierra muerta, tierra del muerto. Tierra que no se pone compacta ni con agua.
aya hacha s.: ayajacha, planta del muerto. (Planta que hiede como el muerto).
aya hanchaq, aya hancha s.: lit. "que guía al alma tomándole de la mano", avispón negro. →**wachiq wachiq**.
aya killa s.: lit. "mes de los muertos", noviembre.
Ayakuchu s.: top. Ayacucho (*aya*: muerto; *kuchu*: rincón). Departamento andino del Perú.
aya kirma s.: parihuela o camilla para cargar los muertos.
aya kuti s.: resucitado, que ha revivido.
aya marka s., lit. "tierra de los muertos", panteón, cementerio. *aya marka, allpa tikray marka*: cementerio, lugar donde todo se vuelve tierra.
aya pampaq s.: sepulturero, enterrador.
aya pampay v.: enterrar o sepultar.
aya pushay v.: guiar al alma. *Allquumi ayaata pushanqa*: Mi perro guiará mi alma. Por eso el perro merece buen trato.
aya rupay s.: sol mortecino, sol que no alumbra ni abriga por mucha neblina.
aya shuka s.: silbido del muerto (agudo y sin cadencias ni anticadencias).

aya wantuna s.: anda para llevar el cadáver. →**aya kirma**.
aya wantuq s.: el que carga al muerto.
aya wasi s.: panteón, cementerio, casa del muerto. →**aya marka**.
aya waska s.: lit. "la soga del muerto", ayahuasca. Bejuco selvícola (Banisteriopsis caapi) del que se elabora una bebida que hace manifestar lo inconsciente. Se toma después de la abstinencia de ají, ajo, sal, cebolla, manteca, azúcar, licor y sexo, y bajo la conducción de un maestro.
aya wayta s.: lit. "flor del muerto". De fragancia hedionda y que causa mareos si se la huele.
ayapa tukllun, aya tukllu s.: lit. "hongo de los muertos", agárico venenoso (se reconoce por su olor más fuerte, color y formas).
ayapa tukrun s.: ayapa tucrun, lit. "bastón del muerto". Planta de tallos muy delgados y de olor feo.
ayapllay v.: (el espíritu) causar el mal con su poder.
ayaq adj.: amargo. *ayaq hampi*: medicina amarga.
ayaq s.: bilis, vesícula biliar. *Mana ayaqnii kaptinmi wira mikuyta mikullaatsu*: Por no tener bilis no puedo comer comida grasosa.
ayaq kukuuli s.: lit. "cuculí amargo", paloma torcaz grande que se alimenta de semillas amargas, por eso su molleja es muy amarga.
ayaq pitsana s.: lit. "escoba amarga", ayac pichana. Planta pequeña de ramas muy menudas y delgadas, se usa como escoba, sus tallos son muy amargos.
ayaq shaylli s.: ayac shaylli, ayac sailli. Planta amarga que cura la sarna.
ayaqshu s.: ayacshu. Planta de hojas amargas pero comestibles. Huaraz.
Ayar s.: Ayar. Nombre de cuatro hermanos que participaron en la fundación del imperio inca: *Ayar Kachi, Ayar Uchu, Ayar Auka, Ayar Manku*.
ayay v.: amargar. *Kay hampiqa allaapa ayan*: Este remedio amarga demasiado.
ayayay (*aya-ya-y*) v.: volverse cadáver o espíritu.
¡ayayay!: ¡ayayay! interj. de dolor; pero con otro tono es una burla.
ayaylla s.: piedra bezoar, piedra de cálculo. →**illa rumi, pacha rumi**.
aycha (Q II) s.: carne. *llama aycha*: carne de llama. →**aytsa**.
ayka adv.: cuánto. *¿Aykata munanki?*: ¿Cuánto quieres?
ayka kuti exp. adv.: cuantas veces.
ayka mayka exp. adv.: cuanto sea, cualquier cantidad.
¿aykaraq? (*ayka-raq*): ¿cuánto será?, ¿cuántos serán?
ayllu s.: ayllu, comunidad, grupo de personas que tienen vínculos familiares, históricos, geográficos. *Aylluwam mamaqam hukllaylla*: Madre y comunidad hay una una sola.
ayllukay (*ayllu-ka-y*) v.: reunirse, congregarse. Con más énfasis: *ayllukaakuy*, C de H: *sellukaakiy*.
ayllukuq s.: persona que hace el rodeo del ganado.
ayllukuy v.: recoger las cosas, hacer el rodeo, echar de menos el ganado y reunirlos en un solo paraje. *Llatapaykita ayllukuy*: Recoge tu ropa. *Ayllukuq aywashun suwakunataq puntamashwan*: Vayamos a hacer el rodeo no vaya a ser que los ladrones se nos adelanten.
ayllunakuy (*ayllu-naku-y*) v. recíp.: hacer todos el esfuerzo de reunirse.
aylluy v: recoger, reunir.
aymara s.: idioma y grupo étnico de Perú y Bolivia. *aymara rimay*: idioma aymara.
aymuray v.: cosechar. →**pallay**.
aymuray killa s.: mes de la cosecha, julio. →**pallay killa**.

ayni s.: servicio gratuito para ser retribuido igual. *ayni aruy*: trabajo de solidaridad. →**rantin**.

ayni s.: consejo, reprimenda. *Mamapa ayninta chaskikuy*: Recibe el consejo de mamá.

ayniy v.: amonestar, reprender. *Warmikitaqam shumaq ayninayki*: A tu mujer la debes amonestar con cuidado.

aypa adj.: pudiente, importante. *Aypa runa karchi kayta rantirquyki*: Por ser hombre pudiente has comprado esto.

aypa adv.: imposible. *Aypa kay chukaru tooruta aptanki*: Imposible que puedas agarrar este toro chúcaro.

aypaatsiy (*aypa-a-tsi-y*) v.: hacer alcanzar, completar. *Maa, kayllatapis aypaatsinakushun*: A ver, hagámonos alcanzar siquiera esto. *Millwa pishiptinqa, aypaatsinki*: Lo completarás si falta lana.

aypay v.: alcanzar a coger algo. *Taqay waytayaq manam aypaatsu*: No alcanzo hasta esa flor.

aypunakuy v. recíp.: repartirse con equidad. *Runakunaqa, mana aypunakuyta yacharmi, maqanakuyman churakaayan*: Los hombres, por no saber repartirse, llegan a la pelea.

aypuy v.: distribuir, repartir.

ayqikuy (*ayqi-ku-y*) v.: huir, escaparse. *Kuchpapitaqa, ayqikullaami*: Me escapo de la piedra que rueda sobre mí.

ayqitsiy (*ayqi-tsi-y*) v.: hacer huir.

ayqiy v.: huir, escapar.

ayra s.: encanto.

Ayra s.: Ayra, hada andina. Mujer bella que vive en las cataratas, torrentes, manantiales y que con su bello canto encanta a gente inocente. *wayra* (viento) › *ayra*. Para comunicarse con Ayra hay que abstenerse de ají, sal, ajo, azúcar, cebolla, manteca, licor y sexo.

ayra marka s.: pueblo encantado, pueblo al margen del tiempo.

ayrahay v.: desear algo con exageración, ambicionar. *¿Tushupaqku ayrahanki?*: ¿Te desesperas por el baile?

ayrampu ‹ *wayra hampi* s.: airampo (Opuntia soehrensii). Planta medicinal para el mal viento, el mal sitio y la piojera. *puka ayrampu*: airampo rojo. *yuraq ayrampu*: airampo blanco.

ayri s.: hacha. *ruqu ayri*: hacha sin filo. *llaqllana ayri*: azuela. →**haacha**.

ayriwa s.: abril (mes para cuidar los frutos). →**allay killa**.

aytsa s.: carne. *kuchi aytsa*: carne de cerdo. *mishi aytsa yunqakuna*: yungas comegatos. *aytsa pacha*: carnívoro, que come carne. *Supaypa aytsan*: carne del diablo, pecador. C de H: *eetsa*. →**aycha**.

aytsa qatu s.: carnicería.

aytsa qatuq s.: carnicero.

ayu s.: pañal, manto. →**inchana**.

ayunakuy v. recíp.: ayudarse a llevar bultos adicionales.

ayuy v.: ayudar a llevar el bulto ajeno en la acémila.

aywakuy v.: irse, macharse. *Aywakullaanam*: Perdón, ya me voy.

aywallaa exp.: hasta luego, adiós, lit. "ya me voy". *Aywallaa, mamay*: Adiós, madre mía. *Machaytapis, aywallaa machay, nintsikmi*: A la cueva también se le dice: adiós cueva. La persona debe saber despedirse y agradecer.

aywallaachi s.: despedida, canción o baile de despedida. *Aywallaachitaraq tushuramushaq*: Esperen, voy a bailar todavía la despedida. →**kacharpari**.

aywallaachiy v.: despedirse, cantar o bailar de la despedida.

aywariy (*aywa-ri-y*) v.: 1. morirse, acabarse las fuerzas, irse de aquí y ahora. *Qichawan hitariywanqam pipis sas aywarin*: Cualquiera se muere rápido con diarrea y vómitos. 2. ir pronto. *Aywarillaashun*: Vayamos ya, por favor.

aywatsiy (*aywa-tsi-y*) v.: vencer, doblegar, matar. *Payqa, allish toorutapis aywatsinmi*: Él doblega al mejor toro.

ayway v.: ir, marchar. *Aywaa kutimushaq*: Voy y regreso.

aywikay v.: ladearse una masa, inclinarse en peso. *Taqay hatun rumiqa aywikaykan*: Aquella piedra grande se está ladeando.

aywiy v.: batir, enjuagar. *Pañuylutaqa allim aywirquu*: He batido bien el pañuelo. He bailado bien.

B

b [b]: oclusivo labial sonoro ausente en quechua. Pero aparece en algunos dialectos como resultado de la sonorización de /p/ en posición intervocálica o en contacto con un fonema nasal. Pomabamba (*Puma Pampa*), Chinchobamba (*Chinchu Pampa*). Este fenómeno es más frecuente en el quechua de Colombia, Ecuador y en el norte peruano (Cajamarca). También aparece en los préstamos del español.
baadu s. esp.: vado. →**tsimpana**.
baaduq s., adj.: vadeador. →**tsimpaq**.
baaduy v.: vadear. *Kaypa baaduytsu*: No vadees por aquí.
baaguidu s. esp.: vagido, vahído.
baaliy v. esp.: valer. *mana baaliq*: de menor edad, persona que aún no se vale por sí misma. *Mana baaliq wamrata upyayta yachatsinki, tsayqa manam runa kaytsu*: A un menor le enseñas a beber, eso no es propio de una persona.
baayu adj. esp.: bayo, color rojizo. Generalmente se refiere a los caballos.
badulaaki adj. esp.: badulaque.
baldi s. esp.: balde (depósito). *Huk baldi aswapaq pelootata pukllaykuyaa*: Jugamos fútbol por un balde de chicha. *di baldi*: de balde, en vano.
baldiyanakuy v. recíp.: baldearse, echarse agua a baldazos. Costumbre del carnaval. C de H: *baldiyanakiy*.
balsus s. esp.: balso, barzón (lazo que cuelga del yugo y sostiene la punta del timón por la telera). *Balsuskunata rurayay*: Hagan los balsos. →**arsu**.
Balli, Walli s.: hipoc. de Valerio, -a.
bamba s.: pampa. La /p/ en distribución intervocálica y en contacto con la nasal se sonoriza: top. Pomabamba, Huancabamba, Vilcabamba.
banda s. esp.: banda de músicos (debe tener instrumentos de viento y percusión). *¿Kay wata banda shamunqatsuraq?*: ¿Vendrá la banda este año?
bandira s. esp.: bandera. →**unancha**.
bankitiyay v. esp.: banquetear, comer en abundancia. →**mikupakuy**.
baraatu adj. esp.: barato.
baratiiru s., adj. esp.: baratero, regateador de precios.
baratiyay v.: baratear. *Papantsikta baratiyaayan*: Baratean nuestra papa.
barbaku s.: palos como una parrilla que sirven de camino en las pendientes. Voz antillana. top. Barbarcu (ref. especie de puente de palos en una pendiente muy empinada). Quitaracsa.
barbaygaachu (barba y cacho) s. esp.: laceada por la barba y cacho.
barbaygaachuy v.: lacear un animal por la barba y el cacho.
barbichaq, barbichakuq s.: barbechador, que hace barbecho.
barbichay v.: barbechar. *Barbichakushun*: Barbechemos.
barbichu s. esp.: barbecho, primera arada. *Barbichuu hananpaqa ama uushaykita qatillaytsu*: Por favor, no arree sus ovejas sobre mi barbecho.
batya s. esp.: batea, recipiente grande de madera. Es más grande que *puku*.
bayiita s. esp.: bayeta. *yana bayiita*: bayeta negra.
Biblia, Bibliya s. esp.: Biblia. *Bibliapis, Qapaqpa shimin kaykar, qillaywan rantinam*: La Biblia, siendo la palabra de Dios, se compra con dinero.
billun s. esp.: vellón de lana. *Chusku billun millwata wanaa*: Necesito cuatro vellones de lana.
bindiitu adj. esp.: bendito. *Ama bindiita ayataqa qayaytsu*: No convoques al alma bendita. →**willka**.
bindisaq s.: el que bendice.

bindisatsiy (*bindisa-tsi-y*) v.: hacer bendecir. *Kay wasitaqa bindisatsishun, paqaspa imach mantsatsikun*: Hagamos bendecir esta casa, porque de noche no sé qué asusta.
bindisay v. esp.: bendecir. *Kay santuuta bindisaykullay*: Por favor, bendígame este santo (imagen).
Birhin s. esp.: Virgen María.
birhin adj. esp.: virgen, no tocado, nuevo. *birhin chakra*: terreno virgen.
birruga s. esp.: verruga. Enfermedad de los valles tropicales andinos. *mula birruga*: verruga de grandes tumores. →**tikti**.
Bishi s.: hipoc. de Vicente, -a.
bistia, bistiya: 1. s. esp.: bestia, caballo. 2. adj.: bruto, rudo, animal. *Kay bistiya runakunaqa manam wiyakuyantsu*: Estos hombres brutos no hacen caso.
bruhiyatsiy v.: hacer la brujería a otra persona.
bruhiyay (*bruhi-ya-y*) v. esp.: brujear, hacer brujería. *Bruhiyayta yacharpis, manach qamtaqa bruhiyaqmantsu*: Aunque supiera brujear, pero a ti no te brujearía.

bruuhu s. esp.: brujo, hechicero. *Bruuhu tukuptikimari runa chikishunki*: La gente te odia porque te haces pasar por brujo. El verdadero brujo no come cebolla, ajo, grasa, azúcar, sal porque le afectan sus poderes.
bulsikay v. esp.: embolsicar, robar, ganar a alguien fácilmente.
bulsiku s. esp.: bolsillo. *Hatun bulsikuyuq pantalutam wanaa*: Necesito un pantalón de bolsillo grande. →**wayaka**.
bultu s. esp.: objeto de brujería que se coloca en casa de la persona a quien se quiere hacer el mal.
bundiiha s.: mujer menuda y gorda. Quitaracsa.
bunruruy v.: producir ruido ¡bun! con continuidad. →**punruruy**.
bunyay, brunyay v.: producir ruido ¡bun! como el río que ruge. *Mayuqa, mirarnir, bunyar shamun*: el río, cuando crece, viene rugiendo.
buyis s.: buey. *chawa maasu buyis*: buey mal castrado. *Chusku yunta buyiswanmi yapyashun*: Araremos con cuatro yuntas de bueyes.

CH

ch [tʃ]: fonema fricativo palatal.
-ch morf. de duda, posibilidad: ¿acaso?, ¿seguro que?, posiblemente (después de una vocal breve). *¿Nuqach?*: ¿Acaso yo? *¿Hampich?*: ¿Seguro que es medicina? Su alomorfo *-chi* va después de consonante, vocal larga y diptongo decreciente. *Paychi yaa*: Posiblemente es él.
-cha morf. afectivo: -ito, -ita. Se añade alargando la vocal que le precede. *Mamaacha*: mamita, mamacita. *Hwanaacha*: Juanita. *Martuucha*: Martita. La oposición de género: *-cha* (fem.) *-chu* (masc.) es influencia del español como en *-ku / -ka*.
-cha nirnin exp. modal: creyendo, por error, por confusión. *Aswacha nirnin ishpayllata upyaskii*: Tomé orina creyendo que era chicha. *Shantiqa, rumicha nirnin ismayta aptaskin*: Santiago, creyendo que era piedra, agarró excremento humano.
-chaa morf. enfático: *auchaa*: Claro que sí. *Manachaa*: Claro que no. Muy común en el Callejón de Conchucos. Podría ser el resultado de *-tsaq, -chaq > -chaa*.
chaalay v.: cortar la planta de maíz, despancar.
chaakamuy (*cha-a-ka-mu-y*) v. enfát.: llegar aquí, arribar aquí. *Warmi, wawaykiqa mana yarpashqachaumi chaakamunqa*: Mujer, tu hijo va a llegar aquí el momento menos pensado.
chaakuy (*cha-a-ku-y*) v. enfát.: llegar, llegar de visita.
chaala s.: per. chala, panca. →**chala**.
chaamuy (*cha-a-mu-y*) v.: llegar aquí. *Tamya chaamun*: La lluvia llega aquí. *¿Imaytan mamayki chaamun?*: ¿Cuándo llega tu madre? →**chay**.
chaanu s.: per. chano, bolita, piedrita redonda. →**qullushta**.

chaapukuy (*cha-a-pu-ku-y*) v.: llegar a casa ajena, andar de casa en casa. *Allauchi, imanir kay wamra chaapukun. Maypis, wasinchauqa mana kuyayantsu*: Pobrecito este niño, ¿por qué llegará con frecuencia a casa ajena? Quizás le falta el amor en su casa. *chaapukuq*: que anda de casa en casa.
chaatsiy (*cha-a-tsi-y*) v.: lit. "hacer llegar", dar en el blanco, alcanzar, acertar, golpear. *Wishtu maki karmi chaatsinkitsu*: Por ser de mano torcida (sin puntería) no das en el blanco.
chaatsiy patsa exp. v.: golpear sin dar ningún aviso.
chaatsiy patsa exp.: golpear sin tener paciencia. *Taqayqa manam wamrakunata yachatsiyta yachantsu, chaatsin patsallanam*: Aquél no sabe enseñar a los niños, los golpea no más.
chacha s.: antepasado longevo. →**machu**.
chachak adj.: fuerte, seguro, resistente. *Waakataqa alli chachak watanki*: Amarra bien seguro a la vaca.
chachakuuma s.: chachacoma (Escallonia resinosa). Árbol de madera muy resistente, con el tiempo se pone marrón. →**chachas**.
Chachapuyas s.: top. Chachapoyas (Perú). Los chachapuyas fueron belicosos.
chachas s.: chachas, chachacoma. *Chachas shukshu, qiru yanasa*: bastón de chachas, amigo de madera. →**chachakuuma**.
chachaatsiy (*chacha-a-tsi-y*) v.: reclinar de espalda, dejar algo inclinado sobre algo.

Chachas chakinchau chachaykatsir.
Machay rurinchau machaykatsir.
Shumaq chiinata kuyaykullaa.
Shumaq warmita llamiikullaa.

Reclinándola debajo de chachas. / Embriagándola dentro de la cueva. / Amé a una joven bella. / Probé a una mujer be-

lla. – Es un juego de palabras por analogía fonética: *chachay* (reclinar) y *chachas* (árbol), *machay* (cueva) y *machay* (embriagar).
chacharay (*chacha-ra-y*) v.: mantenerse con la espalda inclinada hacia atrás como dándose de mucha importancia.
chachay v.: reclinarse de espalda, echarse de espalda. *Kushtu, kay hachapa chakinchau chachay*: Custodio, recuéstate al pie de este árbol.
chaka s.: puente. →**tsaka**
chakallwa s.: quijada, maxilar inferior, mandíbula. →**kakichu**.
chakami s.: collaje natural o hecho con cortes en el cuello del ganado.
chakcha adj.: de orejas erguidas y sobresalientes. *chakcha rinri chushchu*: perrito de orejas paradas.
chakchanyay v.: mover las orejas erguidas, aparecer sólo las orejas.
chakchay v.: per. chacchar, masticar la coca. *Alli arunantsikpaq chakchakurishun*: Chacchemos primero para trabajar bien. →**chaqchay**.
chaki s.: pie, la parte baja de algo. *yana chaki*: pie negro. *hachapa chakin llantu*: sombra al pie del árbol.
chaki naani s.: camino de pie, atajo.
chakiñan, chaki ñan s. (Asuay – Ecuador): camino de pie, atajo. *chaki naani › chaki ñan*.
chaki sinqa s.: lit. "nariz del pie", canilla, tibia. →**pinkullu tullu**.
chaki taklla: chaqui taclla, herramienta que sirve para roturar la tierra pisándola en un lado saliente.
chakillpa s.: chaquillpa. Parte lateral de chaqui taclla donde se pisa.
chakara s.: chacra, terreno de cultivo.
chakpaa s.: chacpá. →**tsakpaa**.
chakira s.: chaquira, collar de cuentas.
chakra s.: chacra. *ayllu chakra*: chacra de la comunidad. *chakra runa*: chacarero, campesino.

chakrayuq (*chakra-yuq*) s., adj.: dueño de chacra, que tiene chacra. *Mana chakrayuq runakunataqam chakran rakipunantsik*: Debemos dar la chacra a los hombres que no la tienen.
chakta s. (Huánuco): chacta, aguardiente.
chaku s.: cacería.
chakuy v.: cazar.
-**chaku**- morf. v. modal: con atención, cuidadosamente, con seriedad. *rikachakuy*: mirar con mucha atención, observar. *wiyachakuy*: escuchar atentamente. *Yarpachakuyay*: Preocúpense. Piensen profundamente. Opuesto a -*ykacha*-.
chakwan s.: viejita (trato cariñoso a las mujeres), linda.
chakwanyay v.: envejecer la mujer y animal hembra. →**chakwasyay**.
chakwas adj., s.: anciana. *chakwas papa*: papa guardada por mucho tiempo (tiene arrugas como las viejitas).
chakwash s.: viejita (trato cariñoso), linda. *Chakwash, maypis aswayki kan*: Linda, quizás tienes chicha. →**chakwan**.
chakwasyay v.: envejecer la mujer y animal hembra. →**chakwanyay**.
chala s.: 1. per. chala, panca, hojas que envuelven la mazorca de maíz. 2. región costeña a 500 m. s. n. m. como promedio.
chalakuq s., adj.: cortador de caña. chalaco (gentilicio de Callao) ‹ *chalakuq*.
chalay v.: cortar las plantas de maíz.
chaluna s.: chalona, charqui.
chalunay v.: chalonar, charquear, cecinar.
challay v.: cortar plantas con machete, talar. →**tsaqllay**.
challwa s.: pez, pescado. *llullu challwa*: pez tierno. *challwa machka*: harina de pescado.
challwakuq (*challwa-ku-q*) s.: pescador.
challwakuy v.: pescar. *Kaychau challwakuy*: Pesca aquí.
challwa qatu s.: pescadería, negocio de pescado.
challway, challwakuy v.: pescar.

chamana s.: chamana (Dodonaea viscosa). Árbol de tallos delgados que sirven para las quinchas. →**tsamana**.
chamiku s.: chamico. Planta pequeña de las zonas yungas de poder erógeno.
champa s. 1. (Cajamarca): parte del telar que sujeta al tejedor. 2.: césped, champa. →**tsampa**.
champi s.: champi. 1. aleación de cobre, bronce y oro. 2. porra, mazo. *champi maki*: el diestro en porra.
champi shukshu s.: bastón de champi. Símbolo de autoridad.
champiy v.: aporrear.
champiyay v.: champear, voltear el césped, chambear, per. trabajar. *champiyay* › chambear. →**tsampiyay**.
chancha s.: costalillo. *Papata munarqa, chanchaykita apamuy*: Si quieres papa, trae tu costalillo.
Chanchan s. top.: Chanchán. Antigua ciudad de barro de los mochicas y chimús. En lengua mochica: *chan*: sol.
chanchaylla adv.: despacio, con cuidado, ligeramente. →**yanqalla, shumaqlla**.
chani s.: precio, costo. *Kay papapa, ¿aykata chanin?*: ¿Cuánto es el precio de esta papa?
chaninchay v.: →**chanintsay**.
chanintsay (*chani-n-tsa-y*) v.: justipreciar, valorar. *¿Imayraq chakra runapa aruyninta chanintsayanqa?*: ¿Cuándo valorarán el trabajo del campesino?
chanka s.: pierna. *Kuchipa chankanpitam hamunqa*: El jamón es de la pierna de cerdo. *ichik chanka, ichichanka* (*ichik* › *ichi*): pernicorta. *chankasapa*: pernilarga.
chanka s.: chanca. Grupo étnico de la sierra sur central.
chankay v.: pasar sobre algo o alguien, no respetar, dar paso sobre alguien o algo.
Chankay s.: Chancay. Prov. de Lima.
chankaykachay (*chanka-ykacha-y*) v.: pasar y repasar sobre algo o alguien sin respetar, faltar el respeto, menospreciar. *Allqutapis manam chankaykachantsiktsu*: Al perro tampoco se le falta el respeto pasando sobre él.
chankis (Huari) s. onomat.: gorrión. Tiene muchos nombres: →**pichusanka, chakya**.
chanku s.: zarigüeya, muca. →**achaku**.
chanlala s.: campana, cascabel.
chanlala kuru s.: culebra de cascabel.
chanlalay v. onomat.: producir el sonido de la campana.
chantuku s.: saludo juntando las palmas de las manos y a la altura del corazón. Se impuso este gesto para saludar a los santos, al patrón, al sacerdote y a todos los que ostentaban el poder. Actualmente este saludo lo hacen los menores a los mayores en las pascuas. santo › *chantu*.
chantukuy v.: saludar juntando las palmas de las manos como para rezar. *Tayta kuuram chaamun, shumaq chantukunki*: Llega el señor cura, salúdalo con mucha unción. *santukuy* › *chantukuy*.
chanu adj.: botarate, malgastador, derrochador.
chapa s.: raíz, base. *kirupa chapan*: raíz de la muela. →**hawa**.
chapadiira (*chapay*: atrapar. -dera morf. esp.) s.: chapadera, leva, captura de gente para llevar al ejército. *¿Imanir chapadiiraqa waktsakunallapaq?*: ¿Por qué la leva es sólo para los pobres?
chapakuq s.: que se apropia, que agarra.
chapaakuy (*chapa-a-ku-y*) v.: enraizar, echar raíces. *Allaapanam hamaranki, chapaakunkimantaq*: Ya estás sentado mucho tiempo, cuidado que eches raíces.
chapana s.: chapana. Humita de yuca.
chapay v.: echar raíz, enraizar, acostumbrarse.
chapay v.: chapar (per.), agarrar, atrapar, levar. →**tsapay**.
chapchay v. onomat.: murmurar, hablar dentro de la boca.

chapchay v.: comer produciendo este sonido, comer sin cerrar bien la boca, comer como cerdo.
chapi s.: paludismo. *chapi hampi*: remedio para paludismo.
chapi s.: estaño. *chapi rumi*: piedra de estaño. →**chayanta**.
chapiypa chapiy v.: andar balanceándose como un tonto. →**taliq taliqyay**.
chapiy v.: enfermar de paludismo.
chapla s.: chapla, cereal molido con agua para mazamorra o sopa. *triigu chapla*: chapla de trigo.
chapla s. acto sexual, se refiere al movimiento.
chaplay v.: 1. hacer la chapla (comida). 2. fornicar (ref. al varón y a la mujer como si fueran moledor y batán respectivamente).
chaqa s.: envase pequeño para medir la bebida u otra cosa. Equivale al "cojudito" de los costeños del norte de Perú.
chaqakuq s.: servidor de chicha en pequeño envase.
chaqakuy (*chaqa-ku-y*) v.: servir con el pequeño envase.
chaqan s.: páncreas. Este órgano tiene la forma de "chaqa". *Chaqarniki nanaptinqa, aham kutikanki*: Si te duele el páncreas, difícilmente te curarás.
chaqay v.: medir o servir con el pequeño envase.
chaqcha s.: masticada de coca, coqueo. *Chaqchamanqa, ama charakaytsu*: No caigas en el coqueo.
chaqchay v.: chacchar, masticar la coca.
chaqchuna s.: 1. desmenuzador (objeto). 2. rociador, objeto que sirve para regar.
chaqchuy v.: desmenuzar golpeando con cuchillo o machete. *Kashkikamunaykipaq chiklauta chaqchuu*: Yo desmenuzo la calabaza para que prepares la sopa.
chaqchuy (Q II) v.: rociar, derramar el líquido. →**tsaqtsuy**.
chaqma (Q II) s.: labranza de la tierra.

→**tsaqma**.
chaqmay (Q II) v.: labrar la tierra, roturar la tierra, barretear la tierra. →**tsaqmay**.
chaqna s.: carga de acémila. *Chaqnayki tikshuykan*: Tu carga (en la acémila) se está ladeando.
chaqnay v.: poner la carga a las acémilas.
charcha (Mancos – Ancash) adj.: mal desarrollado, no fino. *charcha wayta*: flor que no tiene nada de especial.
charki s.: charqui, tasajo, cecina, carne salada y seca. *lluytsu charki*: charqui de venado. *charki aytsa*: carne para el charqui. →**tsarki**.
charkiy v.: preparar el charqui.
charkut (*charku-t*) exp. adv.: de arriba hasta abajo, todito de arriba abajo. *Punchuu charkut rachiskin*: Mi poncho se desgarró desde arriba hasta abajo (de punta a punta).
charkuy v.: hacer algo de extremo a extremo.
charkuy (*shaarikuy* › *charkuy*) v.: levantarse, ponerse de pie. →**shaariy, ichiy**.
chaska s.: estrella, lucero. *chaska ñawi*: ojos de lucero (brillantes). →**quyllur**.
chaski s.: 1. chasqui, correo, persona de relevo. 2. recibimiento, bienvenida.
chaskikuy (*chaski-ku-y*) v.: recibir para sí mismo, aceptar el consejo. *Llapan wiyanqaykita alli chaskikuy*: Recibe bien todo lo que has oído.
chaskinakuy (*chaski-naku-y*) v. recíp.: pasarse algo, alcanzarse de mano en mano, recibirse.
chaskiy v.: recibir, aceptar. *Waktsa runapa qaraynintaqa, llapan shunquykiwan chaskinki*: Recibe de todo corazón el regalo de un pobre.
chasu adj.: derramado (por hervir). *chasu lichi*: leche derramada al hervir.
chasupakuy (*chasu-pa-ku-y*) v.: derramársele algo al hervir.

chasuy v.: rebasar el agua al hervir. *Mankayki chasun*: Tu olla se derrama al hervir. →**tashpuy**.

-chau (Q I) morf. locativo: en. *Markaachau tamyan*: Llueve en mi pueblo. En el Callejón de Huaylas: *-choo*. →**-pi**.

chaucha s.: chaucha. Papa que se cosecha en cuatro meses. →**tsautsa**.

chaullu s.: tallito del germen de papa u oca por estar guardado. →**wiqtsu**.

chaupi s., adj.: centro, intermedio, lugar donde se separan caminos (*chaupi naani*) y ríos (divortium aquarum: *chaupi mayu*). *chaupi rukana*: dedo cordial.

chaupitsay v.: centrar, poner en medio.

chaupitsiy v.: poner algo en medio, hacer centrar.

chaupiy v.: centrar, colocar en medio.

chauriqsa s.: ruiseñor (Lusciniola sp.). Ave pequeña de color marrón, y de bello canto. →**chiqullu**.

chawa adj.: crudo, inacabado, inconcluso. *chawa aytsa*: carne cruda. *chawa kuura*: lit.: "sacerdote inconcluso", persona que no llegó a ser cura.

chawanpa chashqanpa exp. modal: lit. "crudo y cocido", muy golpeado, con muchos golpes y heridas. *Wahukunqanpitam chawanpa chashqanpa chaskikurqan*: Por provocador recibió golpes y heridas de todo tipo.

chawaaru adj.: tonto. →**maqaaru**.

chawar s.: maguey. →**qaara**.

chawaatsiy v.: hacer algo que se vuelva crudo, interrumpir el proceso de algo. *Puñuyniita, wamra waqar, chawaatsin*: El niño, llorando, interrumpe mi sueño.

chaway v.: hacerse crudo, no lograrse.

chay (Q II) adj., pron.: ese, esa, eso. *chay chika*: muy grande, demasiado, enorme, de esa medida (grande). →**tsay**.

chay v.: llegar allá, cumplirse el proceso. *Saslla aywarmi chanki*: Llegarás si vas pronto. *Kay papa saslla chantsu*: Esta papa no se cocina rápido.

chayanku s.: Planta de hojas aceitosas con que se cura los huesos rotos. →**tsayanku**.

chayanta s.: estaño. *chayanta qaqa*: cerro de estaño. →**chapi**

chayna s.: jilguero.

chayña s.: jilguero. En Callejón de Conchucos: *sirguiillu, sirguillitu*. →**chillchill**.

chayraq adv.: recién. →**tsayraq**.

-chi morf. de duda y probabilidad, después de vocal larga, diptongo decreciente, consonante. ¿acaso?, ¿seguro que?, probablemente. *¿Paychi shamuykan?*: ¿Seguro que él está viniendo? *¿Pitsakchi wallpata mikurqun?*: ¿Seguro que el gavilán ha comido la gallina? *Yanasaachi tapukamarqun*: Posiblemente mi amigo habrá preguntado por mí. Después de vocal breve, el alomorfo es *-ch*.

-chi (Q II) morf. verbal causativo: hacer + infinitivo. *mikuchiy*: Hacer comer. *llantuchiy*: Hacer sombrear, poner algo a la sombra. →**-tsi**.

-chi morf. despectivo, se pospone al tema verbal. *musyachi* (*musya-chi*): sabelotodo, sabihondo. *tapuchi* (*tapu-chi*): preguntón, chismoso. *wiyachi*: que oye hasta lo que no le compete, chismoso.

chia, chiya s.: liendre. →**iski**.

¡chiak! interj.: el piar de los pollitos y pájaros.

chicharrun s. esp.: chicharrón. *Añañau, chicharrun mushkuuramun*: Qué rico, huele a chicharrón.

chichi (habla infantil) s.: teta. →**chuchu**.

chichiy v.: lactar, mamar (ref. lactante).

chichitsiy (*chichi-tsi-y*) v.: hacer lactar, dar de mamar.

chichu adj.: embarazada, preñada. *chichu mishi*: gata preñada.

chichuy v.: estar preñada, embarazarse, quedar preñada. *Ashnuyki chichuptinqa, ama chaqnankitsu*: Cuando tu burra esté preñada no debes ponerle carga.

chichuyaatsiy (*chichu-ya-a-tsi-y*) v.: preñar, causar el embarazo. *Kay upata, ¿pitan chichuyatsirqun?*: ¿Quién ha preñado a esta tonta?
chichuyay v.: quedar preñada.
chiibu s. esp.: chivo, macho cabrío. Por su olor, barba y cuernos es la imagen del diablo, por eso no es un animal bendito. *chiibu aytsa*: carne de chivo.
chiibu hacha s.: planta de chivo (huele a chivo). Remedio para el reumatismo.
chiiku s.: checo, porongo de cal, envase de cal. →**isku puru**.
chiina s.: 1. muchacha, mujer joven. *Chiina kanqaykiyaq alli tushuy*: Baila bien mientras seas muchacha. 2. *allish chiina*: excelente mujer, mujer valiente. Algunos hispanos y bilingües lo usan para referirse despectivamente a la muchacha de servicio y a la mujer del campo.
chiinaakuy (*chiina-a-ku-y*) v. ref. al varón: enamorar, galantear, buscar enamoradas, per. gilear. *Paqaspa chiinaakuq aywaykarmi qaqata hiqashqa*: Se ha despeñado al ir a gilear de noche.
chiina yuuyu s.: col china.
chiinu s., adj. esp.: chino, de ojos rasgados. *Chiinukunam waray kayman chaayaamunqa*: Los chinos llegarán aquí mañana. *chiinu mikuy*: comida china.
chiiqus s. onomat.: sapo pequeño de la zona yunga (cálida). *Chiiquskuna auriqaayan*: Los sapitos hacen bulla. →**chiqiillu**.
chihu s.: cantería.
chihu rumi s.: piedra de cantería, granito. →**kallanka**.
chihullu s.: ruiseñor. →**chauriqsa**.
chika (Q II) s.: cantidad (tamaño), tamaño. *kay chika*: esta cantidad. →**tsika**.
chikama s.: chicama, raíz tuberosa comestible de origen mexicano, jicama (Pachyrrhizus erosus). A menudo confundido con el yacón. →**yakun**.
chikankaray (Q II) exp. adj., adv.: enorme, muy grande. →**tsikankaray**.
chikas s.: cejas. *yuraq chikas*: cejas blancas. →**ñawipa shapran**.
chikay v : raer. →**hichkay, shikay**.
chiki adj : envidioso, malo, egoísta. *chiki hirka*: cerro que espanta a la gente.
chikikuy (*chiki-ku-y*) v.: ahuyentar, no compartir con nadie, apoderarse. *Yakupitaqa manam pipis chikikunantsu*: Nadie debe apoderarse el agua (es de todos).
chikinakuy (*chiki-naku-y*) v. recíp.: envidiarse, odiarse.
chikisa s.: cosquilla. →**ñikisa**.
chikisanakuy (*chikisa-naku-y*) v. recíp.: cosquillarse, hacerse cosquillas. *Pishikunallam chikisanakur pukllayan*: Sólo los niñitos juegan cosquillándose.
chikisay v.: cosquillar. *chiquikisana warmi*: mujer que se deja cosquillar (mujer fácil). →**ñikisay**.
chikiy v.: envidiar, odiar, no permitir que otros compartan. *Ama chikimaytsu*: No me odies.
chiklau s.: calabaza. *Chiklau kuwaytam munaa*: Quiero calabaza asada. →**chila**.
chiklau putu s.: 1. envase de calabaza. 2. por analogía: calvo, de pelo corto.
chiklayu s.: calabaza. →**chiklau**.
chikli s.: chicle (Couma macrocarpa). Resina del árbol chicle. *hallqa chikli*: chicle de la jalca. →**kachu kachu**.
chiklun adj.: chiclón, animal con un solo testículo. *Maypis chiklun kanki, ¿ima nirtan tsurikunkitsu?*: Quizás eres chiclón, ¿porqué no tienes hijo?
chiku s.: corral, aprisco. *haka chiku*: cuyero. *kuchi chiku*: chiquero.
chikuchay v.: cosquillar. →**ñikisay**.
chikuri s.: comadreja. →**mashallu**.
chikuy v.: meter el animal en el corral, separar el becerro de la madre para que no mame toda la leche.
chila s., adj.: calabaza, calvo como la calabaza. *chila piqa*: cabeza calva (como la calabaza).

chila putu s.: 1. envase de calabaza. 2. por analogía: calvo, de pelo corto, cachimbo.
chilapya s.: centella, destello. *¿Maypita kay chilapya chaamun?*: ¿De dónde llega esta centella? →**tilauya**.
chilapyay v.: centellear. →**chipapiy**.
chilchi (Cajamarca) s.: huacatay, planta de hojas fragantes usadas como condimento. →**wakatay**.
chillchill (sur de Ancash) s. onomat.: jilguero. →**chayna**.
chillka, chilka s.: chilca (Baccharis latifolia). Árbol de hojas resinosas y fragantes usadas contra el reumatismo. →**tsillka**.
chiliiñu adj. esp.: chileno, pequeño, enano. *chiliiñu gaallu*: gallo pequeño, muy agresivo y traidor.
chilliwa s.: chillihua (Stipa ichu), paja de hojas lanceoladas de la que se hacen sogas. *chilliwa waska*: soga de chillihua. →**llayaa**.
chillpi s.: astilla. *ismu chillpi*: astilla podrida.
Chillya s. top.: Chillia. Pueblo del Callejón de Conchucos donde hasta la mujeres chacchan.
chimlliy v.: pestañear. →**qipichyay**.
chimpa (Q II) s.: orilla, ribera. →**tsimpa**.
chimpaq (*chimpa-q*) s.: per. chimbador, vadeador, guía cuando se vadea el río. *alli chimpaq kawallu*: caballo vadeador.
chimpay (Q II) v.: vadear, cruzar el río o quebrada. →**tsimpay**.
chimpay v.: hacer zurcido invisible.
chimsi adj.: de ojo pequeño y achinado. →**chipchi**.
china adj.: hembra, femenino. ref. animales y plantas (que se reproducen). *china ukush*: ratón hembra. *china papaya*: papayo hembra (que da frutos). *china hirka*: cerro del género femenino (que ayuda la reproducción).
Chincha s. top.: Chincha (pueblo al sur de Lima).
chincha s.: región norteña.
chincha utsu, chinchanu s.: ají chinchano, ají de fruto muy pequeño y muy picante, miracielo, pinguita de mono.
chincha wanu s.: excremento de aves marinas, guano de la isla, guano de Chincha. *Chincha wanutam wanaa*: Necesito guano de isla.
Chinchay Suyu s. top.: Chinchaysuyo (región norte del Tahuantinsuyo).
chinchiy v.: asir algo de las puntas y llevarlo en alto. *Taqay qipita, kimsayki, chinchiskayaamuy*: Ustedes tres, alzando de las puntas, traigan aquí aquel equipaje. *haka chinchin*: jaca chinchin, juego de niños que consiste en hacer una cadena cogiéndose el espaldar de la mano una sobre otra y sacudir repitiendo "¡haka chinchin!" varias veces hasta terminar palmoteándose mientras se dice la onomatopeya del cuy: *chiyak chiyak*.
chinchiy (Ayacucho) v.: desayunar, comer algo ligero en la mañana, comer un manjar.
chinchuu s.: chincho (Tagetes elliptica). Planta fragante para preparar ají y guisos. *yanta chinchuu*: chincho de tallos delgados que parecen leñas. *chinchuu utsu*: ají molido con chincho. top. Chinchobamba (*chinchuu pampa*). Ancash. →**tsintsuu**.
chinirun (*china* + morf. aumentativo esp. -ón) adj.: garañón, mujeriego, donjuan. *Chinirun kuuraqa, chiinaata rikapan*: El cura mujeriego mira con atención a mi novia. *chinirun gaallu*: gallo garañón.
chinkana s.: escondite, casa que no parece licorería pero que vende licor, per. chingana. →**tsinkana**.
chinka chinka adv. modal: a escondidas, sin dejarse ver.
chinkay v.: esconderse. →**tsinkay**.
chipa s.: corteza de plátano, una carga del tamaño de una llanta de camión que

se hace cubriendo con corteza de plátano. *Chipallanwan wayuyninta pituy*: Envuelve el fruto con su propia corteza. *huk chipa plaatanu*: una chipa (carga) de plátano.

¡chipa, chipa! interj.: ¡chipa, chipa!, ¡tu, tu, tu! Voz para llamar a las gallinas.

chipakya adj.: brillante, limpio, despejado.

chipakyaq adj.: que brilla, brillante, limpio, despejado.

chipakyay v.: brillar, resplandecer, estar muy limpio. →**chilapyay**, **chipapay**.

chipapaq adj.: brillante, despejado, reluciente, muy limpio. C de H: *chipapiq*.

chipapay v.: brillar, estar despejado. C de H: *chipapiy*.

chipchi adj.: de ojo pequeño y achinado. *chipchi Shanti*: Santiago de ojos pequeños. →**chimsi**.

chipirraura s.: chipirraura. Papa pequeña, de color morado, harinosa, deliciosa y que se come sancochada. También es conocida como *yana siki*: lit "culo negro".

chiplay v.: fornicar (sólo ref. al macho). →**chipuy, sisay, yuquy**.

chipsha s.: pollito, ave tierna. *Chipsha mallaqar waqan*: El pollito pía de hambre.

chipta s.: juego de canicas y frijoles.

chipu s.: fornicación, apareamiento. ref. al acto del macho.

chipunakuy (*chipu-naku-y*) v. recíp.: aparearse.

chipuy s.: fornicar (ref. macho). *upa chipuq*: fornicador de tonta. →**quy, sisay**.

chipya adj.: vacío, despejado, amplio.

chipyaq adj.: que está vacío, despejado, amplio. *chipyaq urku*: frente amplia (despejada).

chipyat (*chipya-t*) exp. adv. exagerativa: todito. →**hankat**.

chipyay v.: estar limpio, estar vacío, estar despejado.

chiqaa s.: ajonjolí o quinua silvestre.

chiqchi s.: chicchi. Árbol mediano de hojas espinosas en los bordes. top. Chicchi Machay (cueva de chicchi, posada en el camino de Pachma a Quitaracsa).

chiqiillu S. onomat.: sapito de zona caliente. →**chiiqus**.

chiqlla (Q II) s.: cintura. →**tsiqlla**.

chiqni adj.: envidioso, que odia. *Chiqni aukista rikaynintapis munaatsu*: No quiero ver siquiera al viejo envidioso. →**chiki**.

chiqninakuy (*chiqni-naku-y*) v. recíp.: envidiarse, odiarse, no compartirse. C de H: *chiqninakiy*.

chiqniy v.: envidiar, aborrecer. →**chikiy**.

chiqtay (Q II) v.: rajar la leña.

chiqyaq (Q II) adj.: verde. →**tsiqyaq**.

chiqyay v. onomat.: chirriar el pecho, producir sonido "chiq" por la tos convulsiva o por otra afección a la vía respiratoria.

chiqyay v.: estar todo verde, verdear.

chiqullu s. onomat.: ruiseñor. → **ullmis**.

chira adj.: enano, muy pequeño. →**siti**.

chirapa s.: garúa, llovizna. Si cae en pañal produce granos en la piel del niño.

chirapay v.: garuar, lloviznar. *Inchanata quriy, chirapanmi*: Recoge el pañal, está que garúa.

chiraqya s.: tos convulsiva. Se dice que el fantasma de *chiraqya* es un hombre sucio, barbudo y maloliente que viaja delante del torbellino.

chiraqyay v.: estar con tos convulsiva.

chirau s.: día con sol y claridad. *chirau killa*: mes de sol y cielo claro.

chiri (Q II) adj.: frío. *chiri wayra*: viento frío. →**alaq**.

chirimuya s.: chirimoya, anón. Fruto y planta del chirimoyo (annona cherimolia).

chiririnka s. onomat.: mosca que pone sus huevos en la carne. →**qinrash**.

chiriy (Q II) v.: hacer frío, sentir frío. →**alalay**.

chirli adj.: aguado, que le falta el sabor. *chirli api*: mazamorra aguada. →**chuya**.

chirlu s.: capirotazo, cocacho, golpe con los nudillos de los dedos. →**tinka**.
chirma s.: lluvia torrencial, tempestad, mangada.
¡chisha! interj.: ¡chisha!, ¡cho! Voz para espantar gallinas.
chiruki s.: chiroque. Pequeño instrumento de percusión.
chisi s.: tarde, al anochecer. *chisi chisilla*: ya muy tarde. *chisi quyllur*: lucero del crepúsculo.
chiska s.: chisca, quena pequeña de siete hoyos. *tullu chisca*: chisca de hueso. *Kay chiska shumaq waqan*: Esta chisca suena bonito.
chita s.: animal que sigue a su dueño. →**washki**.
chiti adj.: enaño, muy pequeño. →**siti**.
chiu s. onomat.: sonido del aire o líquido que sale por una hendidura muy pequeña.
chiuchi s.: candil de kerosene o aceite (un envase con mecha). *Chiuchita apamuy*: Trae el chiuchi.
chiuchi (Huánuco) s.: niño, mozuelo.
chiuyaq (*chiuya-q*) adj.: ref. líquido que salta con fuerza. top. Chiuyac Paccha (lit. "catarata que salta"). Quitaracsa.
chiuyay v.: manar el líquido con fuerza, saltar el líquido. *Sinqaykipitam yawarqa chiuyan*: La sangre sale a borbotones de tu nariz y no de otro lugar.
chiwanku s.: zorzal, chihuanco. *Chiwankupis, chiwanku kayninchau, patsa waraptin kushikunmi*: El zorzal, siendo zorzal, también se alegra cuando amanece. →**yukris**.
chiwi adj.: negro oscuro. *Qampa aqtsaykiqa, shumaq, chiwi chiwiraq*: Tu pelo es muy bonito, muy oscuro.
chiwiillu s.: tordo, guardacaballo, chihuillo. *Chiwiillum kawalluuta usaykan*: El tordo está despojando mi caballo.
chiwilti s.: chihuilte, pastel de maíz con manteca y queso.
chiwiyay (*chiwi-ya-y*) v.: ponerse oscuro. *Wamrata sas tsukutsiyay, matankan chiwiyaykan*: Pronto pónganle el sombrero al niño, su nuca se está poniendo oscura.
chiyashqa (*chiya-shqa*) p. p.: hecho bizco, bizco. *chiyashqa ñawi*: ojo bizco.
chiyay v.: hacerse bizco.
choolu s., adj.: joven, valiente, campesino, indio. Entre los quechuas tiene el significado positivo; algunos hispanos lo usan en sentido negativo al referirse a los quechuas. Posible: *chullu* › *choolu* › cholo.
choolu qimllana s.: lit. "llamador de cholos". Cintas multicolores que cuelgan del sombrero de mujer soltera. Son indicadores del estado civil.
-chu (Q II) adv. de negación: no. Se pospone al núcleo de la negación. *Runachu*: no es gente. →**-tsu**.
-chu (Q II) morf. interrogativo: Se pospone al núcleo de la interrogación. *¿Runachu?*: ¿Es gente? →**-ku**.
-chu morf. afectivo: -ito. Se añade al hipoc. o a otra palabra para expresar más afecto. Se alarga la vocal que le precede. *Nikaachu* (*Nika* hipoc. de Nicanor): Nicanorcito. *Shantiichu* (*Shanti* hipoc. de Santiago): Santiaguito. *Hawiichu* (Javiercito). *taytaachu*: papito, papacito. La oposición de género: -*chu* (masc.) / -*cha* (fem.) es influencia del español como en -*ku* / -*ka*.
chucha (sur de Perú) s.: zorro. →**atuq**.
chuchaa s.: maguey. →**chawar, qaara**.
chuchau s.: maguey. *chuchau qiru*: madera de maguey. *chuchau muru*: fruto de maguey. →**qaara**.
chuchu s.: teta, ubre, seno. *mama chuchu*: seno materno. →**ñuñu**.
chuchu papa s.: especie de papa blanca de punta como pezón. (Quitaracsa). Es muy deliciosa en sancocho.
chuchu qura s.: lit. "planta como teta", alcachofa.
chuchuka s.: chochoca, maíz cocido y seco. →**tsutsuqa**.

chuchupaakuy (*chuchu-pa-a-ku-y*) v.: lactar el niño con tranquilidad.
chuchupakuy (*chuchu-pa-ku-y*) v.: lactar a criatura ajena (por compasión o paga). *Chuchupakunqaykiyaq wamrayki waqan*: Tu hijo llora mientras lactas hijo ajeno.
chuchuq adj.: lactante, mamón, que no se separa de sus padres.
chuchutsiy (*chuchu-tsi-y*) v.: hacer lactar, dar la leche.
chuchuy v.: mamar, lactar.
chuchuuya s.: chuchuya, piojo de aves (parásito diminuto de fuerte picadura). *Chuchuuyam shukumashqa*: Me he contagiado de chuchuya. →**puyaati, asaksa**.
chuchwa, chuchwaa s.: maguey. *Chuchwa hina, qapsu shunqu runa*: Como el maguey, persona de corazón fofo. *chuchwa wayta*: flor de maguey. →**qaara**.
¡chuka! interj.: ¡chuca! Voz para detener a ovejas y cabras. *Uushaata, ¡chuka! nillay*: Diga ¡chuca! a mi oveja, por favor.
chukaki, chukaaki s.: chucaque, jaqueca, dolor de cabeza con fiebre y náuseas por efecto de la vergüenza.
chukakiy, chukaakiy v.: tener chucaque (jaqueca).
chukar (sierra de La Libertad) s.: haba verde. →**aabas pultu**.
chukaru adj.: chúcaro, salvaje, cerril. *chukaru tooru*: toro chúcaro. *chukaru hirka*: colina que rechaza a la gente.
chukcha (Cuzco) s.: cabello. →**aqtsa**.
chukchuk s. onomat.: estremecimiento, temblor.
chukchukyay v.: temblar el cuerpo por miedo, fiebre, frío. →**tsuktsukyay**.
chuki s.: camellón, surco. *maman chuki*: camellón principal.
chuki s.: oro fino. top. Chuquimarca (*chuki marka*.: pueblo de oro).
chuki s.: lanza. *hatun chuki*: lanza grande.
chuki s.: herramienta en forma de hongo para adelgazar por dentro ollas y cántaros.
chukis s.: chuquis, habitante del Callejón de Conchucos. *Ama, chukiskunata wahupaakuytsu, milaymi kayan*: No provoques a los chuquis, son fieros. →**sati**.
chuklla s.: choza de paja. →**tsuklla**.
chukllash s. onomat.: grillo (animal). *urqu chukllash*: grillo macho. →**chukllush**.
chukllush, chukllu s.: grillo. *Chukllushpa chankan wiram ima tsillipaqpis alli hampi*: La grasa de la pierna del grillo es buen remedio para toda rajadura de la piel (por frío o trabajo excesivo).
chukllukyay v. onomat.: producir el canto de los grillos.
chukru adj.: duro, difícil de roturarse. *chukru patsa*: suelo duro. *chukru shunqu*: corazón duro (impasible).
chukruupakuy (*chukru-u-pa-ku-y*) v.: estreñirse, endurecerse algo sin que pueda evitarse. *Chukruupakur runa wañunmi*: La persona se muere por estreñirse.
chukruray (*chukru-ra-y*) v.: estar duro por mucho tiempo.
chukruutsiy (*chukru-u-tsi-y*) v.: endurar, hacer endurar. *Waqtachau katsirmi kay qarata chukruutsinki*: Por tenerlo afuera enduras este cuero.
chukruy v.: endurarse. *Ayaqa chukrushqanam*: El cadáver ya está duro (frío).
chuku (Q II) s.: sombrero. *wamaq chuku*: sombrero raro. →**tsuku**.
chukukuy (*chuku-ku-y*) v.: ponerse el sombrero. →**tsukukuy**.
chulillu s.: per. chulillo, ayudante del chofer, mandadero, cholillo, muchacho. *Kachaakukunaqam aypakunapa chulillunlla kayan*: Los militares son solamente chulillos de los poderosos.
chulla adj.: impar, sin pareja. *chulla rinri*: que le falta una oreja. →**tsulla**.
Chulla Chaki s.: Chullachaqui, diablo cojo de la selva. *Shumaqlla aywakuy, Chulla Chakiwantaq kamakankiman*:

Anda con cuidado, no vayas a chocarte con el Chullachaqui.

chullantsay (*chulla-n-tsa-y*) v.: quitar la pareja a los animales, hacer que se vuelva impar. →**tsullantsay**.

chulli s.: catarro, resfrío. →**wishqa**.

chullikuy (*chulli-ku-y*) v.: acatarrarse, resfriarse.

chullku s.: chullco (Oxalis peduncunlaris). Planta pequeña semejante a la oca, de tallos jugosos y ácidos como el limón. Se usa para "cortar" (cuajar) la leche. *puka chullku*: chullco rojo que sirve para teñir. *yuraq chullku*: chullco blanco. →**tsullku**.

chullpa s.: tumba en forma de casa.

chullpakuy (*chullpa-ku-y*) v.: mojarse la cabeza. →**shaqtakuy**.

chullpapaakuy (*chullpa-pa-a-ku-y*) v.: mojarse el cabello y arreglarse despacio con la mano. *Aqtsanta chullpapaakuy kaqta Ayrata tariikuu*: Encontré a Ayra (Hada) cuando estaba arreglándose el pelo con su mano y un poco de agua.

chullpapay (*chullpa-pa-y*) v.: 1. ponerse liso el pelo. 2. mojar los pelos poco a poco y peinarlo, acariciar la cabeza con la palma de la mano haciendo el ademán de arreglar el pelo.

chullpay v.: empapar los pelos con agua y arreglar sólo con la mano, acariciar la cabeza con la palma de la mano, mojar la cabeza para refrescarse. →**shaqtay**.

chullpi s.: astilla pequeña, piel como astilla que se levanta alrededor de la uña, per. "padrastro".

chullpuy v.: meter en el agua. →**tullpuy**.

chullqa s. onomat.: loro pequeño, perico, canario verde. *Chullqakuna auriqaayan*: Los pericos hacen bulla.

chullu s.: chullo, gorro que cubre la cabeza, oreja y cara.

chullullu s.: carámbano de hielo, témpano. →**tsururru**.

chulluk adj.: silencioso. →**tsunya**.

chulluk s. onomat.: canto del grillo.

chullukyay v.: 1. silenciarse, estar silencioso. →**tsunyay**. 2. cantar el grillo.

chullunku s.: carámbano de hielo, agua congelada. →**tsururru**.

chulluy v.: derretirse. →**tsulluy**.

chumchikuy v.: enjuagarse la boca, lavarse la boca. →**muqtsikuy**.

Chumi s.: hipoc. de Domingo, -a. *Upa Chumiqa shumaqmi awan*: La tonta Chumi teje bonito.

chumpa s.: chompa, suéter, jersey. *puka chumpa*: chompa roja.

chumpaq s.: chumpac. Especie de oca amarilla y harinosa. *chumpaq kashki*: sopa de oca chumpac.

chumpi s. (Q I): faja de varios colores. →**wachuku**.

chumpi adj.: color anaranjado oscuro, castaño claro.

chumpikuy, chumpillikuy v.: fajarse, amarrarse la cintura. →**wachukukuy**.

chumpillikuy v.: fajarse.

chumpiy v.: fajar, amarrar la cintura.

chumpu s.: choclo asado dentro de sus hojas. →**tsumpu**.

chumpuy v.: asar el choclo dentro de sus hojas.

-chun (Q II: *chu-n*) morf. v.: imperativo en tercera pers. →**-tsun**.

chunchu s.: salvaje, tímido, no sociable. →**hacha runa**.

chunchulla s.: tripa, intestino. →**aqash**.

chunchulli s.: tripa. *chunchulli kanka*: tripa asada.

chunchulli s.: nudo por estar muy torcelada la cuerda.

chunchulliy, chunchullikay v.: retorcerse el hilo por estar muy torcelado y no bien estirado.

chunchulliy, chunchullikay v.: doler el estómago con retorcijones como si los intestinos se anudaran.

chunka adj.: diez. *pusaq chunka*: ochenta. *chunka waranqa*: diez mil. *chunka*

hunu: diez millones. *chunka uusha*: diez ovejas.
chunka chunka exp. adv.: montón de veces, muchas veces, tantas veces. *Chunka chunkam yaatsirquu*: Montón de veces le he aconsejado.
chunkakay (*chunka-ka-y*) v.: rodarse. *Chunkakaypa ishkiy kar, ima nantsu*: Aun cayéndose y rodando, nada le pasa.
chunkana s.: bola para jugar.
chunkay v.: rodar, jugar con la bola. *Llupiita pallarmi qaqapita chunkayashqa*: Después de recoger mi rastro lo han rodado desde el cerro. Es un acto de brujería.
chunkuy v.: ponerse en cuclillas, sentarse sobre los talones. →**tunkuy**.
chunlu adj.: doblado, gacho. *chunlu rinri*: mocho, de oreja corta. →**kutu rinri**.
chunniy v.: estar silencioso, estar despoblado. →**tsunyay**.
chunqu s.: per. chongo, piedra con que se muele sobre el batán. *lascq chunqu*: moledor pesado. →**tuñay**.
chunta s.: chonta (Bactris ciliata). Árbol de madera muy dura. *chunta shukshu*: bastón de chonta. *chunta wishlla*: cucharón de chonta.
chunta chunta s.: chonta chonta, culantrillo pozo. Planta pequeña de la puna, de tallos negros y hojas menudas. Remedio para evacuar las coagulaciones sanguíneas después del parto, emenagogo.
chununuku s.: chununuco. Papa de cáscara negra, de contenido gomoso y muy delicioso. →**tsununuku**.
chunwa s.: comida recalentada, calentadito. →**quñuutsi**.
chunya s.: silencioso. →**tsunya**.
chunyay v.: estar silencioso, estar despoblado. *Unaychi markapis karqan, kananqa chunyanmi*: Antes habría sido pueblo, ahora está silencioso (despoblado).
chuñu s.: chuño, chuno, papa conservada por congelación o hidratación. Tiene olor a podrido. 1. Papa helada y seca. Esta técnica es del sur del Perú. 2. Tubérculo remojado hasta podrirse, se come fresco o después de secar. Técnica de Ancash y del norte peruano. Medicina para la úlcera estomacal. →**tsunu, tuqush**.
chuñu s. almidón, chuño, chuno. *papa chuñu*: chuno de papa.
chuñuy v.: hacer chuno.
chupa s.: cola, rabo, persona que siempre está detrás de otro. *Supaypa chupan*: lit. "rabo del diablo", persona mala. *kutu chupa*: sin cola, de cola corta. *waska chupa*: de cola larga como una soga. *siki chupa*, *siki patak*: rabadilla, anca. *qara chupa*: lit "cola pelada", zarigüeya.
chupadur s. esp.: chupador. Alambre que sirve para untar la cal del checo (caleador, porongo pequeño).
chupas ‹ *chupasapa* adj.: rabón, de cola larga. *chupas ukush*: ratón de cola larga.
chupasapa (*chupa-sapa*) adj.: rabón. *chupasapa kuru*: gusano de cola larga.
chupasyay (*chupa-s-ya-y*) v.: crecerle la cola o rabo, volverse rabón.
chupasyaykachay (*chupa-s-ya-ykachay*) v.: arrastrar la cola o ropa (poncho o manto). *¿Pitanqa puntaykichau chupasyaykacharqun?*: ¿Quién ha sido el que en tu delante ha estado arrastrando su poncho como cola?
chupi (Ancash) s.: sexo de niña, sexo virgen de mujer. *raka*: sexo de adulta.
chupi (Q II) s.: sopa, chupe. →**kashki**.
chupullu s.: tataranieto. *¿Chupullukunata riqinkimanku?*: ¿Podrás conocer a los tataranietos?
chuqa s. onomat.: tos. La tos no se cura con remedios "frescos" sino con los que dan "calor" (cálidos). *tsaki chuqa*: tos seca. *Chuqataq tsarishunkiman, alli ashqukuy*: Abrígate bien, cuidado que te dé la tos.
chuqakuy v.: toser. *Shumaqlla chuqakuy*: Tosa con cuidado.

chuqatsiy (*chuqa-tsi-y*) v.: hacer toser, provocar la tos. *Ima nanaychi tsarimashqa, allaapam chuqatsiman*: No sé qué mal me ha atacado, me hace toser mucho.
chuqay v.: toser. *Kay aukis warat chuqan*: Este anciano tose toda la noche.
chuqaykachay (*chuqa-ykacha-y*) v.: toser para llamar la atención.
chuqchi adj.: algo mal acabado, tosco, feo, no fino, per. chusco. *Kay marka wamrakunaqa chuqchilla kayan*: Los niños de este pueblo son feos (no finos).
chuqchu s.: paludismo, terciana. →**chapi**.
chuqchuy v. onomat.: mamar produciendo el sonido "chuj".
chuqchuy (Q II) v.: tener terciana, tener fiebre palúdica. →**tsuktsuy**.
chuqllu s.: choclo, mazorca tierna, elote. →**tsuqllu**.
chuqlluyay (*chuqllu-ya-y*) v.: hacerse choclo, madurar la mazorca. →**tsuqlluyay**.
chuqmi s.: puño cerrado.
chuqmi s.: protuberancia en el cuerpo o tierra. →**muqru**.
chuqñi s.: lagaña. →**laqpi, wiqti**.
chuqpa s.: un terso (tercio), un haz. →**tsuqpa**.
chuqpay v.: hacer un terso de leña.
chuqu (Huaraz) s.: montón de piedra. →**qurqa**.
chuqyaq adj. onomat.: clueca (gallina). También se refiere por analogía a las personas desarregladas, despistadas y chifladas. →**ruqyaq**.
chuqyay v.: cloquear, ovar. *Wallpakuna chuqyayan*: Las gallinas ovan.
churakay (*chura-ka-y*) v.: empezar una faena, comprometerse, casarse. *¿Imaytan churakanki?*: ¿Cuándo vas a casarte?
churakuna s.: lugar donde se guarda algo. *¿Maychautan libru churakunayki?*: ¿Dónde está tu librero? *llatapa churakuna*: ropero.
churakuq s.: que sabe guardar sus cosas, ahorrador.
churakuq s.: que se mete en líos con uno y con otro.
churakuq s.: que se viste. *alli churakuq*: que viste bien.
churakuy v.: guardar algo, conservar. *Imallaykitapis alli churakunki*: Guarda bien cualquier cosita que tengas.
churakuy (*chura-ku-y*) v.: meterse en líos con uno y con otro, buscar pelea o pleito. *Wamraqa, aypapis kaqnau, hukwan, hukwan churakun*: El niño, como si fuera capaz, se mete con uno y con otro.
churakuy v.: ponerse, vestirse. *Tushuman aywanaykipaqqa, alli churakunki*: Vístete bien para que vayas a la fiesta.
churay v.: poner, guardar, nombrar. *Kayman churay*: Pon aquí. *shuti churay*: poner el nombre. *chanin churay*: poner el precio.
churchu adj.: tuerto. →**wisku, qapra**.
churi (Q II) s.: hijo o hija con relación al padre. →**tsuri**.
churikuy (Q II) v.: engendrar (ref. al hombre).
churi yupay s.: considerado como hijo propio. →**tsuri yupay, tsurinau**.
churku s.: olla puesta sobre el fogón, ollada. *chusku churku papa*: papa de cuatro ollas.
churkuy v.: poner la olla sobre el fogón. *Mankata churkuskir wamrata chuchuy*: Lacta al niño después de poner la olla sobre el fogón.
churruyru s. onomat.: churruiro. Pájaro pequeño, sin cola, color marrón y propio de la puna. *Kananqa Limaqpita chiinakuna churruyrunau kutiyaamun*: Ahora las chicas vuelven de Lima como los churruiros (con faldas muy cortas).
churu s.: choro, almeja, molusco.
chusaq s.: la nada. *Chusaqpita shamurqa, chusaqmanmi kutintsik*: Si venimos de la nada, volvemos a la nada.
chusay v.: hincar, aguijonear.
chushchu s.: cachorro, perrito. *yana yu-*

raq chushchu: cachorro blanquinegro.
chushchu kuru s.: lit. "gusano del perrito", alacrán. Si un perro es picado por el alacrán se vuelve bravo. →**atuq kuru**.
chushiq s. onomat.: chushec. Ave nocturna cerdosa, come puillocsho y excremento humano, se la relaciona con el alma. Va antes del alma, anuncia la muerte de alguien. *Chushiqmi wasii waqtanchau waqarqun, mayqaakunaraq wañuskiyaashaq*: El chushec ha llorado detrás de mi casa, ¿quién de nosotros morirá?
chushu adj.: menudo, pequeño. *chushu ñawi*: ojos pequeños. *chushu muru*: semilla menuda.
chusku adj. (Ancash): cuatro. *Chusku ñawiyuq tikraskii*: Me volví de cuatro ojos (con lentes). →**tawa**.
chusku adj.: chusco, ordinario, común. *Chusku allquta sumaq tukutsinki*: A un perro ordinario lo haces famoso.
chuskunpa, chuskumpa (*chusku-n-pa*) exp. adv.: a gatas, de cuatro patas, como un cuadrúpedo. *Chuskunpa puriy, rikaamaashunmi*: Camina a gatas, nos pueden ver. →**tawanpa**.
chuskunpay, chuskumpay v.: ponerse de cuatro patas, gatear. *Rikay, wamraykiqa chuskunpannam*: Mira, tu niño ya gatea.
chusña adj.: pequeño, achatado. *chusña sinqa*: ñato.
chuspa s.: morral. →**piksha, wallki**.
chuspa s.: pico de ave. *wiskul chuspa*: pico de gallinazo.
chuspay v.: picotear. →**taushiy**.
chuspi s.: mosquito que pica. *Karka qushniwan kay chuspikunaqa anyashun*: Espantemos estos mosquitos con humo de bosta. →**tuspi**.
Chuspii s. top.: Chuspí. Un caserío de Quitaracsa donde hay mucho mosquito y donde mana agua fétida.
chuspiy v.: mosquear, haber mucho mosquito. *Kaychauqa allaapa chuspin*: Aquí hay mucho mosquito.

chusyay v. onomat.: pedar produciendo ¡chus! Síntoma de malestar estomacal.
chutu s.: per. choto, piedrita redonda que se usa como bola. →**qullushta**.
chutuy v.: desnudar. →**qarapatay**.
chuuchu s.: chocho, tauri, tarqui (Lupinus argenteus). Especie de frijol de la puna, crudo es veneno, pero sancochado y remojado en agua corriente pierde su amargor y es comestible en ensalada y guiso. →**tauri**.
chuullu s.: gorro de los andinos que cubre hasta la cabeza, orejas y cara. De aquí provendría el per. cholo.
chuupa s. esp.: saco, chupa. *yana chuupa runa*: persona de chupa negra.
chuupakuy (*chuupa-ku-y*) v.: ponerse la chupa, vestir la chupa. *Satikunaqa maychaupis chuupashqa puriyan*: Los satis van puestos sus sacos en cualquier lugar.
chuupu s.: per. chupo, absceso. *Chuupum yurimashqa*: Me ha aparecido un absceso. →**puqru**.
chuupuyay v.: formarse absceso o chupo.
chuuqus s.: chugos, una cactácea pequeña y redonda de las zonas yungas cuyos frutos son comestibles.
chuutu s.: bolita de piedra. →**chaanu**.
chuwa s.: escudilla de madera. →**puku**.
chuya adj.: aguado, destilado. *chuya kashki*: sopa aguada. *chuya yaku*: agua limpia. →**chirli**.
chuyayay (*chuya-ya-y*) v.: aguarse, destilarse.
chuyay v.: aguar, destilar. *Shuyaarillay, manaraqmi yaku chuyanraqtsu, tsayraqmi lapituqwan aywirirquu*: Espere, por favor, que todavía el agua no se destila, recién lo he batido con el cactus.
chuymay v.: colar. →**shuyshuy**.

D

d [d]: oclusivo dental sonoro. Aparece, especialmente después de una nasal. Presente en el ingano (quechua de Colombia) y en Saraguro (sur de Ecuador). *tanda, kundur* por *tanta, kuntur*. También en los préstamos del español.

daañapakuy v. esp.: indigestarse.

daañay v. esp.: dañar, malograr, hacer mal. *Lichipa qipanman aswata upyaytsu, daañashunkim*: No tomes chicha después de leche, te va a dañar. →**yaqatsiy**.

daañu s. esp.: daño, brujería, perjuicio de animal que entra en sementera ajena. *Manam kay nanayqa lluta qishyaytsu, kayqam daañu*: Esto no es un mal común, esto es daño.

daañukuy v. esp.: causar destrozos con ganados en sementera ajena. *Uushantsikta shumaq rikanki, shumaq mitsinki, daañukunkimantaq*: Cuida bien y pastea bien nuestras ovejas, no vayas a causar destrozos en sementera ajena.

dalya s.: dalia (flor). *yuraq dalya*: dalia blanca.

Dalli, Talli hipoc. de Darío, -a.

dansapakuq (*dansa-pa-ku-y*) s., adj. esp.: el que danza por paga. →**tushupakuq**.

dansaq s., adj.: danzante.

dansay v. esp.: danzar. →**tushuy**.

dibaldi exp. adv.: de balde, en vano. *Karu markata dibaldi aywaykuu*: De balde fui a pueblo lejano.

dibuutu adj., s. esp.: devoto, que tiene fe. *Mamaacha Llusha, dibuutullaykim ñaupaykiman chaallaamun*: Madre mía del Rosario, tu humilde devoto llega postrado ante tu presencia.

diidu s. esp.: dedo. →**raukis, rukana**.

dihaadu adj. esp.: dejado, quedado, despreocupado. *Dihaadu kayaptikim patrunkuna allqutsayaashunki*: Porque ustedes son dejados los patrones los humillan.

dihatiibu adj.: dejado, despreocupado.

diibikuy v. esp.: deber, estar en deuda.

diihakuy v.: dejarse, despreocuparse.

diihapuy v. esp.: dejar algo para otro. *Kay ratash chuupataqa diihapuykushqayki, nuqapitaqa qammi alalanki*: Te dejaré este saco viejo, tú tienes más frío que yo.

diihay v. esp.: dejar, abandonar. *Kuyamarqa, ama diihamaytsu*: Si me amas, no me dejes.

diita s. esp.: deudor, deuda. *Diita kankimantaq*: Cuidado con ser deudor. Posible: latín "debita" > deta > *diita*.

dimas adv. esp.: de más, demasiado, muchísimo. *Dimasmi umaa nanaykullan*: Me duele demasiado la cabeza.

dimuuñu s. esp.: demonio.

dirichay v. esp.: enderezar, ir derecho sin hacer las curvas, tomar el camino por el atajo. *Lluta naanipa ama dirichankitsu*: No debes tomar cualquier atajo.

diriichu adj., adv. esp.: derecho, recto. *diriichu qiru*: palo recto. *Taqay hirkapitaqa diriichulla aywakunki*: Camina todo recto desde aquella colina. →**llillqu**.

dispiyay v. esp.: despear, despearse. →**kallkay**.

dius s.: dios. *Dius Yaya*: Dios Padre. →**Qapaq**.

dius silu paaki exp. esp.: Dios se lo pague, gracias.

diusullpaaya exp.: Dios se lo pague, gracias.

dun s. esp.: don, señor. *¿Lluta runataku dun ninantsik?*: ¿A cualquier persona debemos decir don?

duña s. esp.: doña, señora. *Duña Ñati, ninaa qaraykamay*: Doña Ñati (Natividad), regáleme fuego.

dumingu s. esp.: domingo. *Dumingu punchauqa manam arunantsiktsu*: El día

domingo no debemos trabajar.
Dumish hipoc. de Domingo, -a. →**Chumi**.

durashnu s. esp.: durazno. *Durashnuwan nuqaqam, huk shunquyuqlla kayaa*: El durazno y yo somos de un solo corazón (No somos hipócritas).

Duru hipoc. de Doroteo, -a.

duuratsiy v.: hacer durar. *Mikuytaqa alli duuratsikushun*: Hagamos durar bien nuestros alimentos.

duuray v. esp.: durar. *Kay llatapaqa, ¿duurashunkitsuraq?*: ¿Te durará este vestido?

E

e [e]: vocal semicerrada, palatal. Se realiza en contacto con /q/. Fonema ausente en quechua. Aparece en los préstamos del español o por hiperimitación a los hispanohablantes. Los monolingües quechuas cambian la /e/ española en [i].

ee [e:]: vocal larga como resultado de los siguientes fenómenos: 1. monoptongación de [ai̯] (<ay>). *Taqayman ayway* (C de C) › *taqeeman eewee* (C de H): Anda hacia allá. 2. apertura de /i:/ (<ii>) antecedida de una sílaba con /i/: *kikii* (yo mismo): *kikee* (C de H).

eeka (C de H) adv.: cuántos. →**ayka**.

eelluy (C de H) v.: recoger, reunir, congregar. →**aylluy**.

eepuy (C de H) v.: repartir. →**aypuy**.

eeqiy (C de H) v.: huir, escapar. →**ayqiy**.

eerahay (C de H) v.: ambicionar, querer con avidez. →**ayrahay**.

eetsa (C de H) s.: carne. *Eetsa reekum shamiikuu*: Vine por la carne. →**aytsa**.

eewatsiy (C de H) v.: vencer, dominar, matar. →**aywatsiy**.

eewee (C de H) v.: ir, marcharse. →**ayway**.

G

g [g]: oclusivo velar sonoro. Ausente en quechua de Ancash. En otros dialectos aparece como resultado del proceso de sonorización de /k/: *inka > inga* (en Pasto). También en los préstamos del español.

gaala s. esp.: gala, gusto, vanidad. *Kay upa qallu qaqchuta gaalallachari waatayan*: Posiblemente por simple gala crían este loro mudo.

gaallu s. esp.: gallo, hombre valiente, mujeriego. *Allish gaallu kaptikim warmikuna qatirayaashunki*: Porque eres un buen gallo te siguen las mujeres. *Tataku gaallu*: gallo pequeño y muy peleador (también lo llaman "chilenito"). *Kutulin gaallu*: gallo de cola muy corta. *Kariuuku*: gallo de escasas plumas. →**kakash**.

gaallupa waqran s.: cresta del gallo. Planta de hojas que se parecen a la cresta del gallo. Se quema para que su humo fuerte mate la polilla. →**hirkan puriq**.

gaananakuy v. recíp. esp.: ganarse, competir. *Gaananakuyta munarmi, lluta rurayan*: Por querer competir, ellos hacen por hacer. →**shiqinakuy**.

gaanas s. esp.: gana, deseo, buen ánimo. *Kay aukisqa, mana gaanasninchau karqa, manam imatapis mikuntsu*: Este anciano, si no está de buen ánimo, no come nada. →**munaymin**.

gaanakuy v.: vencer. *Alli piqayuq karmi llapanta gaanakun*: Gana a todos porque tiene buena cabeza. →**shiqikuy**.

gaanay v. esp.: ganar, vencer. *Gaanakuyta tiiranki*: Debes procurar ganar. →**shiqiy**.

galga s. esp.: hembra de galgo, perra, mujer coqueta y con poca feminidad.

galgan galgan exp. adv. modal: como perra. *Galgan galgan ullaunpa puntanta yarqurin*: Hecha toda una perra sale delante de su esposo.

galgu s. esp.: galgo. *mallaq galgu*: galgo hambriento.

galgu adj. esp.: hambriento, que arrebata la comida a otro.

Gama hipoc. de Gamaliel, -a.

ganucha s.: ganocha, ficha que se tira al piso y se hace avanzar con los pies, juego ganocha. Se dibujan cuadrados o círculos que hay que ocuparlos jugando. Caraz.

garrucha s. esp.: garrocha. Palo delgado y largo con que se azuza a la yunta cuando se ara. *garrucha rikra*: brazo largo y delgado (como la garrocha).

garruti s. esp.: garrote, palo con que se golpea. →**wiruna, maqana**.

garrutiy v.: garrotear. *Aku pushkuuta garrutishun*: Vamos a garrotear mi frejol (para que caiga el grano). →**wiruy**.

gatiillu s.: gatillo (de arma de fuego).

Gawi hipoc. de Gabino, -a, Gabriel, -a: Gabi.

graniyay v. esp.: granear, echar granos (los cereales). *Ima shumaqmi mikuynintsik graniyan*: Qué bonito granean nuestras sementeras.

griillus s. esp.: grillos, tijeras para trasquilar.

graanu s. esp.: grano de cereales, grano del cuerpo.

gubirnu s. esp.: gobierno, estado, autoridad. *Gubirnukunaqa munayanqanta rurayan*: Los gobiernos (autoridades) hacen lo que les da la gana.

Guilli s.: hipoc. de Guillermo, -a. Guillermino, -a.

guiirra s. esp.: guerra. top. Guerragana (quebrada en el camino de Huallanca a Quitaracsa donde los satis sepultaron con derrumbes a sus enemigos).

Markantsikchau guiirra qallan.
Warmi, ullqu musyarillay.
Kawaq kaqchi kutimushun,
wañuq kaqchi tsunyarishun.

En nuestro pueblo comienza guerra. /

Mujer, hombre sépanlo ya. / Los sobrevivientes volveremos, / los muertos nos ausentaremos. (Canción de Quitaracsa)

guiya s. esp.: guía, persona que lleva el estandarte delante de todos en las procesiones. *Kananqam nuqa guiya kashaq*: Hoy día yo voy a ser el guía.

gul s. esp.: gol. *¿Pitan gulta hatirqun?*: ¿Quién ha metido el gol?

gulyay v. esp.: golear, meter el gol. *Kay paqway ikiiputaqa, piimay gulyakuykan*: A este equipo malo, cualquier equipo lo está goleando.

Gumi, Gumish, Gumichu s.: hipoc. de Gumersindo, -a.

gustakuy (*gusta-ku-y*) v. esp.: gustar, gozar, distraerse. *Shumaq gustakushun*: Distraigámonos bien.

gustanakuy (*gusta-naku-y*) v. recíp.: gustarse mutuamente, quererse. *Wamrakuna gustanakuykayaptin imapaqtan rakinki*: Para qué los separas si los muchachos se están queriendo.

gustay v. esp.: gustar. *¿Shapash api gustashunkiku?*: ¿Te gusta la mazamorra de zapallo? →**yachay**.

gustu s. esp.: gusto, voluntad. *Gustuykita mishkiratsiy*: Satisfaz tu gusto. →**munay**.

H

h [χ]: fonema fricativo velar sordo. El sonido equivale a la <j> del alfabeto esp. En algunos casos es el resultado del desarrollo de [s]: *sacha* > *hacha*. Como no existe en el quechua el fricativo labiodental sordo [f], los monolingües lo convierten en [h] ante [u] y en [hw] ante otras vocales: Fulceda > *Hullshi*, Felipe > *Hwilipi*, Facundo > *Hwakundu*, feo > *hwiyu*, fácil > *hwasil*, fábrica · *hwabrika*, febrero > *hwibriiru*. Hay algunos préstamos hispanos que aún mantienen la "h" aspirada medieval en inicial absoluta. Posibles andalucismos.

haacha s. esp.: hacha. *Kay haachawan hachata mutuy*: Corta el árbol con esta hacha. *haacha ruraq*: hachero, fabricante de hachas.

haachanakuy (*haacha-naku-y*) v. recíp.: golpearse a hachazos.

haachay v.: golpear con el hacha.

haaka s.: aliento, vapor del aliento.

haakall adj.: jadeante. Para más énfasis se repite. *haakall haakall runa*: hombre muy jadeante.

haakallyay (*haakall-ya-y*) v.: jadear. *Haakallyanqantsikyaq aruykamuntsik*: Hemos trabajado hasta jadear.

haaka, haakapu (*haaka-pu*) s.: aliento, vapor que se exhala.

haakapuy v.: soplar para calentar a alguien.

haakaatsiy v.: ayudar a soplar para calentarlo.

haakay v.: exhalar el vapor por la boca.

haakima s. esp.: brida, jáquima.

haakimay v.: poner la jáquima. *Kay chukaru kawallutaqa, haakimar lluqanki*: Poniendo la jáquima monta este caballo no domado. C de H: *haakimee*.

haaku adj.: vacío, sin contenido, amplio. *haaku wayaka*: bolsillo vacío. *Haaku machaychau takllaata haqimushkaa*: He dejado mi arado en una cueva vacía. *haaku marka*: pueblo sin habitantes. →**hayan**.

haakuutsiy v.: hacer vacío, hacer espacio. *Suwakuna wasikita haakuutsiyashqa*: Los ladrones han dejado vacía tu casa.

haakuy v.: estar vacío, estar amplio. *Kay markaqa haakun*: Este pueblo es amplio.

haani s.: espíritu del ser viviente, aliento, ánima. *Haanii kaptinmi kawaa*: Vivo porque tengo mi ánima. →**hayni**.

haaniy v.: exhalar, respirar, dar signo de vida.

haapa s.: lugar retirado, lugar silencioso. *Haapachau taakurmi atska waatata miratsii*: Hago aumentar bastante ganado porque vivo en un lugar alejado. →**tuna**.

haatu s.: casucha temporal para hacer las majadas o cuidar el ganado, per. jato.

¡haaya! interj.: ¡jaya! Voz para arrear caballos, mulas.

haayay v.: vocear ¡jaya! al arrear acémilas para que aceleren pasos.

habun s. esp.: jabón. *llatapa habun*: jabón de ropa. *qaqlla habun*: jabón de cara. *hacha habun*: jabón vegetal (plantas que sirven para lavar).

Rantiy mushkuq habunta
taqra karas chiina.
Nuqawan puñuyta munarqa,
alli habunanki.

Cómprate jabón fragante / sucia carasina. / Si quieres dormir conmigo, / jabona bonito. (Es un huayno donde el nombre del lugar se reemplaza según el momento.)

habunay v.: enjabonar, sobar con jabón, usar jabón. *Kay taqra kushmataqa ishkay kuti habunallanki*: Enjabone, por favor, dos veces este camisón sucio.

hacha s.: árbol, vegetal de regular tamaño. *lluta hacha*: árbol común. *Hachata llaumirqan witsaypa walluntsik, uraypa* *wallurqam wiñayninta kutitsintsik*: Al podar el árbol se corta con golpes hacia arriba, si se corta hacia abajo se afecta su crecimiento. →**sacha**.

hachapa ñawin s.: lit. "ojo de planta", yema de planta, guía principal. →**muqtu**.

hacha pushku s.: 1. poroto, frijol de árbol, castaña. →**puruutu**. 2. frijol de chivo. Frijol de zona yunga, no es enredadera, sus vainas son pelusientas y aceitosas, su altura es de uno a dos metros.

hacha runa s.: hombre salvaje, hombre de los bosques. →**chunchu, sacha runa**.

hachin, hachin s. onomat.: rebuzno.

hachinyay v. onomat.: rebuznar.

haka s.: cuy, cobayo, conejillo de Indias. *haka wanu*: excremento de cuy, guano de cuy. →**kuy**.

haka adj.: hinchado, inflamado. →**saksa**.

haka s.: hinchazón, inflamación.

hakaakuy (*haka-a-ku-y*) v.: hincharse, inflamarse. *Kay tanta shumaq hakaakun*: Este pan se hincha bonito.

haka chiku s.: cuyero, lugar donde se crían cuyes. →**haka puku**.

haka kuru s.: gusano negro y verdusco, de mal olor que vive debajo de las piedras.

haka llaqwa s.: cuy silvestre. Es del color de paja seca.

haka mikuq adj.: come cuy, persona al que le gusta cuy.

hakapaku s.: enfermedad de hinchazón.

hakapakuy (*haka-pa-ku-y*) v.: hincharse por enfermedad.

haka pichu s.: picante de cuy (comida andina). *Haka pichu raykum watanpis kutimushaq*: Por picante de cuy voy a volver también el próximo año.

haka puku s.: cuyero. →**haka chiku**.

hakaapukuy (*haka-a-pu-ku-y*) v.: hincharse algo sin que se pueda controlar como la masa al preparar el pan.

hakay v.: hinchar, hincharse, inflamarse, aumentar de volumen. →**saksay**.

haku s.: 1. manto, rebozo (prenda de mujeres). *hatun haku*: manto grande para cargar. *shallsha haku*: manto con flecos. *tikpi haku*: lit. "manto de prendedor", manto pequeño, rebozo, se usa para cubrirse de cintura para arriba. →**lliklla, ashqu**. 2. una medida que llena el manto. *huk haku papa*: papa que alcanza en un manto grande.

haku (Q II) v.: vamos. *Hakuna*: Vamos ya. →**aku** (Q I).

hakukuy (*haku-ku-y*) v.: ponerse manto.

hakuraana (*haku-ra-a-na*) s.: manto pequeño que llevan puestas las mujeres.

hakuray (*haku-ra-y*) v.: llevar puesto el manto.

hakutsinakuy (*haku-tsi-naku-y*) v. recíp. ponerse el manto ayudándose. *Shipashkuna hakutsinakuyan*: Las jóvenes se ayudan a ponerse los mantos.

hakutsiy v.: poner la lliclla (el manto) a otra persona.

halaywa s.: lagartija. →**arash**.

halka s.: jalca, zona alta y fría. →**hallqa**.

hallan pron.: el otro. *Hallanqa yarpaamantsiktsu*: El otro no nos recuerda.

hallqa s.: per. jalca, zona alta y fría de 4000 a 4800 m. s. n. m. *hallqa wayra*: viento de la jalca. →**puna**.

hallqa warmi s.: jalca huarmi, lit. "mujer de la jalca". Papa de la región jalca.

ham, ham onomat.: guau, guau. Ladrido del perro.

hamakuna s.: banco, lugar u objeto para sentarse. *hamakuna rumi*: piedra que sirve para sentarse. *aya hamakunan*: lugar donde se sienta el alma.

hamakuy (*hama-ku-y*) v.: sentarse. *Kuchuchau hamakunanpaq, allquykita yachatsinki*: Debes enseñar a tu perro para que se siente en el rincón. En C de H: *hamakiy*.

hamarapay (*hama-ra-pa-y*) v.: permanecer sentado delante de otro como un gesto de atención.

hamaray (*hama-ra-y*) v.: permanecer sentado por mucho tiempo. *Allaapana hamaranki*: Ya estás sentado mucho.
hamatsiy (*hama-tsi-y*) v : hacer sentar, invitar a sentarse, hacer descansar. *Huk watam kay chakrata hamatsii*: Hago descansar esta chacra por un año.
hamay v.: sentar, reposar, descansar. *Wañuywanqa, llapantsik hamarishunmi*: Con la muerte, todos vamos a descansar.
hamay s.: aliento, exhalación. *Taqra warmipa hamaynin asyan*: Apesta el aliento de la mujer sucia.
hambatu (Ecuador) s.: sapo. →**ampatu**.
hamhamyay (*ham ham-ya-y*) v. onomat.: ladrar.
hampi s.: remedio, medicina, veneno (eufemismo). *ushanan hampi*: último remedio, muerte. *Maypis kay hampi tinkunqa*: Quizás acierte esta medicina. *hampi maki*: que cura bien, mano bendita. *hampi manka*: olla para preparar remedios. *hampi wasi*: hospital, casa de salud. *usa hampi*: veneno para los piojos.
hampikuq (*hampi-ku-q*) s.: curandero, médico, brujo que cura o hace el daño. *Shiwam alli hampikuq, payqam pukllaqkunapa chakinta pankiramunqa*: Sebastián es buen brujo, él va a enredar los pies de los jugadores.
hampikuy v.: curar, curarse (a sí mismo), hacer brujería.
hampinakuy (*hampi-naku-y*) v. recíp.: curarse, hacerse la brujería. *Qishyarqa, hampinakuyanki*: Si están enfermos, deben curarse recíprocamente.
hampiq s.: el que cura, el que hace la brujería.
hampitsiy (*hampi-tsi-y*) v.: hacer curar. *Shatu, qishyaq kawalluykita hampitsiyna*: Saturnino, haz curar ya tu caballo enfermo.
hampiy v.: curar, remediar, hacer brujería para sanar o enfermar. *Kay nanayninta, ¿piraq hampinqa?*: ¿Quién curará su dolor? *Hampishqayki*: Te voy a curar.
hampiyuq adj., s.: que tiene medicina, curable. *¿Kay nanay hampiyuqku?*: ¿Es curable este mal?
hampu s.: jampu. Araña grande y muy venenosa.
hampu s : piedra imán. →**kichikala**.
hamun s. esp.: jamón. *huk wata hamun*: jamón de un año.
hamuy (Q II) v.: venir. →**shamuy**.
hana s.: causa, motivo. *Aylluu hananmi aruu*: Trabajo por mi comunidad.
hana s.: cobertor, lo que se pone encima. *Hanaami kantsu*: No tengo algo para cubrirme.
hana s. la parte de arriba, lo de encima, lo que está sobre. Se usa con morf. locat. *¿Hanaapaku aywayta munanki?*: ¿Quieres ir por mi encima?, ¿Quieres faltarme el respeto? *Wasi hananchau rata lluytsu akataykachaykan* (trabalenguas): Un venado cojo está correteando sobre la casa. *patsa hanan*: cielo, lo que está sobre la tierra.
hanapay v.: encimar, poner algo encima, cubrir. *Shakaqa warminta piñapaanan rayku, hanapan*: Zacarías cubre a su esposa en vez de regañarla.
hanaq adv.: lo que está arriba. *hanaq patsa*: el mundo de arriba. →**hanash**.
hanash adv.: arriba, parte lejana superior.
hanchana s.: asa, agarradera.
hanchana, hanchakuna s.: lo que se puede llevar con la mano alzando (balde de agua) o jalando (de la soga al ganado) o ayudando para que no se caiga (niño).
hanchanakuy (*hancha-naku-y*) v. recíp.: ir cogidas las manos, guiarse. *Qapra aukiskuna hanchanakuyan*: Los ancianos ciegos van cogidas las manos.
hanchay v.: llevar a alguien tomándole de la mano, llevar algo pendiente en la mano, jalar al animal. *Nuqam wamraykita hanchaa*: Yo llevo de la mano a tu ni-

ño. *Kay baldi yakuta hanchay*: Carga este balde de agua.

hanka s.: per. janca, nieve, nevado, glaciar, región de cordillera sobre 4800 m. s. n. m. *Hanka quchaman huchushqa*: La nieve ha caído sobre la laguna. *hanka yaku*: agua de nieve, agua fría como la nieve. *hanka pampa*: pampa de nieve.

hanka s.: janca, enfermdedad de la papa, el tubérculo se cubre de granos y ya no agranda. Se supone que es por el efecto del frío. *hanka papa*: papa con janca.

hankat (*hanka-t*) adv.: completamente todo, todito. *Papaata, qahapa hankat ushaskin*: La helada acaba de terminar todita mi papa. →**chipyat**.

hankay v.: deformarse la papa por la janca (aparecen muchos granos en su contorno que no le permiten desarrollarse). *Papaaqa hankashqam*: Mi papa ha sido afectada por la janca.

hankayaatsiy (*hanka-ya-a-tsi-y*) v.: congelar, convertir en hielo.

hankayay (*hanka-ya-y*) v.: helarse, convertirse en hielo, afectarse la papa por la janca.

hanrara s. onomat.: sonido de trueno. →**punruru**.

hanraray v. onomat.: tronar, retumbar.

hapa, hapay s.: paso. *ishka hapa*: dos pasos.

hapalla (+ morf. pers.) adj.: solo, solitario, sin compañía, único. *Hapallaa arukuu*: Solito trabajo. *Hapallayki arukunki*: Solito trabajas. *Hapallan arukun*: Solito (solita) trabaja. *Hapallantsik*: nosotros solos (incluyente). *Hapallaakuna*: nosotros solos (excluyente). →**sapalla, kikilla**.

hapallan puriq (Huaraz) s.: lit. "que camina solo", japallan purec. Es purgante. →**hirkan puriq**.

hapariy v.: (*hapa-ri-y*) comenzar a dar pasos.

hapatsiy (*hapa-tsi-y*) v.: ayudar a dar los pasos, hacer andar. *Wamraata hapatsillay*: Por favor, ayude a dar pasos a mi niño.

hapay s.: espacio de un paso. *Kay rarqaqa huk hapayllam*: Esta acequia es solamente de un paso de anchura.

hapay v.: dar pasos, andar lento.

hapaykachay v.: hacerse que anda, andar ostentosamente.

hapaypa (*hapay-pa*) adv.: paso a paso, gradualmente.

Hapiñuñu s.: mit. Japiñuño. Fantasma con tetas grandes que anda buscando sus víctimas. *qapiñuñu* ˃ *hapiñuñu*.

hapru (Huaraz) s.: japro. Una especie de árbol.

haq: adj.: extraño, foráneo: *haq runa*: hombre forastero.

haq adv.: fuera, afuera. →**aq**.

haqa adv.: endeudado, deudor. *Wauqikiqa haqam wañushqa*: Tu hermano ha muerto deudor. *haqa wallqa* (lit. "collar de deudas"), *haqasapa*: que nunca paga sus deudas, tramposo.

haqanikuy v.: cobrar, pedir la devolución de la deuda.

haqaniy (*haqa niy*) v.: cobrar la deuda. *Tsay runata haqanishun*: Cobremos a esa persona.

haqasapa (*haqa-sapa*) adj.: que tiene muchas deudas.

haqatsay v.: poner en deuda, endeudar, hundir en deuda.

haqaya s.: resentimiento.

haqayaakuy v. enfát.: resentirse. *Tsayta wiyar patsam haqayaakurqaa*: Me resentí apenas escuché eso.

haqayaatsinakuy v. recíp.: resentirse, hacerse resentir.

haqayaatsiy (*haqa-ya-a-tsi-y*) v.: hacer resentir. *Taqay waktsa runata ama haqayaatsinkitsu*: No hagas resentir a aquel hombre pobre.

haqayay (*haqa-ya-y*) v.: resentirse.

haqchi s.: mordida, mordisco.

haqchinakuy v. recíp.: morderse, atacarse a dentelladas.

haqchipay v.: mordisquear, buscar pasto (ref. animales).
haqchiq (*haqchi-q*) adj. que muerde, despectivo para referirse a los oficios. *laata haqchiq*: hojalatero. *qara haqchiq*: zapatero. *qiru haqchiq*: carpintero. *rumi haqchiq*: picapedrero, escultor de piedra.
haqchitsiy v.: hacer morder, permitir que dé un mordisco.
haqchiy v.: morder la comida como animal carnívoro.
haqinakuy (*haqi-naku-y*) v. recíp.: ganarse, competir, hacer a las ganadas.
haqipuy (*haqi-pu-y*) v.: dejar algo para alguien, heredar, legar. *Kay libruykita aylluntsikta haqipunki*: Conviene que dejes este libro tuyo a nuestra comunidad.
haqiy v.: ganar en trabajo, viaje o en otra actividad; dejar, desplazar. *Tallim, papa uryachauqa, llapanta haqin*: Darío gana a todos (los deja atrás) en el aporque de papa. *Haqimaytsu*: No me dejes.
haqli adj.: que no está seguro en su base, movedizo.
haqliliq, haqlil adj.: objeto sólido que está muy movedizo. *haqlili kiru*: diente que se mueve.
haqliliy v.: moverse un objeto sólido que debe estar firme (diente, piedra).
haqpitsay (Huaraz) v.: separar, alejar.
haqru s.: garganta. →**qaqru**.
hara s.: maíz. *Shumaq haraykita ashnu mikushqa*: El burro ha comido tu bonito maizal. *hara kamtsa*: cancha de maíz, maíz tostado. *hara laawa*: crema de maíz. *willchi hara*: choclo muy tierno, mazorca tierna. →**sara**.
haramillu (*hara millu*) s.: jaramillo, maíz tostado con manteca, sal y cebolla. *haramillu millkapi*: fiambre de jaramillo.
haramilluy (*hara milluy*) v.: hacer el jaramillo, tostar el maíz con manteca y cebolla. *Mamaykim haramilluykan*: Tu mamá está haciendo el jaramillo.
hara muti s.: mote de maíz.

harana, haraana s.: per. jarana, fiesta, motivo de beber.
haraniyay v.: jaranear, fiestear.
harapa maman s.: jarapa maman, madre de maíz. Una especie de tomatillo silvestre. Se dice que es venenosa.
haqraq interj. onomat.: jajraj, sonido de algún objeto o animal que cae. *¡Haqraq, haqraq! waakayki qaqata hiqashqa*: Tu vaca se ha desbarrancado ¡jajraj, jajraj!
haqraray v. onomat.: tronar, producir el sonido ¡jajraj!
haqrash s.: plato rajado de mate o calabaza. Sólo sirve para guardar cosas grandes o para botar a la basura.
haqrash adj. ref. cosas: viejo, rajado, malogrado. *haqrash kaarru*: carro viejo, carcocha.
harawi s.: yaraví, poema y canción tristes y melancólicas.
harawiq (*harawi-q*) s.: compositor o cantor de yaravíes.
harawiy v.: cantar yaravíes.
harina s. esp.: harina. *pushku harina*: harina de frejol. →**machka, aqallpu**.
harinakuy (*harina-ku-y*) v.: buscar harina, comprar harina.
harinanakuy (*harina-naku-y*) v. recíp.: echarse harina, polvorearse. Parte del juego de carnaval. →**machkanakuy**.
harinay v.: harinar, hacer harina.
harka s.: tranca, impedimento, obstáculo.
harkaanakuy (*harka-naku-y*) v. recíp.: 1. detenerse, atajarse, impedirse, desanimarse. 2. confrontarse, encararse.
harkaray (*harka-ra-y*) v.: 1. atajar siempre, detener siempre, desanimar siempre. 2. confrontar continuamente. 3. quedarse mirando sin ayudar.
harkay v.: 1. atajar, detener, desanimar. 2. confrontar. 3. mirar trabajar sin ayuda.
harniiru s. esp.: harnero, cernidor, criba. *harniiru maki*: lit. "mano de harnero", botarate, que no sabe retener algo, gastador, derrochador. →**shikshina**.

harniiruy v.: cernir con harnero.
haru s.: pisada. *huk haru*: una pisada.
harunakuy (*haru-naku-y*) v. recíp.: pisotearse. *Mana tushuyta yachaqkunaqa harunakuyanlla*: Los que no saben bailar sólo se pisotean.
haruray (*haru-ra-y*) v.: tener bajo los pies indefinidamente.
harutsiy (*haru-tsi-y*) v.: 1. hacer pisar, hacer pisotear los granos con animales (trillar). 2. poner el santo sobre la cabeza de alguien para que lo proteja. Este rito se hace en la fiesta del santo patrón, para lo cual se escoge un padrino o madrina, y desde ese momento existe la relación espiritual de compadrazgo y de ahijados y padrinos. *Kay wamraata harutsillay*: Por favor apadrine a este mi hijo haciendo poner los pies del santo sobre su cabeza.
haruy v.: pisar, atropellar, pisotear. *Kay mitutaqa alli harunki, tsayraqmi puqunqa*: Debes pisar bien esta arcilla, así todavía se madurará.
haruy s.: huella, rastro. →**llupi**.
Hashi s.: hipoc. de Jacinto, -a.
hasma: 1. s.: ronquera, chirrido de bronquios. →**qasma**. 2. adj.: ronco. *hasma aukis*: viejo ronco.
hasmayay v.: volverse ronco.
hatariy (Q II) v.: levantarse, desperezarse.
hati s.: metida, introducción. *huk hati*: una metida.
hatipuy (*hati-pu-y*) v.: meter algo, herir, dañar, perjudicar, sobornar. *Qillayta hatipuptikiqa, hwispis qampaqmi kanqa*: Si le sobornas dinero, hasta el juez, estará a tu favor.
hatiy v.: meter, introducir algo
hatun adj.: grande, superior. *hatun chakra*: chacra grande.
hatunkaray adj.: grandazo, enorme.
hatuntsay (*hatun-tsa-y*) v.: hacerlo grande, agrandar.
hatunyaatsiy (*hatun-ya-tsi-y*) v.: agrandar, hacer crecer.
hatunyay v.: agrandarse, crecer, desarrollarse.
hatusaq ‹ *hatun kaq* adj.: enorme, inmenso (de significado colectivo). *hatusaq hacha* (*hachakuna*): árboles inmensos.
hauka adj.: vacío. *hauka wasi*: casa vacía. →**haaku**.
hauka adv.: todavía. *Sas kutimunki, haukam kaykaashaq*: Vuelve pronto, todavía estaré.
haula s. esp.: jaula. *pishqupa haulan*: jaula del pájaro, bragueta (porque el sexo masculino también es llamado pájaro).
haulay v.: enjaular, poner en la jaula.
hauna s.: cabecera, almohada. *Huk haunata mañaykallaamay*: Por favor, préstame una almohada.
haunakuy (*hauna-ku-y*) v.: ponerse algo de almohada.
haunatsiy (*hauna-tsi-y*) v.: ponerle cabecera, ponerle almohada.
hawa s.: tronco, raíz principal. *ismu hawa*: tronco podrido.
hawalla adj.: fácil.
Hawi, Hawichu s.: hipoc. de Javier.
hawi rumi s.: menhir. →**urwa rumi**.
hawiy s.: 1. plantación de poste, erección de piedra. 2. colaboración importante. *Hawiyniita upyarishaq*: Voy a beber el precio de mi colaboración.
hawiy v.: 1. plantar, erigir. *Kananmi kallaaputa hawishun*: Hoy plantaremos el horcón. 2. brindar colaboración especial.
¡hay! pron. indef.: ¡qué! Esta respuesta es descortesía con los mayores. *Hapuniskunallam, imaypis, ¡hay, hay!, niyan*: Sólo los japoneses dicen siempre ¡jay, jay!
hayan adj.: vacío, desocupado. →**haaku**.
hayatsiy v.: desocupar, dejar sitio.
hayay (Huaraz) v.: estar libre, tener tiempo libre, desocuparse.
haykuy v.: cansarse. →**shaykuy**.
haylla adv.: delante, en presencia.
haylli s.: jailli, canto épico, canto triunfal.

haylliy v.: cantar el jailli, cantar victoria.
haymuchi s.: padrillo, animal macho y jefe de una manada.
hayna (Q II) adv.: ayer, tiempo pasado. →**qanyan**.
haynay v.: pasarse la comida, avinagrarse. →**puchquy**.
hayni s.: ánima, espíritu de los seres vivos. *Tsakachaumi haynikita warkayashqa*: Han colgado tu espíritu en el puente. (Se refiere a un rito de brujería). Las plantas y los cerros también tienen espíritu. →**haani**.
hayta s.: puntapié, patada, coz.
haytall ‹ *hayta-lla* adj.: pataleo, pataleta.
haytall haytall exp. adv.: pataleando, con pataletas.
haytallyay v.: patalear, mover las piernas tendido.
haytanakuy (*hayta-naku-y*) v. recíp.: patearse, darse puntapiés. *Shumaq pukllayay, ama haytanakuyaytsu*: Jueguen bonito, no se pateen.
haytaray (*hayta-ra-y*) v.: estar tendido, estar echado a pierna suelta. →**sutaray**.
haytay s.: patada, puntapié.
haytay v.: patear, dar puntapié. *Aku peloota haytaq*: Vamos a pelotear (jugar fútbol). C de H: *heetee*.
haytu s.: cordel, pabilo.
hee (C de H) pron.: ese, esa. *hee naani*: ese camino.
heella (C de H) adv.: allí nomás.
heenoo (C de H) adv.: así, de esa manera.
¡hicha! interj. esp.: ¡echa! Voz para detener las acémilas. *¡hicha abaahu!*: ¡echa abajo!, *¡hicha arriiba!*: ¡echa arriba! También se dice a quienes no tienen cortesía (saludo, despedida, respuesta,
hicha s.: derrame, vertido
hicha hicha adv. modal: derramando, vertiendo. *Hicha, hicha yakuta hanchayan*: Cargan el agua derramando.
hichakuy (*hicha-ku-y*) v.: invitar licor, brindar. *Kananqa nuqam hichakuu*: Hoy invito yo.
hichakutsiy (*hicha-ku-tsi-y*) v.: hacer que invite a beber, incitar que gaste en licor.
hichana (*hicha-na*) s.: vertedero, basurero.
hichanakuy (*hicha-naku-y*) v. recíp.: mojarse como en el carnaval peruano.
hichapakuy (*hicha-pa-ku-y*) v.: derramar algo por un descuido.
hichapay (*hicha-pa-y*) v.: echar líquido poco a poco.
hichapuy (*hicha-pu-y*) v.: verterle algo, servir el licor. *Taqay nikachaq chiinata yakuta hichapuykuy*: Échale agua a aquella chica que tira prosa.
hichatsiy (*hicha-tsi-y*) v.: hacer derramar. *Kay kaarruqa lluta suqsikur lichiita hichatsiman*: Este carro me hace derramar mi leche por sacudir tanto.
hichay v.: derramar, verter. *Kay hachapa chapanman yakuta hichay*: Echa agua a la raíz de este árbol.
hichitsiy (*hichi-tsi-y*) v.: hacer carmenar.
hichiy v.: carmenar la lana, cardar la lana.
hichka ‹ *hichkaq* adj.: persona o animal que se rasca mucho. *Hichka Lliku*: Gregorio que se rasca siempre. Es un apodo.
hichkakuy (*hichka-ku-y*) v.: afeitarse, rasparse. *Shapraykita hichkakuy*: Aféitate la barba. C de H: *hichkakiy*.
hichkay v.: rascar, frotar, raspar, afeitar, raer. *Kay rumita hichkay*: Raspa esta piedra. C de H: *hichkee*.
hichur s. esp.: hechor, gañán, hombre sátiro, burro que monta la yegua.
higantun s. esp.: gigantón (Browningia candelaris): Planta cactácea grande de la zona cálida. →**shikullu, sankay**.
hiibaru s.: jíbaro. Tribu de la selva.
hiilu s. esp.: hilo. *Hiiluumi pishin, yanapallaamay*: Ayúdeme, por favor, me falta el hilo. →**watu**.
hiimi s. esp.: jeme, la distancia entre el pulgar y el índice abiertos.
hiimiy v.: medir con jeme.

Hiina s.: hipoc. de Georgina: Gina.
hiirray v. esp.: herrar, poner el herraje a los animales.
hirriiru s. esp.: herrero. *Hiqna hirriiru kanki*: Eres un herrero imcumplido. *hiirru haqchiq* (despectivo): herrero.
hiirru s.: hierro, fierro. *hiirru manka*: olla metálica. *hiirru llanqi*: ojota de hierro. El diablo usa ojotas de metal.
hiirruy v.: azotar al menor que no da el saludo de Santos Pascuas. Es la marca que llevará para siempre. El día de Pascua los menores deben saludar temprano a los mayores diciendo: *Santus Paskwas*.
hikan adj.: inmenso, enorme. →**tsikan**.
hikutiy, hikutay v.: hacer algo continuamente, repetir, insistir, exigir.
hilaayay (Huaraz) v.: pasarse la raya, ser imprudente, excederse.
hina adv.: qué importa, no me importa. *Hina waqatsun, kikin munarmi kay upyaq runawan churakarqun*: No me importa que llore, ella misma, por su propio deseo, se ha casado con este hombre bebedor.
hina adv.: pronto, ahora mismo, énfasis de inmediatez. *hina patsa*: ahora mismo, ahorita, al momento.
hina (pospuesto al elemento de comparación) adv.: así, como, igual. *Kuchi hina aqñuykanki*: Estás comiendo como cerdo (sin cerrar bien la boca y dejando caer la comida). →**sina**.
hinalla (*hina-lla*) adv.: 1. en la misma condición, así nomás, igual. *¿Imanautan mamayki kaykan?*: ¿Cómo está tu mamá? *Hinallam*: Está igual. 2. ahora mismo, inmediatamente. *Hinalla mamaykita apamuy*: Ahora mismo trae a tu madre.
hinalla + morf. pers. adj.: vacío, sin contenido, sin nada. *Hinallanmi kutimunqa*: Volverá sin nada. *hinallan shunqu*: corazón vacío, corazón frío. *Yumpay ashnuykita, hinallanta qatikunkiman*: Debes arrear sin nada (sin carga) a tu burro inválido.

hinapis (*hina-pis*) conj.: a pesar de, aún así. *Qamqa, shamuy nimarqaykitsu; hinapis chaamuumi*: Tú no me invitaste; aún así llego aquí.
hinay v.: portarse así, actuar así.
hinchi adj.: fuerte, resistente. *Kuchita hinchi watanki*: Debes amarrar fuerte al chancho. →**sinchi**.
hinchikuy (*hinchi-ku-y*) v.: hacer esfuerzo, usar la fuerza, soportar con valor, resistir. *Waakaa, wacharnin, allaapa hinchikun*: Mi vaca hace mucho esfuerzo al parir. *Mana hutsayuq karmi kay runa ima hinchikun*: Este hombre soporta con valor porque no es culpable. →**sinchikuy**.
hinchipa exp. adv.: con fuerza, con energía, fuerte. *Hinchipa qayaykaptii wiyamantsu*: Aunque lo llame fuerte, no me escucha. *Hinchipa aptay*: Agarra fuerte.
hinchipakuy (*hinchi-pa-ku-y*) v.: hacer mucho esfuerzo (al trabajar, parir, defecar), resistir con firmeza. *Wacharnin hinchipakuptinmi uqitin waqtaman yarqushqa*: Por hacer mucho esfuerzo al dar a luz, su recto se ha salido. C de H: *hinchipakiy*. →**sinchipakuy**.
hinchiy (Huaraz) v.: tupir, chancar.
hinchuchuy (Huaraz) v.: rodear apretando, apiñar.
hinhin s. onomat.: jinjin. Llanto prolongado de niños engreídos, risas femeninas.
hinhinyay (*hinhin-ya-y*) v.: hacer jinjin. C de H: *hinhinyee*.
hinka s.: tranca. *rumi hinka*: tranca de piedra.
hinkay v.: trancar, atrancar.
hipa s.: respiración frecuente y sin fuerzas por estar moribundo o muy cansado.
hipash adj. s.: mujer joven, muchacha. →**shipash**.
hipaatsiy v.: victimar, hacer agonizar.
hipashyay (*hipash-ya-y*) v.: hacerse joven (mujer).
hiparay (*hipa-ra-y*) v.: padecer una agonía lenta.

hipay v.: respirar con mucha dificultad, agonizar.
hipikuy v.: sacar algo para uno mismo, retirar sus cosas.
hipinakuy (*hipi-naku-y*) v. recíp: sacarse, raptarse.
hipipanakuy (*hipi-pa-naku-y*) v. recíp.: sacarse los trapos sucios, delatarse, arrojarse las cosas de la casa (por pelea y separación).
hipitsiy (*hipi-tsi-y*) v.: hacer sacar, hacer botar. *Nanaq kiruykita hipitsiy*: Haz sacar el diente que te duele.
hipiy v.: sacar, extraer, llevar afuera. *Kuyuq kiruykita hipiy*: Saca tu diente que se mueve.
hiqakuy v.: caerse. *Kaypitam rumi hiqakun*: Desde aquí se cae la piedra.
hiqakuy v.: brotar la semilla, germinarse.
hiqakuy, hiqakuykuy v.: meterse sin ser invitado, colarse, ocultarse rápidamente. *Aswata rikaykarpis, wasinmanqa, manam hiqaykuykuutsu*: Aunque esté viendo la chicha, no entro a su casa.
hiqamuy (*hiqa-mu-y*) v.: 1. salir de la profundidad, brotar, germinar. *Qiwa shumaq hiqamun*: Bonito brota el pasto. 2. llegar a la cima, asomarse por la cima. *Tamya hiqamun*: La lluvia se asoma por la colina.
hiqaratsiy (*hiqa-ra-tsi-y*) v.: llevarse, robar, despojar. *Mallaq pitsak chipshaykita hiqaratsin*: El gavilán glotón acaba de llevarse tu pollito.
hiqariy (*hiqa-ri-y*) v.: 1. irse, marcharse, desaparecer de la vista. *Inti hiqarinna*: Ya se va el sol. Ya se oculta el sol. 2. desbarrancarse.
hiqay v.: despeñarse, desbarrancarse, rodar hacia abajo. *Mana alli naanichau huk runa hiqashqa*: En el camino peligroso se ha desbarrancado un hombre
hiqay v.: lit. "caer", ponerse, ocultarse. *Kanankunaqa rupay sasmi hiqan*: En estos días el sol se oculta pronto. *Killa manam hiqanraqtsu*: Todavía no se oculta la luna.
hiqay v.: germinar, brotar. *Harantsik hiqaykannam*: Nuestro maizal ya está germinando.
hiqchi adj.: de boca grande, bullanguero, bocón, que se ríe sin control. *Tsay hiqchi runapa shiminta hirayay*: Cosan la boca de ese hombre bullanguero. El bullanguero no es bien aceptado en la sociedad quechua. *hiqchi atuq*: zorro de boca grande.
hiqchikachay v.: reírse sin control, hacer bulla con risotadas. *Ama hiqchikachaytsu*: No te rías sin control.
hiqchipaanakuy (*hiqchi-pa-a-naku-y*) v. recíp.: mostrarse los dientes por la risa, reírse fastidiándose.
hiqchiy v.: agrandar la boca.
hiqna adj.: incumplido, que nunca hace el trabajo para el día fijado. *hiqna warmi*: mujer incumplida. *hiqna maki*: lit. "mano incumplida", incumplido.
hiqnaapakuy (*hiqna-pa-ku-y*) v.: atrasarse en cumplir un trabajo. *Sas ruray, hiqnaapatrunkimantaq*: Haz pronto, cuidado con atrasarte.
hiqnay v.: incumplir un trabajo, no cumplir el compromiso para una fecha fijada.
hira s.: costurería.
hirana s.: costura, línea por donde se cose.
hirana wasi s.: costurería.
hirapakuq s.: costurera, costurero, que ayuda en la costurería.
hirapakuy (*hira-pa-ku-y*) v.: trabajar de costurero, coser.
hiraq s., adj.: costurero, persona que cose. *hiraq maakina*: máquina de coser. *tiila haqchiq* (despectivo): costurero.
hiratsiy (*hira-tsi-y*) v.: hacer coser. *Chuupata hiratsiyta munaa*: Quiero hacer coser la chupa (saco).
hiray v.: coser. *Hipashpa muniillunta shumaq hirallanki*: Cosa con esmero el

monillo de la joven.

hirga s. esp.: jerga, frazada hecha en el telar, cobija. *hirga pantalun*: pantalón de material o color como de frazada.

hirgakuy v.: buscar la frazada, comprar la frazada.

hirgun adj. esp.: jergón, de varios colores: negro, rojo, amarillo, anaranjado. *hirgun kakash*: gallo jergón.

hirka s.: colina, cima, cerro, montaña. Los cerros son protectores de los pueblos por eso merecen respeto y veneración. *alalaq hirka*: colina fría. *hirka patak*: meseta de la colina. *hirka wayra*: viento de la colina.

hirkawashu, hirka washu s.: lit. "espalda como colina", columna vertebral, vértebra. *Mamay, hirkawashuumi nanan*: Mamá, me duele la vértebra.

hirkan puriq s.: lit. "que camina por colinas", jircan purec. Planta de la puna que se yergue en las cejas de las colinas y en los pedregales, es vermífuga, disminuye el colesterol. →**kakashpa waqran**.

hirpu s.: acción de verter. *aswa hirpu*: momento de verter la chicha en el cántaro para que fermente.

hirpunakuy (*hirpu-naku-y*) v. recíp.: hacerse tomar a tragos, verterse.

hirpuutsiy v.: hacer verter o ayudar a verter.

hirpuy v.: verter, vaciar, hacer tragar. *aswa hirpuy*: vaciar chicha al cántaro. *Ashnupa shiminman hampita hirpushun*: Vertamos remedio a la boca del asno.

hirraahi s. esp.: herraje, herradura. *rakta hirraahi*: herraje grueso.

hiruri s.: torbellino, movimiento en círculo, vuelta alrededor del eje.

hiruritsiy (*hiruri-tsi-y*) v.: hacer girar, hacer dar vueltas.

hiruriy v.: girar en un mismo sitio. *Qila mulinuykiqa hirurintsu*: Tu molino ocioso no gira. *Umaami hirurin*: Mi cabeza da vueltas (sensación).

hiruruy (Huaraz) v.: girar, dar vueltas. →**hiruriy**.

Hisha s.: hipoc. de Jesusa.

Hishu s.: hipoc. de Jesús. Jeshu, Chucho. *Hishuullu, Hishuuku*: Jesusito. *Hishupis warmipita yurirqan*: Jesús también nació de mujer.

Hishuuka s.: hipoc. enfát. de Jesusa. Jesusita, Chuchita.

Hishuulla s.: hipoc. enfát. de Jesús. Jesusita, Chuchita.

Hishuuku s.: hipoc. enfát. de Jesús. Jesusito, Chuchito.

Hishuullu s.: hipoc. de Jesús. Jesusito, Chuchito.

hitakay v.: cargar un bulto pequeño sosteniéndolo en un hombro. *Yantata hitakay*: Carga la leña (un pequeño tercio amarrado con soga que pende desde un hombro).

hita s.: una tirada, oportunidad.

hitakuy (*hita-ku-y*) v.: echar, colaborar con algo al participar en una fiesta. C de H: *hitakiy*. →**qillikuy**.

hitakuy (Huaraz) v.: sembrar alquilando chacra.

hitanakuy (*hita-naku-y*) v. recíp: tirarse algo, arrojarse algo.

hitapanakuy (*hita-pa-naku-y*) v. recíp.: 1. culparse, echarse la culpa, tirarse la responsabilidad. 2. comprometerse para una fecha, citarse, acordar algo.

hitaparay v.: provocar continuamente tirando piedritas.

hitapay (*hita-pa-y*) v.: provocar tirando piedritas. *Añau kakuq kuruta imapaqtan rumita hitapanki*: Para qué provocas tirándole piedritas al gusano que está tranquilo.

hitapuy (*hita-pu-y*) v.: 1. tirar o aventar algo para otro. *Kay gubiernuqa, allqutanau, taqra tullutu, hitapushunki*: Este gobierno te tira el hueso sucio como a un perro. 2. evadir la responsabilidad, responsabilizar a otro, lavarse las manos.

hitaraq adj.: que está echado, libre, botado, tirado. *hitaraq chakra*: chacra libre (que nadie labre).
hitaray (*hita-ra-y*) v.: estar echado, descansar, estar tirado, estar abandonado. *Qilaqa, quyat hitaran*: El ocioso está echado todo el día. *Qillayqa maram hitarantsu*: El dinero no está tirado. *Kay wasim hitaran*: Esta casa está abandonada.
hitarikaakuy (*hita-ri-ka-a-ku-y*) v. enfát.: irse muy lejos, alejarse del punto de partida. *Maypapis hitarikaakutsun, allish choolu karqam kutimunqa*: Que se vaya aunque sea muy lejos, si es bien hombre, volverá.
hitarikay (*hita-ri-ka-y*) v.: irse muy lejos, alejarse.
hitarikushqa (*hita-ri-ku-sh-qa*) adj.: botado, expulsado, abandonado. *Hitarikushqa warmita, piraq wanan*: ¿Quién necesita a una mujer abandonada?
hitarinay (*hita-ri-na-y*) v. tener náuseas, querer vomitar. →**milanay**.
hitaritsiy (*hita-ri-tsi-y*) v.: 1. hacer expulsar, hacer botar, hacer arrojar. 2. hacer vomitar, provocar vómitos. *Kay hampi hitaritsikun*: Este remedio hace vomitar.
hitariy (*hita-ri-y*) v.: 1. expulsar, arrojar, deshacerse de algo, botar. *Qila runataqam warmipis hitarin*: La mujer también se deshace del hombre ocioso. 2. vomitar. *Hinchikuy, ama hitarytsu*: Aguanta, no vomites. *Wamra hitarin*: El niño vomita.
hitarkuy, hitarpuy v.: tomar un trago. *Aywakunayki kaptinpis, kaytaraq hitarkuy*: Aunque tengas que irte, bebe primero esto.
hitay v.: arrojar, tirar, botar. *Kayman muruta hitay*: Arroja la semilla aquí.
hitqa (C de H) s.: verdura, nabo, hoja de nabo. *hitqa kashki*: sopa de verduras. *hitqa pichu*: guiso de hojas de nabo. →**shitqa**.
hiwa (Huaraz) s.: planta que germina sin ser sembrada. Posible: *qiwa* > *hiwa*.
hiwaya s.: piedra muy pesada.
hucha (Q II) s.: culpa, delito. →**hutsa**.
huchu s.: derrumbe. *huchu naani*: camino donde hay derrumbe.
huchu s.: manera de sentarse en cuclillas, sentarse como el perro, derrumbe.
huchukuy v.: sentarse en cuclillas, derrumbarse. *Puma uraykaamun, kaychau huchukuykushun*: Sentémonos en cuclillas aquí, el puma está bajando.
huchuray (*huchu-ra-y*) v.: 1. permanecer sentado. *Kaychau huchuray, aywaa kutiramushaq*: Permanece sentado aquí, voy y vuelvo pronto. 2. derrumbarse continuamente. *Kay qaqaqa imaypis huchuranmi, sas aywakushun*: Vámonos pronto, este cerro siempre está derrumbándose.
huchutsiy v.: derrumbar, desmoronar.
huchuutsiy v.: sentar, hacer sentar, invitar a sentarse. *Waqtachau llapan runakunata huchuutsishun*: Hagamos sentar a toda la gente afuera. *Kulluta kayman huchuutsiy*: Sienta aquí el tronco.
huchuy v.: 1. sentarse en cuclillas, sentarse como el niño en el piso, como el perro. 2. derrumbarse, desmoronarse.
huk num.: uno, una. *Hukwan huk. Ishkay*: Uno más uno. Dos. *huk watayuq*: que tiene un año. *huk kuti*: una vez. →**suk**.
huk pron., adj.: otro, otra. *Hukmi kayqa*: Éste es otro. *Kay mikuyqa hukpam*: Esta sementera es de otra persona.
huk ishkay adj. pron.: lit. "uno dos", algunos, unos cuantos.
huklaaya, huk laaya (quechua y esp.) adj.: diferente, de otra laya.
huklaayay v.: mejorarse, recuperarse. *Qishyaqnuntsikqa sas huklaayan*: Nuestro enfermo se mejora rápido.
huklla (*huk-lla*) adv.: 1. solamente uno, tan sólo uno. *Hukllam wañuyqa*: La muerte es sólo una vez. 2. pronto, rápido, de una vez. *Wañurqa, huklla wañush-*

wan: Al morir, debemos morir de una vez. *Huklla kutimunki, kayllachaumi shuyashqayki*: Vuelve pronto, aquí mismo te esperaré. →**saslla, ahalla**.
hukllaanan adv.: en otra oportunidad, en otro momento, después, otra vez. *Hukllaananmi kay aruyta ushashaq*: En otra oportunidad voy a terminar este trabajo.
hukllanyay v.: hacerse uno, unirse.
hukllaylla (*huk-lla-y-lla*) adv.: solamente uno. Más enfático que *huklla*. *Wamraykiqa, hukllaylla kanaq*: Habías tenido sólo un hijo. *Nuqapa shunquuqam hukllaylla*: Yo tengo sólo un corazón (mi decisión es una sola).
hukllayyay v.: quedar solo después de estar acompañado.
huk maki exp. adv.: lit. "de una mano", de una vez, rápido, pronto. *Kaytaqa huk makim ushashaq*: Esto lo voy a terminar rápido. →**sas**.
huknin (*huk-nin*) pron.: lit. "su otro", el otro, la otra. *Huknin shamunqa, manam paytsu*: El otro vendrá, no él.
hukpa (*huk-pa*) adj.: de otro, ajeno. *hukpa wasin*: casa ajena. *hukpa yarpaynin*: pensamiento ajeno.
hukpa hukpa exp. adv. modal: de uno en uno, uno tras otro.
hukpin adv.: una vez, en cierta oportunidad. →**huk pun**.
huk pun adv.: otra oportunidad, una vez, cierto tiempo, otro momento, para otra vez. *Huk punchauqa alli rikachakur purikunki*: En otra oportunidad, camina con cuidado y fijándote bien.
hulyu s. esp.: julio, mes de julio. *pallay killa* (mes de cosecha de cereales).
humay s.: semen. →**muku, yuma**.
humpi s.: sudor. *alaq humpi*: sudor frío. *humpi shatatay*: chorrear el sudor.
humpishqa (*humpi-shqa*) adj.: sudado. *Humpishqa kaykarqa ama waqtaman yarquytsu*: No salgas si estás sudado.
humpiy v.: sudar, exsudar, transpirar. También se refiere a vegetales. *Alli arurqam, humpintsik*: Si se trabaja bien, se suda. *Kay runaqa humpintsu, ¿manatsuraq pishipan?*: Este hombre no suda, ¿es que no se cansará?
hunaq s.: día solar. *kanan hunaq*: hoy día. *pullan hunaq*: medio día. *hunaq tamya*: lluvia de día. *paqaspa, hunaqpa*: de día y de noche.
hunaq hunaq exp. adv.: diario, cada día, cotidiano.
hunaq puñuq s., adj.: que duerme de día. *Chapitunkunallam hunaq puñuq kayan*: Sólo los chapetones son los que duermen de día.
hunaqyaapakuy, hunaqyaapukuy (*hunaq-yaa-pu-ku-y*) v.: despertarse muy tarde, ser sorprendido por el día sin haber terminado el programa de la noche, hacerse tarde. *Puñuy siki karmi, hunaqyaapakun*: Por ser dormilón, se despierta muy tarde.
hunaqyay v.: hacerse día, clarear el sol, hacerse tarde.
hundu adj. esp.: hondo, fondo, profundo. *hundu pilanku*: represa honda. *hundu wayaka*: bolsillo hondo.
huniu s.: junio. *Huniu killam kayaakuntsik*: El mes de junio se quema los cerros. *Inti killa*: mes del Sol.
Hunsha s.: hipoc. de Alfonsa, Alfonsina: Jonsha, Fonsha.
Hunshu s.: hipoc. de Alfonso, Alfonsín.
hunta adj.: lleno, repleto. *Pacha hunta mikuskillaa*: Gracias, acabo de comer a barriga llena.
hunta s. esp.: junta, cuota. *Aswata rantiyta munarqa huntata rurayay*: Si quieren comprar chicha hagan junta.
huntakay (*hunta-ka-y*) v.: juntarse, reunirse, congregarse. →**qurikay, ayllukay**.
huntakashqa (*hunta-ka-shqa*) adj. esp.: juntado, reunido, congregado.
huntashqa (*hunta-shqa*) p. p. adj.: lleno, llenado.

huntay v.: llenar, recoger (líquido). *Yakuta huntay*: Recoge el agua.
huntay v. esp.: juntar, reunir. *Harata huntashun*: Juntemos el maíz. →**quriy**.
hunu num.: millón. *kimsa hunu*: tres millones.
hupay s.: sombra. *Hupayniita uqrashkaa*: He perdido mi sombra. *yana hupay*: sombra negra. →**llantu, arwa**.
hupay s.: alma, espíritu del muerto. C de H: *hupee*. →**upay, aya**.
huq num.: uno. →**huk**.
huqluluy v. onomat.: borbotar, sonido de agua al hervir.
huqta (C de H) num.: seis →**suqta**.
hurka s. esp.: horca. *Hurkaqam uyakunallapaq*: La horca es sólo para los animales.
hurkakay v.: ahorcarse, perder la voz por hablar mucho. *Shumaq kay uushaykita watay, hurkakanmantaq*: Amarra bien tu oveja, no se vaya a ahorcar. *Puma qinchaata yaykapamuptin allquu hurkakaypa waqyakuykar waraskin*: Mi perro amaneció ladrando casi ya sin voz porque el puma acechaba mi redil.
hurkanakuy v. recíp.: ahorcarse recíprocamente.
hurkatsiy v.: hacer ahorcar.
hurkay v. esp.: ahorcar, matar en la horca. *Chapitunkuna runakunata allqutanau hurkayarqan*: Los chapetones ahorcaron a personas como a perros.
hurkun s. esp.: horcón. →**kallaapu**.
hurma s. esp.: horma. *tsuku hurma*: horma de sombrero. *kiisu hurma*: horma de queso.
hurmaq s.: hormador. *tsuku hurmaq*: hormador de sombrero.
hurmatsiy (*hurma-tsi-y*) v.: hacer hormar. *Tsukuykita hurmatsimushaq*: Voy a hacer hormar tu sombrero.
hurmay v. esp.: hormar. *Paymi sapatuuta hurmarqun*: Él ha hormado mi zapato.
hurniyay v. esp.: hornear, calentar el horno.
hurnu s. esp.: horno.
hurnuy v. esp.: calentar el horno.
hurkiilla s. esp.: horquilla. Palo en forma de V que se usa para afinar la puntería con la hondilla (cauchera, honda). *qiru hurkiilla*: horquilla de palo.
hurkiita s. esp.: horqueta. Herramienta de varias puntas que sirve para levantar la paja. →**pallqa**.
hurkiitay v.: usar la horqueta, horquetear.
hurkillakay (*hurkilla-ka-y*) v.: horquillarse, hacerse horquilla (pelo, bastón).
hurkillay v.: horquillar.
hurpa (sincopa de *hurupa*) adj.: espeso, denso. Derivados: *hurpaapukuy, hurpaatsiy, hurpashqa*. →**hurupa**.
hurpay v.: espesarse, hacerse denso.
hurqukuy v.: sacar sus cosas, quitarse alguna indumentaria que se lleva puesta. *Yachay wasiman yaykur, tsukuykita hurqukunki*: Si entras a la escuela, quítate el sombrero.
hurqunakuy (*hurqu-naku-y*) v. recíp.: salir para arreglar un asunto, sacarse. *Ñaupaachauqa, ama qayapaanakuyaytsu, hurqunakuskir, imatapis ninakuyay*: En mi presencia, no se griten, saliendo, díganse cualquier cosa.
hurqupunakuy (*hurqu-pu-naku-y*) v. recíp.: sacarse algo cada uno, sacarse los "trapos sucios".
hurqupuy v.: sacarle algo, sacarle los trapos sucios.
hurquy v.: quitarse la ropa, sacarse, llevar afuera. *Punchuykita hurquy*: Saca tu poncho. top. Quero Jorcuna (*qiru hurquna*: quebrada de donde habían sacado un palo para el puente. Quitaracsa). *rumi hurquna*: cantera.
hurupa adj.: espeso. *hurupa api*: mazamorra espesa.
hurupaapukuy v.: espesarse la comida sin que se pueda hacer nada. *Nuqa api-*

kurnin hurupaapukuulla: Cuando yo preparo mazamorra siempre se me espesa.
hurupaatsiy v.: hacer espeso, espesar.
hurupashqa p. p. (*hurupa-shqa*): espesada, densa, como papa muy sancochada (que se deshace). *hurupashqa uqa*: oca muy sancochada. →**piqtushqa**.
hurupay v.: espesarse, hacerse denso.
husil s. esp.: fusil. *mushuq husil*: fusil nuevo.
husilay v.: fusilar, fornicar (metáfora).
Hushti s.: hipoc. de Justiniano, Justino, -a.
huti (C de H) s.: nombre. →**shuti, suti**.
hutitsinakuy v. recíp.: ponerse apodo. C de H: *hutitsinakiy*
hutitsiy (C de H) v.: poner nombre, apodar. →**shutitsiy**.
huuga s. esp.: fuga, la parte de ritmo rápido de canción o baile, zapateo del baile. →**siki tapsi**.
hutsa s.: culpa, delito, pecado. *Hutsaaqa aqushanaumi*: Mi pecado es como la arena (incontable). *hutsa willay*: avisar el delito, confesar. →**hucha** (Q II).
hutsa pituq s.: lit. "que envuelve los delitos", abogado.
hutsaakuy (*hutsa-a-ku-y*) v.: delinquir, pecar. *Kay kawaychauqa, ¿piraq mana hutsaakuntsu?*: En esta vida, ¿quién no pecará?
hutsalliku s.: error leve, pecadillo, "peccata minuta".
hutsallikuy v.: equivocarse, cometer pecados leves.
hutsasapa (*hutsa-sapa*) adj.: de mucha culpa, muy pecador.
hutsatsiy v.: incitar al delito, hacer pecar.
hutsayuq (*hutsa-yuq*) s., adj.: culpable, pecador. *Mana hutsayuq runata kachaakukuna illapayan*: Los militares disparan al hombre inocente.
huypa s.: plomada del albañil, nivelador.
huypay v.: usar la plomada, nivelar.
huytupakuy, huytupakiy (Huaraz) v.: cargar en el hombro (por paga o como ayuda).
huytuy (Huaraz) v.: cargar en el hombro.
hwaasil adj. esp.: fácil. *Kayqa, qampaq hwaasilmi*: Esto es fácil para ti.
hwibis s. esp.: jueves. *Hwibis Santu*: Jueves Santo.
Hwibis Katu s.: Jueves Cato (después de Miércoles de Ceniza). Cuando se come la sobra (*katu*) de la fiesta del carnaval.
hwibri s. esp.: fiebre, calentura.
hwibriiru s. esp.: febrero. *Hwibriiruqam shullka killa*: Febrero es el mes incompleto. Pero *shullka killa* también significa "último mes" (antes el año se iniciaba en marzo). →**katu killa, shullka killa**.
hwibriy v. esp.: tener fiebre. *Kay runa llutanpa hwibrin*: Esta persona tiene mucha fiebre.
hwiira adj. esp.: de fuera, de otro lugar, forastero, extraño. *hwiira warmi*: mujer forastera.
¡hwira! interj. esp.: ¡fuera! Voz para mandar a la yunta para que vaya por el espacio superior al surco.
hwirsaq, huirsakuq s. esp.: violador, sátiro, que hace algo abusando su fuerza. *Pishi wamra hwirsaqta alli astayay*: Azoten bien al violador de la menor.
hwirsay v. esp.: forzar, violar, lograr algo por la fuerza. *Kachaakukunaqa tariyanqan warmita hwirsayan*: Los cachacos violan a la mujer que encuentran.
hwista s. esp.: fiesta, pachanga. *Hwistantsik sumanmi*: Nuestra fiesta es solemne. →**raymi**.
hwistakuy (*hwista-ku-y*) v.: fiestearse, gozar de la fiesta.
hwisyu s. esp.: 1. juicio, entendimiento, razón. 2. pleito, litigio. *Ama huisyumanqa ishkillaashuntsu, mallaq hutsa pituqkunam qillaynintsita sutamaashun*: Por favor, no caigamos en juicio, los abogados hambrientos nos van a saquear el dinero.
hwiyu adj. esp.: feo, peligroso, de mal

carácter. *hwiyu naani*: camino peligroso.

hwiyuyaatsiy (*hwiyu-yaa-tsi-y*) v. esp.: afear, convertir en peligroso, dañar el carácter, dañar. *Kuchim, utsirnin, naanita hwiyuyaatsin*: El chancho, hociqueando, daña el camino. →**yaqatsiy**.

hwiyuyay v. esp.: afearse, volverse feo, hacerse peligroso. *Kay wamra, watawan wata, hwiyuyan*: Este niño, año tras año se vuelve feo. *Tamyawan, naanikuna hwiyuyaayan*: Los caminos se vuelven peligrosos con la lluvia. →**yaqay**.

I

i [i]: vocal palatal, alta y anterior.
icha (Q II) exp.: ojalá. →**itsa, amalay**.
ichichanka (*ichik chanka. ichik › ichi*: pequeño, corto) adj.: pernicorta.
ichiitsiy v.: parar, poner de pie, hacer parar.
ichik adj.: pequeño, corto. *ichik tsuku*: sombrero pequeño. *Ichikllapitam hatunman chan*: De lo pequeño se llega a lo grande. No se deben descuidar los pequeños detalles. →**uchuk**.
ichikchay (Q II) v.: achicar. →**ichiktsay**.
ichikllapa (*ichik-lla-pa*) exp. adv.: por poco, de poco, casi casi. *Ichikllapa qipaykuu*: Por poco me atrasé. →**ichikpa**.
ichikllaylla (*ichik-lla-y-lla*) adj.: chiquitito, pequeñito. *ichikllaylla radyu*: radio chiquitito.
ichikpa adv.: casi, por poco.
ichiktsay (*ichik-tsa-y*) v.: achicar, acortar.
ichik tukuy v.: lit. "hacerse el chico", fingir humildad para lograr algo, tratar de caer bien con fingida humildad. *Patrunpa ñaupanchauqa, pinqakuypaq, laqwakuna ichik tukuyan*: Los lambones, para dar vergüenza, delante del patrón "se hacen los chicos" (fingen humildad).
ichik ullqu s.: lit. "hombrecillo", duende. →**waraqllay**.
ichikyay (*ichik-ya-y*) v.: achicarse, acortarse.
ichipi s.: fustán, ropa interior de la mujer.
ichiray v.: estar parado por mucho tiempo, quedarse de pie. *Imanau runatan kallanki, mana yanapakur ichiranki*: Qué clase de persona es usted, está parado sin ayudar.
ichishaq adj., pron.: grupo de seres pequeños. *Ichishaq runa kaykar alli aruyan*: Siendo hombres pequeños trabajan bien. *Ichishaqkunallata akranki*: Escoge solamente los pequeños.
ichiy v.: ponerse de pie, pararse. *Wamraqa ichiykannam*: El niño ya está poniéndose de pie.
ichiykachay v.: pararse aquí y allá para llamar la atención.
ichma s.: polvo de azogue, tierra colorada. Se usa como colorante. *ichma allpa*: tierra de azogue.
ichmay v.: colorear con polvo de azogue.
ichpa adj.: cercano, relacionado. *ichpa pura*: familiares, parientes cercanos.
ichu s.: ichu, paja de la puna que sirve para pasto y para cubrir las chozas. *ichu pampa*: pampa de ichu.
ichuq (Q II) adj.: izquierdo. →**itsuq**.
iillu exp. adv.: parece, posiblemente, semejante. *Wauqikim iillu, alli riqiy*: Parece que es tu hermano, reconócelo bien. *Allinam iillu*: Creo que ya está bien.
iira s. esp.: ira, pasión, ahínco, coraje. *Iirapa ruraptikiqa, aha kaqpis, manam ahatsu*: Si lo haces con coraje, hasta lo difícil deja de ser difícil.
ihaadu s. esp.: ahijado.
ihi s.: buche. →**ukshi**.
ihipay v.: atorarse. →**kitsmikay**.
ikiipu s. esp.: equipo deportivo, equipo de herramientas. *Ikiipuupaq chumpan kantsu*: No hay chompas para mi equipo.
ikikyay v. onomat.: tiritar, temblar de frío. *Mana ashqun kaptin wamraqa ikikyan*: Por no tener manto el niño tirita.
ikiku adj.: chismoso.
ikiy v.: cortar en pedazos con cuchillo. *Papata ikiy, aywaa yantata tsiqtaramushaq*: Corta en pedazos la papa, voy para rajar la leña.
iktsu s.: hipo. *Utsuta mikuptiimi iktsu tsariman*: Cuando como ají me da hipo.
iktsuq (*iktsu-q*) adj.: que tiene hipo, que hipa.
iktsuy v.: hipar, tener hipo. *Iktsurpis wa-*

ñushwanmi: Hipando también podemos morir.
Ila s.: hipoc. de Hilario, -a.
illa s.: 1. ausencia, nada. *Illapitaqa imapis yurintsu*: Nada nace de la nada. 2. talismán, amuleto.
illakay (*illa-ka-y*) v.: desaparecer, esfumarse, ocultarse. *Rikaraykaptii illakarqun*: Ha desaparecido cuando he estado mirándolo.
illanya s.: illanya. Araña venenosa de clima templado. Su picadura da fiebre e hinchazón. Mata en 24 horas.
illanyay v.: enfermarse por la picadura de araña illanya.
illapa s.: trueno, escopeta, arma de fuego.
Illapa s.: Illapa. Dios del trueno.
illapakuq (*illapa-ku-q*) s., adj.: cazador, tirador.
illapakuy (*illapa-ku-y*) v.: cazar, disparar, tronar, defecar (broma: como si al defecar se disparara).
illapanakuy (*illapa-naku-y*) v. recíp.: dispararse con arma de fuego. C de H: *illapanakiy*.
illapay v.: disparar. *Ama waktsa runata illapaytsu*: No dispares a gente pobre.
illapiiru (*illapa* + esp. -ero) s.: cazador, tirador. →**illapakuq**.
illaq adj., s.: ausente, vacío, nada. *illaq runa*: persona ausente. *Illaqllatam hitaritsiman, ima nanayraq kay nanay*: Me da vómitos pero sin arrojar nada, no sé qué mal será este mal.
illaqu s.: relámpago. *illaqu atski*: luz del relámpago. *Illaqu atsikyaaramun, maychauraq maqakuykan*: El relámpago acaba de alumbrar, en dónde habrá trueno.
illaquy v.: relampaguear. *Marañun kanqanpam illaqun*: Relampaguea por la dirección de Marañón.
illariy (*illa-ri-y*) v.: empezar a ausentarse, marcharse.
illariy v.: resplandecer, brillar, centellear. →**chilapyay**.
illa rumi s.: piedra cálculo, bezoar. Es remedio y amuleto. →**pacha rumi**.
illauru s.: illauro. Planta de la puna, de frutos rojos y amargos que son buenos colorantes.
illawa s.: lanzadera, parte movediza del telar y que lleva el hilo que se va trenzando. *illawa sinqa*: nariz grande y puntiaguda como la lanzadera.
illawanka s.: illahuanca. Ave rapaz de plumaje blanquinegro. Es un gavilán que se alimenta hasta de cadáveres podridos.
illaway v.: preparar los hilos en el telar con lanzadera.
illay v.: ausentarse. *Illaptikiqa, kay wasichau wayrallam tumanqa*: Si te ausentas, en esta casa sólo se paseará el viento.
Illuti hipoc. de Eleuterio, -a.
Illmi hipoc. de Hermenegildo, -a.
Illmu hipoc. de Hermógenes.
Illwa hipoc. de Eduardo, -a.
ima pron.: qué. Es descortesía si es respuesta de menor a mayor o entre desconocidos. *¿Imayki nanan?*: lit. "tu qué duele", ¿Qué te duele? *¿Imata munanki?*: ¿Qué quieres? *¿Imanau?*: ¿Cómo? *¿Ima nir?*: lit. "Qué diciendo", ¿Por qué? *¿Imapaq?*: ¿Para qué? *¿Ima uura?*: ¿A qué hora?
¡ima! interj.: ¡qué! *¡Ima shumaq!*: ¡Qué bello! *¡Ima laaya!*: ¡Qué clase!
ima baaliq exp. (quechua y esp.): qué vale, para qué, no tiene sentido. *Ima baaliq shamushkantsik*: Para qué hemos venido. *Ima baaliq, pishi wamra aruyman churakan*: Para qué un niño todavía no maduro se pone a trabajar.
imach (*ima-ch*) exp. interrog.: no sé qué, qué será. *Imach kaychau kan*: No sé qué hay aquí.
imallapis (*ima-lla-pis*) pron.: cualquier cosita, alguito.
¿imallaqash, imallaqash kallan... ? exp. interrog. que introduce la adivinanza:

¿qué será, qué será? *¿Imallaqash, imallaqash kallan: Kaatan, manatan?*: ¿Qué será, qué será: Soy y no soy? Respuesta: *supi* (pedo). →**imaraq**.

imanau (*ima-nau*) adv.: cómo, de qué manera. *¿Imanautan kaykayanki?*: ¿Cómo están ustedes? C de H: *imanoo*.

imanaupis (*ima-nau-pis*) exp. adv.: como sea, de cualquier modo, a como dé lugar. C de H: *imanoopis*.
Imanaupis kakullaatsun,
taqay chiina, imanaupis.
Nuqallaaqa kuyallaami.
Nuqallaaqa wayllullaami.
No me importa cómo sea, / cómo sea esa joven. / Yo sí la quiero mucho./ Yo sí la amo mucho (huayno).

imanay (*ima-na-y*) v.: suceder, acontecer, pasar, qué hacer. *Au, ¿imanankitan?*: Oye, ¿qué te pasa? *Manam imanaatsu*: No me pasa nada. *Imanaashuntan*: Qué vamos a hacer (ante un suceso adverso). *Imanankiraq*: Qué vas a hacer.

imapaq (*ima-paq*) exp. interrog.: ¿para qué?

imapas (Q II) pron.: cualquier cosa, sea lo que sea. →**imapis**.

imapis (*ima-pis*) pron.: cualquier cosa, algo. *Imapis kakutsun*: Que haya cualquier cosa (no me importa). →**imapas**.

imaq (síncopa de "*imapaq*"): ¿para qué?

imaraq (*ima-raq*) exp. interrog.: ¿qué será? →**imallaqash**.

imata qukuy exp.: no importar nada. *Nuqata imata qukaman*: A mí qué me importa. *Qamta imata qukushunki*: A ti qué te importa. *Payta imata qukun*: A él qué le importa.

ima tsika, may tsika exp.: cuánto, qué cantidad, demasiado. *Ima tsika runakuna qurikaariyan*: Cuánta gente se acaba de reunir. *¿Ima tsikata munanki?*: ¿Cuánto quieres?

imay adv. interrog.: ¿cuándo?, ¿en qué época? *¿Imaytan mamantsik kutimunqa?*: ¿Cuándo volverá nuestra madre? *Imay killa*: En qué mes. *¿Imay punchau?*: ¿En qué día?

imaychi (*imay-chi*) exp.: no sé cuándo. *Imaychi wañunaypa aywakuyta munarqaa; kananqa manam*: Cuándo me moriría por marcharme; ahora no.

imayka ‹ *ima ayka* (qué cantidad) exp.: cualquier cosa, algo que sorprende. *Imaykata munanki*: Quieres tantas cosas. *Imaykach kayqa*: Qué cosa será esto. *Imaykanaupis kakuy*: Estate como sea (no me importa). C de H: *imeeka*.

imayka ayka exp. adv.: cuanto sea.

imayka aykayka (*ima ayka ayka*) exp. adv. enfát.: cuanto sea, cualquier cantidad.

imaypis (*imay-pis*) exp. adv.: cuando sea, en cualquier momento. *Markaamanqa imaypis kutikamunaami*: A mi pueblo puedo volver cuando sea. C de H: *imeepis*.

imaypita aykaypita exp. adv.: desde cualquier época, desde siempre.

imayraq (*imay-raq*) exp.: ¿cuándo será? Referencia a tiempo desconocido o exageración de que nunca es posible. *Qila turikiqa, imayraq, yanapashqayki, nimanman*: Tu hermano ocioso, ¿cuándo podrá decirme: te voy a ayudar? (un hombre habla a mujer). En habla descuidada: *mayraq*.

imee (C de H): cuando. →**imay**.

Imicha s.: hipoc. de Emilia.

inaqu (Huaraz) s.: inago. Gusano de papa. →**papa kuru**.

inaquy v.: agusanarse la papa con inago.

inchana s.: pañal. *llampu inchana*: pañal suave.

inchanakuy (*inchana-ku-y*) v.: ponerse el pañal.

inchanatsiy v.: hacer poner el pañal, ponerle el pañal.

inchanay v.: poner el pañal, envolver con pañal.

inchik s.: maní, cacahuate. →**intsik**.
indi s.: sol. Sonorización de /t/ postnasal, común en el quechua de Ecuador y Colombia. →**inti**.
inga (Sonorización de /k/ postnasal, muy común en Colombia, Ecuador y norte de Perú) s.: 1. inca, rey. 2. inga, ingano. Grupo étnico y quechua de Colombia (Sibundoy, Alto Caquetá, Bajo Putumayo, Nariño y Comisaría de Amazonas). →**inka**.
iniiru s. esp.: enero. *iniiru tamya*: lluvia de enero. →**pampay killa** (lit. "mes de siembra de cereales").
inishiy v.: usar, gastar.
inhu adj.: arrugado, rugoso (tubérculo, gente). →**inku**.
inhuyay (*inhu-ya-y*) v.: arrugarse, salirle arrugas.
inka s.: inca, rey. *Inkakunaqash rinrisapa kayaanaq*: Dicen que los incas habían sido orejones.
inka uusha s.: oveja inca, cría de chivo y oveja. Tiene tres o más cuernos que se parecen a los plumajes que usaba el inca en la frente.
inkapa puruqsun s.: porocso del inca, curuba venenosa (Passiflora sp.), bejuco de frutos dulces pero venenosos (Quitaracsa).
inka pishqu s.: pájaro inca. Pájaro de la puna con penacho en la cabeza.
inka tushu s.: danza inca. Es solemne, lenta, marcial, rítmica y sólo para varones. Pomabamba.
inkantu s. esp.: encanto, lugar misterioso que atrae a personas para capturarlas, lugar donde el tiempo nunca pasa. Generalmente son cataratas, encañadas, lagunas, nevados, etc. →**Ayra marka**.
inkantushqa adj.: encantado, atrapado, desaparecido en vida. El ser encantado detesta sal, ají, picante, ajo, cebolla, dulce, licor y contacto sexual.
inkantukay (*inkantu-kay*) v.: ser encantado, ser atrapado por el encanto, ser desaparecido en vida. Sólo los inocentes y puros son encantados.
inkantuy v.: encantar, atrapar con engaño.
inkay v.: cargar en el hombro.
inkil s.: flor. →**wayta**.
inkisisil s.: inquisisil. Planta espinosa andina que cura el reumatismo. El paciente se baña con agua de inquisisil.
inkitanakuy v. recíp.: inquietarse, ponerse de acuerdo para salir.
inkitay v. esp.: invitar para hacer algo, convencer para ir juntos, inquietar. *Qam inkitaptikim kay wamra shamurqun*: Este niño ha venido porque tú lo has inquietado.
inku adj.: tubérculo arrugado, añejo, encogido. *inku qaqlla*: cara llena de arrugas como el tubérculo. →**ñiktu**.
inkuy v.: arrugarse tubérculos y personas.
¡inqaa, inqaa! interj.: el llanto del recién nacido.
inti s.: sol. Astro y protector de la humanidad. *Ncanam inti hiqaykannam*: Ya se está poniendo el sol. *inti hiqanan, inti qasaanan*: donde se pone el sol, oeste. *Inti yayapis rataaramun*: El Padre Sol también ya salió. *Inti qishyan*: lit. "el sol está enfermo", se eclipsa. *intipa shapran*: lit. "barba del sol", rayo solar. *inti ullunan*: por donde sale el sol, este. *Inti wañun*: lit. "el sol se muere", se eclipsa totalmente. →**rupay**.
inti killa s.: lit. "mes del sol", junio.
inti raymi s.: fiesta del sol, cuyo día central es el 24 de junio.
inti watana s.: lit. "donde se ata al sol", intihuatana, reloj solar que consiste en una estaca o piedra plantada que proyecta su sombra según la posición del sol.
inti wayta s.: girasol.
intsik s.: maní, cacahuate (Arachis hypogea). *intsik chakra*: terreno de maní. top. Intsicllan Pampa (Pachma – Ancash).
intu s.: cooperación para terminar algo.
intukuy (*intu-ku-y*) v.: hacer cargamontón, intervenir para vencer a otro. *Ama*

intukushuntsu, aypa karqa ishkallankuna kutanakuyaatsun: No intervengamos en ayuda de uno ni de otro, si son capaces, que se trompeen los dos no más.

intuutsiy v.: colaborar en vencer algo (pelea, trabajo).

intuy v.: vencer en grupo a otro, hacer cargamontón.

iñaahu s.: hormiga. →**iñaashu, ñuyaa**.

iñaashu s.: hormiga. *Iñaashunau mirayanki*: Ustedes se reproducen como hormigas. →**ñuyaa**.

iñaksu s.: sobaco, axila. *asyaq iñaksu*: sobaco maloliente. →**wallwaku**.

iñi iñi s.: credo. *¿Iñi iñita yachankiku? Manam, mamay, yachallaatsu*: ¿Sabes rezar el Credo? No, madre mía, no lo sé. (Diálogo del alma con la Virgen María).

iñiy s.: creencia. *lluta iñiy*: cualquier creencia.

iñiy v.: creer, interesarse en. *Imatapis iñiitsu*: No creo nadita.

iñu s.: 1. carga portable debajo del brazo. 2. pique pequeño, nigua. →**piki**.

iñuy v.: cargar debajo del brazo. *Kutimurqam, mamay, yantallaykipis iñumushaq*: Cuando vuelva, mamita, le voy traer siquiera un manojo de leña.

iñuy s.: cantidad que se puede llevar debajo del brazo, iñuda (per. andino). *Huk iñuy qiwallata, rantikaykallaamay, kawalluumi mallaq*: Véndame sólo un manojo de pasto, mi caballo está de hambre.

ipa s.: tía, hermana del padre.

ipa (Cotopaxi) s.: suegra.

ipchi adj.: de ojos rasgados, achinado. →**chipchi**.

ipchinakuy (*ipchi-naku-y*) v.: guiñarse.

ipchiy v.: guiñar. *Chiinataqa, manaraq alli riqiy karpis, ipchirillaa*: Aunque todavía no conozca bien a la muchacha, ya la guiñé. →**qipchiy**.

¡iq! interj.: sonido de queja, propio de los ociosos que viven sin hacer nada pero se quejan de muchos males.

iqma s.: viudo, viuda. →**pahu**.

iqmay v.: enviudar.

iqmiy v.: sacar las mejores papas y luego taparlas. →**llukiliy**.

iqyay v.: quejarse produciendo el sonido ¡iq! *Kuuraqa, qila karmi iqyar hitaran*: Por ocioso, el cura yace quejándose.

iriq iriq exp. adv.: caminar taimadamente, balanceándose y sin avanzar mucho. *Iriq iriq aywanqaykiyaq, nuqaqa kutiramuuna*: Mientras tú estás yendo balanceándote, yo ya estoy de vuelta.

iriqyay, iriq iriqyay v.: caminar balanceándose sin avanzar.

iriwa s.: señal de buen presagio al nacer.

irqi adj.: llorón, bebé.

isanqa s.: cesto de mimbre, especie de hamaca para guardar comidas y platos lejos del alcance de ratones, perros y gatos. →**wayrinka**.

Isha hipoc. de Isabel, Isabela: Isa.

¡ishchuu! interj.: ¡so! Voz para detener acémilas. En Santa Cruz (Huaylas) también se usa para los bueyes.

ishka + morf. pers.: los dos. *ishkaa, ishkaakuna*: sólo nosotros dos. *ishkantsik*: nosotros dos, tú y yo. *ishkan, ishkankuna*: ellos dos, ambos. *ishkayki, ishkaykikuna*: ustedes dos. C de H: *ishkeeki*.

ishkan ‹ *ishkay kan* s.: los dos, ambos.

ishkaq ‹ *ishkay kaq* s.: un par, una pareja. Se usa más refiriéndose a personas.

Ishi s.: hipoc. de Isidro, -a.

ishkaq num.: los dos, ambos.

ishkay num.: dos. *Ishkaymi ñawiipis, ishkaymi chakiipis*: Dos son mis ojos, dos son mis pies (justificación de la repetición o de la compañía). *ishkay chunka huk*: veintiuno. *ishkay pachak*: doscientos. *ishkay waranqa*: dos mil. *ishkay waranqa pachak*: dos mil cien. *ishkay hunu*: dos millones. *ishkay lluuna*: dos billones. C de H: *ishkee*. →**iskay**.

ishkay payan adv.: de dos en dos. C de H: *ishkee payan*.

ishkay shunqu adj. s.: lit. "de dos corazones", indeciso, hipócrita.
ishkay shunqu papa s.: Papa cuyo interior es de color granate y blanco. Quien come mucho esta papa se puede volver hipócrita e inseguro.
ishki s.: caída, desgracia.
ishki ishki exp. adv.: de caída en caída.
ishkipakay (*ishki-pa-ka-y*) v.: caerse, caer en desgracia, hundirse. →**qarpukay**.
ishkipakuy (*ishki-pa-ku-y*) v.: soltar al piso por descuido algo que se tiene en las manos, caer en desgracia.
ishkiy v.: caer. *Kaymanqam rumi ishkimun*: Aquí es donde cae la piedra.
ishkuy v.: desgranar, quitar los granos. *Tsutsuqa rayku nuqa ishkumushaq*: Por tratarse de la chochoca yo voy a desgranar. →**iskuy**.
ishla s. esp.: isla. *chaupi ishla*: isla central.
ishumaa (Huaraz) s.: ishumuná. Planta silvestre de la jalca.
ishpa ishpa exp. adv.: meándose.
ishpakuna (*ishpa-ku-na*) s.: baño, meadero, urinario. *Kay kuchuchaumi ishpakunata rurashun*: En este rincón vamos a construir el baño.
ishpakuy (*ishpa-ku-y*) v.: orinar, hacer el uno, defecar (por no decirlo directamente). *Washaman aywar ishpakullay*: Por favor, orine yendo allá lejos.
ishpanay (*ishpa-na-y*) v.: tener ganas de orinar. *Ima hampich kayqa, allaapa ishpanaatsikun*: Qué clase de remedio será éste que hace tener ganas de orinar.
ishpapakuy (*ishpa-pa-ku-y*) v.: orinarse, mearse. *Ima tsika aswataraq upyarquyki, ishpapakunqaykiyaq*: Cuánta chicha habrías bebido hasta que te has orinado.
ishpapaakuy v.: orinar tranquilo sin preocuparse del tiempo, pasar el tiempo sin hacer nada, hacer las cosas sin plan. Cuando el niño interviene en asuntos de los mayores se le dice: *Au, wamra, ayway ispapaakuq*: Oye, niño, ve allá para dedicarte a orinar (hacer cualquier cosa).
ishpapuy (*ishpa-pu-y*) v.: orinar sobre algo o alguien, gotear los árboles altos sobre las pequeñas plantas.
ishpatsiy (*ishpa-tsi-y*) v.: hacer orinar, causar la orina.
ishpay s.: orina, gotera de árboles grandes sobre plantas pequeñas. *qarwa ishpay*: orina amarilla. *llullu ishpay*: orina fresca. Remedio para la indigestión. *puqu ishpay*: lit. "orina madura" (fermentada por estar guardada muchos días). Remedio para granos infectados, para carbúnculo. C de H: *ishpee*.
ishpay v.: orinar. *Kaychau sas ishpay*: Orina pronto aquí.
ishpay puku s.: lit. "depósito de orina", vejiga, bacín. La vejiga inflada (*puukash*) se usa como pelota.
ishpay siki adj.: meón, que orina a cada rato. *Alalarmi ishpay sikipis tikrantsik*: Por sentir mucho frío nos volvemos meones.
ishpay waqra s.: bacín de cuerno de vaca.
Ishpi s.: hipoc. de Esperanza, Espíritu.
ishrau s. onomat.: ishrau (Phrygilus fruticeti). Pájaro de la puna de color plomizo, el macho tiene el pecho negro.
Ishti s.: hipoc. de Esteban, Estela.
ishu s.: el primer aporque.
ishuy v.: aporcar la planta por primera vez.
ishwi s.: 1. gancho, palo largo con gancho en la punta para recoger frutos de árboles altos. 2. palo en forma de número uno que sirve para remover la tierra, puntilla. →**kayshi**.
ishwiy v.: 1. enganchar, recoger algo con gancho. 2. remover la tierra con puntilla.
ishyay v.: abundar. →**yayniy**.
iskay (Q II) num.: dos. →**ishkay**.
iskay v.: ladearse, reclinarse, recostarse. *Qila runaqa, iskaykur mikun*: El hombre ocioso come reclinado.
iski s.: liendre. *iski uma*: cabeza liendrosa.

iskiy v.: sacar liendres, deslendrar. *Kay wakcha wamrata iskiyaallay*: Desliendren a esta criatura huérfana, por favor.
isku s.: cal. *isku machka*: polvo de cal para masticar la coca o para pelar los granos. *isku rumi*: piedra caliza.
iskuhwiina s. esp.: escofina.
iskuhwiinay v. esp.: escofinar, usar la escofina.
iskun (Q II) num.: nueve. →**isqun**.
isku puru s.: caleador, envase pequeño de cal. →**kalipuru**.
iskuplu s. esp.: escoplo.
iskursiuniira s. esp.: escorsionera (Iostephane heterophylla). Planta medicinal para el malestar estomacal.
iskutsay (*isku-tsa-y*) v.: echar cal, pintar con cal, blanquear la pared.
iskuy (Q II) v.: desgranar. →**ishkuy**.
isma s.: excremento. →**ismay**.
isma isma exp. adv.: cagándose, defecando sin control.
ismakuna s.: excusado, cagadero. Se usa poco, preferible: *ishpakuna*.
ismakuy (*isma-ku-y*) v.: defecar.
ismanay (*isma-na-y*) v.: tener necesidad de defecar, tener ganas de defecar.
ismapakuy (*isma-pa-ku-y*) v.: cagarse. *Chakwasqa, allauchi, supiy kar, ismapakuskin*: Pobrecita viejita, al estar pedando, se ha cagado.
ismatsiy (*isma-tsiy*) v.: hacer defecar, ayudar para que defeque. Como es un poco rudo, se prefiere: *ishpatsiy*.
ismay v.: defecar, cagar, hacer el dos. *Taqra runakuna, wasikikuna waqtanllachau ismayanki*: Personas sucias, ustedes cagan sólo detrás de sus casas.
ismay s.: excremento, caga. *Machayqa ismay ismay asyan*: La cueva apesta a excremento. C de H: *ismee*.
ismay siki s.: cagón. C de H: *ismee siki*.
ismu adj.: podrido. *ismu kiru*: diente podrido, cariado. *ismu rumi*: piedra podrida, piedra sin consistencia. topon. Ismucruz (*ismu krus*). Quitaracsa.
ismushqa (*ismu-shqa*) adj.: podrido, malogrado.
ismuutsiy (*ismu-tsi-y*) v.: hacer podrir. *Aytsataqa, mana mikurnin, ismuutsiyashkanki*: Ustedes han hecho podrir la carne por no comerla.
ismuq (*ismu-q*) adj.: que se pudre.
ismuy v.: podrirse, malograrse. *Wañuskirqa, llapantsik ismuushun*: Muertos, todos vamos a podrirnos.
ispiiga s. esp.: espiga. *shumaq ispiiga*: bonita espiga.
ispigay v.: espigar, brotar las espigas.
ispiihu s. esp.: espejo. →**rirpu**.
Ispiritu Santu s.: Espíritu Santo. *Urpiqash Ispiritu Santu*: Dicen que la paloma es el Espíritu santo.
isqicha s.: diarrea. →**qicha**.
isqichay v.: tener diarrea.
isqun num.: nueve. *isqun chunka*: noventa. *isqun pachak*: novecientos. *isqun watayuq wamra*: niño de nueve años.
isquy s.: pus, materia, postema.
isquy v.: infectarse, formarse absceso purulento.
istakiilla s. esp.: estaquilla, clavitos de madera para los zapatos. *istakiilla kiru*: dientes como la estaquilla.
itsa exp. desiderativa: ojalá, expresión de deseo. *Itsa kanan Qapaq wiyamashwan*: Ojalá que Dios nos escuche ahora. →**icha**.
itsunaku s.: ichunaco. Deporte de hombres que consiste en empujarse de lado con la cadera u hombro. Los contendores, con las manos en la espalda, recurren a la fuerza, al equilibrio y a la habilidad para esquivar las arremetidas. Vence el que tumba o saca del círculo al rival.
itsunakuq (*itsu-naku-q*) s., adj.: practicante del deporte ichunaco. *Shantiqa allish itsunakuqmi*: Santiago es muy experto en ichunaco.
itsunakuy (*itsu-naku-y*) v. recíp.: empu-

jarse de lado hasta hacerse caer o sacar del círculo. C de H: *itsunckiy*.

itsuq (*itsu-q*) p. p.: el que empuja de lado.

itsuq adj.: izquierdo. *itsuq maki*: mano izquierda. →**ichuq**.

itsuy v.: empujar de lado como los cerdos cuando pelean.

iukapilptu s. esp.: eucalipto. *Iukaliptupa llullu rapranwan uushakunata qushniitsiy*: Sahumar a las ovejas con hojas verdes de eucalipto. →**kaliptu**.

iusha s. iusha. Una especie de papa que madura casi en un año. Sus variedades son: *chuchu iusha, kuntur iusha, yuuka iusha, shawin iusha*. →**kurau, wiqsa**.

Iushi s.: hipoc. de Eusebio, -a.

iwa s.: papa que crece después de la cosecha. →**shillka**.

Iwaachu s.: hipoc. de Evaristo, Evalio.

K

k [k]: fonema oclusivo velar sordo, representado en la ortografía española como <k>, <c> o <qu>. Algunas veces es alófono de /q/: *killka, qillqa* (grafía, escritura). *kincha, qincha* (quincha, cerco). *kam, qam* (tú, usted).
-ka morf. v. pasivo y reflexivo. Se añade al tema verbal: se. *yanukay*: sancocharse. *kanikay*: ajustarse, morderse. *kankakay*: asarse. *rikakay*: verse, ser evidente, ser visto. *mikukay*: corroerse, carcomerse.
-ka alófono de *ku*, ocurre por eufonía antes o después de sílabas terminadas con "u" (*-mu, -pu*): enfático. *Yarpachakuyaytsu qillqakamushaqmi*: Voy a escribirles, no se preocupen. *Kutikamunki*: Vuelve, regresa.
-katsi: énfasis causativo (*-ka-tsi*). *Mantsakaatsiy*: atemorizar hasta ponerlo nervioso.
-katsiku: causativo muy enfático (*-ka-tsi-ku*). *mantsakaatsikuy*: provocar terror o espanto. *Taqay tsakachaushi imach waqar mantsakaatsikun*: Se dice que en aquel puente algo causa terror con su llanto.
kaa ‹ *kay* exp. imperat.: toma, agarra, coge, aquí está.
kaaha s. esp.: caja, bombo, instrumento de percusión. *Pirqash kaahaykiqa shumaq waqantsu*: Tu caja vieja no suena bonito. →**wankar, tinya**.
kaaha s. esp.: ataúd, féretro.
kaalli s. esp.: calle, ciudad, pueblo. *taqra kaalliyuq marka*: pueblo de calle sucia. *kaalli runa*: citadino.
kaaru adj. esp.: caro, costoso. *Kaallichauqam imaykapis kaarulla*: En la calle cualquier cosa es cara. →**chaniyuq**.
kaarru s. esp.: carro. *haqrash kaarru*: carro destartalado.

kaasi adv. esp.: casi, de una nada, por poco. *Kaasi wañuskii*: Casi me he muerto. →**ichikllapa**.
kaasukuq s. esp. (*kaasu-ku-q*): que hace caso, obediente, dócil.
kaasukuy (*kaasu-ku-y*) v. enfát.: hacer caso, obedecer, atender. *Mamaykipa shiminta kaasukunki*: Haz caso a las palabras de tu madre. →**wiyakuy**.
kaasuy v. esp.: hacer caso, atender. *Kaasumay*: Hazme caso.
kaayinakuy (*kaayi-naku-y*) v. recíp.: comprenderse, entenderse.
kaayitsiy (*kaayi-tsi-y*) v.: hacer entender, hacer entrar en razón. *Alli musyaqqam, mana musyaqtapis, shumaq kaayitsin*: El que sabe bien hace comprender bien hasta al ignorante.
kaayiy v.: comprender, entender. *¿Kaayimankiku, manaku?*: ¿Me entiendes o no?
kabra s. esp.: cabra. *kabra chiku*: corral de cabra. *kabra aytsa*: carne de cabra. *kabra lichi*: leche de cabra. Es medicina para la verruga. *yana kabra aytsa*: carne de cabra negra. Más estimada por sus propiedades alimenticias.
kabraluuka adj. esp.: cabraloca, de color anaranjado y negro intensos. *kabraluuka pushku*: frijol de color anaranjado y negro intensos.
kabriilla s.: cabrillas, pléyade. El culto estelar *taki unquy* fue combatido por los evangelizadores durante el período colonial español. →**unquy quyllur**.
kabritu s. esp.: 1. cabrito. *llullu kabritu*: cabrito tierno. 2. adj. juguetón como el cabrito. *Kabritu wamra, witiy*: Fuera, niño juguetón. →**kapri**.
kabriyanakuy (*kabriya-naku-y*) v. recíp.: descontarse, cabrearse, driblearse. *Shumaq, mana lluta haytanakur, kabriyanakuyay*: Cabréense bonito, sin patearse.
kabriyaq s.: cabreador, que sabe descontar oponentes.
kabriyay v. esp.: cabrear la pelota, des-

contar oponentes jugando fútbol. *Kay pukllaqkunaqa kabriyayta yachayantsu*: Estos jugadores no saben cabrear.
kachaku s.: mandadero, propio. *Nuqam kachaku shamuu*: Yo vengo como propio.
kachaaku s.: cachaco, militar. lit. "mandadero" de las autoridades y ricos. *Kachaaku karpis, taqayqan huk laaya*: Aunque es cachaco, aquél es diferente.
kachaanakuy v. recíp.: soltarse, liberarse, desatarse.
kachakay (*kacha-ka-y*) v. desatarse, soltarse. *Ashnuyki kachakaykan*: Tu burro se está desatando. *kachakasaqa shimi*: boquiabierto (mandíbula caída) C de H: *kachakee*.
kachakuy (*kacha-ku-y*) v. enfát.: enviar mensajero, enviar un propio. *Shantita sas kachakushun*: Enviemos pronto a Santi (Santiago). 2. desamarrar, soltar. C de H: *kachakiy*.
kachaanakuy v. recíp.: soltarse, liberarse.
kachanakuy v. recíp.: mandarse, echarse las obligaciones, echarse la pelota. *Kachanakurlla, aruyta ushayankitsu*: Por echarse la pelota, ustedes no terminan el trabajo.
kachapakuy (*kacha-pa-ka-y*) v.: 1. dejar libre o soltar por descuido. *Kay wakuta alli aptay, kachapakunkirantaq*: Cuidado con soltar este huaco, agárralo bien. 2. delatar sin quererlo, decir un secreto por descuido.
kachapuriq, kachapuri s.: mandadero, mensajero, alcahuete, correveidile, cómplice. *¿Qamku kachapuri kanki?*: ¿Tú eres su mandadero? *Kachapuriqtaqa hina maqayaatsun*: Al cómplice (alcahuete), no importa que lo peguen.
kachapuy (*kacha-pu-y*) v.: soltárselo, permitirle.
kacharpari s.: despedida, fiesta de despedida. →**aywallaachi**.
kacharpariy v.: hacer fiesta de despedida. →**aywallaachiy**.

kachakashqa (*kacha-ka-shqa*) adj.: libre, suelto, desatado.
kachay v.: 1. soltar, dejar libre. *Waakata kachayna, patsa warashqanam*: Suelta la vaca, ya amaneció. 2. enviar a alguien. *Wamrata kachay hampita apamunanpaq*: Manda al niño para que traiga remedio.
kachaylla adj.: suelto, libre. *Kay mikuna kuchunchauqa, ama waakaykita kachaylla katsiyisu*: No dejes suelta tu vaca junto a esta sementera.
kachi s.: sal, cloruro de sodio. *aqashqa kachi*: sal molida. *kachi yaku*: agua con sal. *kachisapa* (*puchqu*): salado.
¡kachi kachi! interj.: voz para llamar al ganado para que laman la sal.
kachikachi s. onomat.: cigarra, chicharra.
kachi kanan s.: salina, mina de sal. lit. "donde hay sal". top. Cachicadán (La Libertad).
kachikuy v.: buscar la sal, comprar la sal.
kachimaachu s.: hombre mantenido por la mujer, ocioso, per. sacolargo, pacharaco, come echado. →**pacharaaku**.
kachi manka s.: olla donde se guarda sal.
kachi marka, kachi chakra s.: salina, yacimiento de sal. →**kachi kanan**.
kachina s.: per. cachina. mosto, jugo de caña.
kachinnaq (*kachi-nnaq*) adj.: sin sal, soso. *Bruuhutanau, kachinnaq kashkita qaramanki*: Me das sopa sin sal como a un brujo.
kachi putu s.: 1. salero, envase de madera o porongo para guardar sal. 2. cabeza rapada, poco inteligente.
Kachi rumi s.: sal gema, pedrés, piedra de sal, sal de Huaura (salinera al norte de Lima).
kachitsay (*kachi-tsa-y*) v.: salar (pescado, carne, cuero). *Tsarkita rurarqa, alli kachitsanki, ismuupakukimantaq*: Si ha-

ces charqui debes salar bien, cuidado que se te pudra.
kachiitsiy v.: dar sal a los animales.
kachiy v.: comer la sal, consumir la sal.
kachiyay (*kachi-ya-y*) v.: volverse sal. *Kay yaku, tsakirqam, kachiyanqa*: Esta agua, al secarse, se va a volver sal.
kachiyuq adj.: con sal. *kachiyuq hampi*: remedio con sal.
kachka s.: cachca. Planta de hojitas menudas y muy duras que crece a ras del suelo formando alfombras. Es propia de zonas muy altas y frías, sobre 4000 m. s. n. m.
kachkaq (*kachka-q*) adj.: que come la cachca, que roe. *Kachkaq uushapa kirun sas ushakan*: La dentadura de oveja que come cachca se acaba rápido.
kachkay v.: Comer la cachca. *Urakunachau mana qiwa kaptin, uushaakunata kachkaayananpaq qatimuu*: Ya que en la parte baja no hay pasto, arreo mis ovejas aquí para que coman la cachca.
kachkay v.: roer, desgastar con la muela (como si comiera cachca). *¿Pitan tantaata kachkan?*: ¿Quién roe mi pan?
kachpa s.: cadera. *Kachpaa nanan*: Me duele la cadera. *tullu kachpa*: cadera huesuda. →**siki patak**.
kachucha s. esp.: cachucha, gorro.
kachukachu s.: cachucachu, chicle andino. Planta pequeña de la puna que tiene resina lechosa que se coagula con el aire. Esa resina se mastica y cuando ya no tiene sabor se bota a un depósito, que con una mecha sirve de candil.
kachukuy (*kachu-ku-y*) v.: masticar con gusto. *Hara kamtsatam kachukuu*: Mastico maíz tostado.
kachum s.: pepino (fruta). →**pipinu**.
kachupi s.: bagazo de lo masticado, la sobra. *Kachupikita pitan munan*: Quién quiere tu sobra. →**aqñupi**.
kachushqa (*kachu-shqa*) adj.: masticado, mascado. *kachushqa kuka*: coca masticada. *lluta kachushqa*: mal masticado.
kachutsinakuy (*kachu-tsi-naku-y*) v. recíp.: invitarse algún pedazo de comida, hacerse probar. C de H: *kachutsinakiy*.
kachutsiy v.: invitar, hacer probar, compartir.
kachuy v.: masticar, mascar, rechinar los dientes. *Mikurqa, alli kachunki*: Si comes, debes masticar bien.
kachuylu s.: per. cachuelo, trabajo adicional, trabajo extra, trabajo ocasional. *Kachuyluqam huk kachuyllapaq*: El cachuelo es sólo para una masticada (comida).
kachuylukuq s.: per. cachuelero, trabajador ocasional, que hace trabajo extra para recibir ganancia extra.
kachuylukuy, kachuyluy v.: per. cachuelear, ganar por hacer el trabajo ocasional o extra, recibir pago adicional por algún servicio.
kahiiru s. esp.: cajero, el que toca la caja o la tinya.
kakaraaku s. onomat.: quiquiriquí, canto del gallo.
kakaraakuy v.: quiquiriquear, cantar el gallo.
kakash s. onomat.: gallo, macho de gallina. *Waqay, waqay kakash; / patsa wararillannam*: Canta, canta gallo; / ya amaneció el mundo (canto fúnebre de Quitaracsa). →**urqu wallpa**.
kakau s.: cacao (Theobroma sp). *kakau wira*: mantequilla de cacao. Medicina para la indigestión.
kakichu s.: maxilar inferior, quijada. →**chakallwa**.
kakuy (*ka-ku-y*) v. enfát., refl.: ser, estarse. *Shumaq kakushun*: Estemos tranquilos. Estémonos tranquilos. *Imanaupis kakuy*: Estate como sea.
kakya s.: eructo. *asyaq kakya*: eructo fétido.
kakyay v.: eructar. *Taqrakunallam mikuskir kakyayan*: Solamente los sucios

eructan después de comer.
kal s. esp.: cal. *Kalwan kay triiguta llushtuy*: Pela con cal este trigo. →**isku**.
kalawala s.: calahuala (Campyloneuron sp.). Planta de tallos delgados y con pocas hojas, de clima templado y frío. Remedio para el susto y otros problemas de nervios. *kalawala yaku*: jugo de calahuala, té de calahuala.
kalchaq (*kalcha-q*) s.: segador de maíz, per. calchador.
kalchashqa s.: rastrojo, rastro de siega.
kalchay v.: segar, segar el maíz seco, per. calchar.
kalikantu s. esp. (cal y canto): calicanto, mampostería. *kalikantu tsaka*: puente de calicanto.
kalipuru s.: caliporo, poronguito de cal, depósito de cal, checo de cal. Depósito pequeño de cal para combinar la cal con coca al chacchar. →**isku puru**.
kaliptu (aféresis) s. esp.: eucalipto. *kaliptu taklla*: arado de eucalipto. *kaliptu pampa*: pampa de eucalipto.
kaliptuy v.: plantar eucaliptos.
kalla s.: rueca, palo delgado que la mujer sujeta en su cintura con la faja y que en la punta lleva el copo de lana para hilar. *Kallaami pakishqa*: Mi rueca se ha roto.
kallaapu s.: horcón que tiene la punta en horquilla. Este palo es esencial en la construcción de la casa. top.: Callapo Jirca (*kallaapu hirka*: colina con horcón). Quitaracsa.
kallana s.: tiesto. *Mitu kallanata rantimunki*: Compra tiesto de barro. →**kanalla**.
kallanka s.: callanca, cantera. Piedra de sillería. →**chihu**.
kallapa s.: astilla, pedazo de palo que puede herir.
kallapakuy (*kallapa-ku-y*) v. refl.: herirse con astillas, astillarse. *Shumaq tsiqtakuy, kallapakunkimantaq*: Parte la leña con cuidado, no vayas a herirte con astillas.

kallash: 1. s. horquilla. *kallash qiru*: palo en horquilla. 2. adj.: horquillado, en forma de horquilla.
kallka s.: cascajo, pedregal. *kallka naani*: camino pedregoso.
kallkakay (*kallka-ka-y*) v.: 1. hacerse cascajo. 2. rajarse o hendirse los pies por mucho caminar.
kallkay v.: despear, despearse. *Chakiimi kallkan*: Mi pie se despea. *kallkashqa*: despeado.
kallki s.: quebrada, profundidad, valle estrecho, abra. top.: Tutapac Callqui (*tutapaq kallki*). Quebrada profunda y estrecha que casi todo el día está a oscuras. Callqui Ruri (*kallki ruri*). Quitaracsa.
kallkiitsiy (*kallki-i-tsi-y*) v.: hender, hacer cisuras.
kallpa s.: fuerza, energía, vigor, poder. *pishi kallpa*: de poca fuerza, enclenque, débil. *kallpasapa*: forzudo, energético. *kallpan kuyapaq*: que no hace esfuerzo, que cuida su fuerza. *kallpa pura*: de la misma fuerza.
kallpa adj.: forzudo, fuerte, energético, vigoroso. *kallpa warmi*: mujer forzuda. *kallpa auki*s: anciano fuerte.
kallpakuy (*kallpa-ku-y*) v.: esforzarse, hacer fuerza.
kallpi adj.: roto, partido, rajado.
kallpulli adj.: tacaño, avaro, miserable. *Kallpulli runam, chukru shunqu*: El hombre avaro es duro de corazón.
Kallu s.: hipoc. de Carlos.
kallwa s.: callua, lanzadera, instrumento del telar para apretar la trama. De forma ovalada con puntas delgadas. *kallwa sinqa*: nariz como callua. *kallwa qiru*: palo que sirve para hacer lanzadera. La chachacoma, chonta, lloque, quisuar son maderas de preferencia.
kallway v.: meter la lanzadera.
-kama morf.: 1. (Q II) locativo y temporal: hasta. *llaqtakama*: hasta el pueblo. *paqarinkama*: hasta mañana. →**-yaq**

2. (Q I) extrañeza: hasta. *Qamkama chikimanki*: Hasta tú me odias. *Wamrakamalla shiqishunki*: Hasta un niño te vence.
kamachikaadu s. (*kamachika* + esp. -ado): cómplice, partícipe de alguna acción delictuosa. *Qamkunapisshi kamachikaadu kayaanaq kanki*: Se dice que ustedes también habían sido cómplices.
kamachikay v.: ser cómplice, meter la mano en algo no legal.
kamachiku s.: mandato, ordenanza.
kamachikuq s.: autoridad, el que manda, el que ordena.
kamachiy v.: mandar, ordenar, disponer.
kamakay v.: 1. detenerse por encontrar obstáculos, estancarse. *Apaakuy shamurpis kay ranrachaumi kamakanqa*: Aunque venga el aluvión se detendrá en este pedregal. 2. encontrarse frente a frente, chocarse. *Mana shukakurqam, ayawanpis kamakankim*: Si no silbas, hasta te vas a chocar con el alma.
kamakuy v.: confiarse (en otro), tener esperanzas en alguien, orar. *Tamyamunanpaq, Qapaqman kamakushun. Parqunapaq, rarqata rurashun.*: Roguemos a Dios para que llueva. Hagamos canal para regar.
kamakuy v.: prepararse, alistarse. *Nuqa kamakuykaptiina chaaramunki*: Llegas precisamente cuando ya estoy alistándome.
kaman adj.: alejado, separado, no junto.
kaman kaman adv.: separados, en distintos lugares. *¿Imay punpitatan, kaman kaman taakuyanki?*: ¿Desde cuándo ustedes viven separados? →**karu karu**.
kamapuy (*kama-pu-y*) v.: exponerse a otro, dar oportunidad para ser atacado.
kamaray (*kama-ra-y*) v.: esperar sin responder, aguantar sin responder el ataque, estar a disposición del ataque por mucho tiempo.
kamaq (*kama-q*) s.: creador, el que crea.

Patsa Kamaq (Q I), *Pacha Kamaq* (Q II): Creador del mundo, Pachacámac. Divinidad suprema. →**Qapaq.**
kamash (Caraz) s.: payco, cashuá, camash (Chenopodium ambrosioides). Planta vermífuga. →**kashwaa, payku**.
kamay v.: crear. *Patsa Kamaqmi llapanta kamashqa*: Pachacámac ha creado todo.
kamay v.: exponer, mostrárselo.
Kami s.: hipoc. de Camilo, Carmelo.
Kamincha (*Kamin-cha*) s.: hipoc. de Carmen. Carmencita.
kamisa, kamsa s. esp.: camisa.
kamtsa (Q I) s.: per. cancha, cualquier gramínea tostada (maíz, trigo, haba). *allwi kamtsa*: cancha de arveja. *rupa kamtsa*: cancha quemada. →**kancha**.
kamtsay v.: tostar granos, hacer cancha.
kamuti s.: camote, batata (Ipomoea batatas). *kuway kamuti*: camote asado. *kamuti api*: mazamorra de camote. *Machkapa kamutiqa kutashunkim*: El camote harinoso te va a hacer hipar). →**kumar, apichu**.
kanalla s.: tiesto, cazuela para tostar. *mitu kanalla*: tiesto de barro. Metátesis de *kallana*.
kanan adv.: ahora, presente, hoy, actualmente. *Kananqa patrunkunapa tsurinkunapis llakipaypaqmi kayan*: Hoy hasta los hijos de los patrones dan lástima. *kanan pun, kanan punchau*: hoy día. *kananlla*: ahora mismo, ahorita.
kanan patsa adv.: ahora mismo, este momento, este tiempo, esta época, presente. Contrasta con: *unay patsa* (antes, tiempo pasado), *waray patsa* (después, tiempo futuro).
kananqa (*kanan-qa*) exp. adv. temporal: ahora, y ahora.
kanantsay v.: actualizar, traer los recuerdos al presente. *Unay kawaytam kanantsanki*: Actualizas la vida pasada.
kanan witsay adv.: por estos tiempos.
kananyay v.: actualizarse algo, hacerse

presente lo pasado. *Qunqashqa kaqpis kananyan*: Hasta lo olvidado se actualiza.

kancha s.: per. cancha, patio, campo plano, campo deportivo. top. Coricancha (*quri kancha*), Pasacancha, Angascancha.

kancha s.: cancha, micosis, enfermedad de piel, especie de sarna de poca gravedad. *kancha qaqlla*: cara con cancha.

kancha (Q II) s.: grano tostado, per. cancha. →**kamtsa**.

kancha s.: leña de cacto grande (*pitahaaya, shikullu, higantun*).

kancha s.: per. cancha, experiencia.

kanchalaawa s.: canchalahua (Schkuria pinnata). Planta andina remedio contra la inflamación.

kanchayuq s., adj.: per. canchero, que tiene experiencia, que conoce el terreno.

kanchay v.: 1. hacer el patio, aplanar. 2. ser atacado por la sarna cancha. 3. tostar granos. →**kamtsay**. 4. provisionarse de leña de cacto.

kanchis num.: siete. →**qanchis**.

kandaadu s. esp.: candado. *Imallaqash, imallaqash kallan: kapchak shallak*: ¿Qué será, qué será: capchac shallac? Respuesta: *llaawipa maman*: lit. "la madre de la llave", candado.

kanikashqa (*kanika-shqa*) p. p.: cerrado, ajustado.

kanikay (*kani-ka-y*) v.: ajustarse, cerrarse tan fuerte que es difícil abrirse (mandíbulas de los muertos, tierra seca, herida).

kanikuy (*kani-ku-y*) v. enfát.: morder o picar. *Allquykiqa llutam kanikun*: Tu perro muerde a quien sea. *Kay chuspim kanikun*: Esta mosca pica.

kaninakuy (*kani-naku-y*) v. recíp.: morderse como animales que pelean o juegan. *Ashnukuna kaninakur maqanakuyan*: Los burros se pelean mordiéndose.

kanipakuy (*kani-pa-ku-y*) v.: morderse (la lengua u otra parte) involuntariamente. *Wirpaata kanipakurii*: Acabo de morderme el labio.

kanitsiy v.: 1. incitar para que muerda, hacer morder. 2. hacer morder algo, invitar un mordisco. 3. hacer ajustar, hacer cerrar la grieta.

kaniy v.: morder, picar, ajustar. *Allqunau kaninki*: Muerdes como perro. *Chuspi kaniman*: Me pica la mosca.

kanka s.: asado, barbacoa. *kuchi kanka*: chancho asado. *ñatin kanka*: hígado asado. *tsunu kanka*: chuño asado.

kankakay (*kanka-ka-y*) v.: asarse. *Kay tsarkiqa ras kankakan*: Este charqui se asa pronto.

kankakuy v. enfát.: asar.

kankana (*kanka-na*) s.: asador. *Alli kankanata rantimunki*: Compra buen asador. *mushi kankana*: asador de morcilla o salchicha. *hwiirru kankana*: asador metálico.

kankashqa (*kanka-shqa*) p. p.: asado. *Alli kankashqa aytsata munaa*: Quiero carne bien asada.

kankay v.: asar. *Aytsata kankarishun*: Asemos la carne.

kanlanya s.: canlanya. Especie de papa de pulpa rosada que se come sancochada.

kanshul s.: zarigüeya, muca. →**achaku**.

kantaq s. esp.: cantante. *Kantaqkuna chaarayaamun*: Acaban de llegar los cantantes. →**qusuq, takiq**.

kantay v. esp.: cantar. →**qusuy, takiy**.

kantur s. cantor de iglesia, cantante de himnos sagrados. *Kanturllay, kanturllay: / naanam wañuynii patsa chaamunna*: Cantor mío, cantor mío: / ya llega mi hora de muerte. →**takiq, awatuuraq**.

kañar s.: cañar. Grupo étnico del sur de Ecuador y norte de Perú. *kañar shimi*: lengua cañar.

kañiwa s.: cañigua. Planta parecida a la quinua.

kapa s., adj.: cartílago, cartilaginoso.

kapa kapa s.: tierra fácil de roturarse por tener una capa delgada. →**kapka**.

kapaachu s.: capacho, espuerta.

kapapaq (*kapapa-q*) p. pte.: que tiembla de fiebre o frío.
kapapay v. onomat.: temblar de frío o fiebre. →**katatay**.
kapay v. esp.: capar, castrar. *Maashikuna kuchita kapayan*: La familia de Marcelino castra chancho.
kapchay v. onomat.: echar llave. *Punkuta kapchay*: Echa llave a la puerta.
kapchuy v.: cortar con tijeras o dientes.
kapitana s. esp.: capitana. Adolescente bailarina que va al centro de las pallas y de los yuncas. En la danza anaca ella tiene un papel de suma importancia.
kapka ‹ *kapa kapa* s.: tierra de capa dura y delgada.
kapka adj.: medio cocinado (granos, tubérculos), algo duro y crudo. *kapka muti*: mote mal cocinado (crudo). →**chawa**.
kapllaku s.: capllaco, ají escabeche.
kapri, kaprish, kapli s.: cabrito.
¡kapshi! interj.: ¡capshi!, voz para llamar cabritos.
kaptakya s.: captaquia. Variedad de papa que por su sabor agradable se emplea más en sancochado.
kaptu s.: una mordida, mordisco con los incisivos.
kaptutsinakuy (*kaptu-tsi-naku-y*) v.: hacerse morder, invitarse.
kaptutsiy v.: hacer morder, invitar.
kaptutuy v. onomat.: masticar algo duro (haba, pan duro) produciendo ruido.
kaptuy v.: morder, dar mordiscos. *Tantata kaptutsimay*: Hazme morder el pan.
kapulii s.: capulí, cerezo andino (Prunus serotina). Árbol de frutos redondos, negros y dulces. *Kapulii ñawi, markamasi*: Paisana de ojos de capulí. *Yungay chiina kalpulii rusaryu*: Muchacha yungaína con rosario de capulí (como hay tanto capulí que hasta pueden hacer rosarios).
kapun s.: capón, castrado, sin testículo. →**runtunnaq**.
kaputu s.: haba tostada.

kapuy v. irreg.: tener, poseer. El poseedor va en ablativo; lo poseído en nominativo. *Nuqapa qillaynii kapaman. Nuqapa qillaynii kan*: Yo tengo dinero, lit. "el dinero es poseído por mí". *Qampa qillayniki kapushunki. Qampa qillayniki kan*: Tú tienes dinero. *Paypa qillaynin kapun. Paypa qillaynin kan*: Él tiene dinero. *Nuqantsikpa qillaynintsik kapumantsik. Nuqantsikpa qillaynintsik kan*: Nosotros (incluy.) tenemos dinero.
kaq (*ka-q*) p. pte.: que es, que hay, lo existente. *mana kaq*: lo no existente, la nada. *Kaqta mana kaqta tumpamanki*: Me sospechas de lo que hay y de lo que no hay.
karacha s.: per. caracha, sarna. *karacha runa*: hombre carachoso. →**qaracha**.
karachupa s.: carachupa, zarigüeya, muca (marsupial andino). → **muuka, achaku**.
karapulka s.: carapulcra. Guiso de papa seca medio molida con pellejo de chancho.
karawanku (*qara wanku*) s.: cuero para amarrar la punta de metal en el arado. →**wachauka**.
kargu s. esp.: cargo, compromiso de celebrar la fiesta.
kariri, karira adj. fem.: vivaracha, muy despierta.
karka s.: carca, bosta, excremento seco, suciedad reseca. *Ayra pakashqa wamrataqam karkata waykakur ashintsik*: Al niño secuestrado por Ayra se busca quemando bosta. *karka manka*: olla sucia, olla con mugre seca como bosta. *karka siki*: culo sucio, que no sabe limpiarse bien el ano.
karkaryaq p. pte.: que tiembla de miedo o frío.
karkaryay v.: temblar, sentir el estremecimiento del cuerpo.
karkayay v.: ensuciarse y secarse, cubrirse de mugre seca.

karkiiha s.: carqueja (Baccharis sp.) Planta andina, remedio contra colesterol.
karniiru s. esp.: carnero.
karniirupa kunkan s.: cuello de carnero. Papa cuyo interior rojo con rayas blancas se parece al cuello del carnero en degüello.
karpa s.: carpa, toldo. *ichik karpa*: carpa pequeña.
karpay v.: levantar carpa, hacer ramada, entoldarse.
karpish s. esp.: carpintero.
karta s. esp.: carta. *Kartata apatsikuy*: Envía la carta. *Supaypa kartan*: la carta del diablo. Pajita que se mete en el abdomen de un insecto y luego se deja que vuele.
kartakuy (*karta-ku-y*) v.: enviar carta, escribir carta.
kartanakuy v. recíp.: cartearse, mandarse carta.
kartay v.: mandar carta, enviar carta.
kartuuchu s.: cartucho. Planta de hojas anchas, flor blanca y enrollada, semejante a un cartucho. →**ashnupa ranin**.
karu adv., adj.: lejos, distante, largo. *Karuchau taakuptikim mana sas watukaqniki shamuutsu*: Porque vives lejos no puedo visitarte pronto. *karu marka*: pueblo lejano. *karu naani*: camino largo.
karu karu exp. adv.: a intervalos largos, a distancia.
karuna s. esp.: carona, sudadero de acémilas.
karunay v.: poner carona sobre el animal.
karutsay (*karu-tsa-y*) v.: alejar, distanciar.
karuyay v.: hacerse distante, volverse lejano.
kasakuy, kasaray, kasarakuy v. esp.: casarse. →**churakay**.
kasha s.: espina, cualquier cosa punzante. *hatun kasha*: espina grande. *ulluna kasha*: espina que se mete fácilmente.

kashaapaakuy (*kasha-a-pa-a-ku-y*) v.: ponerse los pelo en punta, erizarse por susto (persona) o por rabia (cerdo).
kasharay (*kasha-ra-y*) v.: estar en ristre.
kashay v.: poner espinas, sembrar espinas, brotar algo (planta, pelo, cuerno) como espinas, germinar.
Kashi s.: hipoc. de Casilda, Casimiro, -a.
kashki (Q I) s.: sopa. *papa kashki*: sopa de papa. *kashki manka*: olla para sopa. *manka kashki*: una olla de sopa. *qallpuy kashki*: sopa sin manteca o aceite, solamente con verduras fragantes.
kashkikuy v.: preparar la sopa, preparar el desayuno.
kashkiyatsiy (*kashki-ya-tsi-y*) v.: hacer desayunar, invitar el desayuno.
kashkiyay v.: comer la sopa, tomar el desayuno.
kashmi: 1. s.: cashmi. Perro pequeño, gracioso y muy inteligente. 2. adj.: pequeño, enano.
kashpi s.: palo delgado, rueca, palo tostador. *kashpi chanka*: pierna delgada.
Kashti s.: hipoc. de Castilla, -o.
kashti s.: extracción de algo con aguja o algo punzante.
kashtitsikuy v.: hacerse extraer algo incrustado.
kashtitsiy (*kashti-tsi-y*) v.: hacer extirpar, hacer extraer.
kashtiy v.: usar aguja o espina para reventar la pus o extraer algo nocivo incrustado en el cuerpo, extirpar.
kashwa s.: cashua, cachua. Baile y música del Ande. →**qatswa**.
kashwaq (*kashwa-q*) p. p.: el que baila la cashua. →**qatswaq**.
kashway v.: bailar la cashua.
kashwaa s.: cashguá, paico (Chenopodium ambrosioides). Planta vermífuga que sirve para sazonar la sopa de papa. →**payku**.
kaskillu s. esp.: casquillo.
kaskitupa s.: provocación afectiva.

kaskitupanakuy (*kaskitupa-naku-y*) v. recíp.: coquetearse, provocarse con afecto, sonreírse.
kaskitupay v.: fastidiar a otra persona, galantear, piropear.
kasku s. esp.: casco. *yana kasku*: casco negro.
kaskukuy (*kasku-ku-y*) v.: ponerse el casco. *Kaskukuptiiqa, runtu ishkimurpis nanatsimantsu*: Si me pongo el casco, aunque caiga el granizo no me hace doler.
kaspa s.: mazorca de maíz. *Huk kaspallapitam kayqa*: Esto es sólo de una mazorca.
kaspa adj.: resaltante como la mazorca. *kaspa chuchu*: de teta resaltante.
kaspa s.: caspa, escamilla de la cabeza. →**machqa**.
kasparay (*kaspa-ra-y*) v.: resaltar como la mazorca. *Tsay chiinapa chuchunqa shumaqmi kasparan*: El pecho de esa muchacha se resalta bonito.
kaspay v.: 1. brotar la mazorca. *Harantsik kaspaamunnam*: Nuestro maizal ya está botando la mazorca. 2. asar el choclo en el fogón, asar a medias algo aún crudo, chamuscar. 3. tener caspa. →**machqay**.
kaspi s.: palo delgado que sirve de hilador y tostador.
kaspi adj.: delgado como palo "caspi". *kaspi chanka*: de piernas delgadas. *kaspi rikra*: de brazos delgados.
kasta s. esp.: raza, linaje, familia. *alli kasta*: buena familia. *Kastaykiwanqa ama churakaytsu*: No te cases con tu familiar. *kasta pura*: entre familiares.
kastanaakuq s.: que ama a su familia.
kastanaakuy v.: amar a su familia.
kastannaq (*kasta-nnaq*) s.: sin familia, forastero. *¿Kastannaq nirku kay warmita allqutsaakunki?*: ¿Ultrajas a esta mujer porque crees que no tiene familia?
kastayuq (*kasta-yuq*) s.: que tiene familia.

kastilla s.: castilla, tela de Castilla, tela de lana suave. *kastilla baata*: bata de Castilla.
kasyaanakuy v. recíp.: mandarse, echarse la pelota.
kasyay v.: mandar a otro sin intentar hacerlo uno mismo, responsabilizar a otro.
Kata s.: hipoc. de Catalino, -a.
Kataliina, Catalina
Kataliinata.
Piiraq, mayraq kataraykan
Kataliinata.
Catalina, Catalina / a Catalina. / ¿Quién y dónde la estarán cargando / a Catalina? (Analogía fonética de *Kata* y *katay*; canción de Quitaracsa.)
kata s.: una cargada, bulto que se carga.
kataanakuy (*kata-a-naku-y*) v. recíp.: cargarse en la espalda uno a otro (v. g. al hacer ejercicio físico).
kataapakuy v.: ayudar cargando, trabajar cargando.
kataatsiy (*kata-a-tsi-y*) v.: hacer cargar en la espalda, ayudar a cargar. *Shuyay, kataatsishqayki*: Espérate, te voy a ayudar a poner la carga en la espalda.
kataq s.: cargador. *yanta kataq*: cargador de leña.
katari s.: víbora, serpiente venenosa.
Katashku (*-shku* morf. paragoge de mayor afecto) s.: hipoc. de Catalino, Catalinito.
katatay v. onomat.: temblar de frío, miedo o fiebre, tiritar. →**kapapay**.
katay v.: cargar en la espalda. *Kay yantata katanki*: Cargarás (en la espalda) esta leña.
katay interj.: catay, caray, caramba.
katay interj.: toma, te lo merecías, bien hecho, ahora carga el peso.
Katikil (Cajamarca) s.: Catequil. mit. Dios del trueno.
katipay v.: masticar la coca con el fin de adivinar algo. La coca es oráculo y amigo. →**qatipay**.

katsak adj.: silencioso. →**tsunya**.
katsakyay v.: estar silencioso, silenciarse.
katsiy v.: poseer, cuidar. *Shumaq katsinki*: Cuídalo bien.
katu s.: sobra, residuo. →**katupi**.
katu s.: jueves después del Miércoles de Ceniza. Ese día se come la sobra del carnaval (lunes y martes).
katu killa s.: febrero. →**shullka killa**.
katupi s.: la sobra de comida, el resto que ya no se come, mujer u hombre abandonado por otro u otra. *Katupitaqa manam qarakuntsiktsu*: No se regala la sobra. *Kay runaqa taqay warmipa sikin katupinmi*: Este señor es la sobra de aquella mujer.
katupuy (*katu-pu-y*) v.: dejarle algo, sobrarle algo (para beneficio de otro).
katuy v.: sobrar, dejar algo. *Chapitun yupay, katur mikunki*: Comes como un chapetón sobrando la comida. Esta costumbre es descortesía en el mundo quechua, ya que la comida debe ser apreciada.
kauri adj.: mal cocido, mal sancochado. *kauri papa*: papa mal sancochada (un poco cruda).
kauchu s.: caucho, látex, hule. *kauchu hacha*: árbol de caucho. *kauchu punchu*: poncho de hule.
¡kausachun! interj.: lit. "que viva", ¡viva!
kausay (Q II) v., s.: vivir, existir, vida, existencia.
kawa s.: madeja de hilo. *kimsa kawa*: tres madejas.
kawa (Q I) s.: vida, existencia. →**kausa**.
kawarkuy, kawakurkuy (*kawa-ku-rku-y*) v. enfát.: resucitar, revivir repentinamente. *Huk runash kawakurkurqaq*: Dicen que un hombre había resucitado.
kawakuy (*kawa-ku-y*) v. enfát.: vivir, existir, morar. *Kaychaumi kawakuu*: Vivo aquí. C de H: *kawakiy*.
kawariy (*kawa-ri-y*) v.: revivir, resucitar, recobrar la salud. *Kanan pipis kawarintsu*: Hoy nadie revive.
kawatsiy (*kawa-tsi-y*) v.: hacer vivir, darle vida, reavivar.
kaway v.: vivir, sobrevivir, existir. *Nuqawanmi kawanki allpapa aqunta mikurpis*: Conmigo has de vivir aunque comiendo la arena de la tierra. →**kausay**.
kawallu s. esp.: caballo (específicamente macho). *qiru kawallu*: caballo de palo, famélico. *Supaypa kawallun*: caballo del diablo (una especie de langosta grande y de color gris), inmoral, incestuoso (con familiar sanguíneo o espiritual). *yana kawallu*: caballo negro.
kawitu s.: catre, tarima. *shuqush kawitu*: lecho de carrizo. *chukru kawitu*: tarima dura.
kay adj., pron. demostrativo: este, esta, esto. *kaychau*: aquí (en este lugar). *kaynau*: así, de esta manera. *kaypita*: de aquí, de este lugar. C de H: *kee*.
kay v. imperat.: toma, recibe.
kay v.: ser, estar, haber, existir. *Alli kaptikim, Qapaq yanapashunki*: Dios te ayuda porque eres bueno.
kaykay v.: estar, permanecer. *¿Imanautan kaykanki?*: ¿Cómo estás? *Rumi hananchau kaykan*: Está sobre la piedra.
Kaya s.: hipoc. de Cayetano, -a.
kaya s.: yuca descascarada y seca.
kayaakuy v. enfát.: quemar paja seca de los cerros. El 23 y 24 de junio se queman cerros para renovar la naturaleza. C de H: *kayaakiy*.
kayay v.: quemar cerros.
kaylla (*kay-lla*) exp.: solamente esto, cerca, cerquita.
kay patsa s.: este mundo, este tiempo. En contraste con *hanaq patsa* (mundo de arriba, cielo), *ura patsa* (mundo inferior, mundo de abajo).
kaypu s.: caipo, hilo hecho de dos hebras. *Killa kanqanyaq kay kayputa ushaskamushaq*: Voy a terminar este caipo

mientras brille la luna.

kaypu s.: caipo, planta de zona cálida parecida al sorgo, tiene semilla con espinas muy agudas que cuando penetran en el cuerpo forman verrugas. →**qaypu**.

kaypuy v.: Torcer hilos de dos hebras, estos hilos sirven para tejer ponchos, frazadas.

kayshi s.: puntilla, azada pequeña que se usa para desherbar o remover la tierra blanda. C de H: *keeshi*.

kay tsika exp.: tanto, mucha cantidad. *kay chika* (Q II).

kay tsikan exp.: enorme, tan grande. *kay chikan* (Q II).

kaywa s.: caigua, caygua (Cyclantera sp). Planta enredadera de clima cálido, sus frutos verdes y espinosos se comen en ensalada y guiso. Remedio para las inflamaciones. "Caigua rellena": comida de caigua que contiene carne molida y otros aderezos. →**qaywa, kishiu**.

kaywiy v.: batir la olla, mover algo espeso. →**qaywiy**.

kechwa s.: quechua, quichua. Idioma, cultura y grupo étnico de la región andina. Se habla en Perú, Ecuador, Bolivia, sur de Colombia y norte de Argentina. La división dialectal propuesta por Alfredo Torero, y que sigue este diccionario, es: Quechua I (Ancash, Huánuco, Junín) y Quechua II (todo el resto). →**kichwa**.

kechwa s.: región de clima templado de 2500 a 3500 m. s. n. m.

kichay v.: abrir. *Punkuykita kichallaamuy, shumaq warmi*: Abre tu puerta, por favor, bella mujer.

kichaykachay (*kicha-ykacha-y*) v.: abrir y cerrar repetidas veces.

kichikala s.: piedra imán. →**hampu**.

kichki adj.: estrecho, ajustado, angosto, repleto. *Kichki naanichauqa, imay karpis, tinkurishunmi*: En el camino estrecho, algún día, nos vamos a encontrar.

kichkikay (*kichki-ka-y*) v.: quedar atrapado en camino estrecho.

kichkiitsiy v.: hacer estrechar una cosa, apretar, ajustar.

kichkiy v.: ajustarse, llenarse, atorarse.

kichkiyay (*kichki-ya-y*) v.: hacerse angosto, reducirse el espacio.

kichwa s.: quichua, quechua. Idioma y grupo étnico. En Ecuador y Argentina se prefiere decir quichua.

kiidakuy v. esp.: 1. quedarse. 2. aceptar la culpa, asumir la responsabilidad. *Qam rurashqa karqa, kiidakuy, mana ima hatunmanpis ishkikanqaykiyaq*: Si lo has hecho tú, asume la responsabilidad, antes de que caigas en algo más grave.

kiiday v. esp.: quedarse. →**kakuy**.

kiidu s. esp.: quedo, manera de ser.

kiilu s. esp.: kilo, kilogramo. *huk kiilu willwa*: un kilo de lana. *pitsqa kiilu tauri*: cinco kilos de chocho.

kiina s.: quena, flauta traversa. Instrumento musical de viento de varios tamaños y de diferentes materiales. *shuqush kiina*: quena de carrizo. *tullu kiina*: quena de hueso. *mitu kiina*: quena de barro.

kiisu s. esp.: queso. *rakcha kiisu*: queso sucio. *llullu kiisu*: queso fresco, requesón.

kiisukuy (*kiisu-ku-y*) v.: proveerse de queso, buscar queso.

kiisuy v. esp.: hacer el queso. *Mamaami kanan kiisun*: Mi mamá hace queso hoy.

kiki- pron., adj.: mismo, auténtico, verdadero, original. *kikii*: yo mismo. *kikiikuna*: nosotros mismos (excluy.). *kikintsik*: nosotros mismos (incluy.). *kikiki*: tú mismo. *Kikillan taakun*: Vive él solo.

kikuy: 1. s.: primera menstruación. 2. v.: menstruar por primera vez.

killa s.: Luna (satélite de la Tierra). *Mama Killaqam imaypis millwata hichir putskakun*: La Madre Luna siempre hila carmenando la lana. Es símbolo de la laboriosidad femenina. *pampa killa, puquy killa*: luna llena. *llullu killa, mushuq ki-*

lla: luna nueva.
killa s.: mes, luna. *aywaq killa*: mes en curso. *aywakuq killa*: mes pasado. *shamuq killa*: próximo mes, mes entrante. *pampay killa*: lit. "mes de siembra de cereales", enero. *katu killa*: mes de "sobra", febrero. *tamya killa*: mes de lluvia, marzo. *allay killa*: mes de cosecha de tubérculos, abril. *anqas killa*: mes azul, mayo. *Inti killa*: mes del Sol, junio. *pallay killa*: mes de cosecha de cereales, julio. *wayra killa*: mes del viento, agosto. *nina killa*: mes del fuego, setiembre. *tamya qallanan killa, puspa killa*: mes del inicio de lluvia, octubre. *aya killa*: mes de los muertos, noviembre. *wankukuy killa*: mes del arreglo floral, diciembre.
killi s.: objeto apuntalador, ayuda que se da al que celebra la fiesta.
killichu s. onomat.: cernícalo. →**killiksha**.
killiksha s. onomat.: cernícalo (Falco spaverius). *Killiksha yurinurqa pitsaktaqa, puutatakatmi haytanqa*: Si aparece el cernícalo va a patear al gavilán hasta que vuelen sus plumas. Donde hay cernícalo los pollitos están fuera del alcance del gavilán.
killikuy (*killi-ku-y*) v.: prestar algún objeto para ser atendido en la fiesta, colaborar en una actividad. →**hitakuy**.
killiy v.: apuntalar, reforzar, poner algo para mantener.
killuy v.: sembrar granos en una sola arada (sin barbechar). *Killurhapis murushun*: Sembremos aunque sea con una arada.
kima ‹ *kimsa* adj. num.: tres. *kima runakuna*: tres personas. →**kimsa**.
kimchiy v.: aplastar, machucar. →**kimiy**.
kima payan adv.: de tres en tres.
kimsa adj. num.: tres. *Qara karqa, kimsa kuti wichyamanki*: Si eres tú, sílbame tres veces. *kimsa chunka*: treinta.
kimiy v.: presionar algo con las uñas, aplastar entre las uñas. *Kay usata kimiy*: Aplasta con las uñas este piojo.

kimtsiy v.: machucar, aplastar. →**kikiy**.
kina s.: quina (Chinchona sp). Árbol cuya corteza baja la fiebre. Árbol de la quinina.
kincha s.: per. quincha, cerco de palos, palizada. →**qincha**.
kinchay v.: per. quinchar, cercar, poner quincha.
kinkishtay v.: ladearse, inclinarse a un lado. →**iskay**.
kinraatsiy v.: poner en posición horizontal, hacer caminar en línea horizontal, arrear por la falda del cerro sin hacer subir ni bajar.
kinran kinran exp. caminata en lugar plano, vaivén.
kinray adj.: recto, horizontal, plano. *Kinray naanita aywaykarpis pishipanki*: Te cansas hasta yendo por un camino horizontal.
kinray adv.: por este tiempo. C de H: *kinree*.
kinray v.: ir por línea horizontal (sin subir ni bajar), caminar por la pampa.
kinti s.: picaflor, colibrí, quendi, quinde. Símbolo de libertad y fuerza misteriosa. →**qinti, winchus**.
kintu s.: hoja de coca escogida para rito mágico.
kinuwa, kinua s.: 1. quinua (Chenopodium quinoa). Planta andina rica en proteína. Sus hojas son deliciosas y suaves como la espinaca. Sus semillas deben ser lavadas hasta que pierdan el amargor. 2. triquina (por parecerse a granos de quinua).
kinuwanyay v.: enfermarse el cerdo por comer quinua, llenarse la carne de granitos como la quinua, triquinarse.
kiñay v.: per. quiñar, hender, chocar las bolas en el juego hasta romperse un pedazo, golpear algo hasta romper una parte. *kiñashqa trumpu*: trompo quiñado.
kipchuy v.: desmenuzar algo con los dedos. →**kiptsuy**.
kiptay v.: levantar algo y colocarlo por

la cara inversa. *Rumita kiptaa*: Volteo la piedra.

kiptukay (*kiptu-ka-y*) v.: trozarse por la parte delgada. *Wamrapa pupu watun kiptukanqanam*: El cordón umbilical del niño ya se va a trozar.

kiptuy v.: romper alguna parte débil de una planta o de un organismo animal. *¿Ashnuykitaqa kapaykankiku? Runtunpis kiptukanna*: ¿Estás castrando a tu burro?, Sus testículos están que se caen.

kipu s.: quipu, quipo (cordeles multicolores, algunos delgados, otros gruesos y de muchos nudos que servían para guardar datos), nudo. *Kipu rimayninta yacharqam unay kaq, waray kaq patsata qawanki*: Si sabes leer el quipo, podrás ver el pasado y el futuro.

kipu kamayuq s.: quipucamayoc, experto en manejar el quipo.

kipuy v.: anudar. *Alli kipuy*: Anuda bien.

kiptsuy v.: desmenuzar con los dedos. →**kipchuy**.

kiriwara s.: quebrada. →**kallki**.

kirkinchu s.: quirquincho, armadillo, instrumento de cuerda fabricado con caparazón de este animal.

kirma s.: quirma, camilla, parihuela. Se usa para cargar piedra, enfermo y difunto que no tiene ataúd. →**wantuna, tsaqana**.

kirmay v.: quirmar, llevar algo en quirma.

kirpaa s.: grano que aparece dentro de las fosas nasales. *amaa kirpaa*: casa de barro de las arañas, ese fino polvo sirve para curar los granos infectados.

kirwa s.: puesta del sol de color rojo, crepúsculo. →**qarwayllu**.

kiru s.: diente. *llullu kiru*: dentadura tierna. *qipa kiru, kuchu kiru*: muela. *punku kiru*: incisivo. *waqu*: muela del juicio, raigón. *waqtuu kiru*: diente que sale sobre otro. *ñaqtsa kiru*: dientes delgados como del peine. *haka kiru*: dientes pequeños como del cuy. *quri kiru*: diente de oro.

kishi s.: azada pequeña, puntilla.

kishiu s.: quishiu, caigua serrana (Cyclanthera pedata). Planta enredadera andina cuyos pequeños frutos verdes se comen en ensalada, guiso y jugo. Cura inflamaciones internas y externas. *Kishiuta aqaskir utsuta rurashun*: Hagamos un picante moliendo quishiu.

kiswar: 1. s.: quisuar (Buddleja incana). Árbol de buena madera, propio de zonas frías y húmedas. *kiswar taklla*: arado de quisuar. 2. adj.: firme, resistente, que no se doblega.

kita s.: estanque, reservorio. →**pilanku**.

kitañaaqi s.: primer corte de pelo (implica un rito). →**aqtsa rutuy**.

kitipshu s.: quitipsho, quitipso. Planta que siempre está inclinada por el peso de sus flores (*kitiy*: inclinarse, hacer venia). Si se hace brujería con esta planta se hace inclinar al más presumido.

kitsi s.: kisi (árbol andino).

kitsmi s.: atoro al comer, ref. persona y animal.

kitsmikashqa (*kitsmika-shqa*) p. p.: atorado ref. persona o animal. *kitsmikashqa chipsha*: pollito atorado.

kitsmikaatsiy v.: hacer atorar.

kitsmikay (*kitsmi-ka-y*) v.: atorarse. *Tullunwan yanasaa kitsmikan*: Mi amigo se atora con hueso.

kitsmiy v.: atorar, meter mucha comida para atorar.

kiwiy v.: desgajar, sacar algo sin romper (siguiendo la nervadura). →**llaqiy**.

-kllaariy ‹ (*-ku-lla-a-ri-y*) exp. v.: realizar una acción violenta, repentina y frecuente. Hay síncopa de "u" en el morf. *-ku-*. *wirukllaariy*: garrotear con violencia. *Harukllaariy*: pisotear con fuerza. *Tsapikllaarishaq nikar, kuyapaarii*: Me compadecí de repente cuando estaba por cogerlo y golpearlo contra el suelo.

Krishi s.: hipoc. de Crescencio, -a.

Krishti s.: hipoc. de Cristino, -a.

krusay v. esp.: cruzar, arar cruzando la

primera arada.
-ku- morf. verbal reflexivo: se. *kakuy*: estarse. *Yakullachaupis rikaakuy pii kanqaykita musyanaykipaq*: Siquiera mírate en el agua para que sepas quién eres.
-ku- morf. verbal modal enfático: acción enfática. *mikukuy*: comer con ganas. *Aku pukllata rikaakuq*: Vayamos para gozar viendo el juego
-ku (Q I) morf. interrogativo: *¿Runaku?*: ¿Es gente? *¿Munankiku manaku?*: ¿Quieres o no? →**-chu.**
-ku- morf. v. que se añade al nombre: buscar, proveerse. *yantakuy*: buscar leña. *papakuy*: proveerse de papa. *qiwakuy*: proveerse de pasto.
-ku morf. paragoge en los hipocorísticos para expresar más afecto. -ito. Generalmente se alarga la vocal precedente. *Shatuuku* (*Shatu* es hipoc. Saturnino): Saturninito. *Shipiiku*: Ciprianito. Algunas veces se recurre a una epéntesis palatal. *Katashku*: Catalinito.
kuchara s. esp.: 1. cuchara. *qiru kuchara*: cuchara de palo. 2. intervención imprudente (acción de meter la cuchara). *taqra kuchara*: cuchara sucia, intervención imprudente. *Yashqakunapa rimayninman, ama kucharaykita hatinkitsu*: No metas tu cuchara en conversación de los mayores.
kuchi s. esp.: cerdo, cochino, chancho, marrano, puerco. *raway kuchi*: chancho de color negro con marrón. *kuchi kanka*: asado de cerdo.
kuchi s.: pulga, prostituta.
kuchi adj.: sucio, cochino.
kuchi pishtaq s.: degollador de chancho.
Kuchi Pishtaq s.: Venus, lucero de la mañana. Cuando este lucero sale se acostumbra matar al cerdo para que el sol no llegue a la carne. →**waraq quyllur.**
kuchillanakuy v. recíp.: acuchillarse.
kuchillay v.: acuchillar, apuñalar, herir con el cuchillo.

kuchillu s. esp.: cuchillo. *ruqu kuchillu*: cuchillo sin filo. *rumi kuchillu*: cuchillo de piedra →**kutsuna.**
kuchkuy v.: roer. →**kachkay.**
kuchpa s.: galga, caída de piedras. *kuchpa piqa*: cabeza deforme como piedra que rueda.
kuchpakay (*kuchpa-ka-y*) v.: rodar, dar vueltas en el piso, caer. *Taqay runaqa imanaarinchi, kuchpakaarinmi*: Qué le habrá pasado a aquel hombre, acaba de rodar (caerse).
Kuchpay v.: rodar algo, tumbar a golpes y hacerlo revolcar. *Ama rumita kuchpaytsu, urachau runakuna aruykaayan*: No ruedes la piedra que abajo están trabajando los hombres. *kuchpa naani*: camino donde caen piedras.
kuchu s.: rincón, extremo, ángulo. *Kuchuchaurri allquqa hamakunan*: El perro debe sentarse en el rincón. *qucha kuchun*: orilla de laguna, playa.
kuchuna (Q II) s.: cuchillo, algo cortante.
kuchuy (Q II) v.: cortar, trozar. →**kutsuy.**
kuhunsiillu s. esp.: cojoncillo. Planta que limpia la carnosidad del ojo. *llullu kuhunsiillu*: cojoncillo tierno.
kuka s.: coca (erythroxylon coca). Planta cuyas hojas sirven para mascar. *tuupa kuka*: una especie de coca. *Imayllaqa Mama Kuka kutimunqam*: Algún día volverá la Madre Coca (prometió vengar la muerte de sus hijos).
kuka chakra s.: cocal, sembrío de coca. *Supaypa wawan, ¿ima nirtan kuka chakraata waykanki?*: Hijo del diablo, ¿por qué quemas mi cocal? *Kuka piksha, kuka shikra, kuka wallki, kuka runku* s.: talega pequeña para portar la coca.
kukaakuy v.: buscar la coca, trabajar para ganarse la coca.
kukay v.: coquear, mascar la coca, per. chacchar.

kukish s.: cuquish, tumor que brota como semilla de la fruta lúcuma. *Lukmapa murunwan saqmashqam kukish yurin*: El tumor aparece por golpe de la semilla de lúcuma.

kuku s. esp.: cuco, coco. Fantasma con que se asusta a los niños (apóc. de "cucurucho", capirote de mortaja cristiana). *Kukuta riqillaatsu*: No conozco al coco.

kukuchi s.: codo, ángulo. *yana kukuchi*: codo negro.

kukuchinakuy v. recíp.: codearse, darse codazos.

kukuchipay (*kukuchi-pa-y*) v.: fastidiar codeando.

kukuchiy v.: codear, dar codazos. *Tushuchau kukuchinki*: Dale un codazo en el baile.

kukuli s. onomat.: cuculí, paloma torcaz grande. →**kukuuli**.

kukupa s.: papaseca. Papa sancochada y secada. Es una forma de conservar la papa. *kukupa kashki*: sopa de papaseca. *kukupa pichu, karapulka*: carapulcra, guiso de papaseca.

kukupay v.: hacer papaseca, sancochar y secar la papa.

kukupi s.: hígado. →**ñatin**.

kukuruuchi, kukuruuchu s. esp.: cucurucho, capirote, capucha. *ayapa kukuruuchin*: cucurucho del muerto.

kukuuli s.: cuculí, paloma grande del monte.

kukush s.: quebrada o camino que forman un ángulo.

kukuray (*kuku-ra-y*) v.: estar acurrucado o encogido.

kukuy v.: acurrucarse, encogerse.

kulantriillu puusu s. esp.: culantrillo pozo. Pequeña planta silvestre de la jalca, de aroma similar al culantrillo. Es emenagogo y contra gastritis.

kulcha s.: colcha, quicuyo (Pennisetum clandestinum). Césped de clima templado cuyas raíces fuertes destruyen chacras y muros. Pasto importado.

kulchashqa (*kulcha-shqa*) s.: chacra invadida por colcha.

kulchay v.: ser invadido por colcha.

kulgaahi s. esp.: colgaje, adorno en el cuello de los animales. →**chakami**.

kulibra s. esp.: culebra, serpiente. *yaku kulibra*: culebra de agua. →**amaru**.

kulin s.: culén (Psoraela pubescens). Planta de hojas aceitosas, de zonas frías y templadas, medicina antidiarreica.

kulla s.: colla. Región y grupo étnico del altiplano peruano y boliviano. *kulla suyu*: región colla.

-kullaariy → **-kllaariy**.

kullash s.: molle (Schinus molle). Árbol de múltiples usos: sus hojas aceitosas sirven para curar el reumatismo, su savia lechosa limpia la carnosidad del ojo, con la miel que cubre la semilla se elabora la chicha, su madera es resistente. top.: Cullashpunro, Cullashpampa (Huaylas). →**mulli**.

kullku adj.: jorobado, giboso. Dicho con cierto afecto o imitando el lenguaje infantil. →**kurku**.

kullkush s.: tórtola, paloma pequeña un poco corcovada. *kullkush ñawi*: ojo de tórtola.

kullu s.: tronco. *ismu kullu*: tronco podrido. *kaliptu kullu*: tronco de eucalipto.

kullu adj.: voluminoso, gordo. *kullu uma*: de cabeza redonda y grande, tonto. *kullu kunka*: de cuello corto y ancho. *kullu chaki*: pie de empeine alto, casi redondo.

kullu rinri s., adj.: lit. "oído de tronco", sordo, que no oye los consejos.

kulluyay (*kullu-ya-y*) v.: transformarse en tronco, hacerse tronco, engordarse desmesuradamente.

kuma s.: reumatismo a los huesos y articulaciones. Se cura frotando con hojas de molle o chilca calentadas en brasas; también se golpea con un hueso los nudos

atacados para motivar los reflejos.
kumaa s. esp.: comadre. *Kumaa Chumi, kashkiyaq witillaamuy*: Comadre Dominga, acérquese a desayunar, por favor.
kumanakuy (*kuma-naku-y*) v. recíp.: empujarse. *Kumanakur pukllashun*: Juguemos empujándonos. →**kunhanakuy**.
kumar s.: camote, batata. →**kamuti**.
kumay v.: empujar. →**kunhay**.
kumpa s.: viga principal que reparte las alas. →**turqu**.
kumpa s.: orla, ribete, bordar. *shumaq kumpa haku*: manto de ribete bonito. *wayta kumpa*: orla floreada.
kumpaa s. esp.: compadre. *Kumpaa, ima kaptinpis, kay kukaata chaqcharishun*: Compadre, pase lo que pase, chacchemos esta coquita mía.
kumpana s.: tejido fino. →**kumpi**.
kumpay v.: orlar, bordar, coser el borde para que no se deshilache. *Hakuuta kumpaatsimay*: Ayúdame a coser el borde de mi rebozo.
kumpi s.: tejido fino.
kumra, kumbra s.: trigo medio machacado del cual se hace sopa o mazamorra. Similar al shambar de la sierra norteña. →**kuskus, llunka, llinka**.
kumulgay v. esp.: comulgar, recibir la hostia.
kumun adj. esp.: 1. común, público. *kumun chakra*: chacra comunal. 2. común, cualquier, nada especial. *Qamqa, kumun papallata murushkanki*: Tú solamente has sembrado papa común.
kumuñiun s. esp.: comunión.
Kun s.: mit. Kon, Con. Deidad solar del crepúsculo venerada en muchos pueblos. *Kun chuku*: lit. "sombrero con la figura de Con". top. Conchucos (región oriental de la Cordillera Blanca, región de los satis y chuquis. Ancash), Cundinamarca.
-kuna 1. morf. del pl. para sustantivo y pronombre: s, es. *runakuna*: personas. *paykuna*: ellos. Con los numerales no es

obligatorio su uso: *chunka kaarru*: diez carros. *huk waranqa wata*: mil años. 2. morf. sustantivador de verbos (tema verbal + *-kuna*): *ishpakuna* (*ishpa-kuna*): meadero, baño. *upyakuna*: lo que se bebe. Si el tema verbal termina en *-ku*, sólo se añade *-na*: *mikuna, mikunakuna*: alimento, alimentos, sementeras.
kunakuy v. enfát.: aconsejar, amonestar.
kunaakuy v.: enviar encargo o mensaje con alguien. *Mamayki qishyaykaptinqa, ¿ima nirkan kunaakunkitsu?*: Si tu mamá está enferma, ¿por qué no mandas un mensaje?
kunan (Q II) adv.: hoy. →**kanan**.
kunay v.: 1. encargar, pedir. *Paytam chuqa hampita kunarqaa*: A él le encargué que me consiguiera remedio para la tos. 2. amonestar, aconsejar. *Wamraata alli kunanki*: Amonesta bien a mi hijo. 3. dejar, encargar. *Qipillaata kunashqayki*: Le encargo mi equipaje, por favor.
¡kuncha kuncha! interj.: Voz para mandar a ovejas y cabras que entren al redil. Posible: *qincha* › *kuncha*.
kunchu s.: sedimento espeso de chicha, per. concho, levadura natural. →**quntsu**.
kunchu s.: lo que queda, residuo, benjamín (por analogía con el sedimento de chicha).
kunhakuy (*kunha-ku-y*) v.: empujar a propósito. →**kumay**.
kunhanakuy (*kunha-naku-y*) v. recíp.: empujarse, darse empellones. *Hirkan naanichauqa kunhanakur pukllanatsu*: No se debe jugar empujándose en camino sobre el precipicio. →**kumanakuy**.
kunhay v.: empujar, dar empellones. *Kay rumita kuchuman kunhashun*: Empujemos esta piedra al rincón. →**kumay**.
kunhwisakuy v. esp.: confesarse.
kunhwisay v. esp.: confesar.
kunhwisyun s. esp.: confesión.
kuni, kunish s. esp.: conejo.
kunka s.: cuello, pescuezo, garganta. *ku-*

tu kunka: cuello corto. *piita kunka, wipi kunka*: cuello delgado (como una pita o libra andina). *kullu kunka*: cuello grueso (como tronco). *Kunkaami nanan*: Me duele la garganta.
kunkallpa s.: cuncallpa, especie de faja que cuelga del cuello para sostener el telar de mano.
kunkallpay v.: lacear al animal por el cuello, caer la soga al cuello.
kunku s.: banco de tronco. *chuchwa kunku*: banco de maguey.
kunkush s.: puya (Puya raimondi). Planta de la región puna de hojas lanceoladas y de puntas agudas. →**qupchu**.
kunquna s.: congona. Planta piperácea, nudosa y medicinal. *puka kunquna*: congona roja. Cura dolor de oído, mata los piojos, sirve para lavarse el pelo. *yuraq kunquna*: congona blanca. Cura la inflamación.
kunruru s. onomat.: bramido, rugido (de río, avalancha).
kunruruy v. onomat.: bramar, rugir (río).
kunti s.: oeste, occidente. Es la región del dios Con. *Kunti Suyu*: Región Occidental del Tahuantinsuyo. Top.: Cundinamarca, Cundemayo, Cundebamba.
kuntu s.: cántaro. *aswa kuntu*: cántaro de chicha. *Kuntuykita mañamay*: Préstame tu cántaro. →**puyñu, urpu**.
kuntur: 1. s.: cóndor. Ave que vive en los Andes. *kuntur tushu*: baile del cóndor. *Kunturllay, kuntur, apakallaamay*: Cóndor, condorcito, llévame sobre tus alas. *Yuraq kuntur kutimuptinmi kay patsa tikranqa*: Este mundo se cambiará cuando llegue el cóndor blanco. 2. adj.: salvaje, no comestible para el hombre, silvestre. *kunturpa shakaullun*: shacaullo del cóndor. *kunturpa sibuyllan*: cebolla del cóndor.
kuntur mullaka s.: mullaca de cóndor, enredadera de cóndor (Muehlenbeckia hastulata). Especie de liana que se reproduce por brotes. Sus hojas mezcladas con sal son el alimento para las vacas. Estas lianas abundan en Qiusha Qaqa (Pomabamba).
kuntur pinta s.: cóndor pinta. Planta de la puna semejante a pacra y siempreviva, cura el susto, epilepsia y el daño de la brujería.
kuntur rachi s.: arranque del cóndor. Fiesta andina de Ancash en que matan a un cóndor colgado de alas a golpes de puño. Los ritos de los jinetes, músicos y el pueblo son muy vistosos y se celebran en la época de carnaval. (Santa Cruz – Huaylas).
kuntur ripa s.: cóndor ripa. Planta de la puna que cura el susto y epilepsia.
kuntur sibuylla, kunturpa sibuyllan s.: cebolla del cóndor. Pequeña planta de la puna parecida a la cebolla, de flores blancas con núcleo amarillo, no es comestible, remedio para el mal viento.
kuntur shakaullu, kunturpa shakaullun s.: shacaullo del cóndor. Especie de orquídea cuyo bulbo es gomoso. Sirve para soldar metales y cerámicas.
kuntur waqay s.: lit. "el llanto del cóndor", un estilo de tejido de honda de dieciséis hebras de diferentes colores.
kuntur warmi s.: lit. "mujer del cóndor", especie de papa con manchas negras.
kupa s.: sobada, frotada, sobe, frote.
kupakuy (*kupa-ku-y*) v. enfát., refl.: sobar, frotar, sobarse, frotarse. *Llapsha llatapata shumaq kupakunki*: Soba con mucho cuidado la ropa de tela delgada. *Kaywaan kupakuy*: Sóbate con esto.
kupanakuy (*kupa-naku-y*) v. recíp.: frotarse, sobarse.
kupay v.: frotar, sobar. *Kinuwata kupay*: Soba la quinua.
kupsay v.: poner cualquier cosa al revés, boca abajo. *Mankata kupsayanki uqra-*

kashqa uushata ashinqaayaq: Tengan la olla boca abajo mientras busco la oveja perdida. (La olla boca arriba atrae la carne, la muerte del animal).
kuraka s.: curaca, cacique, jefe de un pueblo o tribu.
kurapa s.: piojo de aves. →**chuchuuya**.
kurari s. curare (Strychnos brachiata). Planta venenosa de regiones yungas.
kurau s.: papa que madura casi en un año. →**iusha, wiqsa**.
kuri s.: mellizo, persona con dos remolinos en la cabeza. *Kuri wamraqa maypis winchu*: El niño con dos remolinos quizás es mal presagio.
kurku s., adj.: joroba, jorobado, giba, giboso, arqueado. →**kullku**.
kurkubiyay v.: corcovear. Posiblemente del esp. corcova; pero, fonéticamente es semejante al q. *kurku*: joroba.
kurkunchu s., adj.: curcuncho, muy jorobado, cargado de problemas o preocupaciones, que aguanta todo el peso.
kurkush (*kurku-sh*) adj.: jorobado, giboso. Dicho con cierto afecto. *kurkush ashnu*: burro jorobado.
kurkuyay v.: encorvarse, jorobarse, ponerse giboso.
kurkuy v.: encorbar, jorobar, arquear.
kurpa s.: terrón, bolos (de harina mal batida con agua, queso tierno), coágulo, grumo. *chukru kurpa*: terrón duro.
kurpa adj.: paralizado, inmóvil. *kurpa maki*: mano cerrada y paralizada. *kurpa qallu*: lengua paralizada, que no puede hablar, mudo.
kurpayay v.: hacerse grumo, formarse bola, formarse terrón.
kurpay v.: formar bolos con las manos (harina, queso).
¡**kurqa, kurqa**! interj.: ¡curga, curga!, ¡corre, corre! Orden para que los perros ladren o muerdan.
kurrimintu s. esp.: corrimiento de encías, inflamación de encías. *kurrimintu hampi*: remedio para corrimiento.
kursiya s. esp. (curso): diarrea continua, flujo de vientre.
kursiyay v. esp. (cursear): tener diarrea frecuente
kurta s., adj. esp.: corta, cortado (ref. leche, licor).
kurtay v. esp.: cortar, espesar (leche).
kuru s.: gusano, insecto. *rinri kuru*: gusano que entra al oído y puede romper el tímpano, vive en los eucaliptos. *atuq kuru*: alacrán, gusano de zorro. *nina kuru*: luciérnaga. *pintiq kuru*: langosta, saltamontes. *waaka kuru*: gusano de vaca.
kurunta s.: corozo de maíz, coronta, tusa. *llanu kurunta*: tusa delgada. →**qurushta**.
kururay v.: ovillar. *Ishkaa kururayaa*: Los dos ovillamos.
kurushqa (*kuru-shqa*) p. p.: agusanado.
kuruutsiy (*kuru-u-tsi-y*) v.: agusanar, hacer que se agusane.
kuruy v.: agusanar, agusanarse. *Kay papata sas raikushun, kurunnam*: Comamos rápido esta papa que se está agusanando.
kuruy s.: ovillo. *Ichik kuruynikiqa huk kutamapaqpis manam paqtanqatsu*: Tu ovillo pequeño no va a alcanzar ni para un morral. *puka kuruy*: ovillo rojo.
kuruy kasha s.: curuy casha, cacto ovillo. Cacto redondo.
kusi (Q II) adj.: alegre, contento. *Kusi Quyllur* onomást: Cusi Coillor, Estrella Alegre. →**kushi**.
kushi (Q I) adj.: alegre, contento, feliz. *kushi shunqu*: corazón alegre. *kushi tushu*: baile alegre. →**kusi**.
kushi kushi exp. adv.: con alegría, alegre. *Kushi kushi aywakuy*: Vete alegre.
kushiku s : regocijo, gozo, alegría.
kushikuy (*kushi-ku-y*) v. refl.: alegrarse, regocijarse. *Yayaa kawanqanta kushikullaami*: Me alegro mucho de que viva mi padre.
kushishqa (*kushi-shqa*) adj.: alegre, fe-

liz, contento. *Rikaskirniki kushishqam karquu*: He estado feliz al verte.
kushitsikuq (*kushi-tsi-ku-q*) p. pte. s.: que da alegría, que alegra, risueño. *Kushitsikuq wamram*: Es niño que alegra.
kushitsinakuy v. recíp.: alegrarse, darse alegría.
kushitsiy v.: alegrar, hacer alegrar, agradar. *Waktsataqa manam pipis kushitsintsu*: Al pobre nadie le alegra.
kushiy v.: alegrar, alegrarse, regocijar, regocijarse.
kushma s.: cushma, camisa indígena de lana o cáñamo. *Kushmallata shukukushun, allaapa chaniyuqmi tukuyuqa*: Pongámonos la cushma, el tocuyo cuesta mucho. *shumaq kushma*: bonita cushma. →**unku**.
Kushtin s.: hipoc. de Agustín, -ina.
Kushtu s.: hipoc. de Custodio, -a.
kushurukuy (*kushuru-ku-y*) v.: buscar cushuro.
kushuru s.: cushuro, alga andina (Nostoc parmelioides). *kushuru pichu*: guiso de alga. →**llullucha**.
kushuru adj.: ensortijado, como bola gelatinosa. *kushuru aqtsa*: pelo crespo (como el cushuro).
kuska adj.: directo, derecho. *kuska naani*: camino derecho.
kuski s.: barbecho, primera roturación del terreno.
kuskiy v.: barbechar, roturar la tierra.
kusku hara s.: maíz cuzqueño. Maíz de granos grandes y blancos que se come en mote.
kuskus s.: trigo remojado y semimolido, llunca. *llampu kuskus*: llunca suave. *llinka, kumra*.
kusna sust. esp.: cocina.
kusnakuy v.: cocinar. *Patsa warashqanam, kusnakuyaallayna*: Ya amaneció, cocinen ya, por favor.
kusnatsiy (*kusna-tsi-y*) v.: hacer cocinar.
kuta s.: rincón, ángulo. →**kuchu**.

kuta s.: harina. *kuta wasi*: molino, casa de molino. →**machka, aqallpu**.
kuta s.: golpe de puño, puñetazo.
kutama s.: morral pequeño. *machka kutama*: morral de harina.
kutanakuy v. recíp.: darse puñetes, golpearse con los puños.
kutay v.: 1. dar golpes de puño, tirar puñetazos. *Yana puma qishqita tiuyat, tiuyat kutan*: El oso negro golpea con el puño al quesqui hasta que vuele y vuele. 2. moler a medias. *mana alli kutashqa machka*: lit. "harina mal puñeteada", harina semimolida. →**aqay**.
kuti adv.: vez, oportunidad, vuelta. *atska kuti*: muchas veces. *ishkay kuti*: dos veces. *huk ishkay kuti*: unas cuantas veces.
kutichi (*kuti-chi*) s.: 1. el que regala algo y luego pide su devolución. *kutichikuna*: personas que regalan y luego piden lo que regalaron. 2. en brujería: devolución del daño. →**tikrapaana**.
kutichi bulbichi (quechua y español para enfatizar) s.: toma y dame, cutiche volviche, persona que regala y luego pide que le devuelvan lo dado. *Ama imaykitapis qarallaamaytsu, maypis qamqa kutichi bulbichi kanki*: Por favor, no me regale nada suyo, quizás usted es un cutiche volviche.
kutikamuy (*kuti-ka-mu-y*) v.: volver aquí, regresar aquí. *¡Kutikamuy, aya, kaychaumi aytsayki, tulluyki!*: ¡Regresa, alma, aquí está tu carne y hueso! (Invocación en el rito de curar a alguien del mal susto).
kutikay (*kuti-ka-y*) v.: sanarse, recuperarse. *Alli rikaakunki, kay chapipitaqa sasmi kutikaarinki*: Cuídate bien, pronto te vas a recuperar de este paludismo.
kuti kuti s.: cuticuti, lit. "vuelve vuelve". Planta de hojas menudas (Asplenium fragile), parecida al helecho tierno, muy apreciada por los chamanes. Quien toma agua de cuticuti vuelve otra vez al lugar

donde está tomando.
kutikuy v. refl. y enfát.: regresarse, volverse.
kutin kutin exp. adv.: una y otra vez, muchas veces. *Kutin kutin watqaykuu*: Lo he vigilado una y otra vez.
kutinyay v.: frecuentar, hacer frecuentemente. *Hampita wanarmi wasikiman kutinyaamuu*: Frecuento tu casa porque necesito medicina.
kutipay (*kuti-pa-y*) v.: repasar, repetir, rumiar. *Waaka mikuyta kutipan*: La vaca rumia la comida. *Kay librutaraq kutiparamushaq*: Quiero repasar ahora mismo este libro. C de H: *kutipee*
kutipuy (*kuti-pu-y*) v.: acción de regresar el mismo mal, repetir las visitas, insistir.
kutitsiy (*kuti-tsi-y*) v.: devolver, pagar, regresar lo que se ha recibido, vomitar.
Qammi kutitsinki uushanta, wallpanta; nuqam kutitsishaq wawanta, willkanta.
Tú vas a devolver su oveja y gallina; / yo voy a devolver su hija y nieto. (Canción en que el hombre le habla al zorro. Ambos son perseguidos por apropiarse de algo ajeno).
kutiy v.: regresar, volver, retornar, cambiar de color.
kutmu s.: rastrojo. *mushuq kutmu*: rastrojo nuevo.
kutsillu s. esp.: cuchillo.
kutsilluy v.: acuchillar, herir con cuchillo.
kutsukay (*kutsu-ka-y*) v. pas.: cortarse, trozarse.
kutsuna (*kutsu-na*) s.: cuchillo, objeto cortante.
kutsuy v.: cortar con algo filudo, herir, trozar.
kutu adj.: corto, mutilado, amputado de algún miembro. *kutu kunka*: cuellicorto.
kutu chupa adj.: sin cola, rabicorto, de rabo cortado, de falda corta. *kutu chupa chiina*: muchacha de falda corta.
kutuliinu adj.: sin cola (ref. aves).

kutus exp. adj.: casi sin cola, de cola muy corta.
kututsay (*kutu-tsa-y*) v.: amputar, acortar.
kututu s. onomat.: cototo, cuy macho, sonido que produce el cuy macho cuando está excitado.
kututuy v. onomat.: cototear, producir ruido el cuy macho por estar excitado y persiguiendo a la hembra.
kutuulu adj.: sin rabo, sin cola, de falda muy corta.
Kuucha s.: hipoc. de Augusta. Cucha.
Kuuchu s.: hipoc. de Augusto. Cucho.
kuura s. esp.: cura, sacerdote, padre. *tayta kuura*: padrecito. *chawa kuura*: lit. "cura crudo", alguien que estudiaba para cura pero que se retiró. *Kuurakuna imaypis inhwirnullawan mantsatsikuyan*: Los curas siempre asustan con el infierno no más. *Wanrakunata ulyutsinanpaq kuurata apamushun*: Traigamos al cura para que bautice a los niños.
kuuyu (Sihuas – Ancash) s.: ajonjolí o quinua silvestre. →**chiqaa**.
kuway s.: tubérculo asado, tubérculo grande y harinoso como para asar. C de H: *kuwee*.
kuway s.: pan que contiene manteca y huevo. C de H: *kuwee*.
kuway v.: asar tubérculo en fogón, quemar (teja, ladrillo, cerámica). *Kaychaumi mankata kuwaa*: Aquí quemo la olla (de arcilla cruda).
kuy s. onomat.: cuy, cobayo, conejillos de Indias. →**haka**.
kuyakuya s.: cuyacuya, amuleto de amor. Generalmente es un huayruro tratado para este fin. *kuyakuya rumi*: piedra que da éxito en el amor.
kuyakuy s.: amor con pasión, amor ciego. *Ima kuyakuychi kay kuyakuy, mamaata, markaata qunqatsiman*: Qué clase de amor es este amor, me hace olvidar a mi madre y a mi pueblo.

kuyakuy (*kuya-ku-y*) v. enfát.: amar con pasión, querer mucho, idolatrar. C de H: *kuyakiy*.
kuyall s.: coyal. Planta aromática que se toma en té. Medicina para la gastritis y cólicos estomacales. →**quyall**.
kuyanakuy v. recíp.: amarse, quererse. *Nuqakuna allaapa kuyanakuyaa*: Nosotros nos amamos mucho. C de H: *kuyanakiy*.
kuyanaray (*kuya-na-ra-y*) v.: estar amando siempre, estar dispuesto a amar a pesar de todo.
kuyaq (*kuya-q*) p. pte.: amante, el que ama.
kuyashqa (*kuya-shqa*) p. p.: amado, querido. *Kuyashqallaata yarpaptii, shunqu nanaymi tsariraman*: Cuando recuerdo a mi amada me ataca el dolor de corazón.
kuyatsikuy (*kuya-tsi-ku-y*) v.: hacerse querer, ganarse la gracia. *Mana llullakur, alli arur, mana suwakurmi may tsaychau kuyatsikuntsik*: En donde sea nos hacemos querer por no mentir, por trabajar bien y por no robar.
kuyay s.: amor, pasión, cariño. *Kuyayniita musyankiraqtsu*: Todavía no conoces mi amor. C de H: *kuyee*.
kuyay v.: amar, querer. *Kuyarnikim kutimuu*: Vuelvo porque te quiero.
kuydakuy v. esp. refl.: cuidarse.
kuyday v. esp.: cuidar, vigilar.
kuyka s.: lombriz. →**wayquu**.
kuytulin s.: cuitulín. Planta enredadera de la puna de frutos pequeños, negros y dulces, como botellitas invertidas.
kuyunda s. esp.: coyunda, correa para amarrar el yugo en el cuerno de la yunta. *qara kuyunda*: coyunda de cuero.
kuyuq (*kuyu-q*) adj.: movible, movedizo, no estático. *kuyuq patsa*: tierra movediza.
kuyutsinakuy (*kuyu-tsi-naku-y*) v. recíp.: moverse, mecerse.
kuyutsiy v.: mover, trasladar, sacar de su sitio. *Aypa, kikillaykiqa hatun rumita kuyutsinki*: Qué vas a mover tú solo la piedra grande. *Markaapita hitarimayta munaqkunapis, kuyutsiyamantsu*: Los que quieren botarme de mi pueblo, no me mueven.
kuyuy v.: moverse, salirse de su sitio. *Patsapis kuyun, tsaytsuraq mana qam kuyunkimantsu*: Si hasta la tierra se mueve, cómo tú no vas a moverte.
kwichi, kuichi (Q II) s.: arco iris. *hatun kwichi*: arco iris grande. →**turmanyay**.

L

l [l]: fonema lateral alveolar (<l>). Algunas veces es alófono de /r̃/ o /ʎ/: *rarqa*, *larqa*: acequia. *ruqru*, *luqru*: comida locro. *rani*, *lani*: pene. *llikliish*, *liklish*: licli (ave andina). *lluytsu*, *luychu*: venado. La sustitución de /r̃/ por [l] se da más en C de H y en el lenguaje infantil. Puede formar el grupo consonántico /pl/ (*tapla*: que tiene la manía de coger lo ajeno).

laa s. esp.: lado, parte lateral. *kay laa*: este lado. *wak laa*: aquel lado.

laapa s.: mate grande, plato amplio y grande. *Huk laapa ruqrupaqmi qillikurqaa*: Yo colaboré para recibir un platón de locro (sopa de papa con carne).

laapa adj.: 1. bocón, hablador, vozarrón. *laapa Witu*: Víctor bocón. *laapa shimi*: que habla mucho y fuerte. 2. ancho y tendido (ala de sombrero, oreja). *laapa rinri*: de orejas anchas y grandes.

Laashi s.: hipoc. de Lázaro, -a.

laata s. esp.: lata, tarro, lámina metálica. *huk laata lichi*: una lata de leche. *laata tsuku*: casco metálico.

laata kuntur s.: lit. "cóndor de lata", avión.

laatay v.: subir, gatear.

Aukis, chakwaswan, allav, allau;
laatanqanchau hiqaskinaq.

El viejo con la vieja, pobrecito; / en lo que subía se rodó (huayno).

laataykachay (*laata-ykacha-y*) v.: subir con dificultad, treparse y caer.

laawa s.: crema, sopa espesa de harina de trigo o de maíz.

laaya s. esp.: laya, raza, variedad, especie, clase, color. *tukuy laaya*: de muchas clases. *qanchis laaya wayta*: flor de siete colores, sietesabios.

lachak s.: sapo, batracio. En la puna se refiere sólo a batracios blanquinegros, de piel lisa y que croan "¡wak, wak!", diferente a los sapos comunes. →**rachak**.

Ladi, Ladiichu s.: hipoc. de Ladislao.

lakatu s.: babosa, caracol. Envenena al ganado que la come con el pasto. →**piya**.

lamar s. esp.: la mar, mar.

Lamar hanan yana pukutay,
kuyashqallaata kutitsillamay.

Nube negra sobre la mar, / devuélveme a mi amado (-a). (Canción de añoranza al ser amado que se ha marchado a la costa) →**hatun qucha**.

lamati s.: sobra de comida en el plato (hasta con baba). *allqupa lamatin*: sobra del perro.

lamatiy v.: sobrar ensuciando con baba.

lambiyay v. esp.: lamber, lamer.

lamka ad., s.: manilarga, ladrón. →**lapta**.

lamkay v.: tocar, palpar, estirar la mano para coger algo, tomar lo ajeno.

lamkaykachay (*lamka-ykacha-y*) v.: tocar a ciegas, palpar, dar movimientos imprecisos con la mano.

lampa s. per.: lampa, palana, azadón. *lampa chaki*: pie ancho como la palana.

lampiyay v. per.: lampear, palanear.

lani (lenguaje infantil) s.: pene. →**rani**.

lansanay v.: tener náusea.

lansay v. esp.: vomitar. →**hitariy**.

lapapay v. onomat.: producir el sonido de la llama (fuego), hablar castellano. El castellano suena como la voz de la llama.

lapi adj.: doblado, de cabeza gacha. *lapi tsuku*: sombrero de alas caídas. *lapi rinri*: orejas grandes y caídas.

lapikay (*lapi-ka-y*) v.: doblarse, agacharse.

lapitu adj.: abollado, apachurrado.

lapitukashqa (*lapitu-ka-shqa*) p. p.: abollado, apachurrado. *¿Ayka chaniyuqtan kay lapitukashqa laata?*: ¿Cuánto cuesta esta lata abollada?

lapitukay (*lapitu-ka-y*) v.: abollarse, apachurrarse.

lapituq s.: lapitoc, cacto como soga, de frutos dulces y ácidos como el kiwi. →**warku**.

lapiy v.: bajar el ala del sombrero, bajar el brío o el orgullo de una persona.

laplay v. onomat.: lengüetear la comida líquida como perro. *Allqunau laplaskii*: Lengüeteé como un perro.

laplash s.: membrana que cuelga del cuello de algunos animales (lagartos), adorno del vestido.

lapta adj., s.: ladrón, persona que hurta, manilarga. →**lamka**.

laptatsiy (*lapta-tsi-y*) v.: hacer palpar.

laptay v.: tocar lo ajeno, sustraer, palpar. *Tsayta nirqam ñawiita laptayanki*: Si dicen eso, meten el dedo a mi ojo (me vencen).

laptsiy v.: aplastar, exprimir. *kiisuta laptsishun*: Aplastemos el queso (para quitar el líquido).

laptukay ‹ *lapitukay* v.: apachurrarse, abollarse.

lapu adj.: sin gracia, de rostro enojado, de mala gracia.

lapuy v.: enojarse, poner rostro desabrido.

laqachu s.: caracol de tierra, babosa, lit. "pegajoso". →**lakatu**.

laqakay (*laqa-ka-y*) v.: pegarse, arrimarse. *Mana alli warmiqa piiman mayman laqakaykachan*: La mujer mañosa se arrima a uno y a otro.

laqatu s.: babosa, caracol. Deriva de *laqay* porque es animal que se pega a otro cuerpo. →**lakatu, piya**.

laqay v.: gomar, lacrar, pegar. *Shutikita punkuykiman laqay, pipis pii kanqaykita musyananpaq*: Pega tu nombre en tu puerta para que cualquiera sepa quién eres.

laqchinakuy (*laqchi-naku-y*) v. recíp.: echarse agua.

laqchiy v.: echar agua con un envase, salpicar, asperjar.

laqla adj.: hablador, lenguaraz, loro, cotorra, hablanchín.

laqmuu adj.: desdentado, carente de alguna muela. →**laqtu**.

laqmuuyay (*laqmuu-ya-y*) v.: perder dientes, desdentarse.

laqpi s.: lagaña, legaña. *Ayata rikayta munarqa, allqupa laqpinwan ñawikita shupay*: Si quieres ver el alma, sóbate los ojos con lagaña de perro.

laqpi adj.: lagañoso. *Laqpi warmikita hampitsiy*: Haz curar a tu mujer lagañosa.

laqpiy v.: tener lagañas, salir lagaña.

laqtsay v.: partir, rajar. →**tsiqtay**.

laqtu adj.: desdentado, carente de diente o muela. →**laqmuu**.

laqwa s.: acción de lamer, lamida.

laqwa ‹ *laqwaq* adj.: 1. que lame (cuchara, plato) como animal. *Laqwa Muñi*: Bonifacio que lame (plato, cuchara). 2. lambón, arrastrado, que busca comida gratis. *siki laqwaq*: lameculo. Es falta de orgullo. →**llaqwa**.

laqwakuy (*laqwa-ku-y*) v. enfát.: lamer con gusto.

laqwanakuy v. recíp.: lamerse, lamberse. Propio de animales.

laqwaq p. pte., adj.: que lame, lambón.

laqwash s.: lacuash. Idioma y grupo étnico desconocido pero recordado con desprecio por los satis. →**llaqwash**.

laqwatyay (*laqwa-tya-y*) v.: tener ansias de comer, hacerse agua la boca. *Laqwatyar chiinata rikaraykaptii, waynan chaamur apakuskin*: Cuando estaba mirando con ansias a la chica, vino su amante y se la llevó.

laqway v.: lamer. *Waaka kachita laqwan*: La vaca lame la sal.

laqya s.: bofetada, golpe de palmazo.

laqyanakuy (*laqya-naku-y*) v. recíp.: bofetearse.

laqyatsiy (*laqya-tsi-y*) v.: provocar que bofeteen a otro.

laqyay v.: dar un manazo, dar una palmada, bofetear.

larqa s.: acequia, canal. →**rarqa**.
lasaq adj.: pesado, que tiene peso. *lasaq siki*: lit. "culo pesado", lerdo.
lasay v.: pesar, ponderar. *Kay runaqa shumpa hinam, lasantsu*: Este hombre es como paja seca, no pesa.
lashtay v.: pegar algo (barro, yeso o emplasto), tarrajear.
Lashti s.: hipoc. de Lastenio, -a.
latatay v. onomat.: 1. hablar sin parar, hacer bulla. *Radyuta tsunyatsiy, allaapam latatan*: Apaga la radio, hace mucha bulla. 2. aletear. →**rapapay**.
latu adj.: atorado, taponado.
latukay (*latu-ka-y*) v.: atorarse, taparse.
latuy v.: atorar, taponar. →**tsapay**.
laucha s.: fuera de lugar, posición adelantada (fútbol).
lauchaq adj.: lauchero, oportunista, que no se esfuerza en el juego sólo espera que le pasen para patear al arco.
lauchay v.: estar en posición adelantada esperando que le pasen la pelota.
lauka s.: azada, puntilla. →**rauka, rakwa**.
laurir s.: laurel (Cordia sp.). Árbol grande de buena madera, sus hojas curan el mal viento. Quitaracsa.
lausa s., adj.: baba, sustancia gomosa, baboso, flema. →**lautu, llausa**.
lausayay (*lausa-ya-y*) v.: hacerse gomoso.
lausay v.: babear, botar sustancia gomosa. →**lautuy**.
lautu s.: flema, algo gomoso. →**lausa**.
lautus adj.: flemoso, pegajoso.
lautusyaq (*lautus-ya-q*) adj.: gomoso, que se hace pegajoso.
lautusyay (*lautus-ya-y*) v.: ser pegajoso, gomoso. *Kay mishkiqa lautusyanmi*: Este dulce es gomoso.
lautuy v.: babear, expeler sustancia gomosa. →**lausay**.
layqa s.: brujo o hechicero que más engaña que sabe.

layqay v.: adivinar, brujear.
libru s. esp.: libro. *Libruta qillqaa*: Escribo el libro.
librun s. esp.: librillo (estómago de rumiantes). Su escama sirve para curar la indigestión.
lichi s. esp.: leche. *waaka lichi*: leche de vaca. *lichi manka*: olla para la leche. *manka lichi*: olla de leche.
lichu s. esp.: lechón, chanchito. *lichu kanka*: asado de lechón. *lipa lichu*: lechón barrigón.
¡lichu lichu! interj.: Voz para llamar lechones.
Liicha s.: hipoc. de Alicia.
liima s. esp.: lima (fruta). *yakunnaq liima*: lima sin jugo. *liima yura*: mata de lima.
liima s.: lima (herramienta). *Llaawita liimawan llamputsay*: Suaviza la llave con lima.
liimay v. esp.: limar.
liinu s. esp.: lino, linaza. *liinu chakra*: chacra de lino.
liinu, liinuy adj. esp.: de color del grano de lino, marrón oscuro. *liinu haka*: cuy de color de lino.
lihya s. esp.: lejía, ceniza en agua. *Lihyawanraqmi kay taqra kutama yarqurqun*: Con lejía todavía ha salido la mugre de esta bolsa. →**llipta**.
liklish, likli s. onomat.: licli, liclish (Ptiloscelys resplendens). Ave andina de regular tamaño. Su canto es comparado con la risa de las mujeres sin feminidad.
Limaq s.: Lima (capital de Perú). *rimaq* (hablador, que habla) › *rimak* › *limaq* › *lima*.
limpu adv.: todo, total. →**hankat**.
limun s. esp.: limón. *limun yaku*: limonada. *limun yura*: limonero.
limun adj.: de color limón, verde limón. *limun chumpa*: chompa de verde limón.
lipa adj.: barrigón (dicho con afecto).
lipirya, lipiria s.: lepiria. Intoxicación

alcohólica. Se manifiesta con vómitos, pérdida de apetito, oscurecimiento de labios, malestar general. *Lipiryawanmi wañuykan*: Está muriendo con lepiria.
lipiryay v.: intoxicarse con alcohol.
liq s. onomat.: lej. Sonido de diarrea.
liqita s., adj.: barro, lodo, fango, barroso, fangoso. *taqra liqita*: barro sucio. *liqita pampa*: pampa fangosa.
liqli, leqli s., adj.: herida infectada y que emana sustancia acuosa, gangrena. *liqli chanka*: pierna con herida infectada. *Liqlikita hampitsiy*: Haz curar tu gangrena.
liqliqyay v. onomat.: borbotar, hervir algo espeso.
liqliy v.: infectarse, estar purulento.
liqma adj.: barrigón, panzón.
liqmaray (*liqma-ra-y*) v.: sentarse abultando el estómago, reposar sin hacer nada. *Liqmaranqayki raykuqa yanapamay*: Ayúdame en vez de estar ocioseando sentado.
liqti s., adj.: purulencia, purulento.
liqyay v. onomat.: producir el sonido ¡lej! de diarrea.
liwi s.: palo torcido que se arroja a los pies del animal para tumbarlo.
liya s. esp.: lía, reata.
liyakuy v. esp.: amarrar con reata, liarse, tener riña.
liyay v.: liar, atar con reata.
liyina s.: lo que se lee, material de lectura.
liyiq s. esp.: el que lee, lector.
liyipuy v.: leer para otro, traducir para alguien.
liyitsiy (*liyi-tsi-y*) v.: hacer leer.
liyiy v.: leer. *Liyiyta yachaptikim ricatsiq*: Te lo muestro porque sabes leer.
looru machaku (Antonio Raymondi – Ancash) s.: loro machaco. Una especie de culebra venenosa.
luchuq adj.: resbaloso, liso. →**lluchpi**.
lukma s.: lúcuma, árbol lúcumo (Pouteria lucuma), de frutos comestibles. Su fruto fragante, carnoso y amarillo es usado en la elaboración de helados y dulces.
lukru s.: locro. Sopa de papa con carne y col. →**ruqru**.
lukutuy v.: erosionarse, derrumbarse poco a poco.
lupuq s. onomat.: sonido del que gime con moco y lágrimas. *Lupuq lupuq waqakuskir aywakurqan*: Se fue después de llorar a moco tendido.
luqinakuy v. recíp.: pintarse, mancharse. Juego de carnaval.
luqiy v.: pintarrajear. →**puuchay**.
luqluqyay v. onomat.: borbotar, producir el sonido del líquido al hervir, roncar como ahogándose. *Aukis puñurnin luqluqyan*: El anciano al dormir, ronca loj, loj.
luqpiy v.: comer con los dedos.
luqru, loqru s.: sopa de papa con zapallo, sopa de papa con carne. →**ruqru**.
luqtu adj.: romo, sin punta, sin filo. *Luqtu kutsillu aytsata nanatsintsu*: El cuchillo sin filo no corta la carne. →**ruqu.**
luqtuyay (*luqtu-ya-y*) v.: hacerse romo, perder filo.
luqyay v. onomat.: producir el sonido ¡loj! al comer o roncar. *Ama luqyar upuytsu*: No tomes haciendo ¡loj!
lutuqpa adj.: resbaloso como si tuviera crema encima, liso. *lutuqpa rumi*: piedra resbalosa (piedra del río). →**llutska**.
luunis s. esp.: lunes. *Luunis Santu*: Lunes Santo.
luyaq (C de H) adj.: blanco. →**yuraq**.
luychu (C de H) s.: venado. →**lluytsu**.

LL

ll [λ]: fonema lateral palatal. En el nivel fonético, se palatalizan las líquidas para expresar los sentimientos de afecto (hipocorísticos) y desafecto, énfasis, diminutivo e imitación del lenguaje infantil. Ramón › *Llamu*. Laura › *Llaulla*. Ricardo › *Llika. kurku* (jorobado) › *kullku* (jorobadito), *runtu* › *lluntu* (huevito). *rikra* › *lliklla* (bracito). Puede estar en margen final de sílaba: *shushall* (rocío), *qaushill* (semilla de mostaza).

-ll (apóc. de *–lla*) morf. adv.: se usa en repeticiones de acciones: *quntall quntall*: apestando, levantando polvo. *shakwall shakwall*: haciendo el movimiento frecuente del macho que copula.

-lla morf. adv. modal: como, -mente. *yanqalla*: despacio, suavemente. *wayralla*: como el viento, rápidamente.

-lla morf. adv.: sólo, no más. *Kaychauqamishari warmikunalla wachuku awaq kayaanaq*: Ocurre que aquí sólo las mujeres habían sido las tejedoras de fajas.

-lla- morf. v. de afecto, énfasis y cortesía: usted, por favor, -ito. *mikuy* (come) › *mikullay*: coma (por favor). *wañurqan* (murió) › *wañullarqan* (se murió, pobrecito). *Markallaata qunqacusu*: No me olvido de mi querido pueblo. *urpillay*: paloma mía. *mamallay*: madre mía.

llaachu s.: llacho (Myriophyllum elatinoides). Planta acuática.

llaanu adj. esp.: llano, sencillo, discreto, prudente. *llaanu runa*: persona sencilla.

llaawi s. esp.: llave. *llaawi maki*: diestro, hábil, de mano segura.

llaawikay (*llaawi-ka-y*) v.: echarse llave, quedarse encerrado.

llaawitsiy v.: mandar encerrar, mandar a la cárcel. *Mana laqwa kaptiimi kay gubirnu llawitsiman*: Este gobierno me manda a la cárcel porque no soy un adulón.

llaawipa maman s.: lit. "madre de llave", candado.

llaawiy v. esp.: echar llave, encerrar, encarcelar, asegurar la puerta. →**kapchay**.

Llahwa s.: hipoc. de Rafael, -a. Rafo, -a.

llaki adj.: triste, pesaroso. *llaki marka*: pueblo triste.

llakiku (*llaki-ku*) s.: tristeza, pena, sufrimiento.

llakikuq (*llaki-ku-q*) p. pte.: el que tiene pena, que se acuerda de la familia, que tiene pena, que extraña.

llakikuy (*llaki-ku-y*) v.: tener pena, sufrir.

llakinakuy v. recíp.: tenerse pena, recordarse, extrañarse.

llakipay (*llaki-pa-y*) v.: compadecerse, apiadarse. *Qapaq, llapanpa yayan, markallaata llakipay*: Dios, padre de todos, apiádate de mi pueblo. C de H: *llakipee*.

llakishqa (*llaki-shqa*) p. p.: triste, apenado, sentido.

llakitsikuy (*llaki-tsi-ku-y*) v.: causar pena, preocupar.

llakiy v.: tener pena, sentir tristeza, extrañar, echar de menos.

llaklli (Santa Cruz – Ancash) s.: llaclle. Maíz común que resiste las enfermedades.

llaktiy v.: rajar, partir sin golpear, desgajar. *Qamkuna kayta llaktiyay*: Ustedes partan esto.

llaktur s. algo partido (cerro, señal en las orejas etc.).

llallinakuy (*llalli-naku-y*) v. recíp.: ganarse, competir. *Aypa kaptikiqa llallinakushun*: Compitamos si puedes.

llallipaatsiy v.: adelantar a alguien.

llalliy v.: ganar, superar en una competencia de rapidez.

llama s.: 1. llama. Auquénido andino, puede llevar carga ligera, se aprovecha

su carne, leche y lana. 2. llama o guanaco. Hueso pequeño dentro del oído del cuy que tiene la forma de llama. Al comer la cabeza de cuy se busca la "llama" para tener buena suerte.
Llama s.: Llama. Signo zodiacal andino visible en julio y agosto. *Llama yarquptin naanita qallashun*: Iniciaremos el viaje cuando salga la Llama.
llamapa ñawin: lit. "ojo de llama", figura como ojo grande en los tejidos.
llamay adj.: tranquilo, agradable, aceptable. *Llamay runam kanaq kanki*: Habías sido una persona tranquila. →**yamay**.
llamay adv.: bien, sin problemas, tranquilo. *Llamaymi hapallaa kakuu*: Estoy bien solo. *¿Llamayllaku?*: ¿Cómo está?, ¿Está bien? *Llamaayllam*: Bien, gracias.
llamchay v.: palpar, tocar. →**yatay**.
Llami s.: hipoc. de Ramiro, -a.
llamiy v.: probar, saborear. →**yaway**.
llampa adj.: con poca sal o azúcar o ají, de sabor suave. *llampa mikuy*: comida sin mucha sal ni azúcar.
llampa s.: manjar, dulce fino.
llampayay v.: suavizarse el sabor (ref. sal, ají, azúcar, ácido). *Alaywanqam mishkipis llampayan*: Con el frío hasta el dulce se suaviza.
llampu adj.: suave, liso. *Qaqllaykiqa llampu kanaq*: Ocurre que tu cara había sido suave.
llamputsay (*llampu-tsa-y*) v.: pulir, suavizar. *Kay qara waskata llamputsay*: Suaviza esta soga de cuero.
llampuy v.: pulirse, suavizarse.
llamsa adj.s.: ciego, invidente.
llamsay v.: buscar a ciegas.
Llamu s.: hipoc. de Ramón, -ona.
llanka s.: piedra verdusca, jaspe.
llanki s.: llanque, ojota. →**llanqi**.
llanqi s.: llanque, ojota, sandalia andina. *qiru llanqi*: llanque de madera (madera tallada a la medida del pie y amarrada con tientos). *qara llanqi*: llanque de cuero. →**usuta**.
llanqikuy (*llanqi-ku-y*) v.: 1. ponerse llanque. 2. proveerse de llanque.
llanqi sinqa: 1. adj.: lit. "nariz como llanque", narigón. 2. s. haba de grano grande de forma de llanque.
llanqi watu s.: tiento, correa de llanque.
llantin s. esp.: llantén. Planta medicinal contra todo tipo de inflamación. *llampu llantin*: llantén de hojas suaves. *qachqa llantin*: llantén de hojas ásperas.
llantu s.: sombra. *Llantuykita uqrarqam wañushqana kanki*: Si pierdes tu sombra, ya estás muerto. →**arwa, hupay**.
llantukuy v.: sombrearse, guarecerse a la sombra.
llanturay (*llantu-ra-y*) v.: estar sombrío por mucho tiempo.
llantutsiy v.: hacer sombrear, poner a la sombra.
llantuy v.: sombrear, producir sombra.
llanu adj.: delgado, delicado. *llanu maki*: mano delgada. *llanu shimi*: voz delgada (delicada). *Llanu waskaqam saslla rachin*: La soga delgada se rompe rápido.
llanutsay (*llanu-tsa-y*) v.: adelgazar cosas. *Kay watuta llanutsay*: Adelgaza este hilo.
llanuyay v.: adelgazarse (ref. cosas). *Qara waskaqam sas llanuyan*: La soga de cuero se adelgaza rápido. →**uyuyay**.
llapa- pron. indef.: todo, todos. Se usa con morf. personal.
llapaa, llapaakuna pron. excluy.: todos nosotros. *Llapaami* (*llapaakuna*) *shayaamushaq*: Todos vamos a venir.
llapan (*llapa-n*) pron.; adj.: todo, todos. *Llapankunata rikaa*: Veo a todos ellos. *llapan runakuna*: todas las personas.
llapanchis (*llapa-nchis* Q II) pron. incluy.: todos nosotros. →**llapantsik**.
llapantin (*llapa-ntin*) pron.: todos juntos.
llapantsik (*llapa-ntsik* Q I) pron. incluy.: todos nosotros. *Llapantsikmi wañuyllapaq kantsik*: Todos nosotros somos seres

solamente para la muerte →**llapanchis**.
-llapas (*lla-pas*) Q II adv.: aunque sea, siquiera. → **llapis**.
llapayki, llapaykikuna pron.: todos ustedes (vosotros).
llapinakuy v. recíp.: estrujarse, aplastarse.
-llapis (*-lla-pis*) Q I exp. adv.: siquiera, aunque sea, por lo menos. *Ichikllapis kanmi*: Hay aunque sea poquito. Entre los dos morfemas puede haber un infijo: *Kashkillatapis mikurillaashun*: Tomemos siquiera sopa, por favor. →**-llapas**.
llapiy v.: aplastar con la mano, estrujar. *Tsunuta llapishun*: Aplastemos el chuño con las manos.
llaplla s.: 1. patilla, pelo largo que crece en la nuca. 2. parietal de cabeza, sien.
llaplla adj.: pelucón, patilludo. *Llaplla kuurallatapis apayaamuy*: Siquiera traigan al cura pelucón.
llaplluusu (*llaplla* + esp. -oso) adj.: muy pelucón, muy patilludo. *Llaplluusu mayistru*: maestro pelucón.
llapsha adj.: delgado ref. tela, lámina. *Llapsha llatapawanqa manam hallqata aywanatsu*: No se va a la jalca (región fría) con ropa delgada.
llapshayaatsiy (*llapsha-ya-a-tsi-y*) v.: adelgazar (objeto plano). *Kay gubirnuqa tantatapis llapshayaatsin*: Este gobierno adelgaza hasta el (el grosor del) pan.
llapshayay v.: adelgazarse (tela o lámina).
llaqitumay s.: amancae (Paramongaia weberbaueri Velarde). Flor silvestre y aromática. Hay de flores amarillas y blancas. →**amankay**.
llaqiy v.: desgajar, deshojar.
llaqlla s.: labranza de madera. *Wishlla llaqllatam kanan qallaa*: Hoy comienzo la labranza de cuchrarón.
llaqlla s.: trabajo de labrar o esculpir.
llaqllana s.: lo que se labra, azuela, herramienta de labrar. *Rumi llaqllana*:

herramienta para labrar la piedra.
llaqllaq (*llaqlla-q*) p. pte.: labrador de madera o piedra.
llaqllay v.: labrar, esculpir.
llaqta s.: pueblo, comarca, ciudad (Q II). →**marka**.
llaqtamasi s.: paisano. →**markamasi**.
llaqwa adj.: lambón, adulón, cobarde, servil. →**laqwa**.
llaqwash s.: lacuash (idioma ahora desconocido). Los satis usan la palabra como insulto: gente sin orgullo, servil. Como posible tierra de lacuash señalan al norte de la Cordillera Negra. En Quitaracsa hay una quebrada de grandes piedras donde dicen sepultaron a los lacuashes. *Llaqwashta musyaatsu*: No entiendo lacuash. *Llaqwashllam patrunta kuyan*: Sólo el lacuash ama al patrón. →**laqwash**.
llaqway v.: lamer, lamber. →**laqway**.
llatapa s.: vestido, ropa. →**ratash**.
Llaulla s.: hipoc. de Laura.
llaumiy v.: podar, desgajar, quitar hojas y ramas para que las plantas crezcan rectas o de la forma como se desea. →**llimllay**.
llauri s.: amor seco. Planta de semillas que se pegan en la ropa. →**shillku**.
llausa s.: baba, flema, sustancia gomosa. →**lausa, lautu**.
llausay v.: babear, botar flema.
llautu s.: cinta para atarse el cabello, vincha real, turbante del Inca (signo de dignidad social).
llawakuy (*llawa-ku-y*) v.: cortarse, herirse con hoja filuda.
llaway v.: cortar o herir con lámina muy filuda.
llayaa s.: llayá. Planta de hojas lanceoladas que sirve para hacer sogas. *llayaa qaqa*: cerro donde hay llayá. *Llayaapitam waskaa*: Mi soga es de llayá. →**chilliwa**.
-lli- morf. v. incoativo, alomorfo de ri-: acabar de, comenzar a, recién, reciencito.

Por ser palatal, suaviza la gravedad del hecho. Se usa sólo en pocos casos: *hutsallikuy*: acabar de cometer un delito. *apallikuy*: cargar reciencito.

llika s.: telaraña, red, malla. *pachka llika*: telaraña.

Llika s.: hipoc. de Ricardo, -a.

llikay v.: formarse telarañas, hacer redes.

lliki adj.: rajado, desgarrado. *lliki shimi*: boquera. *lliki mati*: mate (plato) rajado.

llikikay (*lliki-ka-y*) v.: rajarse, desgarrarse, hendirse.

llikiy v.: desgarrar, romper.

liklla s.: brazo, ala. En habla infantil. *panqalliklla*: zancudo de extremidades muy delgadas y largas. →**rikra**.

liklla s.: manto para cubrirse o cargar bebés, rebozo. →**haku, pullu, ayu**.

llikllakuy (*lliklla-ku-y*) v.: cubrirse con manto. →**hakukuy**.

Lliku s.: hipoc. de Gregorio, -a. Llico, Goyo, -a.

llilli s.: ingle. *qarwa llili atuq*: zorro de ingle amarilla.

llillishqa, llillisha (*llilli-shqa*) p. p.: rajado, agrietado, escaldado, con cisuras, lit. "convertido como ingle". *llillishqa chaki*: pie con cisuras (por contacto con agua helada).

llilliy v.: rajarse, escaldarse.

llillqu adj.: derecho, recto, no torcido. Más ref. a tallos de plantas. →**shutqu**.

llillqu llillqu exp. adj.: bien recto.

llillqutsay (*llillqu-tsa-y*) v.: enderezar. →**shutqutsay**.

llillquyay (*llillqu-ya-y*) v.: enderezarse.

llimlla s.: rama. *tita llimlla*: rama gruesa.

llimllay v.: desgajar, cortar las ramas.

llimpi s.: color. *tukuy llimpi*: de todo color.

llinka s.: trigo remojado y resbalado. →**kuskus, llunka**.

llinkay v.: frotar los granos remojados, hacer llunca.

llinlli s.: llinlle. Planta pequeña de la puna, de hojas pelusientas y de color gris claro. Sirve para evacuar la materia de heridas infectadas. Sus hojas molidas se aplican como emplastos sobre la infección.

llinshu s.: acción de atar las patas traseras de la vaca para ordeñar.

llinshuy s.: atar las patas traseras de la vaca para ordeñar (prevención para que no patee). *Mana waaka llinshuq warmitaqa, waakaqa, mankanpis pakit haytaykun*: La vaca pateó a la mujer que no ata los pies de la vaca, hasta que se le rompa la olla.

llipi s.: brillo, resplandor. →**chipakya**.

llipipiy v.: resplandecer. →**chipakyay**.

llipshiy v.: romper en pedazos muy pequeños. →**kipchuy**.

llipta s.: ceniza colada que sirve para cocinar o masticar la coca, lejía de ceniza.

lliqlli, lleqlli s.: hierba santa, yerbasanta. Árbol de hojas verdes, flores menudas y blancas, de semillas negras que son venenosas. Las hojas sobadas con agua u orina fresca de niño sirven para bajar la fiebre.

lliqlli, lleqlli s.: retoño, brote. *shumaq lliqlli*: bonito brote.

lliqlli, lleqlli adj.: verde como el brote.

lliqllish s.: licli, liclish. Ave de la puna. →**liklish**.

lliqlliy, leqlliy v.: retoñar, brotar nuevas hojas. *Aukis ramrashpis lliqllin, tsaytsuraq nuqa mana lliqlliiman*: Si hasta el aliso viejo retoña, cómo yo no he de retoñar.

llishi adj.: rasguño. →**shirqi**.

lliu s.: corte con algo muy filudo sin que uno lo sienta.

lliuki adj.: que tiene boca grande, tragón. *lliuki atuq*: zorro bocón (tragón).

lliukiy v.: desgarrar la boca, agrandar la boca en forma desmesurada.

lliulliuyaq adj. enfát.: claro, resplandeciente. top. Lliulliuya (ladera sobre el pueblo de Quitaracsa).

lliulliy v.: resplandecer, brillar.
lliuti adj.: tragón, glotón, hambriento. *lliuti kuntur*: cóndor tragón.
lliutiy v.: tragar trozos grandes de carne (como el cóndor).
lliuyaq adj.: despejado, brillante, de exterior brillante, de cuerpo voluminoso. *lliuyaq waaka*: vaca gorda y brillante.
lliuyay v.: estar despejado, estar brillante.
-llu morf. despectivo: -uelo, -ucho. *upallu*: tontuelo. *maqallu*: despistado, tontuelo. *mashallu*: lit. "yernezuelo", comadreja. *wayllaallu*: afeminado, maricón. →**-nchu**.
lluchka (Q II) adj.: resbaloso. *lluchka rumi*: piedra resbalosa. →**llutska**.
lluchkay (Q II) v.: resbalar, pisotear como para moler.
lluchpi adj.: resbaloso, suave, liso.
lluchpiy v.: lamer, lengüetear. →**llutspiy**.
lluki s.: parte izquierda, mano izquierda. →**itsuq, ichuq**.
lluki s.: sobaco, axila. →**iñaksu**.
llukllash s.: llucllash. Árbol de los bosques de la puna, de madera fuerte, resistente y blanca que se usa en timón del arado, yugo, etc. Es como si recién hubiera sido enjuagado.
llukllay v.: lavar los tubérculos, enjuagar. *Upirasyunman yaykunaykipaq runtuykita llukllayanqa*: Te lavarán el sexo para que entres a la operación. →**llukyay**.
lluku (C de H) s.: anciano, hombre viejo. →**ruku, aukis**.
llukyay v.: lavar tubérculos. →**llukllay**.
llulla s.: mentira, embuste.
llulla adj.: mentiroso, mendaz. *llulla shimi*: lit. "boca mentirosa", mentiroso. *Llulla runataqa ama wiyapaytsu*: No escuches a persona mentirosa.
llullakuy v.: mentir, engañar. →**ulikuy**.
llullatsiy (*llulla-tsi-y*) v.: mentir, engañar.
llulla yaku s.: lit. "agua mentirosa", río sólo en época de lluvia. top. Llullayaco (quebrada por donde corre el agua solamente en la época de lluvia).
llullipa s.: pollera. →**ruripa**.
llullu s., adj.: niño, tierno, bebe, fresco, verde, no maduro. *Llullupa pachan nanan*: Al niño le duele el estómago. *llullu aswa*: chicha aún no madura. *llullu manguqa qichatsikunmi*: El mango tierno produce diarrea.
llullucha s.: verdura de agua dulce, lit. "tiernito". 1. berro. *yuraq llullucha*: berro blanco. Medicina para inflamación interna y externa. *yana llullucha*: berro negro (de hojas oscuras y duras, es amargo). 2. alga de agua dulce, cushuro. →**kushuru**.
llullu raukis s.: dedo meñique.
llullu killa s.: luna nueva. *Ama, kapaytsu, llullu killam*: No castres, es luna llena.
llullu papa s.: papa tierna de primera cosecha. →**llushti**.
llullu shimi s.: habla infantil, hablar como niño. *Llullu shimi waylaskuna*: huaylinos de habla infantil. Es la opinión de los satis sobre los del Callejón de Huaylas.
llulluyay (*llullu-ya-y*) v.: reverdecer, hacerse tierno.
llulluy v.: verdear las plantas, seguir el proceso opuesto a la madurez (en licor).
Lluma s.: hipoc. de Romualdo, -a.
llumchina s.: badilejo, llana.
llumchuy (Q II) s.: nuera. →**llumtsuy**.
llumlluy v.: comer como personas destentadas, suavizar con líquido y presión.
llumpaq adj.: limpio, claro. *llumpaq qucha*: laguna limpia.
llumpaq adv.: del todo, todito.
llumpay adv.: completamente, muy, demasiado, a las justas. *Mayuntsik llumpay ushakan*: Nuestro río se termina completamente. *Llumpaynam payqa*: Él ya está a las justas. →**yumpay**.
llumpay adj.: inútil, inválido. *llumpay runa*: persona inútil.
llumtsuy s.: nuera. →**pasnacha**.
llunka (Huaraz) s.: llunca, trigo resbala-

do. Trigo remojado, descascarado y medio molido. Comida que se prepara con este trigo resbalado. →**llinka, kumra**.
llunkay v.: hacer la llunca.
llunki (Ferreñafe) s.: aguardiente, cañazo.
llunkiy v.: bruñir, lustrar.
llunku adj.: que se cuela, gorrón.
llunkuq s.: alfarero. *manka llunkuq*: ollero, que hace olla.
llunkuy v.: golpetear por dentro y fuera la olla en el momento de fabricarla (es para adelgazar la capa).
lluntu (C de H) s.: huevo, granizo. Habla infantil. →**runtu**.
Llupi s.: hipoc. de Ruperto, -a. Rupe.
llupi s.: rastro, huella. *Papa suwapa llupinta pallay*: Recoge la huella del ladrón de papa.
llupinakuy (*llupi-naku-y*) v. recíp.: desplumarse, pelearse.
llupipakuy (*llupi-pa-ku-y*) v.: arrancar planta o pelo por error, trabajar en el desyerbo. *Utsuykita llupipakurii*: Acabo de arrancar tu planta de ají por equivocación.
llupi pallaq s.: 1. rastreador. 2. pájaro rastreador. Busca sus comidas en el camino como si recogiera las huellas.
llupi qarpuy s.: rodar la huella, despeñar la huella. Se recoge la huella con cuchillo de madera, se llena en un envase de barro, se desea la mala suerte del dueño de la huella y luego se rueda al precipicio.
llupi qatiq s., adj.: rastreador, persona o animal que sigue el rastro. →**llupi pallaq**.
llupitsay (*llupi-tsa-y*) v.: dejar huella, poner huella.
llupiy v.: desplumar, arrancar desde la raíz, depilar, pegar. *Mamapa aqtsanta llupiytsu*: No arranques el pelo de mamá. *Wallpata llupiyay*: Desplumen la gallina. *Kay wahukuq runataqa pii may llupin*: Todos pegan a este hombre provocador.

llupukuy v. enfát.: esconderse, ponerse en cuclillas encogiéndose. →**tsinkakuy**.
llupuy v.: agacharse, ponerse en cuclillas para no ser visto.
lluqana s.: lo que se monta, lo que se sube.
lluqanakuy v. recíp.: montarse (como animales que juegan apareándose). C de H: *lluqanakiy*.
lluqatsiy (*lluqa-tsi-y*) v.: hacer montar, hacer cabalgar.
lluqay, lloqay v.: montar, cabalgar, subir trepando, trepar. *Taqay ashnuta lluqay*: Monta ese burro.
lluqi adj.: zurdo. →**lluki**.
lluqlla, lloqlla s.: derrumbe, desmonte, per. huayco. *Lluqllapa lluytsu aywakushqa*: El venado se ha ido por el derrumbe. *unay lluqlla*: derrumbe antiguo.
lluqllay v.: producirse derrumbe de tierra, piedras y agua, haber avalancha de tierra y piedras.
lluqllu s.: leche cuajada, yogur.
lluqsiy v.: salir, brotar, zafarse algo desde adentro.
lluqti s.: ropa u otra cosa que uno se quita.
lluqtikuy v.: quitarse la ropa, desvestirse.
lluqtitsiy (*lluqti-tsi-y*) v.: desvestir, quitar la ropa.
lluqtiy v.: desvestirse, quitarse cualquier prenda que se lleva puesta.
Llusha s.: hipoc. de Rosa, Rosario, Rosaura. *Mamaacha Llushata mañakushun*: Recemos a Mamita del Rosario.
llushiy v.: empapar, untar la comida en un aderezo para comerlo con más sabor.
llushpi adj.: suave, liso. →**lluchpi**.
llushpiq (*llushpi-q*) p. pte.: lambón. el que lame (olla o cuchara). *siki llushpiq*: lameculo, adulón. →**laqwa**.
llushpiy v.: lamer, quitar residuo de comida con la lengua. *Matitaqa llushpinatsu*: No se debe lamer el mate.
llushqay v.: per. despancar, deshojar la

mazorca de maíz.
llushti (Huaraz) s. papa tierna, papa de la primera cosecha. Papa de cáscara delgada y delicada. →**llullu papa**.
llushtikuy (*llushti-ku-y*) v.: desvestirse, quitarse la ropa. *¿Imapaqtan llushtikunki?*: ¿Para qué te desvistes?
llushtitsiy (*llushti-tsi-y*) v.: hacer desvestir, mandar quitarse la ropa. *Wamraykita armatsinaapaq llushtitsiy*: Desviste a tu niño para que yo lo bañe.
llushtiy v.: desvestir, quitar la ropa puesta.
llushtu s.: grano pelado con lejía, animal pelado o desplumado con agua caliente. *triigu llushtu*: pelado de trigo. *haka llushtu*: cuy pelado con agua hervida.
llushtuy v.: pelar granos con lejía, pelar animales con agua hervida. *Kananmi wallpata llushtuyan*: Hoy pelan la gallina.
lluta adj.: cualquier, común, sin clase, sin gusto, mal hecho, sin casta, nada especial. *lluta wayta*: flor común.
lluta adv.: de cualquier manera, sin cuidado, sin ganas.
lluta lluta exp. adv. enfát.: a como dé lugar, sin pensar, hacer por hacer, como sea. *Payqa, lluta lluta, wasinta ruran*: Él hace su casa a como dé lugar (como sea).
llutu adj.: liso, suave ref. pelo. *llutu aqtsa*: pelo suave. →**llampu**.
llutu s.: hoja de olluco.
llutska (Q I) adj.: resbaloso. *llutska naani*: camino resbaloso. →**lluchka**.
llutskay v.: resbalar, pisotear como queriendo moler con los pies. *Witikuy, llutskaskishqaykim*: Retírate, te voy a pisotear a mi gusto.
lluuki s.: lloque (Kageneckia lanceolata). Árbol rosáceo de madera dura y nudosa que sirve para bastón, cuchara, pocillo, etc. *lluuki shukshu*: bastón de lloque.
Lluumu s.: hipoc. de Rómulo, -a.
lluuna num.: billón. *huk lluuna*: un billón.
lluychu (Q II) s.: venado. →**lluytsu**.
lluyllu adj.: redondo (dicho con cariño).

lluyllu qeqlla: cara redonda. →**ruyru**.
lluylluy v.: hacer bolas con masa de arcilla o cereal. *Punchinkuymi ismayta lluyllun*: El escarabajo hace bola de excremento.
lluytsu s.: venado (Odocoileus peruvianus). El venado vive en las partes bajas por lo que depreda algunas sementeras. *lluytsu aytsa*: carne de venado. *lluytsu tsarki*: charqui de venado. *lluytsu qara*: cuero de venado. →**lluychu**.
lluytsupa kukan s.: coca de venado. Planta pequeña de la jalca, de hojas lanceoladas de cara verde y blanca (el reverso). Se mastica como coca.
lluytsupa rinrin s.: oreja de venado. Planta de la jalca de hojas pelusientas y lanceoladas como las orejas de venado. Medicina para la tos. →**wirawira**.

M

m [m]: fonema nasal labial.

-m morf. aseverativo, certeza del discurso, después de vocal breve. *Nuqam (Nuqam kaa)*: Yo soy. *Nirqaykim*: Claro que dijiste. *Rumim*: Es piedra. Alomorfo de *-mi*.

-ma- morf. pron. complementario de primera persona, va incorporado al verbo: me, nos (objeto directo o indirecto). *Qam nimanki*: Tú me dices. *Qam niyaamanki*: Tú nos dices. *Kikikim llapanta willamarqayki*: Tú mismo me contaste todo.

maa exp. v.: a ver, probar, hacer el intento. *Maa qam*: A ver tú. *Maa yaykuy*: Prueba a entrar. A ver entra. →**maski**.

maakuy v.: darse cuenta, tomar conciencia, sentir. *Qamqa imatapis maakunkitsu*: Tú no te das cuenta de nada.

maaña s. esp.: maña, costumbre, astucia. Más se refiere a mala costumbre.

maañakatsiy (*maaña-ka-tsi-y*) v.: acostumbrar, hacer que repita la mala costumbre. *Qilata kayta maañakatsiqtsu*: No te acostumbro a ser ocioso.

maañakuy v.: acostumbrarse a hacer.

maañayuq s., adj.: que tiene maña, mañoso, acostumbrado.

Maashi s.: hipoc. de Marcelo, Marcelino.

maayu s. esp.: mayo. *anqas killa*: mes de cielo azul.

macha adj.: borracho, ebrio.

machaakuy v. enfát.: embriagarse, emborracharse. *Kikintsikpa wasintsikchauqa, machaakushunpis*: En nuestra propia casa, no importa que nos emborrachemos.

machaatsiy v.: emborrachar, marear. *Pishi wamrata, ama machaatsiytsu*: No emborraches a un menor de edad.

macha macha exp. adv.: un poco borracho, picado o entonado de licor. *Qamqa macha machalla imaypis purikuykanki*: Tú siempre estás andando picado (de licor).

machamacha s.: machamacha. Helecho grande de zona fría y húmeda, de frutos parecidos a la uva negra, alucinógeno, que marea; si se come en exceso es veneno.

machashqa (*macha-shqa*) p. p.: mareado, embriagado, borracho.

machaway s.: machahuay. Culebra venenosa (Waglerophis merremii). *yaku machaway*: machahuay de agua.

machay v.: emborracharse, marearse.

machay s.: cueva, caverna, gruta. *tsaki machay*: cueva seca. *machay punku*: boca (entrada) de cueva. C de H: *machee*.

machiti: 1. s. esp.: machete, herramienta para cortar. *ruqu machiti*: machete sin filo. *qauyaq machiti*: machete filudo. 2. adj.: "machete" (que corta el cuello de gente ingenua), embaucador, palangana, mentiroso, demagogo. *ruqu machiti*: que no sabe mentir bien. *qauyaq machiti*: experto en mentir. *machiti runa*: hombre palangana.

machitiyaanakuy v. recíp.: 1. machetearse, cortarse. *Machitiyaanakur maqanakuyan*: Se pelean macheteándose. 2. engañarse, mentirse. *Kungrisuchauqa imaypis machitiyaanakuyan*: En el congreso siempre se mienten.

machitiyay (*machiti-ya-y*) v.: machetear, cortar, engañar.

machitu s.: flor de hueclla. →**wiqllaa**.

machiy v.: espantar pájaros, despiojar, despulgar.

machka s.: harina, grano molido, machca. La machca de fiambre es trigo o cebada tostados y molidos. *Machkata akushun*: Comamos la machca. →**aqallpu**.

machka adj.: harinoso.

machkakuy (*machka-ku-y*) v.: proveerse de molido, buscar harina.

machkapa adj.: harinoso. *machkapa papa*: papa harinosa.

machkay v.: hacer harina, preparar harina.

machqa s.: caspa, cuero cabelludo reseco y que cae en escamitas. *machqa uma*: cabeza casposa.

machqu s.: lombriz intestinal. →**wayquu**.

machu (Q II) s., adj.: anciano, viejo, noble. →**aukis, ruku**.

Machu Pikchu s. top.: Machupicchu (montaña vieja). Ruina sobre el río Urubamba.

machuurra adj. f. esp.: estéril (animal y mujer), no fértil. *machuura warmi*: mujer machorra. *machuura waaka*: vaca machorra. →**qulluq**.

machuyay v.: envejecer, hacerse anciano. →**aukisyay**.

madrina s. esp.: madrina. *Qamshi ulyu madrinaa kallanki*: Dicen que usted es mi madrina de bautismo.

maha s.: acompañante, compañero, pareja, contraparte. *Maytan mahayki*: Dónde está tu pareja. *Llanqipis mahayuqmi*: El llanque también tiene su par.

mahaada s. esp.: majada, terreno abonado con guano de animales, época de majada.

mahadiyay (*mahadi-ya-y*) v.: majadear, hacer majada. →**waniyay**.

mahay v.: tender algo para secar. *Chumpata mahay*: Tiende la chompa para que se seque.

mahi (C de H) morf. independiente pospuesto: parecido, tal, semejante, de la misma especie. *nuna mahii*: mi prójimo, mi semejante. *masi › mahi › mayi*.

maka s.: maca, (Lepicium meyeni). Planta de la familia de las crucíferas, reconstituyente por ser rico en proteínas y vitaminas. *maka marka*: lugar donde hay macas.

Maka s.: hipoc. de Macario, -a.

makana s.: macana, mazo, garrote, porra. →**maqana**.

makar s.: macar. Estilo de tejido de alforjas y fajas.

maki s.: mano, pata delantera. *alli maki*: mano derecha. *itsuq maki*: mano izquierda. *taqra maki*: mano sucia.

maki hanan s.: dorso de mano, reverso de la palma de mano. →**maki waqta**.

maki hunta exp. adv. modal: a mano llena, puñado.

makikuy v. pasivo: recibir golpes, ser castigado

makillway v.: mancornar, liar las patas de animales.

maki maki exp. adv. modal: uno y otro, con la intervención de muchos, con el esfuerzo de todos.

makimaki s.: maquimaqui. Árbol de hojas grandes y dentadas cual manos abiertas, de semillas negras y amargas que curan granos, de madera suave. →**ayapa makin**.

maki muqu s.: muñeca. *Maki muquu nanan*: Me duele la muñeca.

maki palta s.: palma de la mano.

maki(ta) paqchiy v: aplaudir, palmetear. →**makita taqllay**.

makisapa (*maki-sapa*) s.: 1. mano larga, manaza. 2. adj.: manilarga, ladrón. 3. adj.: travieso, que toca las cosas y no devuelve a su lugar.

makisapa s.: maquisapa (Cacajao calvus). Mono pequeño de la Amazonía. Es muy travieso.

maki(ta) taqllay v.: aplaudir, palmetear. →**makita paqchiy**.

makitsikuy (*maki-tsi-ku-y*) v. pas.: ser golpeado, dar motivo para ser golpeado.

makitsiy (*maki-tsi-y*) v.: golpear, pegar, hacer probar la mano de uno.

maki waqta s.: lit. espalda de la mano, dorso de la mano. →**maki hanan**.

maki watana s.: manilla, pulsera, muñequera.

makiyuq (*maki-yuq*) adj., s.: lit. "que tiene mano", ladrón, manilarga. *Makiyuq runam, waqtallachau mikunan qaraykuyay*: Denle comida sólo afuera (no lo hagan pasar), es gente manilarga.
Makshi s.: hipoc. de Máximo, -a.
makshu s.: antebrazo. *tita makshu*: antebrazo grueso.
maku s.: guanaco macho.
makuku s.: per. macuco, maduro, fuerte. Posible analogía con el guanaco macho.
makullay v. esp.: macollar, crecer con muchas ramas.
makwa adj.: viejo, usado. *makwa ratash*: vestido viejo. *makwa tsuku*: sombrero viejo. Metátesis de *mauka*.
makwayay v.: gastarse (ref. cosas).
makya s.: acción de alcanzar con la mano.
makyanakuy v. recíp.: alcanzarse algo, entregarse.
makyatsiy (*makya-tsi-y*) v.: hacer dar, hacer entregar.
makyay ‹ *makiyay* v.: alcanzar algo con la mano, entregar. *Tsay mishita makyamay*: Alcánzame ese gato.
malaaya s.: lamentación, pesar.
malaayay v.: lamentarse.
malta adj. fem.: maltona, en proceso de madurez, animal hembra que recién está en desarrollo. *malta waaka*: ternera.
mallaq ‹ *mallaqay* s.: hambre, falta de comida, ayuno. *Mallaqpitam wañuykaa*: Me estoy muriendo de hambre.
mallaq adj.: hambriento, glotón, ambicioso de lo ajeno. *mallaq allqu*: perro hambriento.
mallaqay s. hambre, carencia de comida. *Mallaqaypitaqa kay marka wañuntsu*: Este pueblo no se muere de hambre.
mallaqay ‹ *mallaqyay* v.: tener hambre. *Allaapa mallaqaa*: Tengo mucha hambre. *Mallaqaptikim pachayki qaullullun*: Tu estómago suena porque tienes hambre. →**wiksanay**.

mallaq shunqu s., adj.: persona sin efecto de licor, noble, sobrio, prudente.
Malli s.: hipoc. de María, Mario. Mari.
Mallka s.: hipoc. de Margarita. Marga.
mallki s.: 1. momia de un noble. 2. orilla, ribera. *mayupa mallkin*: ribera del río. 3. almácigo, planta tierna.
mallkiy v.: hacer almácigo.
Mallku s.: hipoc. de Marco, Marcos, Margarito.
mallmall s.: algo extendido en desorden.
mallmallyay (*mallmall-ya-y*) v.: estar casi desmoronándose o cayéndose en partes. *Mana waskata rurakuyta yachar, yantata mallmallyaykaqta apayan*: Por no saber hacer soga, cargan leña que casi va cayéndose del tercio.
mallmay v.: correr el agua extendiéndose por el terreno, esparcirse y avanzar algo (mancha, muchos piojos).
mallunya s.: infección externa.
mallunyaatsiy v.: infectar con calor. *Qiri chakikita, ama ninaman wititsimuytsu, mallunyaatsinkim*: No acerques tu pie ulceroso al fuego, lo vas a infectar.
mallunyay v.: infectarse, arder con calor por infección.
mallwa adj.: no adulto, adolescente, maltona, no maduro. *mallwa kuchi*: chancho no adulto.
mama s.: mamá, madre. *Mamawan aylluqa, hukllayllam*: Madre y ayllu, solamente hay uno. *maman raukis*: dedo pulgar. *mama shunqu*: corazón de madre, amor de madre.
mamakuna (*mama-kuna*) s.: "mamaconas" (las que dirigían el gineceo incaico), madres, matronas.
mamakuna s.: padres. Si se menciona las dos palabras, el orden es: *mama, yaya*.
mamalla s.: mujer que no merece respeto, mujerzuela. *Au, mamalla, ¿manaku wasikichau shumaq huchuraakuyta yachanki?*: Oye, mujerzuela, ¿no sabes es-

tarte sentada tranquila en tu casa?
mamallaachi s.: mamallachi. Juego de las escondidas: participar dos grupos, el que se esconde y el que busca. Los que se han escondido avanzan sin ser descubiertos hasta alcanzar el manto de la "mamá" que está sentada. Al estar muy cerca gritan "¡mamallaachi!" y quedan salvos y pueden seguir escondiéndose en otro juego. Se juega en la noche. →**tsinka puñuutsi**.

maman rarqa s.: surco madre o principal de donde derivan los surcos laterales.

maman turqu s.: viga principal que separa las dos alas del techo, lit. "viga madre".

mamatsaakuy (*mama-tsa-a-ku-y*) v. enfát.: adoptar como madre, tomar por madre.

mamatsay v.: tomar por madre, convertir en madre.

Mama Uqllu s.: Mama Ocllo. Esposa de Manco Cápac, primer inca. Según la leyenda, ella y su compañero salieron de las espumas del lago Titicaca.

mamay s.: señora, doña, madre mía, mamita (para llamar con afecto y cortesía). *Aywallaa, mamay*: Adiós, madre mía.

mama yaya s.: lit. "madre y padre", padres, que cumplen la función de padres.

-man morf. nominal: 1. dirección: hacia, a. *Wasiman aywiay*: Ve a casa. *Kayman witimuy*: Acércate aquí. 2. en, sobre. *Kayman Inti ra'an*: Aquí cae el sol. 3. rechazo: para, a. *¿Imaman aywanki?*: ¿A qué vas? 4. -*manpa*: dirección y tránsito. *Hanaamanpa rumi aywakun*: Por mi encima pasó la piedra.

-man morf. v. (después de verbo conjugado). 1. sugerencia, consejo. *Atska papata murunkiman*: Deberías sembrar bastante papa. 2. deseo no satisfecho. Con verbo de oración subordinada en gerundio. *Mikuuman rirmi aruu*: Trabajo pensando que ojalá pueda comer. *Mamaata rikaaman nirmi kutimuu*: Vuelvo con ansias de ver a mi mamá. 3. condicional y desiderativa. *Mamaata rikaaman*: Si pudiera ver a mi madre. *Wasikita pay rikanman*: El cuidaría tu casa.

mana adv. de negación: no. 1. Se puede usar *mana* seguido del elemento negado con *-tsu*. *¿Tantaku?*: ¿Es pan? *Manam, tantatsu*: No, no es pan. 2. antepuesto a una palabra le da el significado contrario. *mana shumaq*: lit. "no bonito", feo. *mana alli*: lit. "no bueno", malo. *mana imaypis*: nunca.

manach (*mana-ch*) exp. negativa y dubitativa: imposible, no creo que. *Manach payqa kutimuntsu*: No creo que él regrese aquí.

mana alli adj., s.: malo, lit. "no bueno". *mana alli runa*: hombre malo. *Mana allikunam kay markata yaqatsiyarqan*: Los malos dañaron este pueblo.

mana alliyay v.: hacerse malvado.

manaaray v.: desanimarse. *Manaararqa, ama aywaytsu*: Si estás desanimado, no vayas.

manaayay v.: retroceder después de opinar, desdecirse, retractarse. *Ullquqam huk shimiyuqlla; warminchullam niskirninpis manaayan*: El varón es de una sola palabra; sólo el maricón es el que después de hablar se retracta.

manam (*mana-m*) exp. de negación categórica: No. Puede ser oración unimembre. *¿Shamunkiku?*: ¿Vienes? *Manam*: No.

manantsay (*mana-n-tsa-y*) v.: desmentir, cambiar lo negativo.

mana piiyuq exp. s.: sin nadie, sin familia, huérfano.

manapas (Q II) exp.: quizás no, tal vez no. →**manapis**.

manapis (*mana-pis*) exp.: quizás no, tal vez no. Se usa seguido de una negación. *Manapis shamuntsu*: Quizás no venga.

manaraq, manaran adv. temp.: 1. todavía no, aún no. *Manaraq mikuuraqtsu*: Todavía no como. 2. antes (de) que. *Manaraq tamyaptin yantata qurishun*: Recojamos leña antes de que llueva.

manash (*mana-sh*) exp.: dicen que no, se dice que no.

mana shumaq exp. adj.: feo.

manataq (*mana-taq*) exp. adv.: cuidado que no, no olvidarse de. *Manataq watukankiman*: Cuidado con no visitarle.

manchay (Q II) s.: temor, miedo, horror. →**mantsay**.

manchay (Q II) v.: temer, tener miedo. →**mantsay**.

mangaada s. esp.: mangada, manga de lluvia, chaparrón, lluvia torrencial.

mangaaday v. esp.: haber mangada, llover a cántaros.

mangu s.: mango. Árbol frutal. *Manguta mikurmi qutukuna kutikaayan*: Los que tienen bocio se sanan comiendo mango.

manii s.: maní, cacahuete (Arachis hypogea). →**intsik, inchik**.

manka s.: olla. *mitu manka*: olla de arcilla. *Mankachaunam kanki*: Ya estás en la olla. Ya perdiste. Ya fuiste atrapado.

mankapaki (*manka pakiq*) s.: mancapaqui. Planta de la puna cuyo fuego rompe la olla de barro.

mankaullu s.: mancaullo, maran. Tuna ácida, remedio para la úlcera estomacal. →**maran, shuuru, warku**.

mankay v.: llenar a la olla para cocinar, vencer, per. mancar. *Kayta mankay*: Mete a la olla esto.

Manku Qapaq s.: Manco Cápac. Fundador del imperio inca. *Rinrisapa Manku Qapaq*: Manco Cápac orejón.

mansay v. esp.: mansar, amansar.

manshu adj. esp.: manso.

-manta (Q II) morf.: de, desde. →**-pita**.

mantaka s.: tarima, barbacoa. →**kawitu**.

-mantaq (*man-taq*) morf. v.: cuidado (precaución). *Rupakunkimantaq*: Cuidado con quemarte. *Aukis ishkinmantaq*: Cuidado que el anciano se caiga.

mantay s.: palo que sostiene los aleros del techo, une la pared con el palo principal que divide las alas. *mantay qiru*: palo del ala del techo. C de H: *mantee*.

mantsa s.: miedo, temor.

mantsa mantsa exp. adv. modal: sigiloso, con miedo, con temor. *Patiichuqa, mantsa mantsa purikurmi, rikapakan*: Patricio ve visiones por andar con miedo.

mantsaka s.: susto, espanto. *mantsaka qishyay*: mal del susto. Se cura con sobe y ritoterapia.

mantsakashqa p. p.: asustado, espantado, enfermo de susto. *mantsakashqa wamra*: niño asustado.

mantsakaatsiy (*mantsa-ka-a-tsi-y*) v.: causar susto, asustar, espantar (producir alteración nerviosa), atemorizar.

mantsakay s.: susto (enfermedad). Síndrome del mal del susto: pérdida de peso, anorexia, sobresaltos al dormir, palidez, las pestañas crecen.

mantsakay (*mantsa-ka-y*) v. refl.: asustarse. *Qampita, ¿imanir mantsakaashaq?*: ¿Por qué me voy a asustar de ti?

mantsakuy v. enfát.: tener miedo, temer, sentir terror.

mantsalli adj.: cobarde, miedoso, asustadizo.

mantsalliishu adj., s.: muy cobarde, que tiene mucho miedo. *Mantsalliishu karmi paqaspa kikillan purintsu*: Por ser muy cobarde no anda solo de noche.

mantsapay (*mantsa-pa-y*) v.: tener miedo, recelar. *Mantsaparnikim witipallarquqtsu*: Por tenerle recelo no me he acercado a usted. C de H: *mantsapee*.

mantsaq (*mantsa-q*) p. pte.: que teme, tímido, cobarde. *aya mantsaq*: que teme al alma.

mantsatsiy (*mantsa-tsi-y*) v.: asustar, dar miedo, producir susto hasta en juego. De menos intensidad que *mantsakaatsiy*.

mantsay v.: tener miedo, temer. *Kay wamraqa imatapis mantsantsu*: Este niño no teme a nada. →**manchay**.
mantsaypa exp.: que da miedo, horrible. C de H: *mantseepa*.
manya s.: margen, orilla, borde, extremo. *chrakra manya*: margen de chacra. *mayu manya*: ribera de río. →**kuchu**.
manyay v.: marginar, poner a la orilla.
maña s.: petición, préstamo.
mañaamus adj.: pedigüeño.
mañakatsiy (*maña-ka-tsi-y*) v.: 1. hacer pedir, mandar a otro que pida algo. *Nuqataqa imatapis mañakatsillaamaytsu*: A mí, por favor, no me mande pedir nada. 2. hacer cobrar. *Wamrata mañakatsiptikim, qillayta pipis kutitsishunkitsu*: Nadie te devuelve el dinero porque mandas cobrar al niño.
mañakuy (*maña-ku-y*) v.: 1. pedir regalado o prestado, solicitar. *Kachi mañakuqmi shamuu*: Vengo a pedir sal. 2. prestar, dar. *Qillaynikita, llutaqa mañakuytsu*: No prestes tu dinero por prestar.
mañanakuy v. recíp.: prestarse, servirse mutuamente en algo.
mañapaakuq adj.: pedigüeño. *mañapaakuq warmi*: mujer pedigüeña.
mañapaakuy v.: ser pedigüeño, pedir sin tener vergüenza.
mañapu, mañaku s., adj.: pedigüeño.
mañaq (*maña-q*) p. pte.: el que presta, el prestador.
mañay v.: 1. prestar, dar préstamo. *Nuqam mañayaq*: Yo soy quien les presta. 2. pedir, cobrar. *Yanasaykipita, qillaynikita mañay*: Pide tu dinero a tu amigo (al que lo has prestado).
Mañu s.: hipoc. de Manuel, -a.
mapa adj.: sucio, percudido, manchado. *mapa kushma*: camisón percudido.
mapas (*mapa-s*) adj.: algo sucio, algo percudido.
mapay v.: ensuciar, percudir.
mapayay (*mapa-ya-y*) v.: ensuciarse, percudirse.
maqallu adj.: tontito, taradito. Más suave que *maqaaru*.
maqaaru adj. s.: tonto, retardado, lerdo. →**maqallu**.
maqaaruyay (*maqaaru-ya-y*) v.: atontarse, idiotizarse. *Qishyanqanpitam maqaaruyashqa*: Se ha atontado después de enfermarse. →**upayay**.
maqana (*maqa-na*) s.: macana, golpeador de instrumentos de percusión, mazo (arma de combate). "Macanudo" (muy bien, que está como una macana). →**makana**.
maqanakuy v. recíp.: pelearse, golpearse. C de H: *maqanakiy*.
maqay s.: cólico estomacal, dolor estomacal por el soplo del viento helado o por el "mal sitio".
maqay v.: pegar, golpear, maltratar.
maqaytukuy: 1. s.: dolor de estómago por el "mal sitio". 2. v.: dar motivo para ser pegado.
maqchiy (Q II) v.: desparramar, rociar, asperjar. →**maqtsiy**.
maqlla s., adj.: afeminado, maricón. →**warminchu**.
maqllu: 1. s.: hueso torcido y deforme. Mal congénito o efecto de enfermedad a los huesos. 2. adj.: deforme (por malformación de huesos), tullido.
maqma s.: olla grande, tinaja. Sirve para hervir chicha y comida para mucha gente, para guardar comida. *raqra maqma*: tinaja rajada. *maqma siki*: de trasero muy grande, culón. *maqma pacha*: barrigón.
maqta s.: muchacho (de 10 a 15 años), adolescente.
maqtsiq (*maqtsi-q*) p. pte.: el que esparce semilla de granos en la chacra antes de ararla.
maqtsiy v.: esparcir, desparramar, sembrar a boleo, asperjar. *Lluta arurmi achista maqtsinki*: Desparramas el ajonjolí por trabajar sin ningún cuidado.

marakuyaa s.: maracuyá (Passiflora edulis). Planta parecida a la granadilla, de clima yunga. Su jugo baja la presión.
maran s.: marán. Cacto parecido a la tuna. Su fruto ácido es remedio para la úlcera estomacal. *maran qaqa*: cerro de marán. →**mankaullu, shuuru.**
maray s.: batán. *maray pampa*: la pampa del batán.
maray kiru s.: lit. "diente batán", muela, molar. *Maray kiruumi nanan*: Me duele la muela.
maraytullma s.: maraytullma. Planta de tallos delgados, hojas verdes y carnosas, de raíz tuberosa que molida sirve de emplasto para la fractura de huesos, tomada en mazamorra cura la úlcera estomacal.
marka s.: pueblo natal, ciudad, comarca. Aparece en muchos topónimos: Cundinamarca (pueblo donde está el dios Con), Cajamarca (pueblo de helada), Bambamarca (pueblo llano), Yuramarca (lugar de plantas). →**llaqta.**
marka s. esp.: marca, señal que se pone en los animales (corte de oreja, quemando con fierro candente).
markaakuy v.: confiarse en, estar seguro en alguien. *Markaakullarnikim imatapis yarpachakurquutsu*: Por confiarme en usted no me he preocupado en nada.
marka masi s.: del mismo pueblo, paisano. C de H: *marka mahi, marka mayi*.
markatsay, markatsaakuy v.: adoptar por pueblo natal, acostumbrarse a un lugar.
markay v. esp.: marcar, señalar, hacer la marcación en fútbol. *Aku waakata markaq*: Vamos para marcar la vaca. *Qamqa nuqatallata markaamanki*: Tú me señalas a mí no más.
markuu s.: marcó. Planta de hojas como las del ajenjo, tiene olor fuerte, remedio para reumatismo.
marqay s.: una porción que se puede llevar en el brazo.

marqay v.: levantar o llevar en los brazos. *Puñukashqa wamrata puñunanman marqay*: Lleva en tus brazos al niño dormido a su cama.
marsu s. esp.: marzo. →**tamya killa.**
martis s. esp.: martes. *Martis Santu*: Martes Santo.
masaraq p. pte.: que hace el pan.
masaratsiy (*masa-ra-tsi-y*) v.: mandar hacer el pan.
masaray, masarakuy v. esp.: masar, amasar, hacer el pan.
masatu s.: masato, chicha de yuca molida.
masha s.: yerno, hijo político, hermano político. *Qila mashaykiqa arukuntsu*: Tu yerno ocioso no trabaja.
mashakuy (*masha-ku-y*) v.: solearse, tomar el sol, calentarse cerca del fuego.
mashallu s.: lit. "yernezuelo", comadreja. →**waywash.**
masha masi s.: concuñado, coyerno.
mashapaakuy (*masha-pa-a-ku-y*) v.: tomar el sol, solearse por buen rato.
mashatsiy (*masha-tsi-y*) v.: solear, exponer al sol, calentar cerca del fuego. *Kay puyñuta mashatsiy*: Solea este cántaro.
mashay v.: solear, orear, tender para secar.
mashra s.: alicuya (lombriz del hígado). →**masra.**
mashta adj.: tendido, extendido.
mashtakay v.: extenderse, esparcirse, tenderse, echarse.
mashtaray (*mashta-ra-y*) v.: estar tendido, estar extendido.
mashtatsiy (*mashta-tsi-y*) v.: 1. hacer esparcir. 2. tumbar, tender. *Wahumaqniikunata mashtatsirquu*: He tumbado a los que que me provocaron.
mashtay v.: tender, esparcir. *Uqu triigutam tsakinanpaq mashtaa*: Tiendo el trigo húmedo para que se seque.
mashu s.: 1. maleza destroncada. *Mashuta waykayay*: Quemen la maleza des-

troncada. 2. trabajo de sacudir la tierra de la maleza, acción de amontonar la maleza sobre piedras para secar y quemar.

mashu s.: murciélago, vampiro. →**tsiktsi**.

mashuy v.: quitar yerbas destroncadas de la chacra después que ésta es arada. *Aku mashuq*: Vayamos a quitar las yerbas. Así se seca y mata definitivamente la maleza.

mashwa s.: mashua (Tropaeolum tuberosum). Tubérculo andino semejante a la oca. Se come después de solear y sancochar. Crudo es remedio para la sarna. Es veneno letal para las acémilas. →**añu**.

masi morf. independiente pospuesto: parecido, semejante, tal, de la misma especie. *runa masii*: mi prójimo, mi semejante. *Allqu masikita mikunan qaray*: Da comida a tu semejante perro. *masi › mahi › mayi*.

maskaypacha s.: mascaipacha, insignia real incaica.

maski exp. v.: a ver. *Maski nuqa*: A ver yo. Denme la oportunidad. →**maa**.

¡maski! interj.: ¡ya vas a ver!, ¡no fastidies!, ¡cuidado! Es advertencia para prohibir a otro. *Maski, wamrata rikchatsinkim*: Cuidado, puedes despertar al niño.

masra s.: alicuya. Parásito de la familia ténida. →**alikuuya**.

masu s.: murciélago, vampiro. →**tsiktsi**.

mata s.: llaga infecciosa, úlcera, herpe contagiosa. Aparece en lomos de bestias de carga y en labios de personas.

mata adj.: con herpes, matoso, ulceroso. *mata kawallu*: caballo matoso. *mata wirpa*: labio matoso.

matanka s.: nuca, cerviz. *wiswi matanka*: nuca sebosa.

matankay v.: llevar en hombros. *Ayata matankaashun*: Carguemos en hombros al difunto.

matara s.: junco, matara. →**tutura, ututu**.

matay v.: ulcerarse, aparecer herpes.

mati s.: 1. mate (Lagenaria vulgaris). Planta parecida a la calabaza cuyos frutos de corteza dura se emplean como platos y depósitos. *mati yura*: planta de mate. 2. plato de mate. *huk mati api*: un mate (plato) de mazamorra. *taqra mati*: mate sucio.

Mati s.: hipoc. de Mateo, Matilde. Mati.

Maticha (*Mati-cha*) s.: hipoc. enfát. de Matilde. Matildita.

matiiku s.: matico. Planta medicinal para la tos.

matiwakwa s.: matihuacua, cola de caballo. Planta de tallo largo, delgado, duro, verde y nudoso. Cura la tos y el mal del riñón. Por ser duro y áspero sirve para lavar utensilios de cocina. →**shaqashaqa**.

matiy s.: calambre.

matiriy (*mati-ri-y*) v.: dar calambre, acalambrarse. *Chankaa matirin*: Se acalambró mi pierna.

matka s.: lugar donde quedan los pies al dormir. *Allquykita matkaykichau puñutsiy*: Haz dormir tu perro a tus pies (lugar de cama).

matsu s.: raíz. →**chapa**.

matsuq (*matsu-q*) p. pte.: el que deshace los terrones de la chacra.

matsuy v.: deshacer terrones después de arar la chacra.

matu (Conay prov. Huaylas) s.: mato. Planta de hojas grandes que sirven para amarrar las humitas y tamales.

mauka adj.: viejo, usado, ajado. *Mauka tsukuykillatapis mañaykamay*: Préstame, aunque sea tu sombrero viejo. →**makwa**.

maukay v.: gastar, usar mucho, envejecer.

maukayay (*mauka-ya-y*) v.: gastarse, hacerse viejo.

maula adj.: inútil, inservible.

Maulli s.: hipoc. de Mauricio, -a.

Maullu s.: hipoc. de Mauro.

maway s., adj.: tubérculo de primera co-

secha, fresca, nueva. *Shamuq killapitaqam maway papata mikushun*: Desde el próximo mes vamos a comer papa fresca.
mawayyay (*maway-ya-y*) v.: madurarse el tubérculo.
may adv. locativo: donde. Las desinencias determinan ubicación, dirección, noción. *mayman*: hacia donde. *mayman tsayman*: hacia donde sea. *mayta*: adonde. *maypa tsaypa, maytsaypa*: por donde sea. *maychauraq, mayraq*: ¿en dónde será?, ¿dónde estará? *maychi*: lugar desconocido. *mayyaq tsayyaq, maytsayyaq*: hasta donde sea. *Maychautan, maytan*: ¿dónde?, ¿en dónde? *maychau* (Q I), *maypi* (Q II): ¿en dónde?, ¿dónde? *maypita* (Q I), *maymanta* (Q II): ¿de dónde? *mayyaq* (Q I), *maykama* (QII): ¿hasta dónde? C de H: *mee*.
mayau s.: mastuerzo de hojas verdes y flores anaranjadas. Remedio para cólico estomacal, saborizante de sopa.
mayi (C de H) morf. independiente pospuesto: parecido, tal, semejante, de la misma especie. *masi › mahi › mayi*.
maylla s.: lavado, acción de lavar.
mayllakuy (*maylla-ku-y*) v.: 1. refl. lavarse manos y pies. *Chakikita mayllakuy*: Lávate los pies. 2. enfát. lavar. *Challwatam mayllakuu*: Lavo el pescado.
mayllay v.: lavar manos, pies y cosas. *Makikita mayllay*: Lava tus manos. *Mankata mayllaa*: Lavo la olla. Para otros lavados hay verbos específicos: *shuupakuy*: lavarse la cara. *taqshay*: lavar la ropa. *wiqay*: lavar los intestinos de animales. *armakuy*: bañarse, lavarse todo el cuerpo. *paqay*: lavar la cabeza.
maypas (Q II) adv.: quizás. →**maypis**.
maypis (*may-pis*) adv.: quizás, tal vez. *Maypis kanan tamyaamunqa*: Quizás hoy llueva.
mayqa- (seguido de morf. pronominal) pron. interrog.: ¿cuál? *mayqaa*: ¿cuál de nosotros? *mayqaakuna*: ¿cuáles de nosotros? *mayqantsik*: ¿cuál de nosotros? (incluyente). *mayqayki*: ¿cuál de ustedes? *mayqaykikuna*: ¿cuáles de ustedes? *mayqan*: ¿cuál de ellos. *mayqankuna*: ¿cuáles de ellos? ¿*Mayqan wauqiita ashinki?*: ¿A cuál de mis hermanos buscas? C de H: *meeqa-*
mayqanpas (Q II: *mayqa-n-pas*) pron. indef.: cualquiera de ellos. →**mayqanpis**.
mayqanpis (*mayqa-n-pis*) pron indef.: cualquiera de ellos, quienquiera de ellos. *Mayqanpis shamutsun, allillam kanqa*: Que venga cualquiera de ellos, será bueno.
may tsika exp. adv.: lit. "qué tanto", tanto, demasiado, mucho. *ima › may* (metátesis). *¿may tsikan?*: ¿de qué tamaño? *May tsikata qaraykamanki*: Cuánto me acabas de regalar. →**ima tsika**.
mayu s.: río. *mayu kuchun, mayu manya*: ribera. *mayu uran*: río abajo. *mayu witsay*: río arriba. *tinku mayu*: convergencia de ríos. top.: Mayo (*mayu*), Yanamayo (*yana mayu*), Andaymayo (*anta mayu*), Putumayo (*putu mayu*), Cundemayo (*kunti mayu*).
Mayu s.: Vía Láctea. Este río es lechoso porque lleva las cenizas del niño devorado por la bruja Achikay. El niño estaba reconstituyéndose, por la impaciencia de su hermana se volvió ceniza.
-mi morf. aseverativo: certeza del discurso. Después de vocal larga, diptongo decreciente, consonante. *Muñaami*: Es muñá. *Kaynaumi*: Es como esto. *Pachakmi*: Son cien. *Kawanmi*: Él vive. Alomorfo de *–m*.
miauyay v. onomat.: maullar.
micha adj.: egoísta, tacaño, avaro, mezquino, miserable.
michay, michaakuy v.: impedir, mezquinar, negar lo que alguien solicita.
michi onomat. s.: gato. →**mishi**.
¡michi, michi! interj.: voz para llamar al gato.

michichiy (Q II) v.: hacer pastar, pedir que otro pastoree. →**mitsitsiy**.
michikuq (Q II) s.: pastor, el que pastorea. →**mitsikuq**.
michikuy (Q II) v. enfát.: pastar, cuidar el ganado en el pasto. →**mitsikuy**.
michiwakan s.: michihuacán, lit. "gemido del gato". Planta de efectos erógenos de la zona yunga.
michiy (Q II) v.: pastar, pastorear, cuidar el ganado en el pasto. →**mitsiy**.
michka s., adj.: sembrío fuera de tiempo, retardado. →**mitska**.
mirkulis s. esp.: miércoles.
miina s. esp.: mina, centro minero. *miina yaku*: agua de la mina (no potable).
Mika s.: hipoc. de Micaela. Mica.
Miki s.: hipoc. de Miguel. Miqui, Migue.
mikilu (Santiago de Estero – Argentina) s.: nutria (Myocastor coypus).
mikmik adj.: movedizo, bamboleante.
mikmikya s. onomat.: suelo que se mueve porque adentro es pantano y sólo encima tiene una capa de césped. *Mikmikyapa aywarqam paatsikaashun*: Si vamos por terreno movedizo nos vamos a hundir en el pantano.
mimikyaq p. pte.: que se mueve suavemente (como cuerpo gelatinoso, propio de animales muy gordos al **mikmikyay** (*mikmik-ya-y*) v.: moverse el suelo sobre pantano, moverse lenta y suavemente (gordos que se mueven), bambolearse. *Chichu waakaqa mikmikyanraq*: La vaca preñada se mueve lentamente.
mikuna (*miku-na*) s.: comida, sementera.
mikunay (*miku-na-y*) v.: tener hambre, tener ganas de comer. *Mikunanshi*: Dice que tiene hambre. →**mallaqay, wiksanay**.
mikupakuy (*miku-pa-ku-y*) v.: andar comiendo de casa en casa, comer en grupo. *Kananqa, tushuqkunam mikupakuyan*: Ahora comen los danzantes. *Mikupakur purir pachaata yaqatsii*: Daño mi estómago por andar comiendo de casa en casa.
mikutsinakuy v. recíp.: darse de comer, invitarse.
mikutsiy (*miku-tsi-y*) v.: dar de comer, hacer comer, alimentar. *Qapaqnintsikmi kurutapis, qilatapis mikutsin*: Es nuestro Creador quien alimenta hasta al gusano y al ocioso.
mikuy s.: comida, alimento, sementera. *Markantsikchau, pipis mikuyta ñakantsu*: En nuestro pueblo nadie sufre de comida. *Mikuynintsik shumaqmi kaykan*: Nuestra sementera está bonita. →**mikuna**.
mikuy v. 1. comer, alimentarse. *Mikullaashunna*: Comamos ya, por favor. 2. corroer, carcomer. *Kay chukru llanqi watu chakiita mikun*: Este tiento duro corroe mi pie. C de H: **mikiy**.
milana s.: náusea, asco, aversión.
milanapay (*milana-pa-y*) v.: odiar, detestar intensamente.
milanaypaq s., adj.: repudiable, que da asco, repugnante.
milanaatsiy v.: provocar náusea o repugnancia.
milanay v.: tener náusea, odiar, aborrecer. *Llulla shimi gubiernutam milanaa*: Odio al gobierno mentiroso. →**hitarinay**.
milay adj.: terrible, desgraciado, tremendo, que da asco. *Taqayqa milay runam; ama wahupaytsu*: Aquél es un hombre terrible; no lo fastidies. *milay wamra*: niño terrible.
milga s. esp.: melga, mielga.
milgay v. esp.: melgar, amelgar.
Milla hipoc. de Merardo, -a.
Milli, Millki s.: hipoc. de Hermenegildo.
milli adj. esp.: mellizo, par. *Milli ashkashkunata shumaq wiñatsishun*: Hagamos crecer bien los corderitos mellizos.
millish adj. s. esp.: mellizo (dicho con afecto).
millkapa s.: fiambre. *machka millkapa*: fiambre de harina tostada.

millkapatsiy v.: dar fiambre, hacer que lleve su fiambre.
millkapay v.: preparar el fiambre, dar el fiambre.
millkapi s.: fiambre. →**millkapa**.
millmill adj.: que se mueve como masa gelatinosa. →**mikmik**.
millmillyaq (*millmill-ya-q*) adj.: que se mueve como masa gelatinosa. *millmillyaq waylla*: césped movedizo.
millmillyay (*millmill-ya-y*) v.: moverse como masa gelatinosa. *Wira kuchikiqa millmillyan*: Tu cerdo gordo se mueve cual gelatina.
millpu s.: atolladero, tragadero.
millputi s.: esófago. →**millputu**.
millputu s.: esófago, glotis. *kuchi millputu*: esófago de chancho. *Llanu millputu karmi imaypis pantakanki*: Porque tienes el esófago delgado siempre te atoras.
millputuku s.: esófago. →**millputu**.
millputyay (*millpu-tya-y*) v.: pasar saliva por la ganas de comer, tragar saliva por antojo. →**laqwatyay**.
millputsiy v.: hacer pasar por la garganta, hacer tragar.
millpuy v.: pasar algo por la garganta, tragar. *Patsa rachir ichikllapa millpuskaman*: Al rajarse la tierra, por poco me traga. →**ñuqtay**.
millqa s.: regazo de mujer, pequeña meseta. *Millqaykichau papata apamuy*: Trae papa en tu falda. *Millqachau kunturpa qishun kan*: En la pequeña falda del cerro hay nido de cóndor.
millqana s.: falda, regazo de mujer.
millqatsiy v.: ayudar a poner en la falda o regazo de mujer.
millqay v.: llevar algo en la falda. Se levanta la falda exterior para llevar allí algo liviano.
millu s.: 1. aderezo, ahogado. *hara millu*: maíz tostado con manteca, sal y cebolla. 2. torcedura, retorcijón.
millu s.: movimiento de cintura y cadera en forma circular. *Siki millu tushullatam kanan runakunaqa yachayan*: La gente de hoy sabe solamente el baile de mover la cadera.
millu millu exp.: torcido en zigzag y en curvas estrechas. →**winqu winqu**.
milluy v.: 1. tostar con aderezo, aderezar. 2. torcer, retorcerse, mover la cintura.
millwakuy (*millwa-ku-y*) v.: buscar lana.
millwa s.: lana, pelusa. *uusha millwa*: lana de oveja. *millwa runku*: bulto de lana. *millwa shunqu*: bondadoso, débil de carácter, demasiado generoso.
minka s.: minca, minga, persona que ayuda en el trabajo sin cobrar salario. Sistema de ayuda mutua en las comunidades campesinas. *Mikuy, kuka, wakshu kaptinqa minkaqa ishyanmi*: Abunda la minca si hay comida, coca y aguardiente.
minkakuy (*minka-ku-y*) v. enfát.: buscar minca para la faena. *Minkakuqnikim shamuu*: Vengo a pedirte que seas mi minca.
minkay v.: buscar minca
miñi s.: per. miñe, hilo que se teje con la trama.
miñiy v.: hilar el miñe.
miraq (*mira-q*) p. pte.: que aumenta, promiscuo, prolífico.
miraq pishqu s.: mirac pisco, lit. "pájaro promiscuo". Pájaro pequeño de pecho amarillo y espalda gris que siempre anda en bandadas por lo que se cree que es muy fértil. Es parecido a la hembra de pichiac. A los estériles se les recomienda comer este pájaro (Caraz).
miratsiy v.: hacer aumentar, avanzar. *Kay libru aruyta miratsiitsu*: No avanzo la elaboración de este libro.
miray v.: aumentar, reproducirse, proliferar, ser promiscuo. *Taqra umachau usa sas miran*: En cabeza sucia el piojo se reproduce rápido. →**atskayay**.
mirka s.: mirca. Enfermedad de la piel.
mirkapa s.: fiambre. →**millkapa**.

misa s. esp.: 1. misa. *misa libru*: misal. *aya misa*: misa de difuntos. *yana misa*: misa negra. 2. acto sexual. *misa ruray*: celebrar la "misa", fornicar. La relación sexual con amor es un acto sagrado como la misa.
misaakuy v.: oír la misa.
misaatsiy, misaatsikuy v.: mandar celebrar la misa.
misha s., adj.: mancha oscura (en la piel, roca, fruto), manchoso, moteado de colores. *misha qaqa*: roca con manchas. *misha hara*: grano de maíz moteado de colores.
Mishaullu s.: mit. (región de Conchucos) Mishaullo, dios jaguar. Felino alado, único ser temido por Supay. *Supayshi nin: Imatapis mantsaatsu, Mishaullullatam mantsaa*: Dicen que el Supay confiesa: No temo a nadie ni a nada, solamente temo a Mishaullo. *mishi ayllu* › *mishaullu*.
mishay v.: mancharse, salir pecas.
mishay s.: mishay. Juego que consiste en buscar granos con colores.
mishay v.: aparecer la mancha negruzca.
mishaylarya s.: mishailarya. Planta pequeña de flores moteadas de pequeñas manchas de colores.
mishi s.: gato. También se refiere a felinos como puma y gato montés. *mishi aytsa*: carne de gato (cura el asma). *mishinau qanchis kawayyuq*: de siete vidas como el gato. *Ukushllam mishita mantsan*: Sólo el ratón teme al gato. →**michi**.
mishi adj.: ladrón como el felino. Usado como apodo. *Mishi Makshita alli rikaray, waakaykitataq*: Vigila sin perder la vista a Mishi Máximo, cuidado con tu vaca.
mishi kasha s.: espina de gato. Cacto de espinas punzantes como las uñas de gato.
mishipa shillun s.: uña de gato (Uncaria tomentosa). Planta de espinas como las uñas del gato, remedio para artritis, úlcera y reumatismo.

mishitu adj.: mishito, misito, color rojizo y negruzco. *mishitu waata, hirkapa tsurin*: ganado mishito, hijo del cerro.
mishki s.: dulce, azúcar, golosina. *Mishki mana kaptin qamya apita upukullaa*: Pobrecito de mí, como no hay azúcar, tomo mazamorra sosa. →**miski**.
mishki adj.: dulce, azucarado, delicioso, rico. *mishki puñuy*: sueño dulce. *mishki yaku*: agua dulce (azucarada).
mishki mishki adv. modal: bien, satisfacción sin hartazgo, deliciosamente, sólo lo necesario, con mesura. *Runaqam mishki mishkilla mikunan*: La persona debe comer sólo lo necesario, sin llegar a la saciedad.
mishki siki s.: lit. "culo dulce", abeja. →**mishki wachaq**.
mishki shimi adj.: de habla dulce, adulador, demagogo.
mishkitsinakuy (*mishki-tsi-naku-y*) v. recíp.: endulzarse, vivir dándose gustos.
mishkitsiy v.: endulzar, agradar, hacerlo delicioso.
mishkipaakuy v.: endulzarse, acostumbrarse a algo.
mishkitsipay (*mishki-tsi-pa-y*) v.: endulzar a otro, hacer que se acaramele.
mishki wachaq s.: lit. "que pare dulce", abeja, moscardón negro que deja sus dulces en maderas. →**urunquy**.
mishkiy v.: ser dulce, delicioso; estar dulce, delicioso.
mishpu s.: campanilla. *yuraq mishpu*: floripondio blanco.
mishti adj. esp.: mestizo, citadino, que no es de confianza. *Mishtikunam, yuraqkunam chakrantsikta qichumarqantsik*: Los mestizos y blancos nos arrebataron nuestras chacras.
mishti s.: pan de afrecho y harina.
mismi adj.: candente, quemante. *mismi rumi*: piedra caliente.
mismiy v.: estar vivo el fuego en el carbón, hacer calor como si se estuviera en

contacto con carbón encendido.

mita s.: mita, turno para trabajar, derecho de utilizar el agua a horas determinadas del mes o semana, porción.

mitaanakuy v. recíp.: mitarse, darse el turno para algo.

mitay v.: hacer la mita, dar la mita.

mitayu, mitayuq (*mita-yuq*) s.: mitayo, el que trabaja en la mita por turno.

mitka s., adj.: tropiezo, de tropiezo. *mitka naani*: camino con tropiezos.

mitkakuy v.: tropezarse. *Runa ismayta mitkakuytam mantsaa*: Temo tropezarme con excremento humano.

mitkay v.: tropezar, golpear, patear por descuido. *Pullan naanichau rumillatam pipis maypis mitkan*: Sólo a la piedra que está en medio del camino la patea (pisotea) cualquiera.

mitkana s.: tropezadero, lugar de tropiezo.

mitmaq s.: per. mitimae, forastero, el que es trasladado de su pueblo y llevado a otro pueblo. Era la política incaica para evitar más rebeliones. *Waranqa mitmaqkunash kaychau wañuyaanaq*: Dicen que mil mitimaes habían muerto aquí.

mitmay v.: trasladar mitimaes, trasplantar pueblos.

mitsi s.: pastoreo.

mitsikuq (*mitsi-ku-q*) p. pte.: el que pastorea, pastor. *Mitsikuq kaptinmi waata miran*: El ganado aumenta porque hay pastor.

mitsikuy v. enfát.: pastorear, pastar.

mitsitsiy (*mitsi-tsi-y*) v.: hacer pastar, hacer pastorear. *Waataata mitsitsiitsu*: No hago pastar a otro mi ganado.

mitsiy v.: pastar, cuidar el ganado en el pasto. *Kay hirkachau mitsikunqaata manam qunqaatsu*: No me olvido que pasté en esta colina.

mitska s.: época seca, meses de sequía (en Ancash: de mayo a septiembre). *mitska killa*: mes de sequía. →**usya**.

mitska s., adj.: sembrío fuera de tiempo, atrasado. *mitska papa*: papa de sembrío posterior al período normal.

mitskay v.: sembrar fuera de su tiempo, sembrar atrasado.

mitsu s.: brasa, tizón.

mitsuy v.: quitar el tizón o la brasa del fuego. *Puñunaykipaqqa, tullpata mitsunki*: Debes quitar la brasa del fogón para que duermas.

mitu s.: arcilla, lodo arcilloso. *puqu mitu*: arcilla madura. ¿*Mitupitatsuraq kantsik? Pitan musyan*: ¿Seremos de arcilla? Quién lo sabe.

mitu taqllaq s.: lit. "que palmea la arcilla", alfarero.

mitushillu s.: lit. "uña de arcilla", tejero, fabricante de tejas.

mituy v.: preparar arcilla para la cerámica.

miyu s.: tierra de colores por contener óxido de minerales, veneno. *puka miyu*: tierra colorada. *qarwa miyu*: tierra amarilla. No se bebe el agua de estas tierras.

miyuy v.: producirse el óxido de minerales, envenenarse.

-mu morf. v. enclítico que expresa movimiento e intención hacia el hablante: hacia acá, en esta dirección, para acá. *kutimuy* (*kuti-mu-y*): volver acá. *Alli yachakamunki*: Aprende bien para nuestro beneficio. *Nuqam Qapaqta mañakamushaq*: Yo voy a pedir al Creador para que nos ayude.

mucha (Q II) s.: beso, ósculo. →**mutsa**.

muchay (Q II) v.: besar, adorar ídolos.

muchik s.: mochica. Lengua, región y cultura que floreció al norte de Ancash.

muchka s.: mortero, piedra horadada, artesa de piedra. *taqra muchka*: mortero sucio. top. Muchcayoc (lugar de roca cóncava donde se deposita el agua de la lluvia). Quitaracsa. →**mushka**.

muchkis s., adj.: mueca de desagrado con los labios cerrados y alargados adelante, arrugar la nariz, persona que hace este gesto, muchquis. *muchkis warmi*: mujer que arruga la nariz. *Muchkistaqa imatapis rikaatsiytsu, payqa muchkisyaskinqam*: Al que arruga la nariz no le muestres nada, él va a arrugar la nariz. →**mutskis**.

muchkisyay (*muchkis-ya-y*) v.: hacer muecas de desagrado moviendo los labios cerrados, arrugar la nariz.

muchuy s.: hambruna, carestía. *muchuy patsa*: tiempo de hambruna. *Muchuy kaptinqash allqutapis mikuyan*: Dicen que cuando hay hambruna se come hasta perro.

muhun s. esp.: mojón, lindero. *chakra muhun*: mojón de chacra. →**shaywa**.

muhuntsay (*muhun-tsa-y*) v.: poner mojones, poner linderos.

muka s.: tierra arada, trabajo de arar.

muka adj.: sucio, empolvado, terroso. *muka sinqa*: nariz sucia del polvo de tierra.

mukay v.: arar la tierra, roturar la tierra.

muki s.: semen, esperma. *muki wasi*: prostíbulo. →**muku**.

muki s., adj.: que vive con trabajo ajeno, aprovechador, gorreador.

mukipakuq (*muki-pa-ku-q*) p. pte.: gorrón, gorreador. →**mukipakuq**.

mukllu s., adj.: algo pequeño protuberante, resaltante. Más suave que *muqru*.

mukllu s.: semilla de algodón, pepa de algodón.

muklluy v.: sacar granos presionando la vaina (arveja), despepitar (algodón). C de H: *muklliy*.

mukmukya s. onomat.: latido, palpitación.

mukmukyay v.: latir, palpitar (corazón, herida, pulmón).

mukru s., adj.: resaltante, protuberante, capullo de flor. →**muqru**.

muku s.: semen, espermatozoide.

mukuchu s.: alga marina, per. mococho, cochayuyo. *china mukuchu*: mococho hembra, alga de hoja delgada que se cocina rápido. *urqu mukuchu*: mococho macho que no se cocina fácilmente. →**qucha yuuyu**.

mula s. esp.: mula, híbrido de burro y yegua. *nina mula*: mula infernal.

mulaatu adj. esp.: mulato, color de res entre negro y rojizo. *mulaatu tooru*: toro mulato.

mula tikti s.: verruga que se manifiesta con grandes tumores. Esta enfermedad se combate tomando leche de cabra. →**tikti**.

mulinu s esp.: molino. *mulinu llaqllaq*: tallador de molino, picador de molino. *mulinu rumi*: piedra de molino (que sirve para molino).

mulinutsiy (*mulinu-tsi-y*) v.: hacer moler en el molino.

mulinuy v.: moler en el molino.

mullaka s.: mullaca. Liana de terreno húmedo que se usa como soguilla; sus frutos pequeños, morados, dulces y un poco ácidos curan el escorbuto. *puka mullaka*: mullaca roja (de tallo morado y hojas muy verdes). Antes de usar el tallo se tuerce a la derecha. *yuraq mullaka*: mullaca blanca (tallo más claro y hojas de verde claro), cura el mal viento. Antes de usar se tuerce a la izquierda. *mullaka rikra*: brazo largo y delgado.

mullka s.: estiércol de animales en forma de bolitas (cuy, conejo, cabra, venado).

mullpu s.: polvo de la tierra, polvareda.

mullpu adj.: polvoriento. *mullpu naani*: camino polvoriento.

mullpuukuy v.: levantar polvareda, hacer polvo. *Mana patsata tsaqtsur pitsarmi mullpuukunki*: Porque barres el suelo sin rociar es que levantas polvo.

mullpuy v.: levantar polvo.

mullu s.: concha marina, caracol marino, coral.

mullu adj.: de varios colores. *mullu haka*: cuy de varios colores. *mullu wachuku*: faja de varios colores.

ku: faja de varios colores.

mulluhaku s.: mullujaco, lit. "manto de colores". Pasto de la puna de flores policromas. →**mullumullu**.

mullumullu s.: mullomullo. Planta semejante a la arveja silvestre, de flor morada, violeta, azul y blanca. Si los cuyes la comen tienen crías del color de esas flores. *mullumullu qiwa*: pasto de mullomullo.

mulluyay v.: motearse, ponerse de varios colores.

mumiy v.: afeitar. →**hichkay**.

muna s.: deseo, antojo.

munamuna (*muna muna*) s.: munamuna, juego que consiste en hacerse querer algo solamente para fastidiarse.

munaku (*muna-ku*) s.: deseo ciego y loco. C de H: *munakiy*.

munakuy (*munaku-y*) v.: querer con ansias, querer mucho.

munapaakuy v.: desear algo ajeno y con ansias.

munapaanakuy v. recíp.: desearse con ansias.

munapay (*muna-pa-y*) v.: desear con ansias, querer, antojarse. *Huk runapa warmi tsurinta munaparmi yanapakuq aywakuykaa*: Estoy yendo a ayudar a cierta persona porque quiero mucho a su hija.

munatsipay (*muna-tsi-pa-y*) v.: hacer antojar, exponer algo para provocar el deseo. *Au, munatsipaamaytsu*: Oye, no me provoques el apetito.

munatsiy (*muna-tsi-y*) v.: hacer querer, antojar.

munay s.: voluntad, deseo, antojo.

munay munay s.: juego de provocarse el apetito. →**munamuna**.

munay v.: querer, tener ganas, desear, antojarse. *Ullqutaqa munanki, alli ñaqtsakuyllatapis yachankitsu*: Quieres esposo, pero ni siquiera sabes peinarte bien.

munaypa (*munay-pa*) exp. adv. modal: adrede, con intención. *Manam munaypatsu rurallarquu*: No lo he hecho adrede, créame, por favor.

munda s. esp.: monda, mondadura, cáscara de lo que se monda.

mundatsiy (*munda-tsi-y*) v.: hacer mondar. *Papata mundatsishaq*: Haré mondar papa.

mundaatsiy v.: ayudar a mondar. *Nuqa papata mundaatsishqayki*: Yo te ayudaré a mondar papa.

munday v. esp.: mondar o pelar con cuchillo.

muniillu s. esp.: monillo, blusa.

munka s.: monca (Mentha viridis). Remedio para gastritis. *munka yaku*: té de monca. →**muñaa**.

munti s. esp.: monte, árbol de carnaval que se planta y se corta bailando alrededor. *Kanan, ¿piraq muntita wallunqa?*: Hoy, ¿quién tumbará el monte? →**silulu**.

muntura s. esp.: montura. *lasaq muntura*: montura pesada.

muñaa s.: monca, especie de menta andina (Mentha viridis). Planta aromática de hojas verdes y flores blancas, cura el dolor de estómago por frío y gastritis. →**munka**.

Muñi s.: hipoc. de Bonifacio, -a.

mupalli: 1. s.: moho, hongo. *Mupallipis hampim*: El moho también es remedio. 2. adj.: mohoso, hongueado. *mupalli tanta*: pan hongueado.

mupalliy v.: enmohecerse, honguearse. *Qara wachaakaa mupallishqa*: Mi correa de cuero se ha hongueado.

muqa s.: dislocadura, luxación.

muqakay (*muqa-ka-y*) v. refl. y pasivo: dislocarse las coyunturas. *Kukuchii muqakashqa*: Mi codo se ha dislocado.

muqakuy (*muqa-ku-y*) v. refl. transitivo: dislocarse los huesos. *Chakikita muqakunkimantaq*: Cuidado con dislocarte el pie.

muqay v.: dislocar, dislocarse. *¿Chakikiku muqashqa?*: ¿Tu pie se ha dislocado?

muqchiy, muqchikuy (Q II) v.: enjua-

garse la boca. →**muqtsiy**.
muqla adj.: sin gracia, sin amabilidad, desatento. →**puqla**.
muqllu s.: mucllo, semilla de coca.
muqllu adj.: tontuelo, despistado.
muqra adj.: sin gracia, sin amabilidad. →**puqla, muqla**.
muqru, moqru s.: protuberancia, algún miembro resaltante.
muqruray, moqruray v. estar resaltante, resaltar como tumor. →**tuqriray**.
muqtsi: 1. s. enjuague bucal. 2. adj. de enjuague. *muqtsi yaku*: agua de enjuague bucal.
muqtsikutsiy (*muqtsi-ku-tsi-y*) v.: hacer que se enjuague la boca.
muqtsikuy v.: enjuagarse la boca. *Mikuskirninqa alli muqtsikunki*: Enjuágate bien la boca después de comer.
muqtsitsiy v.: hacer enjuagar la boca.
muqtsiy 2. v.: enjuagar la boca, arrojar el agua de la boca. *Ama upyaytsu, muqtsiy*: No bebas, arroja (de la boca).
muqtu, moqtu s.: capullo, algo que emerge en forma roma, brote. *Waqran muqtullaraqmi*: Su cuerno recién es un brote.
muqtuy v.: echar capullos, emerger suavemente.
muqu s.: nudo, coyuntura (animal y vegetal). *tita muqu*: nudo grueso. *Muquchaumi kumaqa yurikan*: El reumatismo aparece en el nudo.
muqumuqu s.: mogomogo, cola de caballo. Planta nudosa que sirve para lavar los cabellos, remedio para el mal viento, tos y dolor de riñón. *muqumuqu yaku*: infusión de mogomogo. →**matiwakwa**.
muqusapa (*muqu-sapa*) adj.: nudoso, de muchos nudos. *Muqusapa qirum shukshupaq alli*: El palo nudoso es bueno para bastón.
muqusyaq p. pte.: que se oxida, que enmohece.
muqusyay v.: oxidarse algo metálico.

muquy v.: romper por el nudo, dislocar, luxar.
murapa s.: de varios ramales, de varias hebras.
murapay v.: unir varias hebras. *Alli murapar waskata ruray*: Haz soga uniendo bien las hebras.
murka s : grumo, bola de harina que no se disuelve. →**murpa**.
murmuntu s.: uvilla, uvillas, grosella (Pourouma sp.). Planta de frutos redondos, pequeños y comestibles. →**shanku**.
murpa s.: grumo, bolas que se forman cuando se bate la harina. *murpa kashki*: sopa con grumos.
murpaa s.: murpá. Planta andina, cura la inflamación. *waaka murpaa*: murpá de vaca. De hojas menudas y suaves. *qachqa murpaa*: murpá áspero.
muru s.: semilla. *papa muru*: semilla de papa. *ñawi muru*: la niña del ojo, iris.
muru adj.: de colores, blanquinegro. *muru kuru*: gusano blanquinegro. →**mullu**.
muru muru adj.: me muchos colores, policromo.
muru qishyay s.: sarampión, varicela, viruela. *yana muru*: viruela (las huellas que deja en el rostro se parecen a pequeñas semillas negras esparcidas). *yuraq muru*: varicela. *puka muru*: sarampión.
muruchu s.: morocho. Especie de maíz amarillo y duro de clima cálido. *muruchu tsutsuqa*: chochoca de morocho.
murukuy (*muru-ku-y*) v. enfát.: sembrar. *Uqata murukuykaptii uma nanay tsariikaman*: Cuando estaba sembrando oca me dio dolor de cabeza.
muruna (*muru-na*) s.: sementera, chacra, sembrío. *muruna pampa*: pampa de sementeras.
muruqutu, muruqotu: 1. s.: coto, bocio muy resaltante. 2. adj.: cotudo. Insulto a las personas que tienen bocio.
murutsiy (*muru-tsi-y*) v.: hacer sembrar. *Warayshi papata murutsin*: Dice que

mañana hace sembrar papa.
muruy s.: siembra, sembrío. *hara muruy*: siembra de maíz. *muruy killa*: mes de siembra.
muruy v.: sembrar. *Kanan murushun*: Sembremos hoy.
muruyay (*muru-ya-y*) v.: 1. volverse de varios colores. 2. imperativo plural, segunda persona: *Muruyayna*: Siembren ya.
mushi, mushinka s. esp.: morcilla, salchicha. *yana mushi*: morcilla negra. *yuraq mushi*: morcilla blanca.
mushku adj.: fragante, oloroso. *mushku wayta*: flor fragante.
mushkuq (*mushku-q*) p. pte., adj.: que es fragante, aromático.
mushkunakuy (*mushku-naku-y*) v. recíp.: olerse, olisquearse.
mushkuy v.: 1. ser fragante. *Kay machay, ima shumaq qanyan mushkurqan*: Qué rico que olió esta cueva ayer. 2. oler, olfatear. *Mushkuntsu*: No huele. C de H: *mushkiy*.
mushuq adj.: nuevo, reciente. *mushuq wata*: año nuevo. →**musuq**.
mushuqtsay (*mushuq-tsa-y*) v.: renovar, hacerlo como nuevo.
mushuqyaatsiy (*mushuq-ya-a-sti-y*) v.: hacer renovar, dar un aspecto nuevo.
mushuqyay v.: renovarse, ponerse como nuevo.
mushuq tamya s.: primera lluvia. Es opuesto a *qipa tamya*. →**puspa**.
musika s.: música. *Musikata mana yachar, lluta qusukun*: Como no sabe música canta por cantar.
muskicha (*muski-cha*) s.: lit. olfateador, chismoso, fisgón, espía.
muskichakuy v.: oler por oler, olfatear.
muskiykachay, muskikachay v.: olfatear, olisquear.
muskichay (*muski-cha-y*) v.: chismosear, fisgonear, espiar.
muskiy (C de H) v.: oler, ser fragante.
muspa s.: estado de sonámbulo, desmayo, pérdida de razón.
muspa muspa exp. adv.: somnoliento, en estado inconsciente.
muspay v.: sonambulear, desmayarse. *Muspat ishkiskin*: Se cayó hasta perder la razón.
musqu s.: sueño (onírico). *alli musqu*: buen sueño.

Paqas puñurnin muqullashkaa:
yawar mayuta tsimpallashkaa.
Yawar mayuqa, winchu musqu,
maypis manana tinkushuntsu.

Anoche durmiendo he soñado: / río de sangre he vadeado. / Río de sangre qué mal sueño, / quizás ya no nos encontremos (huayno).
musquy v.: soñar. *Paqas musqurquq*: Anoche te he soñado.
musuq (Q II): nuevo, reciente. →**mushuq**.
musya s.: información, conocimiento.
musyachi (*musya-chi*) s., adj.: chismoso, sabihondo. *Taqay runaqa, kikin kikintaqa yachantaqku, musyachillamari*: Aquel señor, es solamente un sabihondo, de verdad no sabe la esencia de las cosas.
musyachakuy v.: chismosear, enterarse para chismear.
musyapanakuy (*musya-pa-naku-y*) v. recíp.: conocerse mucho (hasta las mañas). *Alli musyapanakurmi shumaqlla imatapis allitsayan*: Porque se conocen tanto que prefieren arreglar bonito cualquier asunto.
musyapaanakuy (*musya-pa-a-naku-y*) v. recíp.: criticarse, mal juzgarse.
musyapay v.: criticar, hablar mal de alguien. *Ama pitapis musyapankitsu*: No debes hablar mal de nadie.
musyapuy (*musya-pu-y*) v.: conocer las cosas de otro.
musyaq (*musya-q*) s., adj.: enterado, informado, al tanto. *Musyaqqam, musyanlla; yachaqmi, yachanqa*: El especialista solamente está enterado; el que sabe, sí sabe.

musyatsiy v.: hacer saber, informar.
musyay v.: conocer, enterarse, averiguar, investigar, estar enterado. C de H: *musyee*.
muti s.: mote. Maíz o trigo sancochados. *hara muti*: mote de maíz.
mutiy v.: preparar mote, hacer mote.
mutka s.: mortero de piedra. →**muchka**.
mutqu s.: yema de planta, guía principal de la planta. *Mutquta manam yatanatsu*: No se debe tocar la yema de la planta. →**hachapa ñawin**.
mutquy v.: brotar, salir la yema.
mutsa s.: beso, veneración. → **mucha**.
mutsanakuy (*mutsa-naku-y*) v. recíp.: besarse. *Kaallichauqam may tsaychau mutsanakuyan*: En la ciudad se besan en cualquier lugar.
mutsay v.: besar, venerar ídolos. *Mutsarquq*: Te he besado. *siki mutsaq*: lit. "besa culo", adulador, lambón.
mutu adj.: mocho, sin cuerno, pelo muy corto. *Limaqpa aywaq chinakunaqa mutullana kutiyaamun*: Las muchachas que van a Lima vuelven con pelo corto.
mutuna s.: herramienta para cortar (machete, hacha).
mututsiy (*mutu-tsi-y*) v.: hacer cortar, hacer talar.
mutuy v.: trozar, cortar, tumbar el árbol cortándolo, talar.
muuda s. esp.: muda, ropa para mudarse. *¿Muudayki kanku?*: ¿Tienes ropa para cambiarte?
muudana s.: muda, ropa para cambiarse.
muudakuy v.: cambiarse la ropa. *Mudakuyta munaptiipis, manam muudaa kantsu*: Aunque quiera mudarme, no tengo muda.
muudatsiy v.: hacer mudar, hacer cambiar la ropa.
muuday v.: mudar, cambiar, reemplazar.
muuka s.: per. muca, zarigüeya. Como es un animal pelado, el per. "muca" significa: sin dinero, pelado. →**chanku, achaku**.
muulli s.: molle (Schinus molle). Árbol de hojas resinosas que curan el calambre y reumatismo, la miel que cubre la semilla sirve para hacer chicha, su savia lechosa limpia la carnosidad del ojo. →**kullash**.
Muushi s.: hipoc. de Moisés, -esa.
muuyay v. onomat.: mugir, hacer ¡mú! como ganado vacuno. *Patsa kuyuptinqa, waakapis muuyanmi*: Cuando hay temblor, hasta la vaca muge.
muya s.: jardín. →**pata.**
muyay v.: contagiar. →**shukuy**.
muyla adj.: que pide comida a cada rato, fastidioso en pedir comida. *muyla wamra*: niño fastidioso de comida.
muyti adj.: resaltante, protuberante, prominente. *muyti siki*: nalga prominente.
muytiy v.: resaltar algo.
muyu s.: redondo, remolino, rodeo, contorno. *muyu tiksi*: universo redondo. top. Moyobamba (*muyu pampa*). Perú.
muyutsiy v.: hacer girar, dar vueltas.
muyu wayra s.: torbellino. →**shukukuy**.
muyuy v.: girar, dar vueltas (trompo, bailarín). *uma muyuy*: sentir vértigo, turbarse.

N

n [n]: fonema nasal alveolar. En algunos dialectos es alófono de /ɲ/: *nuqa, ñuqa*: yo. *naqtsa, ñaqtsa*: peine. *nawi, ñawi*: ojo.

-n morf. de tercera persona, después de vocal breve: 1. morf. pers. incorporado en verbo: *munan (muna-n)*: quiere. *nunayan (muna-ya-n)*: quieren. 2. morf. pos.: su, suyo. *wasin (wasi-n)*: su casa. *wasinkuna (wasi-n-kuna)*: sus casas. Para enfatizar la posesión se añade *-pa* (de) en el elemento poseedor, en este caso, los elementos poseedor y poseído llevan *-n*: *warminpa tsukun*: lit. "de su esposa su sombrero, su sombrero de su esposa" (este tipo de español se habla en muchas regiones): el sombrero de su esposa. El alomorfo *-nin* después de vocal larga, diptongo decreciente y consonante.

-n exp. adv. exagerativo por la repetición de la misma palabra con esta marca: 1. locativa: de ... en, por. *Markan markan kutiramuu*: He vuelto de pueblo en pueblo (por pueblos). 2. temporal: cada (cierto tiempo), periodicidad. *Watan watan kutimuu*: Vuelvo cada año.

na, naa exp.: algo indefinido. Recurso cuando se ignora o no se acuerda algo, llena el vacío del discurso. Equivale a: "este...", "es que...", fulano, algo, alguien. *Naa shamushqa, naa hampita apamushqa*: Ha venido este..., ha traído este... remedio. Muy común en personas con retardo del lenguaje. *Napa shiminpitapis*: Como dijo alguien. Es una muletilla.

-na morf. sustantivador que se agrega al tema verbal: *mikuna (miku-na)*: comida. *pitsana (pitsa-na)*: escoba.

-na morf. adjetivador de posibilidad, se agrega al tema verbal: morf. adj.: -ble. *rurana*: factible. *upyana yaku*: agua potable. *allitsana naani*: camino arreglable (que se puede arreglar).

-na morf. adv., se añade al tema verbal, adj., s.: 1. ya, proceso concluido. *Panchuqa mikushqanam (miku-shqa-na-m)*: Pancho ya ha comido. 2. *-lla-na*: suficiente, basta, no más. *Qamllana (qamlla-na) ushay*: Tú no más termina. *Tsayllatana*: Eso no más.

-na morf. pron.: ahora (asunción de responsabilidad). *Kananqa qamna*: Ahora tú (es tu responsabilidad, tu oportunidad).

-na- morf. v. desiderativo. Agregado al nombre lo verbaliza: desear, querer, tener necesidad de, sentir. *yakunay (yaku-na-y)*: tener sed, querer agua. *Pukllapaqqa wañunanraq*: Está que se muere por el juego. Podría ser resultado de síncopa: *yaku(ta) munay › yakunay*.

-na (+ morf. pers., *-paq*). Va en el tema verbal de la oración subordinada, exp. de finalidad, propósito: para que, a fin de que. *Mikunaykipaq (miku-na-yki-paq) kayta apamuu*: Traigo esto para que comas. *Pii maypis wañunanpaq yurin*: Todo el mundo nace para morir.

naani s.: camino, vía, senda. *chaki naani*: camino de peatones. *winqu naani*: camino con muchas curvas. *tinku(q) naani*: encuentro de caminos. *rakiq naani*: bifurcación de camino. →**ñan**.

naanitsay (*naani-tsa-y*) v.: hacer camino.

naaqa adv.: antes, hace rato, hace momentos. *Naaqa patsa kuyurqun*: Hace un rato se ha movido la tierra (ha habido temblor). *Naaqapita shuyaq*: Te espero desde hace rato.

-nach (*na-ch*): ya + futuro: responsabilizarse, asumir. *Paynach imanaupis kawanqa*: El ya vivirá como sea.

-naku- morf. v. recíp.: se, mutuamente, recíprocamente. *Alli yanasakuna may-*

chaupis yarpaanakuyan: Los buenos amigos se recuerdan dondequiera. **mutsanakuy**: besarse. C de H: *mutsanakiy*.
nanakuy (*nana-ku-y*) v. enfát.: 1. tener dolor, sentir dolor, sentirse mal. *Waakantsik nanakun, maypis waray wachanqa*: Nuestra vaca siente dolores de parto, quizás mañana para. 2. sentir, escarmentar. *Imaykata niyaptinpis, mana pinqakuq runaqa, nanakuntsu*: Aunque le digan cualquier cosa, el hombre sinvergüenza, no lo siente.
nanatsikuy (*nana-tsi-ku-y*) v.: hacer doler, hacer sufrir. *Qishyarnin kikillaa uspitalchau hitararqaa nirmi, nanatsimanki*: Me haces sufrir diciendo que habías estado tirado solo y enfermo en el hospital.
nanatsinakuy v. recíp.: hacerse doler, herirse.
nanatsiy (*nana-tsi-y*) v. hacer doler, hacer mella. *Hampikurninqa ama nanatsinkitsu*: Cuando cures no hagas doler. *Kay kutsilluqa nanatsintsu*: Este cuchillo no hace mella (no corta).
nanay s.: dolor, enfermedad, mal, sufrimiento. *shunqu nanay*: dolor de corazón. *pacha nanay*: dolor de estómago. *Ima nanaychi kayqa, hitaritsikun, qichatsikun*: Qué mal será éste, de vómitos y diarrea. C de H: *nanee*.
nanay v.: doler, sentir dolor. *Yanasaapa pachan nanan*: A mi amigo le duele el estómago.
napa (*na-pa*) exp.: lit.: "de alguien, de fulano". Se pretende citar palabra o discurso ajeno, que quizás ni exista realmente. *Napa shiminpitapis: kaatan, manatan*. Como dijo alguien: soy y no soy.
napakuy v. enfát.: saludar. *Yashqakunata napakushun*: Saludemos a los mayores. →**rimaykukuy**.
napay v.: saludar.
-naq kay (conjugado) exp. v.: pret. pluscuamperfecto del indicativo. La acción es aludida al sujeto como cuando se narra un sueño. *Nuqash riqinaq kaa*: Dicen que yo te había reconocido. El auxiliar *kay* no se usa en tercera persona: *Payqa riqimaanaq*: Y él me había conocido.
naqtsa s.: peine. *waqra naqtsa*: peine de cuerno. →**ñaqtsa**.
naqtsakuy v. refl.: peinarse.
naranha s. esp.: naranjo, naranja. *naranha wayta*: flor del naranjo. *naranhakuy*: buscar naranja.
nataq (*na-taq*) s. pron.: alguien, fulano. *Nataq shamun*: Viene fulano. →**na**.
-nau morf. de comparación. Va en el elemento de la comparación: como, semejante a, parecido a. *kaynau*: así, de esta manera. *Yayaykinau karqam, alli runa kanki*: Si eres como tu padre, entonces eres buena persona. *–nqa-* + morf. pers. + *-nau* exp. modal: tal como, así como. *Ninqaykinau kanaq*: Había sido así como dijiste. C de H: *noo*. →**rikuq, hina**.
-nchis, -nchik (Q II) morf. universalizador o incluyente: todos nosotros, de todos nosotros, nuestro. En Q I: *-ntsik*.
-nchu morf. despectivo: -uelo, -ucho. *warminchu*: afeminado. *kurkunchu*: jorobado, que aguanta sin quejarse. →**-llu**.
-ni- morf. nominal posesivo + morf. personal, después de vocal larga, diptongo decreciente, consonante: mi, tu, su, nuestro, vuestro. *muñaanii* (*muñaa-ni-i*): mi muñá. *qaraynii*: mi regalo. En pl. es polisémico: *muñaaniikuna*: mis muñás, nuestro (excluy.) muñá, nuestros (excluy.) muñás. *qaraynikikuna*: tus regalos, vuestros regalos. *muñaanin*: su muñá (de él). *qarayninkuna*: sus regalos (de ellos), vuestro(s) regalo(s). *muñaanintsik*: nuestro muñá (incluyente).
Nika s.: hipoc. de Nicario, -a; Nicasio, -a; Nicanor, -a.
nikachaq (*nikacha-q*) p. pte.: pretencioso, sobrado, creído, detalloso. *nikachaq chiina*: chica pretenciosa.
nikachay v.: ser detalloso, mostrar petu-

lancia, sobrarse. *Alli runaqa manam nikachantsu*: El hombre bueno no se sobra.
nikachaykachay v.: andar con mucha sobradería, hacer mucha gala. *Nikachaykachar puriptinmi Hashita milanaa*: Detesto a Jacinto porque anda con sobradería.
nikar (*ni-ka-r*) exp.: en eso, en tal situación, acción repentina que contrasta. *Qaraykushaq nikar, manaaraskii*: Estaba por regalarle, en eso me desanimé.
-niki (*ni-[y]ki*). Las vocales gemelas (*niiki*) se reducen en una (*niki*) adj. pos. de segunda. pers., después de vocal larga, diptongo decreciente, consonante: tuyo, tu. *muñaaniki*: tu muñá. *qarayniki*: tu regalo. En pl. es polisémico: *ratashnikikuna*: tus ropas, vuestra ropa, vuestras ropas. Su alomorfo después de vocal breve: *-yki*.
niksha adj.: morena, aceitunada, zamba. *Niksha shipash shumaq tushun*: La joven morena baila bonito.
nikshu adj.: moreno, aceitunado, zambo. La distinción de género: *nikshu / niksha* es influencia del español.
Niku s.: hipoc. de Nicolás, Nicolasa.
-nin (*ni-n*) morf. de pos. de tercera pers., después de vocal larga, diptongo decreciente, consonante: suyo, su. *muñaanin*: su muñá. *qaraynin*: su regalo. En pl. es polisémico: *muñaaninkuna*: sus muñás (de él, de ellos). Su alomorfo después de vocal breve: *-n*.
nina (*ni-na*) s.: palabra, lo que se dice.
nina s.: fuego, candela. *Ninata upitsishun*: Apaguemos el fuego. *Ninatam rikaa*: Veo (cuido) el fuego.
nina adj.: 1. ardiente, quemante. 2. destructor, ardiente, lascivo. *nina qallu, nina shimi*: malédico. *nina siki*: lit. "culo ardiente", lujuriosa, lasciva.
nina killa s.: lit. "mes del fuego", septiembre.
nina kuru s.:, lit. "gusano de fuego", luciérnaga. *Taqaychau imach nina kurunau chipakyan*: Allá no sé qué brilla como la luciérnaga.
nina puukana s.: fuelle, soplador.
nina rumi s.: lit. "piedra de fuego", pedernal (con golpe se saca chispa).
nina qallu s.: lit. "lengua de fuego", chismoso, cuentistero, correveidile, lengua suelta. →**nina shimi**.
nina shimi s.: lit. "boca de fuego", chismoso, cuentistero.
nina siki s.: lit. "culo ardiente", prostituta, ramera, rabona, lujuriosa, puta.
ninay (*ni-na-y*) v.: significar, querer decir, equivaler a. *¿Tsayqa ima ninantan?*: ¿Qué significa eso?
-ninchis, ninchik (Q II): nuestro. En Q I: →**-nintsik**.
-ninnaq (*nin-naq*) morf. nominal privativo o de carencia, después de vocal larga, diptongo decreciente, consonante: sin, privado de, carente de, que no tiene, que le falta. *muñaaninnaq*: sin muñá. *kakauninnaq*: sin cacao. *ratashninnaq*: que le falta ropa, sin ropa. Su alomorfo después de vocal breve: *-nnaq*.
-nintin morf. de adyacencia, después de vocal larga, diptongo decreciente, consonante: con, hasta con, junta a, al lado de, en compañía de. *Urpikuna wiskulnintin paariyan*: Las palomas vuelan en compañía del gallinazo. Su alomorfo después de vocal breve: *-ntin*.
-nintsik (*ni-ntsik*) morf. pos. de primera pers. pl. incluyente o universal, después de vocal larga, diptongo decreciente, consonante: nuestro (de todos). *muñaanintsik*: nuestro muñá. *Kakaunintsik*: nuestro cacao. *quyllurnintsik*: nuestra estrella. Su alomorfo después de vocal breve: *-ntsik*.
niq (+ morf. locativo) exp.: al lado de, cerca de, junto a. *Rumi niqchau kullu chacharay kan*: El tronco está recostado al lado de la piedra.

niqin (pospuesto al numeral) num. ordinal. *kimsa niqin*: tercero. *suqta niqin*: sexto.

niraq (*nira-q*) p. pte.: que se parece, parecido a, semejante a, aparente, más o menos, aproximado. *atuq niraq allqu*: perro semejante a zorro. *Mana niraqlla runa, allish tukuq runataqa, huk makilla, muspat, kutaykun*: El hombre nada aparente, le dio sólo un puñete hasta desmayarlo al hombre petulante →**rikuq**.

niray v.: parecerse, semejarse.

nir, nirnin (*ni-r, ni-rnin*, gerundio) exp. modal, causal: lit. "diciendo", gerundio, porque. *Markaami nirmi kutimuu*: Vuelvo porque es mi pueblo. lit. "Vuelvo diciendo es mi pueblo". *Aswata qaraykamanqa nirninmi chaamuu*: Vuelvo porque pienso que me va a regalar chicha.

nirpis (*ni-r-pis*) conj. adversativa: aunque, sin embargo, a pesar de. *Wamraqa allitsu ruran; nirpis yanapaman*: Es cierto que el niño no trabaja bien; sin embargo me ayuda.

nishpa (*ni-shpa*) exp. adv. modal, causal: gerundio, porque. *¿Imata nishpa kutimun?*: lit. "¿Diciendo qué vuelve?" ¿Por qué vuelve? →**nir, nirnin**.

nishqa v.: 1. p. p.: dicho, citado, avisado, llamado. Referencia de lo ya mencionado, anáfora común en el discurso quechua: *Tupak nishqa runam tapukushurquyki*: El hombre llamado Túpac te manda saludos (lit. "ha preguntado por ti"). *Nishqa runa chaanaq*: Dicho señor había llegado. 2. tercera. pers. de pret. perf.: *Paymi llapanta nishqa*: Él ha dicho todo.

nitiy v.: aplastar, presionar. *Wamrata nitinki*: Aplastas al niño. →**qupiy**.

niwa s.: nigua, pique (parásito pequeño que entra en el cuerpo y pone sus huevos). →**piki**.

niy v.: decir, hablar. *Imatapis warmi tsurikita nillankitsu, tsayraqmi wahupaykaa*: Por favor, no le diga nada a su hija, recién la estoy provocando.

-nki morf. v. de pte. y futuro: morf. verbal de segunda persona: *Qamqa shumaq arunki*: Tú trabajas bien. *Waray kay libruta apamunki*: Mañana traerás este libro. Su alomorfo para los tiempos pasados: *-yki*.

-nnaq (*-n-naq*) morf. de carencia, después de vocal breve: sin, privado de, falto de, que no tiene, carente de. (Equivale a *mana –yuq*). *warminnaq, mana warmiyuq*: sin mujer, que no tiene mujer. *kachinnaq kashki*: sopa sin sal. Su alomorfo después de vocal larga, diptongo decreciente, consonante: *-ninnaq*.

-noo (C de H): como, semejante a, parecido. → **-nau**.

-npi morf. de adyacencia: con. *Wayranpi tamyan*: Llueve con viento. → **-ntin**.

-nqa- morf. de subordinación, va después del tema verbal: 1. el que, la que, lo que. *Maypa aywarpis, rikanqaykita ruranki*: A donde fueres, haz lo que vieres. *Wiyanqantsikta rimashun*: Hablemos lo que hemos oído. 2. temporal: mientras, durante. *Wamraqa puñunqaayaq waqanaq*: El niño había llorado mientras yo dormía. 3. *-nqa-* + morf. pers. + *–nau*: tal como, así como, tanto cuanto. *Mikunqaykinau* (*miku-nqa-yki-nau*) *arukunkiman*: Debes trabajar tal como comes. *Pay ninqannau, imaapis kantsu*: No tengo nada tal como él dice.

-nqa (*n-qa*) morf. v., futuro, tercera persona: fut. imperfecto o perifrástico. *Waray tamyanqa*: Mañana lloverá (va a llover).

-ntin morf. de adyacencia, después de vocal breve: hasta con, junto a, al lado de. *Warmintin tushun*: Baila hasta con su mujer. Su alomorfo después de vocal larga, diptongo decreciente, consonante: *nintin*. →**-nintin**.

-ntsik (Q I) morf. universalizador o incluyente, después de vocal breve.:

1. pron. pers. *nuqantsik*: todos nosotros (incluye al oyente). *Nuqantsikpatsu* (*nuqa-ntsik-pa-tsu*): No es de ninguno de nosotros. **2.** adj. pos.: nuestro. *aylluntsik*: nuestro ayllu. Su alomorfo después de vocal larga, diptongo decreciente, consonante: *-nintsik*. **3.** morf. incluyente verbal, después del tema verbal: *-mos*. *Rikarqantsik* (*rika-rqa-ntsik*): vimos. **4.** morf. v., después del tema verbal: forma impersonal. Se usa en oraciones causales y consecutivas. *Alli wamrata qishpitsiyta munarmi piñapantsik*: Se amonesta al niño porque se quiere criar bien.

nugal s. esp.: nogal. Sus hojas sirven para teñir.

nukiy v.: alzar los ojos o la cabeza.

numpa exp. de sorpresa: ¡cómo!, imposible.

numpakush (*numpa-ku-sh*) exp. adv. enfát.: acaso, imposible, ¡cómo!, ¡qué va! *Numpakush haqa kaykar upa tukunqa*: Imposible que siendo deudor se haga el tonto.

numpataqku (*numpa-taq-ku*) adv.: ¡cómo!, imposible, acaso. *Numpataqku markaata qunqaaman*: Imposible que yo me olvide de mi pueblo. Cómo voy a olvidar mi pueblo. ¿Acaso voy a olvidar mi pueblo?

numya s.: ñuña, frijol redondo que se come tostado. →**ñumya**.

nuna (C de H) s.: persona, gente, hombre. *nuna mayiki*: tu semejante, tu prójimo. *runa › nuna*. →**runa**.

nuqa pron. 1ª persona sing.: yo. *Nuqa yanapashqayki*: Yo te ayudaré.

nuqakuna (*nuqa-kuna*) pron. primera pers. pl. excluy.: (solamente) nosotros. Se excluye al oyente.

nuqallaachi (*nuqa-lla-a-chi*) exp. humilde forma de presentarse en casa ajena: Disculpen, soy yo.

nuqanchis (*nuqa-nchis*, Q II) pron. primera pers. pl. incluy.: nosotros, nosotras. →**nuqantsik**.

nuqantsik (*nuqa-ntsik*) pron. primera pers. pl. incluy.: (todos) nosotros. Se incluye al oyente.

nuqapa (*nuqa-pa*) pron. pos.: lit. "de yo, de mí", mío. ¿*Pipatan kay chakra?*: ¿De quién es esta chacra? *Nuqapam*: Es mía.

nuqa rayku, nuqarrayku exp.: por mí, por mi causa, por tratarse de mi persona. Dos propuestas ortográficas: *nuqa rayku, nuqarrayku*, correctas porque transcriben mejor a la vibrante múltiple rehilada. *Nuqa raykum maypitapis kutimun*: Por mí, él vuelve de donde sea.

nurti s. esp.: norte, variedad de trigo.

nuyu adj.: mojado, húmedo. *nuyu qaratsa*: pellejo mojado.

nuyukuy (*nuyu-ku-y*) v.: mojarse (Chacas – Ancash). →**uqukuy**.

nuyutsay (*nuyu-tsa-y*) v.: mojar.

nuyutsinakuy (*nuyu-tsi-naku-y*) v. recíp.: mojarse.

nuyutsiy v.: hacer mojar, hacer humedecer, hacer echar agua.

nuyuy v.: mojar, humedecer, echar agua.

Ñ

ñ [ɲ]: fonema nasal palatal. Algunas veces es alófono de /n/: *ñakay, nakay*: sufrir. *ñawi, nawi* ojo. *ñuqa, nuqa*: yo.

ñaa s. onomat.: balido de corderillos y cabritos: "ña", "ba".

ñaaqa adv.: hace rato. →**naaqa**.

ñaatu adj.: ñato, de nariz pequeña.

ñaka s.: 1. necesidad, carestía. 2. trance del acto de morir, estertores de la muerte.

ñakakuy v. enfát.: estar necesitado, padecer, sufrir, estar moribundo. *Markantsik ñakakun*: Nuestro pueblo padece.

ñakatsiy (*ñaka-tsi-y*) v.: hacer sufrir, hacer padecer.

ñakay v.: 1. sufrir mucho, padecer, estar muy necesitado *Tsaynawa ñakarninpis manam yanapamay nishaaykitsu*: Aunque esté muy necesitado no te pediré ayuda. 2. estar moribundo, sufrir los estertores de la muerte. *Chiki runa allaapa ñakan*: El hombre malo sufre mucho al morir.

ñakayta, ñakanta exp. adv.: con mucho sufrimiento, con demora, con gran dificultad. *Kay papa ñakayta hiqan*: Esta papa nace con mucha demora.

ñakcha s.: peine. →**ñaqtsa**.

ñampu adj.: suave, blando. →**llampu**.

ñan (Q II: Chachapoyas, Asuay) s.: camino, vía, senda. *chaki ñan*: atajo. →**naani**.

ñanchay (Q II) v.: hacer camino, abrir camino.

ñaña s.: hermana (de mujer). *urkupa ñaña*: hermanastra. *pishi ñaña*: hermana menor. *ñaña pura*: entre hermanas.

ñaña s.: niño, bebe, lactante. →**llullu**.

ñañatsaakuy (*ñaña-tsa-a-ku-y*) v.: tomar por hermana (relación entre mujeres).

ñañu adj.: delgado. →**llanu**.

ñapa s.: per. yapa, ñapa, añadidura que el vendedor da al comprador. →**yapa**.

ñapay v.: per. yapar, ñapar, regalar algo al comprador como una forma de agradecer.

ñapu adj.: blando, suave, esponjoso. *ñapu waylla*: césped blando (por tener pantano debajo).

ñapu ñapu, ñapupu (síncopa de sílaba *ña*) adj.: muy blando.

ñapupuq adj. enfát.: muy blando, muy suave (frutas muy maduras, heridas muy infectadas). *ñapupuq papaaya*: papaya muy blanda.

ñapuy ñapuy, ñapupuy v. enfát.: estar muy blando o suave. *Kay paltaqa ñapupunmi, sas mikushun*: Esta palta está muy blanda, comámosla pronto. →**ñapuy**.

ñapuq (*ñapu-q*) p. pte.: que está blando, blando, suave. *ñapuq wayu*: fruto suave. →**ñapupuq**.

ñapuy v.: estar blando o suave.

ñaputsiy (*ñapu-tsi-y*) v.: hacer ablandar, mandar a suavizar. *Qitaata alli ñaputsinki*: Harás ablandar bien el barro.

ñapuutsiy (*ñapu-u-tsi-y*) v.: ayudar a ablandar o suavizar.

ñaqcha s.: peine, peineta. →**ñaqtsa**.

ñaqchay v.: peinar.

ñaqtsa s.: peine, peineta. *ñaqtsapa kirun*: diente del peine. *ñaqtsa kiru*: dientes delgados y menudos como del peine.

ñaqtsakuy (*ñaqtsa-ku-y*) v. refl.: peinarse. *¿Maychau ñaqtsakunki?*: ¿Dónde te peinas? *¿Imanirtan ñaqtsakunkitsu?*: ¿Por qué no te peinas?

ñaqtsanakuy (*ñaqtsa-naku-y*) v. recíp.: peinarse mutuamente.

ñaqtsapakuy v.: trabajar peinando, ayudar a peinarse.

ñaqtsapaakuy (*ñaqtsa-pa-a-ku-y*) v.: peinarse para estar más atractivo, acicalarse, ataviarse.

ñaqtsay v.: peinar.

Ñati s.: hipoc. de Natividad.

ñatin s.: hígado. *yana ñatin*: lit. "hígado

negro", hígado. *yuraq ñatin*: lit. "hígado blanco", pulmón.

ñau s. onomat.: miau, maullido de felino manso. →**ñaurau**.

ñauchi adj.: agudo, filudo. →**puncha**.

ñauñauyay v. onomat. enfát.: maullar sin cesar (felino tierno o manso). *Llullu ushqu hachakuna rurinchau ñauñauyan*: El gato montés tierno maúlla dentro de los árboles. →**ñauyay**.

ñaupa: 1. adj., s.: anterior, de tiempo pasado, antiguo, gentil. *ñaupa runa*: hombre de tiempo pasado, gentil. *Ñaupakuna kay rarqata rurayarqan*: Los gentiles hicieron este canal. 2. adv.: antes (tiempo), delante, presencia (espacio). *Ñaupam wañuyta mantsarqaa*: Antes tuve miedo de la muerte. *Au, ñaupaata ayway*: Oye, anda delante mío. C de H: *ñoopa*.

ñaupaakuy v. refl.: irse delante, adelantarse. *Taqay hirkapita ñaupaakunki*: Adelántate desde esa colina.

ñaupaatsiy (*ñaupa-a-tsi-y*) v.: hacer adelantar, ubicar delante.

ñaupay v.: adelantar, adelantarse, avanzar. *Waqaynatsu, wañuq wauqikiqam hatun naanipa ñaupaamashkantsiklla*: Ya no llores, tu hermano muerto sólo se nos ha adelantado por el camino grande.

ñaupi s.: punta, parte delantera.

ñaurau S. onomat.: maullido de felino grande y bravo. *ñau ñau > ñaurau* (por disimilación de la palatal ñ. →**ñau**.

ñaurauyay (*ñaurau-ya-y*) v. onomat. enfát.: maullar felino grande y bravo.

ñausa adj., s.: ciego, invidente. *Ñausash tikrashaq*: Dicen que me volveré ciego. top. Ñausacocha, lit.: "laguna ciega" (Ecuador). →**qapra**.

ñauyay (*ñau-ya-y*) v. onomat.: maullar (felino tierno o manso). →**ñauñauyay**.

ñawi s.: 1. ojo, ojal. *yana ñawi*: ojo negro. *papapa ñawin*: ojo de papa. *tuqu ñawi*: ojo hundido. *ñawi muru*: iris del ojo, pupila. *ñawita kichay*: abrir los ojos,

darse cuenta. *tsulla ñawi*: tuerto. *ñawita laptay*: lit. "meter el dedo en el ojo", dejar sin posibilidad de respuesta, tocar la parte débil. 2. brote (las primeras hojas), cogollo guía de la planta, yema. *Hachapa ñawinta manam yatapaanatsu*: No se debe tocar la yema de la planta. 3. fermento, espuma. *aswapa ñawin*: lit. "ojo de chicha", líquido espumoso de chicha recién fermentada. 4. primer hervor del caldo. 5. verdura que complementa la sopa. 6. ojo de fuente, manantial. *qucha ñawin*: lit. "ojo de laguna", ojo del agua, fuente de donde procede el agua. El agua es lágrima de la *Patsa Mama* (Madre Tierra).

ñawicha s.: gratificación por hallazgo. →**ñawinpa**.

ñawichay v.: gratificar por hallazgo.

ñawiksha s.: inflorescencia del maíz. →**shamachka**.

ñawikshay v.: echar flores el maíz.

ñawipa murun (*ñawi-pa muru-n*) exp. nominal: lit. "del ojo su semilla, semilla del ojo", iris, niña del ojo, ser importante, ser amado. *Ñawiipa murunmi kanki*: Eres la niña de mis ojos. Eres el ser más querido. →**shunqu watu**.

ñawinpay s.: recompensa por encontrar algo perdido.

ñawinpay (*ñawi-n-pa-y*) v.: pagar o recibir la recompensa por haber encontrado lo perdido.

ñawipashta (*ñawi pashta*) s.: ñahuipashta, revientaojo. Planta cuyos frutos se usan para lavar ropas. La savia es muy amarga que puede reventar el ojo.

ñawisapa (*ñawi-sapa*) adj.: ojón.

ñawi shapra s.: lit. "barba del ojo", ceja. *yuraq ñawi shapra*: ceja blanca.

ñawitsa s.: verdura que se echa a la sopa (repollo, col).

ñawitsay (*ñawi-tsa-y*) s.: echar verduras en la sopa, lit. "ponerle su ojo".

ñawiyuq (*ñawi-yuq*) s.: 1. que tiene ojo,

que puede ver. 2. que sabe leer. Antónimo de *ñawinnaq*: iletrado, lit. "sin ojo". 3. verdura que completa la sopa.
ñikisa s.: cosquilla. →**chikisa**.
ñikisanakuy v. recíp.: cosquillarse, hacerse cosquillas.
ñikisay v.: cosquillar, hacer cosquillas. *Au, chikisamaynatsu*: Oye ya no me cosquilles. →**chikisay**.
ñiktu adj.: arrugado, rugoso (tubérculos, hojas de plantas, personas), marchito. *ñiktu papa*: papa rugosa (guardada mucho tiempo). *ñiktu runa*: persona rugosa.
ñiktuutsiy (*ñiktu-u-tsi-y*) v.: hacer que se arrugue, hacer marchitar.
ñiktuy v.: arrugarse, hacerse rugoso. *Papanau ñiktun*: Se hace rugoso cual papa.
ñimñiy v.: comer sin ganas, comer con melindres.
ñiq s. onomat.: quejido.
ñiqin morf. num., después de cardinal: ordinal. *kimsa ñiqin*: tercero. *chunka ñiqin*: décimo. →**niqin**
ñiqtay v.: quejarse de dolor fingidamente, estar echado ocioso quejándose.
ñiwa s.: pique, nigua. →**piki**.
ñoopa (C de H) adj., adv.: antiguo, pasado, anterior, antes. *ñoopa nuna*: hombre antiguo. →**ñaupa**.
ñuka pron. pers.: yo. →**nuqa**.
ñukakuna pron. pers. excluy.: nosotros. →**nuqakuna**.
ñukanchis pron. pers. incluy.: todos nosotros. →**nuqantsik**.
ñuk s.: nada. Se usa sólo en oración negativa. *Ñuk kantsu*: No hay nada. *Ñukta munaatsu*: No quiero nada.
ñuktu (Chachapoyas) s.: seso. →**tuqshu**.
ñumya s.: per. ñuña, frijol redondo que se come tostado.
ñuña s.: per. ñuña, frijol redondo que se tuesta (Phaseolus vulgaris).
ñuñu s.: teta, seno, ubre. *puru ñuñu*: lit. "teta como el porongo", tetona. →**chuchu**.

ñuñuma s.: pato. *purun ñuñuma*: pato silvestre (Cairina moschata).
ñupu s.: mollera. →**winanish**.
ñupuy v.: madurar la masa con puños. →**tsumuy**.
ñuqñu s. onomat.: mamada, lactada.
ñuqñuy v. onomat.: mamar. →**chuchuy**.
ñuqtay, ñoqtay v.: tragar, hacer pasar por la garganta sin masticar. *Wallpa harata ñuqtan*: La gallina traga el maíz. *Hampita ñuqtay*: Toma el remedio. →**millpuy**.
ñuqtu s.: seso, médula. →**tuqshu**.
ñushpi s. niño o niña tierno.
ñusta s.: per. ñusta, princesa, doncella real. *ñusta tushu*: baile de ñustas. *ñusta wantuna*: palanquín para cargar a la ñusta.
ñutu adj.: per. ñuto, menudo, molido, desmenuzado. *ñutu allpa*: tierra fina (molida). *ñutu tamya*: lluvia menuda (fina).
ñututsiy v.: desmenuzar, hacer moler muy menudo.
ñutuutsiy v.: ayudar a desmenuzar.
ñutuy v.: hacerse polvo, desmenuzarse, pulverizarse.
ñuuku s.: per. ñoco, hueco que se hace en el suelo para jugar bolitas metiendo allí, juego de bolitas con ñoco.
ñuuku adj.: homosexual, maricón.
ñuukuy v.: jugar al ñoco, hacer huecos para jugar.
ñuyaa s.: hormiga. →**iñaashu**.
ñuyukuy v.: mojarse.
ñuyuy v.: mojar, humedecer. →**nuyuy**.

O

o [o]: vocal semiabierta, posterior. Como fonema está ausente en quechua. Se realiza como apertura de /u/ por contacto o cercanía con [q] (*uqa* › *oqa*: oca, *urqu* › *orqo*: macho). En C de H se da por monoptongación: [au̯] › [o:] (<au> › <oo>). *kaychau* (C de C) › *keechoo* (C de H). Aparece en los préstamos del español o por hiperimitación a los hispanos. El fenómeno /o/ › [u] es muy común en los monolingües quechuas: gobierno › *gubirnu*. maestro › *mayistru*. Zózimo › *Shuushi*. Este diccionario, siguiendo la norma tradicional, opta por lo fonémico; pero, presenta, algunas veces, junto a la palabra la variación fonética.

oo: vocal larga resultado de los siguientes fenómenos: 1. Monoptongación del diptongo [au̯] (<au>). Fenómeno muy común en el Callejón de Huaylas (subdialecto del Q I): *aumi* › *oomi*: sí. *kaychau* › *keechoo*: aquí. 2. Pérdida del acento de tensión de [ˈo] del español en proceso de quechuización: [pelˈota] › *peloota, piluuta*.

Olish, Ulish s.: hipoc. de Orestes.
Okta, Ukta s.: hipoc. de Octavio.

P

p [p]: fonema oclusivo labial sordo.
-pa morf. de genitivo: de. *mankapa rinrin*: lit. "de la olla su oreja", asa de olla. La posesión está tanto en el posesor (*-pa*) como en lo poseído (*-n*).
-pa morf. de dirección: por. *mayu kuchunpa*: por la orilla del río. *patsa rurinpa*: por dentro de la tierra. **-man-pa**: hacia, con dirección a. *Taqay markamanpa aywaa*: Voy hacia aquel pueblo (con dirección a aquel pueblo. La meta no es el pueblo, es sólo una referencia).
-pa morf. modal: a, de, con, por, -mente. *chakipa*: a pie. *hinchipa*: con fuerza. *Wañuypa yakunaa*: lit. "De muerte tengo sed", Me muero de sed. *ichikllapa*: por poco, casi. *Qamqa llutanpa* (*lluta-n-pa*) *pukllanki*: Tú juegas bruscamente.
-pa morf. v. temporal: acción de breve tiempo: *rikapay* (*rika-pa-y*): observar un rato. *kuyapay*: sentir amor un momento, compadecerse.
-pa morf. adjetivador: *machkapa* (*machka-pa*): harinoso.
paa s. esp.: gracias, Dios se lo pague. pague › *paaki* › *paachi* › *paa*. →**paachi**.
paachi s. esp.: gracias, Dios se lo pague. pague › *paaki* › *paachi*. El sonido palatal es expresivo como en los hipocorísticos. →**qam kallarchi**.
paachikuy v. enfát.: agradecer, dar las gracias.
paachiy v.: agradecer, dar las gracias. →**paakiy**.
paaka s.: per. paca, fardo de hoja seca de coca. *Huk paaka kukata rantii*: Compro un fardo de coca.
paaki exp. esp.: gracias, Dios se lo pague (pague › *paaki*). En Q I el acento castellano de tensión se convierte en acento de duración (g › k; e › i). →**paachi**.
paakikuy (*paaki-ku-y*) v. enfát.: agradecer, dar las gracias.
paakiy v.: agradecer, dar las gracias. →**paachiy**.
paalaa (Huaraz) interj.: gracias. Como *paachi* y *sullpay*, procede del castellano: Dios se lo pague. →**qam kallarchi**.
paañu s. esp.: paño, pañuelo. top. Paño Paccha (*paañu paqtsa*). Quitaracsa.
paarakuy v.: acostumbrarse a un lugar, residir con gusto.
paaray v.: vivir, residir. *Taqay hirkachau kurturkuna paarayan*: En aquella colina viven los cóndores.
paari s.: vuelo.
paaris s.: placenta. *Paarisnin mana yarquptinqam warmiki wañunqa*: Si no sale su placenta, tu esposa va a morir.
paaritsiy (*paari-tsi-y*) v.: hacer volar, espantar las aves.
paariy v.: volar. *Pishqunau paarirqach mamaawan tinkuriiman*: Si volara como pájaro me encontraría con mi madre.
paasay v. esp.: pasar. *Allqu hanaykipa paasaypa paasan*: El perro pasa y repasa por tu encima.
paatu s. esp.: pato, ánade. *yaku paatu*: pato del río o laguna. →**ñuñuma**.
pacha (Q I) s.: 1. estómago, barriga, vientre. *Patsapitam pachaa nanan*: Me duele el estómago por el mal sitio. →**wiksa**. 2. Pospuesto a comida es exagerativo: *papa pacha*: papero, comelón de papa, barriga de papa. *mishki pacha*: dulcero, barriga de dulce. Por analogía se usa también para otras actividades: *puklla pacha*: lit. "barriga de juego", juguetón. *raka pacha*: sátiro, macho insaciable de sexo.
pacha (Q II) s.: tierra, mundo, tiempo, época. *Pacha Mama*: Madre Tierra. *tarpuy pacha*: tiempo de siembra. →**patsa**.
pachacha s. onomat.: chisporroteo, sonido del chaparral.
pachachay v. onomat.: chisporrotear,

producir el sonido de lluvia torrencial.
pachachi s.: bailarín de una danza típica de la zona del Callejón de Huaylas.
pachak num.: cien, ciento. *pachak pitsqa*: ciento cinco. *pachak waranqa*: cien mil. *kimsa pachak*: trescientos.
pachaka s.: grupo de cien, centuria.
pachak kamayuq s.: jefe de cien personas, centurión.
Pachakamaq (*Pacha Kamaq*) Q II s.: lit. "Creador del Mundo, Creador del Tiempo", Pachacámac, Creador, divinidad del noroeste. → **Patsa Kamaq**.
pachakuti s.: un ciclo temporal, ciclo de 500 años de vuelta del mundo y del tiempo. →**patsakuti**.
pachakutiq (*pacha kutiq*) s.: lit. "el que revoluciona, que da vuelta al mundo, el cambia el tiempo". Pachacútec (Pachacútec Inca Yupanqui, noveno inca, hijo de Huiracocha y padre de Túpac Yupanqui, hizo grandes transformaciones en el imperio, se dice que viajó a Polinesia).
pacha kutiy (Q II) v.: dar vuelta al mundo, retornar el tiempo. →**patsa kutiy**.
pachak wara s.: pachac huara. Planta medicinal contra el hongo pie de atleta.
pachamanka (*pacha manka*) s.: lit. "olla de tierra", per. pachamanca (comida típica). Asado de carne aderezada que se cocina con papa, choclo, oca etc. en un horno bajo tierra. →**patsamanka**.
pachan (*pacha-n*) s.: lit. "su barriga". 1. parte ancha de honda y hondilla (cauchera) donde se pone la piedra. 2. pedazo de tierra cultivable en la falda del cerro.
pachaq s. onomat.: sonido de una bofetada, onda, la punta del látigo que tiene pita.
pacharaaku, pacharaakuq (*pacha-ra-a-ku-q*) adj., s.: per. pacharaco, come echado, mantenido por otro, que come bien sin trabajar, hombre mantenido por su mujer. *Atatau, pacharaakutaqa yanaqipaqpis wanaatsu*: Qué asco, al pacharaco no lo quiero ni de acompañante.
pacharaakuy v.: estar echado sin hacer nada pero esperando comida, ser mantenido sin hacer ningún esfuerzo.
pacharay s.: estar siempre tendido de barriga (por ocioso).
pacha rumi s.: lit. "piedra del estómago", piedra calcárea, bezoar. →**illa rumi**.
pachas < *pachasapa* s., adj.: barrigón, panzón. *Pachas kanki*: Eres barrigón. *pachas haka*: cuy panzón. →**punla**.
pachasapa (*pacha-sapa*) adj.: barrigón, panzón, ventrudo.
pachiilla s.: per. pachilla, piedra pequeña que sirve para rellenar los huecos y asegurar o completar la construcción, complementario, adicional, yapa. *Pachiillanaullapis pukllayta munaa*: Quiero jugar aunque sea como adicional.
pachka s.: araña. *yana pachka*: araña negra. Es veneno para los ganados cuando la comen entre los pastos.
pachkay v.: envenenarse por efecto de la picadura de araña o por comer araña.
pachqana s.: descascarador (herramienta). →**sipkana**.
pachqay v.: descascarar, pelar. *Imallaqash, imallaqash kallan: mikuyta munarqa, pishquuta pachqayta qallaa*: Qué será, qué será: si quiero comer, comienzo a pelar mi pene. Respuesta: *sipra*: plátano. →**sipkay**.
padrinu s. esp.: padrino (relación espiritual). *Padrinuu kallaptikim watukaykullaq*: Le visito con todo cariño porque usted es mi querido padrino.
pahay s.: zancudo. →**panqalliklla**.
pahu adj.: viudo, viuda. *pahu runa*: viudo.
pahuru s.: poroto, castaña peruana (Erythrina edulis). →**pashullu, puruutu**.
pahuyay v.: enviudar.
pak onomat.: de un solo tiro, en una sola oportunidad, per. al toque, al tiro. *Hampiqa, pak kutikaaratsin*: El remedio le curó al tiro.

paka adj.: escondido, secreto.
pakaakuna s.: escondite, lugar donde se guardan cosas para que otros no las vean. top. Pacácuna (donde se llevaba el ganado para burlar los diezmos). Quitaracsa.
pakaakuy (*paka-a-ku-y*) v. enfát.: esconder, ocultar, encantar (desaparecer misteriosamente). *Taqay paqtsaman ama witinkitsu, pakaakunshi*: No te acerques a esa catarata, dicen que encanta.
pakapi s.: escondite.
pakapaka s. onomat.: pacapaca (Glaucidium brasilianum). Pájaro nocturno de mal agüero. *Pakapaka waqaptinpis manam mantsakuutsu*: Yo no me asusto aunque cante la pacapaca.
pakaq p. pte. s.: encubridor, ocultador.
pakarina s.: caverna donde moran fuerzas sobrenaturales.
pakay s.: pacay, guaba (Inga sp.). Árbol leguminoso de clima templado y cálido, sus frutos son vainas que contienen semillas negras cubiertas de membrana blanca o rosada que es dulce y suave. Después de comer pacay no se debe tomar leche. *tsitsi pakay*: pacay chichi. De vaina pequeña, jugosa, muy dulce, de clima templado. *waska pakay*: pacay huasca. De vainas largas, dulce, un poco reseca, de clima cálido. top. Pacayhuaro (*pakay waru*: puente de pacay). Nombre antiguo de Bocatoma en el Cañón del Pato porque allí había un puente (Huaylas). →**paqay**.
pakay: 1. v.: esconder, ocultar, encubrir. *Qillayta Supay pakashqa*: El diablo ha escondido el dinero. 2. adj.: oculto, secreto. *pakay mayu*: río oculto.
pakayllapa (*paka-y-lla-pa*) exp. adv.: en secreto, sigilosamente, ocultamente.
paki adj.: muy delgado, débil, que está por romperse. *paki chaki*: pie delgado (se refiere a la parte de la canilla y del tobillo).
pakiq p. pte.: que se rompe, frágil, delicado. *Pakiq kaqtaqa kayman churaykuyay*: Lo que es frágil, pónganlo aquí.

paki waraka s.: honda paqui. Es de ocho hebras y tiene líneas quebradas en zigzag. Este tipo de tejido es muy difícil, espanta los malos espíritus.
pakiy v.: romper, quebrar, quebrarse. *Mankata shumaq apay, pakinkimantaq*: Lleva bonito la olla, no vayas a romperla.
pakla adj.: pelado, eriazo. →**paqla**.
pakra s.: pacra (Laccopetalum giganteum). Planta de la región janca (glaciar), similar a siempreviva, fertiliza al ganado que lo come.
paku s.: hongo redondo. →**supi paku**.
paku s.: alpaca, lana de oveja. *paku tsuku*: sombrero de lana.
-paku- (-*pa-ku-*) morf. v. que se añade al tema: 1. acción involuntaria. *ishpapakuy*: orinarse. *wañupakuy*: morírsele sin que pueda hacerse nada. 2. hacer algo con interés, estar al servicio de otro. *tushupakuy*: bailar esperando agradecimiento o paga. 3. hacer algo sin haber sido convocado. *mikupakuy*: comer aprovechándose de otro.
pakurma s.: mazorca con hongo negro. →**puqpii**.
palaqta s.: piedra fofa que se horada con la gotera.
palchachay v. onomat.: salpicar, gotear.
palitun adj. esp. (paleta, paletilla): paletón, ventrudo, barrigón.
palta: 1. adj.: plano, no grueso (delgado). *palta rumi*: piedra plana y delgada. *palta siki*: cadera plana. 2. s.: palma o planta de mano o pie. *maki palta*: palma de la mano. *chaki palta*: planta del pie.
palta, paltay s.: palta, palto, aguacate (Persea americana). Árbol de fruto suave como la mantequilla. *Aqtsayki shumaq chiwi tikrananpaq, puqu paltawan paqay*: Lava tu pelo con palta madura para que tu pelo se vuelva negro y brilloso.
paltee (C de H) s.: palto, palta, aguacate.
palla s.: matrona del incanato, joven bailarina de la danza anaca. →**anaka**.

pallaki s.: per. pallaqueo, lo cosechado, planta de cereal segado que queda en la sementera y que se la recogen los pobres, trozos de mineral.
pallana s.: objeto que sirve para recoger frutos, tiempo de recolección. *wayta pallana*: recolección de flores.
pallapakuy v.: trabajar en la recolección, ayudar a recoger.
pallapaakuy v.: recoger para uno mismo. *Pallapaakuykaptii patsa kuyurqan*: Hubo temblor cuando estaba cosechando.
pallaq p. pte.: per. pallaquero, selector de minerales, recolector de gavillas o granos que caen.
pallar: 1. s.: pallar, alubias. Frijol grande, plano, aplanado, generalmente se come en ensaladas. 2. adj.: de varios colores como el pallar. *pallar kawallu*: caballo pallar, caballo pinto.
pallaritsiy (*palla-ri-tsi-y*) v.: hacer levantar, mandar levantar.
pallarikay (*palla-ri-ka-y*) v.: levantarse, superarse, progresar. *Waktsapis pallarikanmi*: El pobre también progresa.
pallariy (*palla-ri-y*) v.: recoger algo que está en el suelo, levantar (física y anímicamente), desarrollar. *Kay pirqatam qullanankuna pallariyarqan*: Esta pared la levantaron los antiguos pobladores. *Apallikuta ama pallarinkitsu*: No se te ocurra levantar al Apallico.
pallaatsiy v.: ayudar a recoger, ayudar a cosechar.
pallatsiy v.: hacer recoger, hacer cosechar.
pallay v.: 1. cosechar cereales. 2. recoger, levantar algo botado, cosechar. 3. ocultar los flecos de un tejido.
pallay killa s.: lit. "mes de cosecha de cereales", julio.
pallqa s.: horqueta. *ismu pallqa*: horqueta podrida.
pallullu s.: 1. pichón de paloma. Diminutivo de *paullu*. 2. sexo del niño.

pampa s.: pampa, llanura, sabana. Por sonorización: *pampa* › *bamba*. top. Pomabamba (*puma pampa*), Huayllabamba (*waylla pampa*), Cundebamba (*kunti pampa*), Bambamarca (*pampa marka*), Moyobamba (*muyu pampa*).
¿Pampallaman, wayllallaman nirku nikachar purinki?
Paqtataq shimiki pantarikunman rumiman, kashaman ishkirinkiman.
¿A pampa nomás, a césped nomás, diciendo, / caminas con prosa? / Cuidado se equivoque tu boca / entonces caigas en piedras y espinas. – Se refiere al mito de Achicay que mientras caía del espacio decía: *Pampallaman, wayllallaman*; pero, al ver las piedras, dijo asustada: *rumillaman*, y cayó sobre ella sin tener tiempo de rectificarse.
pampa adj.: 1. llano, amplio. *pampa siki*: cadera ancha y plana. *pampa chakra*: chacra plana. 2. no hondo, superficial. *pampa muchka*: mortero (de piedra) no hondo. 3. común, público. *pampa warmi*: lit. "mujer pública", ramera.
pampa killa s.: luna llena, plenilunio.
pampakuy (*pampa-ku-y*) v. enfát.: enterrar, echar tierra para tapar, sembrar. C de H: *pampakiy*.
pamparka s.: techo de barro, azotea.
pampatsay (*pampa-tsa-y*) v.: aplanar, allanar.
pampa warmi s.: lit. "mujer pública", per. pampera, prostituta, ramera, rabona.
pampay v.: 1. enterrar, cubrir con tierra. *Aku aya pampaq*: Vayamos a enterrar al muerto. 2. sembrar. *Llapan chakrata pampashun*: Sembremos toda la chacra.
pampay killa s.: lit. "mes de siembra de cereales", enero.
pampayay (*pampa-ya-y*) v.: 1. aplanarse, hacerse pampa. 2. imperativo: entierren ustedes, enterrad.
panaachi s.: esfuerzo de ponerse erecto el niño o el convaleciente.

¡panaachi! exp.: ¡panaachi! Voz para alentar a los niños que recién aprenden a ponerse erectos.
panaachiy v.: hacer esfuerzos de ponerse erguidos.
panaka s.: panaca, familia, casta, linaje. →**ayllu**.
panas s.: panas. Planta andina que cura el flujo de agua blanca. →**tumarinqa**.
panchiy v.: abrirse la flor, emerger el fruto rompiendo su cobertor. *Wayta panchiykan*: La flor está emergiendo. →**pashtay**.
pani s.: hermana (del varón). *pani turi*: lit. "hermana y hermano", hermano y hermana. *Panikita ankupaykuy*: Perdona a tu hermana.
pankash s.: caída repentina alzando las piernas al aire, caída ágil. *Pashkash ishkiskii*: Acabo de caerme con las piernas arriba.
pankashllay v.: caer fácilmente con los pies en alto.
pankikashqa (*panki-ka-shqa*) p. p.: maniatado, lerdo.
pankikay v.: enredarse, complicarse.
pankiy v.: maniatar, enredar.
panku s.: 1. tocino, unto. 2. (Chiquián) haba verde sancochada.
pankuku s.: antorcha de cebo o paja. Los peruanos espantaban los malos espíritus con antorchas en la fiesta de situa.
panqa s.: per. panca, hojas y tallos secos de maíz, pienso de maíz. *Panqata tullpuyay*: Remojen el pienso.
panqalliklla (*panqa-lliklla*) s.: lit. "brazo seco y delgado", zancudo de la época de sequía (tiene patas muy delgadas y largas). *rikra › lliklla*. El sonido palatal enfatiza la delgadez del brazo.
panri adj. ref. animales y personas: flaco, débil, anémico, enclenque. *panri ashkash*: corderito flaco.
panriy v.: enflaquecer, volverse anémico.
panta s.: error, equivocación, confusión.

pantakay (*panta-ka-y*) v.: atorarse, atragantarse. *Aytsapa ankunwanshi huk runa pantakaanaq*: Dicen que un hombre se había atorado con el nervio de la carne.
pantakuy v.: confundirse, mezclar.
pantalu, pantalun s. esp.: pantalón. *ullqu pantalu*: pantalón de hombre. *warmi pantalu*: pantalón de mujer. →**wara**.
pantalukuy (*pantalu-ku-y*) v. refl.: ponerse el pantalón, tener la autoridad. *Wasikichauqa alli pantalukunki*: Debes ponerte bien el pantalón en tu casa.
pantalutsiy (*pantalu-tsi-y*) v.: hacer vestir pantalón, poner pantalón.
pantanakuy (*panta-naku-y*) v. recíp.: confundirse, no reconocerse. *Yawar pura pantanakurshi churakaayarqun*: Dicen que se han casado por no reconocerse como familiares.
panta panta exp. adv.: erróneamente, a tontas, al tanteo.
pantatsiy (*panta-tsi-y*) v.: engañar, hacer confundir. *Atuqqam, alli allqutapis, pantatsin*: El zorro engaña hasta al mejor perro.
pantay v.: confundir, no identificar bien, equivocarse. *Nuqaqa markaata pantaatsu*: Yo no confundo a mi pueblo.
pantiyun s.: panteón, cementerio.
pañiti s. esp.: pañete, bayeta antes de que lo pateen con agua de nogal.
pañitiyakay (*pañiti-ya-ka-y*) v.: volverse pañete, enredarse el pelo.
pañuylu s. esp.: pañuelo. *Yuraq pañuylum, tanta qatupaq; puka pañuylum, aswa qatupaq*: El pañuelo blanco es para panadería; el pañuelo rojo, para chichería.
papa s.: papa, patata. Planta oriunda de los Andes. *papa kuru*: gusano de papa. *papa wayta*: flor de papa. *atuqpa papan*: lit. "papa del zorro", papa silvestre amarga, produce diarrea y vómitos. *pishqupa papan*: lit. "papa del pájaro", papa silvestre redonda, pequeña, comestible y que revienta cuando se asa.

papaachi s. (esp. y quechua): papito, papacito. Trato afectivo. *papaachi Chumi*: papacito Domingo.
papa api s.: mazamorra de papa. Papa rallada y hervida con azúcar. Las papas adecuadas para este plato tienen que ser gomosas como yuca iusha, tsununucu.
papa kashki s.: sopa de papa.
papa kuru s.: gusano de papa que come el tubérculo. El hijo que fue escondido con plantas de papa para evitar atender a su madre se convirtió en gusanos de papa. *papa mama*: madre papa. →**papa shiuri**.
papa ñawi adj.: lit "ojo de papa", ojos grandes y saltones.
papa pichu s.: picante de papa. Comida típica de los Andes.
papa qallu s., adj.: lit. "lengua de papa", lengua redonda o con frenillo que no ayuda hablar bien, gago. Posible: *papa qallu* > papagayo (sustitución de postvelar q por g; por yeísmo: ll > y).
papa shiuri s.: gusano de papa (come el tubérculo). →**papa kuru**.
papa tsunu, papa chuñu s.: chuño de papa, almidón de papa.
papaya s.: papayo, papaya (Carica sp.). Árbol frutal. *purun papaya*: papaya silvestre. →**qimish**.
papa yanu s.: papa sancochada. Se prefiere las harinosas (*antish, piñau*, etc.) y gomosas (*chipirraura, iusha*, etc.)
papil s. esp.: papel. *qara papil*: pergamino. *rakta papil*: papel grueso, cartulina, cartón.
-paq morf. del caso dativo: para, a, finalidad. *Nuqakunapaq pukllay*: Juega para nosotros. *Aywakunanpaq churaakuykan*: Está preparándose para irse.
paqa s.: agua de lo que se ha lavado. *mati paqa*: agua con que se han lavado los mates.
paqakuy (*paqa-ku-y*) v. refl.: lavarse los cabellos, manos, utensilios de cocina.
paqanakuy (*paqa-naku-y*) v. recíp.: lavarse la cabeza y manos. *Alli yanasakuna aqtsankunata paqanakuyan*: Los buenos amigos se lavan los cabellos mutuamente.
paqariy (*paqa-ri-y*) v.: comenzar a lavar.
paqariy (Q II) v.: amanecer, alborear.
paqatsiy v.: hacer lavar la cabeza, hacer lavar los pelos.
paqas s.: noche. *pullan paqas*: medianoche. *tuta paqas*: noche oscura.
paqas mayu s.: río nocturno, vía láctea.

*Paqas mayu, pakay mayu
imaypita uchpa mayu.
Yakuykita, uchpaykita
riqitsimay, yaku mama.*

Río nocturno, río secreto / desde siempre ceniciento. / Tu agüita y tu ceniza / muéstrame, madre agua.

paqaspa (*paqas-pa*) exp.: de noche, en la noche. *paqaspa hunaqpa*: lit. "de noche y de día", de día y de noche.
paqasyaapukuy (*paqas-ya-a-pu-ku-y*) v.: hacerse tarde, llegar la noche antes de que se termine algo.
paqasyay (*paqas-ya-y*) v.: llegar la noche, anochecer, oscurecer.
paqay s.: pacay, guaba. Árbol frutal. C de H: *paqee*. →**pakay**.
paqay v.: lavar el cabello, manos o utensilios de cocina.
paqcha (Q II) s.: catarata, chorro de agua, cascada. →**paqtsa**.
paqchay v.: chorrear, fluir en cascada.
paqchina adj.: tumbable, fácil de derribar.
paqchinakuy (*paqchi-naku-y*) v. recíp.: tumbarse, derribarse.
paqchiy v.: 1. tumbar, derribar, poner en tierra. *Aypa paqchimanki*: Imposible que me tumbes. 2. *makita paqchiy*: aplaudir, palmear, palmotear. →**makita taqllay**.
paqchu adj.: de alas anchas. *paqchu rinri*: de orejas grandes y amplias. →**laapa**.
paqchus s.: pacchu, pacchus. Especie de maíz delicioso, se come más en cancha (tostado).

paqla adj.: pelado, calvo, sin vegetación, árido, eriazo. *paqla urku*: frente calva. *paqla parwa*: era pelada. →**pakla**.
paqlayay (*paqla-ya-y*) v.: volverse calvo, volverse pelado.
paqlla (*paqla › paqlla*) s.: zarigüeya, per. muca. *Paqllaqam wañuq tukurnin asyanraq*: La zarigüeya hasta a esta simulando estar muerta. →**muuka, achaku**.
paqlla adj.: mentiroso, palangana. *Paqlla runata pipis wiyanantsu*: Nadie debe escuchar a la persona mentirosa.
paqpa s.: fibra de maguey lavada.
paqpa s. onomat.: lechuza, mochuelo. →**piqpi**.
paqpa adj.: mentiroso, palangana.
paqta exp.: 1. de compañía: junto, con, en compañía de, acompañado de. *Paqta kutiyaamurqaa*: Volvimos juntos. Para enfatizar se agrega otra expresión de compañía: *Paywan paqta aywarqaa*: lit. "Con él junto fui", Fui con él. 2. de comparación de igualdad: como, semejante a, exacto a, idéntico a. *Maman paqtalla kay wamra*: Este niño es idéntico a su madre. *Kay sapatuqa chakikiwan paqta*: Este zapato es exacto a tu pie. *paqta pura*: de la misma condición. 3. cuidado, exp. de advertencia: *Paqta qunqankiman*: Cuidado con olvidarte. *Paqta shamuntsu*: Cuidado que no venga. *Paqta mana*: Cuidado. **paqta** exp. (acaso, quizás): *Paqta mamaata rikarquyki*: Quizás ha visto a mi madre. →**maypis**.
paqtataq (*paqta-taq*) exp. de advertencia enfática: *Paqtataq ishkillankiman*: Cuidado que usted se caiga. Cuidado con caerse.
paqtatsiq (*paqta-tsi-q*) p. pte.: que compara. *Au, qamqa wawaykita lluta runawan paqtatsiq kanki*: Oiga, ocurre que tú eres la que compara a su hijo con cualquier persona.
paqtaatsiq p. pte.: el que distribuye bien, el que hace alcanzar repartiendo.
paqtatsiy v.: igualar, comparar. *Paymi wamraata mana alliwan paqtatsirqan*: Él comparó a mi niño con un malvado.
paqtaatsiy v.: hacer alcanzar para todos, distribuir bien. *Mikuyta qarakurqa llapanpaq paqtaatsinki*: Cuando regales comida haz alcanzar para todos.
paqtay v.: 1. igualar, comparar, caer exacto (como anillo al dedo). *Chuupayki paqtaamun*: Tu chupa me cae exacto. 2. ser suficiente, alcanzar. ¿*Muru paqtanku?*: ¿Alcanza la semilla?
paqtsa s.: catarata, chorro, cascada. *hatun paqtsa*: catarata grande. top. Chiuyac Paccha (*chiuyaq paqtsa*). →**paqcha**.
paqtsay v.: chorrear, caer el líquido a chorros.
paqu adj.: color marrón oscuro. *Parunkunaqam paqu tsuku kayan*: Los pobladores de Parón (caserío de Caraz) son de sombrero marrón oscuro.
paqu s.: curandero. →**hampikuq**.
paqush s.: especie de papa gris y morada.
paqway: 1. adj.: débil, a las justas. *paqway runa*: hombre débil. *yumpay paqway*: muy débil. 2. adv. exagerativo: muy, demasiado (antes de palabra que modifica): *Paqway ushaskin*: Lo terminó rápido. *paqway shumaq*: muy hermoso. →**yumpay**.
paqwayyay (*paqway-ya-y*) v.: empeorar.
para (Q II) s.: lluvia. *para wata*: año de lluvia. →**tamya**.
Parakas s : 1. top. Paracas (Ica). 2. viento paracas.
Paranku s. top.: Paranco (Pomabamba). Según la leyenda es la tierra del *Supay*. Las almas condenadas en vida o después de muerte trabajan allí como esclavos.
pararra s.: piedra grande y plana a ras del suelo.
paray (Q II) v.: llover. →**tamyay**.
pariwana s.: flamenco.

parla s. esp.: parla, palabra, idioma. *Parlanpitam runata riqintsik*: A la gente la conocemos por su palabra. →**rima**.
parlakuy (*parla-ku-y*) v. enfát.: conversar, hablar.
parlashti adj.: comunicativo, locuaz.
parlatsiy (*parla-tsi-y*) v.: hacer hablar, hacer declarar.
parlay v. esp.: hablar, decir, conversar. Muy usado en Ancash. *Ama parlaytsu*: No hables. → **rimay**.
parpa s.: humita, especie de tamal. *mishki parpa*: humita dulce.
parparya s. onomat.: parpadeo.
parparyay v. onomat.: parpadear.
parqa s., adj.: persona que tiene seis dedos en pie o mano, planta que tiene ramas o frutos pegados (como siameses). *parqa chaki*: pie con seis dedos.
parqu s.: riego. *Kanan paqasmi parqu*: El riego es esta noche.
parqutsiy (*parqu-tsi-y*) v.: hacer regar, mandar regar.
parquutsiy v.: ayudar a regar.
parquy v.: regar. *Parqullaashun*: Reguemos, por favor.
parranchu s. onomat.: gorrión. *parranchu qishu*: nido de gorrión. →**pichusanka**.
parush (Huaraz) s.: parush. Maíz colorado que se come en cancha (tostado).
parush adj.: ref. a Parobamba. *runa tukuq parushkuna*: parobambinos detallosos.
parushllay v.: cargar algo sobre la espalda con el cincho o la punta del poncho pasando por la frente. →**urkupay**.
parwa s.: era, campo de trilla.
parwa s.: flor de maíz. →**shamachka**.
parway v.: florecer el maíz.
parya s.: gaviota. top. Pariamarca (*parya marka*). *parya waqay*: canto de gaviota.
paryaqallu (*parya qallu*) s.: lit. "lengua de gaviota", pariagallo. Paja de hojas lanceoladas que una vez pasadas por agua tibia sirven para hacer sogas.
-pas (Q II) morf. adv.: también. *qampas*: tú también. →**-pis**.
pasaypa: 1. adv. exagerativo: muy, mucho, demasiado. *Pasaypa tamyan*: Llueve demasiado. *Pasaypa imaapis kantsu*: No tengo nada de nada. 2. apenas, a las justas: *Pasaypa mikun*: Apenas come. →**yumpay**. 3. adj.: inútil, enclenque, sin fuerza. *pasaypa runa*: hombre enclenque.
pasha s.: pasha (danza de Huaylas), danzante de pasha.
pashaq s., adj.: danzante de pasha.
Pashku s.: hipoc. de Pascual. La oposición *Pashku / Pashka* es influencia del español.
pashta s.: acción de reventar (flor, pichón, grano), explosión, filtración de líquido.
pashtanay (*pashta-na-y*) v.: estar por reventar (de gordura o hinchazón).
pashta ñawi s.: lit. "ojos que revientan", ojos saltones y grandes. →**papa ñawi**.
pashtaq (*pashta-q*) p. pte.: que revienta, que explosiona, que resuma. *pashtaq rumi*: piedra que revienta con calor.
pashtaq yaku s.: lit. "agua que mana", manantial, agua que mana del subsuelo.
pashtay v.: reventar, explosionar, salir granos en el cuerpo, filtrar el agua, abrirse el capullo, reventar el huevo, hablar rompiendo el silencio. *Ishkay rupaywanqash rumipis pashtanaq*: Dicen que hasta la piedra había reventado con la aparición de dos soles. *Paypa ñaupanchauqa shimiki pashtantsu*: Delante de él no abres la boca.
pashu s.: papa u oca de segunda cosecha. →**shillka**.
pashullu, pashull s.: poroto, una especie de castaña. →**puruutu**.
pashuuru s.: poroto. →**puruutu**.
paskakay (*paska-ka-y*) v.: desatarse, aliviarse. *Ashnuyki paskakashqa*: Tu burro se ha desatado. *Qishyanaraykar, paskakaarii*: Estaba con síntomas, pero ya me alivié.

paskana (*paska-na*) s.: per. pascana, lugar de descanso, posada, donde se desatan las cargas para descansar, tambo.
paskanakuy (*paska-naku-y*) v. recíp.: desatarse, liberarse. *Kananqa, paskanakuyay*: Ahora, desátense.
paskay v.: desatar, dejar libre de ataduras, desenredar. *Wachukuta paskashun*: Desatemos la faja.
paskwas s. esp.: pascua, pascuas (de Navidad y Resurrección). El menor, con las manos juntas a la altura del pecho, dice: *Santus paskwas*, luego besa la mano del mayor. Éste le contesta: *Santus paskwas, watanqa, ¿tinkushunturaq manatsuraq?*: Santos pascuas, ¿volveremos a encontrarnos o no el próximo año?
paskwasllaakuy v.: dar el saludo de pascuas. Al menor que no da el saludo pascual se le da un azote para que nunca se olvide de saludar a un mayor. Ese castigo es para que nunca olvide la cortesía.
pasña (Q II) s.: muchachita. →**shipash**.
pasñacha s.: nuera. →**llumtsuy**.
pasqa (Santiago de Esterc) s.: horqueta.
pat s. onomat.: pisada de pájaros.
pata s.: plaza, jardín, terreno plano. top. Huacaypata (*waqay pata*: plaza del llanto). Lugar donde fue ejecutado y descuartizado Tupac Amaru II.
patak s.: terraplén, andén. Técnica agrícola de los antiguos peruanos para aprovechar los empinados cerros y evitar la erosión. *patak chakra*: chacra de andén. *siki patak*: cadera (analogía con andén).
patak patak exp. s.: escalón, gradería.
patara adj.: hipócrita. →**washa rima**.
patatay < *patpatyay* v. onomat.: producir sonido de pisadas de pájaros, reventar los granos al tostarse.
patatsiy v.: dar en el blanco. →**ratatsiy**.
pati s.: pati (Bombax ruizii). Árbol de zona yunga, de madera y savia roja, muy apreciada por los brujos.
Pati, Patiichu s.: hipoc. de Patricio, -a.

La paragoge –*chu* añade más afecto.
patku s., adj.: per. pactoso. Sabor como del mango verde que insensibiliza la lengua. *patku hampi*: remedio pactoso.
patkuy v.: tener sabor pactoso.
patma s., adj.: la mitad, mitad. →**pullan**.
patpa s.: pluma. *yana patpa*: pluma negra.
patpay v.: estar en bandada, abundar, haber en cantidad. *Usaqa qaratsa hananchau patpan*: Abunda el piojo sobre el pellejo.
patpatyay v.: onomat.: patalear de pájaros, patalear en ataque de epilepsia, patalear en forma estrepitosa como niño malcriado y mimado. →**patatay**.
patsa (Q I) s.: 1. tierra, suelo, mundo, universo. *puka patsa*: tierra colorada. *kay patsa*: este mundo. 2. tiempo, época. *kanan patsa*: ahora, en este momento. *unay patsa*: tiempo pasado. *waray patsa*: tiempo futuro. →**pacha**.
patsa s.: enfermedad del mal sitio. Los manantiales, quebradas húmedas y lagunas son sitios peligrosos porque emanan gases que atacan los órganos vitales (corazón, sexo, estómago). La coca y el tabaco protegen del mal sitio. Síntomas de este mal: pérdida de peso, color y apetito, hinchazón. *Kay runataqam pasta mikushqa*: A esta persona se lo ha comido el mal sitio.
patsaakuy v.: acomodarse para dormir (en el piso), acostarse.
patsaapakuy v.: tener buena mano, hacer las cosas bien, salirle a uno bien en todo, resultarle bien. *Qamqa, imatapis muruy, patsaapakunkillam*: Tú, aunque siembres cualquier cosa, todo te resulta bien.
patsaatsipakuy v.: acomodar las cosas, poner las cosas en el sitio correspondiente. C de H: *patsaatsipakiy*.
patsaatsiy (*patsa-a-tsi-y*) v.: 1. acomodar, poner las cosas en su sitio. *Aywakuy-*

155

ta munarpis, patsaatsipakuyraq: Aunque quieras irte, primero acomoda las cosas. 2. solucionar un lío. 3. hacer acostar, dar cama. *Qurpata pastsaatsishun*: Acostemos a la visita.
patsakay (*patsa-ka-y*) v.: acostumbrarse, aclimatarse, congeniar.
patsa kuti s.: ciclo de 500 años de la vuelta del mundo y del tiempo, retorno del tiempo.→**pacha kuti**.
patsa kuyuy s.: temblor, terremoto.
patsa tikray s.: retorno del tiempo, vuelta del mundo. *Patsaqa tikranmi*: El mundo da vuelta. La suerte cambia.
patsa tsullku s.: pacha chullco. Planta de hojas y tallos como de la oca, de sabor ácido, crece en los papales, remedio para dolor de muelas. Se mastica sus tallos para fortificar los dientes y como analgésico. *Kiruu kuyuykar, patsa tsullkuta kachuptii patsakarqan*: Mi diente que estaba moviéndose se afirmó por masticar el pacha chullco. →**pacha chullku**
patsamanka (*patsa manka*) s.: pachamanca. Horno bajo suelo donde se asa carne y tubérculos. →**pachamanka, watya**.
patsapallay s.: patsapallay, pachapallay. Pequeña planta de la puna cuyas raíces dulzonas se mastican. Contiene muchos minerales. Si se mastica mucho produce caries y ennegrece los labios.
patsatsin s.: patsatsin, pasasín. Árbol andino de buena madera, sus hojas machacadas y mezcladas con salitre producen el color negro que no se despinta ni con el sol ni con el tiempo.
patsa waray s.: el amanecer, alborada. C de H: *patsa waree*.
patsay v.: ambientarse, acostumbrarse al lugar, llegar a un acuerdo, acomodarse bien, prender una planta. *Chaqnaa patsantsu*: Mi carga (sobre la acémila) no se acomoda bien.
patsu s.: caparrosa, salitre utilizado en tintorería. *puka patsu*: salitre rojo. Mezclado con chullco sirve para teñir el rojo indeleble. *yana patsu*: salitre negro. Mezclado con patsatsin o shacshash sirve para teñir negro. *yuraq patsu*: salitre blanco. Remedio para niños enfermos de susto y que se orinan en la cama. Se soba el cuerpo con caparrosa, luego se quema, al derretirse forma figura que indica la causa del mal. *patsu yaku*: agua salitrosa (mala para la dentadura).
paullu s. onomat.: 1. gorjeo de paloma. En cada gorjeo repite cuatro veces: *paullu paullu* (anticadencia), *paullu paullu* (cadencia). 2. paloma. →**urpi**.
paulluy v. onomat.: gorjear la paloma. *Wawanta llakirnin urpi paullun*: La paloma gorjea recordando a su cría.
pauhil s.: paujil (Crax mitu). Ave rapaz de los bosques.
paukar adj.: fino, bello. *paukar anqas*: azul fino.
pauraashu s.: mosca. →**pauranyaa**.
pauranyaa s.: mosca. *taqra pauranyaa*: mosca sucia. →**pauri, pauraashu**.
pauri s.: mosca.
pawa s.: pahua. Planta medicinal que disuelve los coágulos sanguíneos.
paway v.: volar. →**paariy**.
pay pron. tercera pers.: él, ella. *paykuna*: ellos, ellas. C de H: *pee*.
paya s.: mujer o animal hembra vieja. →**chakwas**.
payayay v.: envejecer mujer o animal hembra. →**chakwasyay**.
paycha s.: trallazo, punta delgada de honda y látigo.
paychi s.: arete, zarcillo.
payku s.: paico (Chenopodium ambrosioides). Planta vermífuga. *payku kashki*: sopa de paico. →**kashwaa**.
paykuna (*pay-kuna*) pron. 3ª pers. pl.: ellos, ellas. *Paykuna qillqayan*: Ellos escriben. C de H: *peekuna*.
payllaa exp.: gracias. →**paaki**.
payllaachi s.: jornal por el trabajo, paga

en especias.
payllay v.: pagar el jornal en especias o comida. C de H: *peellee*.
payta s.: encargo. →**paytaku**.
paytaku s.: encargo, lo que queda bajo cuidado ajeno, engendro fuera del matrimonio.
paytakuq p. pte.: el que encarga algo en casa ajena.
paytakuy (*payta-ku-y*) v. enfát.: encargar algo en casa ajena, adicionar algo en actividad ajena en calidad de encargo. V. g. dar hilo cuando van a tejer esperando recibir la porción correspondiente, dar semilla de papa para tener derecho en la cosecha.
paytay v.: encargar algo en casa ajena, dejar algo bajo cuidado ajeno.
pee (C de H) pron.: él, ella. *pay* › *pee*. *peekuna*: ellos, ellas. →**pay**.
pi, pii pron.: 1. interrog., exclamativo: quién. ¿*Pitan*?: ¿Quién es? ¡*Pikunatan*!: ¡Quiénes son! ¿*Pii*?: ¿Quién? *pipa*: de quién. *pita*: a quién. *pipaq*: para quién. *piwan*: con quién. *piininyuq* (*pii-nin-yuq*): sin nadie, solo. 2. *pipis* (*pi-pis*) pron. indef.: quienquiera, cualquiera. *pikunapis*: quienesquiera.
pichak (Q II) s.: gavilán. →**pitsak**.
pichana (Q II) s.: escoba. →**pitsana**.
pichay (Q II) v.: barrer, limpiar. →**pitsay**.
pichi (*pi-chi*): 1. pron. indef.: alguien. *Pichi ashishunki*: Alguien te busca. 2. expr.: ¿quién será?, ¡quién será! (no importa saberlo).
pichi s. onomat.: orina, orina de niño.
pichicha s. onomat.: gorrión. *llullu pichicha*: gorrión tierno. →**pichusanka**.
pichichanka s. onomat.: gorrión. *huk winchu pichichanka*: un gorrión malagüero. →**pichusanka**.
pichiichay v. onomat.: canto del gorrión.
pichis s.: especie de perro pequeño. →**kashmi**.

pichiusa s. onomat.: gorrión. *pichiusa chanka*: pierna de gorrión. →**pichusanka**.
pichka (Q II) num.: cinco. →**pitsqa**.
pichqa (Q II) num.: cinco.
pichqay: 1. s. rito fúnebre al quinto día del deceso. 2. v. hacer el rito fúnebre en el quinto día de la muerte. →**pitsqay**.
pichu s.: 1. mezcolanza, entrevero. 2. picante (comida andina). *haka pichu*: picante de cuy. *papa pichu*: picante de papa. *puka pichu*: picante rojo (por achiote o pimentón).
pichuchanka s. onomat.: gorrión. (Zonotrichia capensis). *Pichuchanka papaata taushin*: El gorrión picotea mi papa. Otra posible etimología: *pichu chanka* (pata embarrada). → **pichusanka, parranchu**.
pichukay v.: embarrarse, ensuciarse, complicarse. *Qamwan pichukayta munallaatsu*: No quiero ensuciarme contigo.
pichusa s. onomat.: gorrión. *pishusa qishu*: nido de gorrión. →**pichuchanka**.
pichusanka s. onomat.: gorrión. *Pichusanka papa waytata apan*: El gorrión lleva la flor de papa. Es símbolo de nobleza y energía. Salvó de hambre a los niños arrojados por sus padres. Su sangre cura la cefalea. Tiene muchos nombre: *chankis, parranchu, pichichanka, pichuchanka, pichusa, pichiusa*.
pichunakuy (*pichu-naku-y*) v. recíp.: pintarse, embarrarse. El juego de pintarse dura después desde Navidad hasta martes carnaval. Quitaracsa.
pichuy v.: entreverar, mezclar, preparar el picante. *Qitaata pichuy*: Mezcla el lodo.
pichkukus s. onomat.: pichcucos (Aurantii rostris). Pájaro plomizo, negro y un poco parduzco, come frutos amargos y picantes.
pichyaq s. onomat.: pichyac (Thraupis bonariensis). Pequeño pájaro andino, de plumaje amarillo, marrón claro, verde y azul, calandria. *urqu pichyaq*: pichyac macho.

piichu s. esp.: pecho. →**qasqu**.
piichuy v.: poner el pecho para contener algo, dar pechada.
piiku s. esp.: pico (herramienta).
piikuy v. esp.: trabajar con pico.
piila s. esp.: pila, batería.
piila s.: tercio, montón de cosas encimadas.
piilaray (*piila-ra-y*) v.: estar amontonado.
piilay v.: amontonar, arrumar. →**qutuy**.
piilla (*pii-lla*) pron. indef.: alguien, nadie (en estructura oracional: verbo con morf. negativo *-tsu*). *¿Piillaqa wanaashunkitsuraq?*: ¿Habrá alguien que te necesite? *Piillaa kantsu*: No tengo a nadie.
piimay (*pii-may*) pron. indef.: cualquiera, todos. *Piimay rikaaman*: Todos me ven.
piimaypaq ‹ *pipaq maypaq* exp.: para quien sea (sin ninguna distinción).
piimaypis ‹ *pipis maypis* pron. indef.: cualquiera, todos. Más enfát. que *piimay*.
piiña s.: piña, ananás. Planta espinosa de fruto comestible.
piiqakuy v. enfát.: mentir, engañar. Hay muchas palabras para esta acción: *llullakuy, ulikuy, suqakuy, tulluta matankaatsiy, wallqatsiy*.
piiqay v.: mentir, engañar. →**llullay, uliy**.
piira papa s.: papa pera. Una especie de papa harinosa.
piita s.: pita, maguey, fibra de maguey. La fibra se emplea en soga, en pirotecnia; pero su jugo es alucinógeno. *piita kunka*: cuello muy delgado.
piki s.: pique, nigua (Tunga penetrans). Parásito diminuto que se introduce en el cuerpo y pone su huevo dentro. *piki chaki*: pie atacado con pique. →**niwa**.
piksha s.: morral para guardar coca u otros objetos íntimos. *qara piksha*: morral de cuero. →**wallki**.
pikullu s.: colcha, champa, quicuyo. Césped de origen africano. Sus raíces duras penetran las sementeras y muros. En Colombia: quicuyo. →**kulcha**.
pikuna, piikuna pron.: quiénes. *¿Pikuna tapukayamarqun?*: ¿Quiénes me han enviado saludos?
pikunapis (*pi-kuna-pis*) pron. indef.: quienesquiera, cualesquiera.
pilanku s.: represa, alberca, estanco grande construido por hombre. →**qucha**.
pilanku adj.: abultado, como un depósito de agua. *pilanku pacha*: barrigón, panzón.
pilankuyay (*pilanku-ya-y*) v.: represarse, hacerse estanco.
pilankuy v.: represar, hacer estanque.
pilata adj.: tendido de barriga.
pilatay v.: echarse de barriga. *Arashnau pilatanki*: Te echas como lagartija. C de H: *pilatee*.
pilataray (*pilata-ra-y*) v.: estar echado de vientre por mucho tiempo, permanecer echado de vientre. →**pacharaakuy**.
pilchi s.: salpicada. →**pillchi**.
pilchiy v.: salpicar.
pilichay v. esp.: pelechar, recuperar la belleza y salud.
pilta s.: trenza, coleta. *pilta chiina*: chica de trenza. →**simpa**.
piltakuy v. refl.: trenzarse el pelo.
piltanakuy (*pilta-naku-y*) v. recíp.: trenzarse, hacerse trenzas.
piltanni adj.: de pelo no trenzado, desgreñado.
piltay adj.: trenzado. *piltay waska*: soga trenzada.
piltay v.: trenzar (soga, cabellera). *Yayaa waskata piltan*: Mi papá trenza la soga. C de H: *piltee*. →**simpay**.
pillchi s.: salpicada, salpicón. →**pilchi**.
pillchiy v.: salpicar.
Pilli s.: hipoc. de Peregrina.
pilli papa s.: papa pille. Papa negra, harinosa, muy apreciada en sancocho.
pilli yuyu s.: achicoria. →**chikurya**.
pillpash s.: mariposa. *yana pillpash, aya pillpash*: mariposa negra, mariposa de la muerte.

Pillpi s.: hipoc. de Perpetuo, -a.
pillpintu s.: mariposa. →**pillpash**.
pillu adj.: torcido, sinuoso. *pillu naani*: camino de curvas.
pillullu ‹ *pirurru* (la palatalización de las vibrantes es más expresiva) s.: tortera de huso, rodela. →**pirurru**.
pillullu adj.: trompudo, cachetón, "cucharita", hocicudo. *pillullu wamra*: niño cachetón. *pillullu lichun*: lechón trompudo.
pillu pillu adj.: muy torcido, muy chueco, muy zigzagueante. La repetición expresa énfasis o exageración.
pillupintu adj.: pelopinto, res de colores blanco y marrón muy claro. Hay dos posibles orígenes: del q. *pillpintu* (mariposa); del esp. "pelopinto" ya que el adj. "pinto" se refiere a caballos moteados de colores.
pillutsiy v.: hacer torcer, hacer dislocar.
pilluutsiy v.: ayudar a torcer.
pilluy v.: torcer. *Waskata pillushun*: torzamos la soga. C de H: *pilliy*.
pinchi kuru s.: luciérnaga →**nina kuru**.
pinchiy v.: brillar. →**chipakyay**.
pinku s.: viga central del techo →**turqu**.
pinkullu s.: per. pincullo. Instrumento musical de viento, flauta delgada. *tullu pinkullu*: pincullo de hueso.
pinkuullu s.: pantorrilla. *Pinkuullu wachiq wachiq nanan*: Me duele la pantorrilla con punzadas.
pinkuullu tullu s.: canilla. ¿Serviría para flauta pincullo? →**chaki sinqa**.
pinqa pinqa exp. adv.: con vergüenza, sin cara. *Mana allita rurapakushqa karmi pinqa pinqa purikullaa*: Ando con vergüenza porque estoy consciente de haberme equivocado.
pinqakuq (*pinqa-ku-q*) adj.: tímido, vergonzoso, pudibundo.
pinqakatsinakuy (*pinqa-ka-tsi-naku-y*) v. recíp.: hacerse avergonzar, avergonzarse.

pinqakatsiy v.: avergonzar, humillar.
pinqakuy s.: vergüenza. *Qampita pinqakuynii kantsu*: De ti no tengo vergüenza.
pinqakuy v.: tener vergüenza, avergonzarse. *Taqay runaqa, lluta tushurpis, pinqakuntsu*: Aquel hombre, aunque baile mal, no se avergüenza.
pinqapaakuy v.: ser vergonzoso, ser receloso, ser huraño.
pinqay s.: 1. vergüenza, pudor. 2. parte de la que se tiene vergüenza o pudor, partes púdicas. *Pinqaynin nanan*: Le duele su parte púdica. C de H: *pinqee*.
pinqaysaa adj.: huraño, vergonzoso, tímido, receloso.
pinqay siki exp. adj.: lit. "huraño hasta el culo", muy huraño, muy tímido, muy vergonzoso.
pinqus, pingus s.: pingus, chonta. Planta espinosa de madera delgada y dura.
pintiq kuru s.: saltamonte, langosta, chapulín. →**uqsha kuru**.
pintiy v.: brincotear, saltar de un lado a otro. *Allish rakwaa pintinraq*: Mi excelente azada brinca de un lado a otro.
pintiykachay, pintikachay v.: saltar de un lado a otro, brincotear, estar salta que salta.
pintsa s.: zanja para proteger chacras o casas de lluvias y animales. →**wayantsa**.
pintsay v.: hacer pintsa.
pintuq s.: pintoc. Una especie de cañabrava de zona yunga, de tallos delgados y lisos, se usa como huso.
piña adj.: molesto, rabioso, cascarrabia, bravo. *piña warmi*: mujer rabiosa. *piña allqu*: perro bravo. →**yaqa**.
piñakuy (*piña-ku-y*) v. refl.: molestarse, enojarse. *Ama allaapa piñakuytsu*: No te molestes tanto. C de H: *piñakiy*.
piñapaq (*piña-pa-q*): 1. p. pte.: que amonesta. *Huk piñapaqnin kaptinmi, wamra alli qishpin*: El niño crece bien cuando tiene quien lo amoneste. 2. te amonesto. *piñapa-q(amta)*: A ti te amo-

nesto. *Tsurii kaptikim piñapaq*: Te amonesto porque eres mi hijo.
piñapay (*piña-pa-y*) v.: molestar, amonestar, reprender. *Alli wamrata munarqam, alli piñapantsik*. Si se quiere un buen niño, se le amonesta bien.
piñaq (*piña-q*) p. pte.: persona o animal fácil de molestarse, que no aguanta bromas ni informalidades. *Qamqam piñaq runa kallanki*: Usted es una persona que se molesta rápido.
piñashqa (*piña-shqa*) p. p.: enojado, molesto, disgustado.
piñatsiy (*piña-tsi-y*) v.: enojar, fastidiar, incomodar. *Ama piñatsimaytsu*: No me enojes.
piñau s.: piñau. Planta de la puna, de flor anaranjada, hojas pelusientas y ásperas, tallos delgado y esponjosos, crece junto a las sementeras, es pasto del ganado.
piñau papa s.: papa piñau. Papa harinosa y blanca que madura pronto.
piñay v.: enfadarse, molestarse. *¿Tsayta wiyarku piñanki?*: ¿Te molestas al oír eso?
Piñiñiku s.: piñiñico. Ser mit. de estatura pequeña, de facciones humanas bien proporcionadas, aparece en ciertos lugares buscando compañía, es pacífico. Este mismo término se usa en Quitaracsa para calificar a personas de pequeña estatura.
pipaq maypaq exp.: para quien sea (no importa). →**pipaqpis**.
pipaqpis (*pi-paq-pis*) exp.: para quien sea (no interesa).
¿piparaq? (*pi-pa-raq*) exp. interrog.: ¿de quién será?
pipas (Q II: *pi-pas*) pron. indef.: quienquiera, cualquiera. Q I: →**pipis**.
pipinu: 1. s.: pepino. Planta pequeña de zona yunga, de frutos acuosos, amarillentos y con rayas moradas. No recomendable comer de noche. 2. adj.: de color pepino (marrón claro con manchas blancas). *pipinu tooru*: toro pepino (de color pepino).
pipis s.: pipis. Especie de papa harinosa.
pipis (*pi-pis*) pron. indef.: lit. "quien también", quien, quienquiera, cualquiera. *Pipis shamutsun*: Quienquiera que venga (no me interesa). *pipis* y oración negativa: nadie. *Pipis kantsu*: No hay nadie. Q II: *pipas*.
pipis maypis exp. enfát.: lit. "quienquiera dondequiera", quienquiera, cualquiera, quien sea. Después de *pi* y *may* se puede incluir otro morfema. *Pitapis maytapis, wañuy kaqta rikarqam, allau ninantsik*: Debemos compadecernos de cualquiera si vemos que se está muriendo. *Pipis maypis* › *piimaypis* › *piimay*.
-piq, -peq morf.: 1. de, desde (procedencia). *¿Maypiq kanki?*: ¿De dónde eres? *Waylaspiq kaa*: Soy de Huaylas. 2. de, sobre, respecto a (materia, tema). *Chakrapiq kanan parlashun*: Ahora hablemos sobre la chacra. 3. que, de. En comparativo de superioridad va pospuesto al segundo elemento de comparación. *Markaaqa markaykipiq hatunmi*: Mi pueblo es más grande que tu pueblo. *pitaq* › *-piq*.
piqa, peqa s.: cabeza (de animales y personas). Es más específico que *uma*, ya que éste se refiere a toda parte superior. *piqa nanay*: dolor de cabeza. *alli piqayuq*: que tiene buena cabeza, inteligente.
piqa muyu s.: vértigo, turbación, mareo.
piqas, peqas (apóc. de *piqasapa*) adj., s. aumentativo: cabezón. *piqas mishi*: gato cabezón.
piqasapa (*piqa-sapa*) adj., s.: cabezón.
piqa tullu s.: lit. "hueso de cabeza", cráneo, calavera.
piqa wanku s.: lit. "que envuelve la cabeza", turbante, trapo con que se envuelve la cabeza por sol o polvo.
piqpi s. onomat.: lechuza. →**paqpa**.
piqpiritu s. onomat.: lechuza.
piqta s.: arco de flecha.
piqtay v.: tirar con el arco.

piqtu, peqtu s., adj.: hervido hasta deshacerse, demasiado sancochado, blando que ha perdido la solidez
piqtukay (*piqtu-ka-y*) v.: ablandarse por hervir mucho o por descomposición.
piqtutsiy v.: ablandar hirviendo, hacer descomponer (carne).
piqtuy v.: hacerse mazamorra por hervir mucho, descomponerse hasta ablandarse. *Papayki piqtushqa*: Tu papa se ha hecho mazamorra (por hervir demasiado).
¿piraq? (*pi-raq*) exp. interrog.: ¿quién será? *¿Piraq yanapamaashun?*: ¿Quién nos ayudará?
pirihil s. esp.: perejil. Remedio para el mal del hígado y el mal viento; veneno para cuyes y conejos.
pirka s.: pared, muro. →**pirqa**.
pirqa s.: pared, muro. *tika pirqa*: pared de adobe. *Pirqa huchunaykan*: La pared está por caerse (está queriendo caerse).
pirqash s.: pellejo viejo, piel pelada de tanto uso.
pirqash adj.: pelado, descubierto. *pirqash pacha*: lit. "barriga de piel pelada", pobretón, pelado
pirqatsiy (*pirqa-tsi-y*) v.: hacer levantar la pared.
pirqaatsiy v.: ayudar a levantar la pared.
pirqay v.: levantar la pared.
pirul s. esp.: perol, paila.
piruliitu s. esp.: perolito, paila pequeña.
pirurru, piruru s.: tortera de huso, rodela. Facilita el giro del huso. *rumi pirurru*: tortera de piedra.
pirush s.: pedazo de cerro que resalta. *pirush piqa*: cabeza alargada hacia arriba (insulto).
pirwa s.: 1. palo del huso donde se va enrollando lo hilado. *llanu pirwa*: huso delgado. 2. depósito de alimentos, granero, arcón, troje.
-pis morf. adv.: 1. también. *Aypapis waqanmi*: El poderoso también llora. 2. *-pistsu*: tampoco, ni. *Alaqpistsu achaqpistsu*: No es frío ni caliente. 3. *-pis* (en vez de orac. subordinada), *-tsu* (en vez de orac. principal): aunque, a pesar de. *Wañushqa mamaykitaqa, yawarta waqarpis, mananam tarinkitsu*: Aunque llores sangre, a tu madre muerta, ya no podrás encontrarla. 4. *-llapis-*: siquiera. *Tantallapis kantsu*: Ni siquiera hay pan. *Kamtsallaatapis mikurishun*: Comamos siquiera mi canchita. 5. pron. indef. *–pis, pipis*: alguien, cualquiera, quienquiera. *pipis* + verbo + *-tsu*: nadie. *Pipis rikantsu*: Nadie ve. 6. *imapis*: algo, cualquier cosa. *Imapis katsun*: Que haya algo. Que pase cualquier cosa. 7. *mayqanpis*: cualquiera de ellos. *mayqanpis* + verbo + *-tsu*: ninguno de ellos. *Mayqanpis yarpantsu*: Ninguno de ellos recuerda. →**-pas**.
pish interj.: ¡pish! Voz para hacer orinar a los niños.
pishi adj.: tierno, corto, insuficiente, escaso, inmaduro, incompleto, poco. *pishi shunqu*: pusilánime. *pishi kallpa*: lit. "de fuerza incompleta", débil, sin fuerza suficiente. *pishi wamra*: niño tierno.
pishiipakuy (*pishi-i-pa-ku-y*) v.: tener carencia, no hacer alcanzar, estar en necesidad. *Pishiipakurmi minkapis purii*: Por estar en necesidad ando de minca (peón).
pishiitsiy v.: terminar rápido algo. *Kay naanitaqa, tsay tsika runaqa pishiitsiyan*: Tanta gente termina rápido este camino.
pishipaakuy v. enfát.: cansarse, agotarse.
pishipaatsiy v.: cansar, agotar, extenuar. *Shumaq yapyay, tsaynauqam yuntaykita pishipaatsinki*: Ara bonito, así vas a agotar a tu yunta.
pishipay (*pishi-pa-y*) v.: cansarse, agotarse. *Atuqpis, atuq kaykar, kay hirkachauqa pishipan*: El zorro siendo zorro, también se cansa en esta colina.
pishitsiy v.: hacer faltar distribuyendo, no poder repartir a todos algo. *Gubirnuqa imatapis pishitsin*: El gobierno hace

escasear cualquier cosa.
pishiy v.: no alcanzar, faltar algo, escasear. *Kallpaykim pishin*: Te falta la fuerza. *Yakum pishin*: El agua escasea.
pishniy (*pish niy*) v.: hacer pish, orinar el niño.
pishpi iusha s.: pishpi iusha. Papa alargada, de cáscara áspera, de mucho almidón.
pishpi yuuka s.: pispi yuca. Tubérculo semejante a la yuca y arracacha. Su mata es pequeña y semejante a la del camote.
pishqu s.: 1. pájaro, ave. *Pishqukuna papaata taushiyan*: Los pájaros picotean mi papa. 2. pene, sexo masculino. *pishqu nanay*: dolor del sexo (masculino).
pishqun waataq exp. s. masc.: lit. "hombre que cuida su sexo", botarate, malgastador, derrochador, que no sabe ahorrar.
pishqupa papan s.: lit. "papa de pájaro", papa silvestre comestible de tubérculos pequeños. En asado revienta.
pishqupa yakun s.: lit. "agua de pájaro", manantial de escasa agua, hilillo de agua.
pishtaaku ‹ *pishtakuq* s.: pishtaco, degollador. Asesino que mata para despojar a sus víctimas de sus pertenencias y vender su grasa a los industriales. La grasa humana es muy efectiva y necesaria para la conservación y funcionamiento de máquinas (fábricas, aviones, cohetes espaciales). La grasa (*wira*) es la vida. Las personas y países se enriquecen con los despojos y muertes de gente pobre.
pishtakuq p. pte.: pishtaco, degollador.
pishtakuy (*pishta-ku-y*) v. enfát.: degollar, matar.
pishtaq (*pishta-q*) p. pte.: que degüella, degollador, camalero, carnicero. *Waaka pishtaqmi kaa, ninki; tsarki rurayllatapis yachankitsu*: Dices que eres carnicero de vacas; ni siquiera sabes hacer charqui (cecina). *Kuchi Pishtaq Quyllur*: lit. "lucero del degüello del cerdo", planeta Venus. Cuando sale Venus se comienza a degollar al cerdo y se debe terminar antes de que llegue el rayo solar que enrojece la carne. Otros nombres de Venus: *Kuchi Tuksi, Waraq Quyllur*.
pishtay v.: degollar, cortar la carne en lonjas, desollar, matar animales con cuchillo, fornicar (acción de varón a mujer).
pishu adj.: astuto, mañoso, vivaracho.
pispa adj.: escamoso, áspero de piel. *pispa siki*: nalga áspera. *pispa maki*: mano escamosa o agrietada.
pispay v.: ponerse áspero, agrietarse.
pisqa s.: moco, mucosa nasal. →**puqru**.
pisqa hacha s.: pisga jacha, lit. "planta de moco". El fuerte olor de sus hojas produce estornudo y moquera. Esta planta abunda en Ishcaicocha (Quitaracsa).
pisqakuy (*pisqa-ku-y*) v.: limpiarse el moco.
pisqay v.: levantar la cola (como el venado cuando se pone en alerta). *Lluytsu chupanta pisqan*: El venado levanta su cola.
pita (*pi-ta*) expres.: a quien, a quién. *Pita kuyarpis, pii kanqantaraq, musyanayki*: Cuando ames a alguien, primero infórmate quién es.
-pita (Q I): 1. morf. de procedencia locativa o temporal: de, desde. *Kay yakuqa pukyupita shamun*: Esta agua viene de la fuente. *Kananpita musyaa*: Estoy informado desde hoy. 2. tema, materia: de, acerca de, respecto a. *Nuqapita yarpachakuytsu*: No te preocupes de mí. 3. más que. Comparación de superioridad. -*pita* va en el segundo elemento de comparación: *Kay wamraqa, yayanpita alli piqayuq*: lit. "Este niño tiene más cabeza que su padre". Este niño es más listo que su padre. 4. -*pita ... -tsu*: menos que. Comparativo de inferioridad. *Kay wamraqa, yayanpita alli piqayuqtsu*: Este niño es menos listo que su padre. 5. causa: por. *Shiminpitam runataqa riqintsik*: Se conoce a la gente por su pala-

bra. →**-piq, -manta**.
pitahaaya s.: pitajaya (Hylocereus triangularis). Especie de cactus de muchas ramas, sus frutos son dulces y gomosos.
pitaka s.: petaca, cofre, baúl.
¿pitan? (*pi-tan*) exp. interrog.: ¿quién? *¿Pitan hatun mayuta qishpishqa?*: ¿Quién ha pasado el río grande? →**pitaq**.
¿pitaq? (*pi-taq*) exp. interrog.: ¿quién?
piti s.: pedazo, trozo, migaja. →**kipchu**.
pitipuy (*piti-pu-y*) v.: dar un pedazo.
pitsak s.: gavilán, ave rapaz más pequeño que el cóndor. *llullu pitsak*: gavilán tierno. *upa pitsak*: lit. "gavilán tonto", gavilán que tiene el aspecto de tonto. Q II: *pichak*.
pitsakay (*pitsa-ka-y*) v.: limpiarse el cielo, escamparse, despejarse. *Pitsakanqanyaq karpata shaaritsishun*: Levantemos la carpa mientras se escampe.
pitsakuy (*pitsa-ku-y*): 1. v. enfát.: limpiar, barrer. 2. v. refl.: limpiarse, hacerse el aseo. *Allau aukis, rakchantapis pitsakunnatsu*: Pobrecito viejo, ni siquiera puede limpiarse su suciedad.
pitsana (*pitsa-na*) s.: escoba. *liinu pitsana*: escoba de tallo de linaza. *ayaq pitsana*: escoba de planta de ramitas amargas y delgadas. Caraz. →**pichana**
pitsanakuy (*pitsa-naku-y*) v. recíp.: limpiarse, barrerse.
pitsatsiy (*pitsa-tsi-y*) v.: hacer barrer, hacer limpiar.
pitsay v.: barrer, hacer limpieza. *Nuqam wasita pitsashaq*: Yo barreré la casa.
pitsqa num.: cinco. Número importante en la cultura quechua. *pitsqa chunka*: cincuenta. *pitsqa waranqa*: cincuenta mil. *pitsqa hunu*: cincuenta millones. *pitsqa lluna*: cincuenta billones. →**pichqa**.
pitsqay s.: pichcai. Rito fúnebre al quinto día del deceso. Esta tradición se alteró con la cristianización, ahora se hace al tercer día; pero la palabra sigue igual. Para esa noche se lavan y limpian todas las ropas y cosas del difunto. Se quema lo inservible. Se pone una "mesa" con sus cosas para hacer el rito de despedida. Desde ese día no se le nombra hasta cierto tiempo para no convocarlo a este mundo.
pitsqay v.: celebrar el rito del pichcai. *Ayantsikta pitsqarillaashun*: Por favor, hagamos el pichcai a nuestro difunto.
pitu: 1. s.: envuelto, bulto. *¿Pipatan kay pitu?*: ¿De quién es este bulto? 2. adj.: estrecho, ajustado. *pitu chuupa*: chupa ceñida al cuerpo.
Pituka s.: hipoc. de Petronila.
Pitukita, Pitukita, Pitukitata.
Piraq, mayraq pituraykan Pitukiitata.
Pituquita, Pituquita, a Pituquita / Quién y dónde la tendrán envuelta a Pituquita. – (huayno). *Pituka* y *pituy* tienen analogía fonética. →**Pitushka**.
pitukuy v. refl.: envolverse, cubrirse. C de H: *pitukiy*.
pituna s.: persona o cosa que se deja envolver fácilmente.
Pitushka s.: hipoc. de Petronila. →**Pituka**.
pitutsiy (*pitu-tsi-y*) v.: hacer envolver, mandar envolver.
pituutsiy v.: colaborar en envolver.
pituy v.: envolver, cubrir, encubrir. *Alli pituptikim palta sas puqun*: Si envuelves bien la palta se madura rápido. *hutsa pituq*: lit. "encubridor de delitos", abogado.
piya s.: caracol, babosa. →**lakatu**.
plaatanu s. esp.: plátano, banana, guineo. *tataku plaatanu*: plátano tataco, plátano manzano. Plátano de frutos muy pequeños y dulces que no se debe comer mucho. *chipa*: corteza de plátano, una carga de plátano. →**sipra**
plaatu s. esp.: plato.
prupyu, prupiu s. esp.: propio (mensajero especial). →**kacha puri**.
-pti- morf. v. subordinante, se agrega al tema verbal y luego va el morf. de persona. Cuando los sujetos de orac. princi-

pal y subordinada son diferentes: a causa de, porque, si (condicional), gerundio, infinitivo, cuando. *Allqu waqyaptinraq rikcharqaa*: Me desperté todavía porque ladró el perro. *Puñunaptikiqa, chukru rumipis alli puñunam*: Si se tiene sueño, hasta la dura piedra es buena cama. Con el mismo sujeto en orac. principal y subordinada se usa el alomorfo: *-r, -rnin*.

-pu- morf. pron. complementario incorporado en el verbo: le, la, lo. *Qupuy*: Entrégale. *Waraymi arupushqayki*: Mañana te lo trabajaré.

pucha s.: venteador, abanico. →**wayrapa**.

pucha s.: mancha, parte diferente (chacra que queda sin sembrar estando sembradas las demás).

pucha pucha exp. adv.: por partes, discontinuo, mancha sólo en algunas partes, indica que algo está hecho o trabajado sólo en partes. *Qamkunaqa pucha pucha muruyashkanki*: Ustedes han sembrado por pedazos (es un reproche).

puchka (Q II) s.: hilado. →**putska**.

puchkay (Q II) v.: hilar.

puchkus s.: puchcos. →**puchmus**.

puchmus s.: puchmos. Pasto de hojas pelusientas.

puchqa s.: torcedura, dislocadura.

puchqalli s.: vinagrera.

puchqallitsiy (*puchqalli-tsi-y*) v.: causar vinagrera.

puchqalliy v.: tener vinagrera.

puchqay v.: torcer, dislocar. *mana alli puchqashqa waska*: soga mal torcida. *Chukaru kawallupa kunkanta puchqay*: Tuerce el cuello del caballo chúcaro.

puchqu adj.: 1. torcelado, torcido (hilo). *mana alli puchqu watu*: hilo mal torcelado. 2. salado, ácido, avinagrado. *puchqu kashki*: sopa salada.

puchquupakuy v.: avinagrársele algo sin intención.

puchqutsiy v.: torcelar, torcer (soga, hilo).

puchquutsiy v.: 1. avinagrar, hacer que se vuelva ácido. 2. ayudar a torcer.

puchquy v.: estar salado, avinagrarse, volverse ácido. *Achaq millkapata qipiytsu, puchqunqam*: No envuelvas el fiambre caliente, se avinagrará.

puchu s.: per. pucho, resto, pedazo de algo que sobra. *shayri puchu*: colilla de cigarrillo, pucho de cigarro.

puchuy v.: sobrar, dejar un pucho.

puka adj.: rojo, colorado. *puka shimi*: boca colorada. *rauraq puka*: rojo vivo (a llama del fuego), rojo ardiente. top. Pucarranra (*puka ranra*: montón de piedras coloradas). Quitaracsa.

puka miyu s.: tierra colorada por óxido de minerales. No se bebe el agua donde hay tierra colorada. top. Pucamiyu (allí murió una persona porque le cayó el árbol fantasma). Quitaracsa.

puka puka exp. adj.: muy rojo, rojísimo.

pukalun (*puka* esp. *-ón*) adj.: colorado, muy colorado.

pukall pukall ‹ *pukalla pukalla* exp. adv.: de rojo, manchado de rojo.

pukallyaatsiy (*puka-ll-ya-a-tsi-y*) v.: sacarle sangre, ensangrentar.

pukallyay v.: volverse rojo de repente por emanación de sangre, sangrar. *Wahukuq runa pukallyan, pichi sinqanta kutaskin*: El hombre provocador sangra, alguien le acaba de trompearle la nariz.

puka muru s.: lit "semilla roja" (ref. granos rojos), sarampión.

pukaraa s.: fortaleza, fortín.

pukaray v.: exponer el color rojo, estar rojo mucho tiempo.

pukas (*puka-s*) adj.: rojizo. *pukas pishqu*: pájaro rojizo.

pukash (*puka-sh*) adj.: muy rojo, rojo encarnado. *pukash wayta*: flor muy roja. →**pukish**.

pukatsay (*puka-tsa-y*) v.: teñir de rojo, pintar con color rojo, hacer volver rojo.

pukayaatiy (*puka-ya-a-tsi-y*) v.: enrojecer, hacer volver rojo.
pukayay v.: volverse rojo, avergonzarse, sonrojarse. *Taqay runaqa, hukwan hukwan qayapaanakurpis, mana pukayantsu, mana yanayantsu*: Aquél hombre, aunque se grite con uno y con otro, no se avergüenza ni cambia de color.
pukish adj.: muy rojo, rojo encarnado. *pukish pishqu*: pájaro de plumaje muy rojo. Para mayor énfasis la vocal "a" también se palataliza. *pukas › pukish*.
puklla s.: juego, deporte. *warmi puklla*: juego de mujeres.
pukllana (*puklla-na*) s.: juguete. *Supaypa pukllanan*: juguete del diablo, malhechor, malvado, incorregible.
pukllapacha, puklla pacha s., adj.: lit. "barriga de juego", juguetón, travieso, muy dado al juego. *puklla pacha wamra*: niño juguetón (sólo se preocupa de jugar).
pukllapay (*puklla-pa-y*) v.: provocar jugando, fastidiar con juegos. →**wahupay**.
pukllatsiy (*puklla-tsi-y*) v.: hacer jugar, demostrar destreza en el juego.
pukllay v.: jugar, hacer deporte. *Allish pukllanki*: Juegas bien. C de H: *pukllee*.
pukllay siki adj., s.: lit. "que juega hasta con el culo", muy juguetón, travieso. Es más exagerado que *puklla pacha*.
pukllukshu s.: mollera, parte superior del cráneo. *Ñapu pukllukshu*: mollera blanda. →**winanish**.
pukru s., adj.: cóncavo, hondo, hoyo, quebrada, tierra hundida. *pukru mati*: mate (plato) hondo. top.: Shahuin Pucro (*shawin pukru*: quebrada de guayaba).
pukrutsay (*pukru-tsa-y*) v.: cavar, hacer cóncavo, perforar, profundizar. *Pukuta, ichikta pukrutsaallay*: Profundice un poco más la escudilla.
pukruyay v.: hacerse cóncavo, hacerse hueco el terreno, ahondarse.
puktiy v.: agacharse, ponerse cabizbajo.
→**kitiy**.
puku s.: 1. escudilla, vasija. *mushuq puku*: escudilla nueva. *ishpay puku*: lit. "vasija de orina", vejiga. 2. chiquero, granja. *haka puku*: cuyero, rincón donde se cría cuyes. *wallpa puku*: gallinero.
pukucha s.: vejiga. →**ishpay puku**.
pukull s.: polvareda, hedor. →**quntall**.
pukullu s.: tumba y guarida de antiguos andinos.
pukullyay v.: heder, levantar polvareda, exhalar gas.
pukunchi adj.: ojo hundido y pequeño. →**chipchi**.
pukutaq (*pukuta-q*) p. pte.: que está nublado, neblinoso, fragante. top.: Pucutá, Pucutac Jirca.
pukutaray (*pukuta-ra-y*) v.: estar nublado.
pukutay s.: nube, neblina.
pukutay v.: nubear, hacer polvo, haber nube, estar fragante. *Kay hirka imaypis allaapa pukutan*: Esta colina siempre nubea mucho. C de H: *pukutee*.
pukuy (Q II) v.: soplar. *waqrapuku*: huacrapuco. Cuerno que se sopla como instrumento musical. →**puukay**.
pukyu s.: per. puquio, manantial, fuente, filtración de agua.
pukyu runtu, pukyu ruru s.: lit. "huevo como fuente", meón.
pulipunchu s.: licor mezcla de chicha con alcohol.
pultu s., adj.: cereales en desazón, desazón. *allwi pultu*: alverja verde (en desazón, aún con vaina verde).
pultutuy v. onomat.: hacer bulla suave dentro del agua como los renacuajos, chapalear, burbujear. *Ultukuna pultutuuyan*: Los renacuajos hacen bulla.
pulla s.: parecido, réplica, doble. *Paymi pullaa*: Él es mi réplica. →**kuprapi**.
pullan (*pulla-n*) adj.: medio, mitad. *pullan hunaq*: mediodía. *pullan paqas*: medianoche. →**chaupi**.

Pulli s.: hipoc. de Policarpo, -a. Poli, Pola.
pullpull s. onomat.: borbotón suave, ebullición suave.
pullpullyay v. onomat.: borbotar suavemente, fluir.
pullu s.: manto, cobertor. →**haku, yallku**.
pullurki s.: pestaña. →**qipsha**.
puma s.: puma (Puma concolor). *yana puma*: lit. "puma negro", oso negro andino. *puma ismay*: excremento de puma. Alimento para las vacas. top. Pomabamba (*puma pampa*). Ancash.
Puma Choolu s.: Puma Cholo, Juan Oso, Juan del Oso. Héroe mítico, hijo del oso en una mujer. Fue tan fuerte y valiente que hizo grandes hazañas que perduran.
pumapa qurutan s.: lit. "huevo de puma", pumapa corotan. Especie de cactus andino parecido al testículo del puma, se come su interior acuoso porque quita la sed.
puma waqatsiq s.: puma huacatsec, lit. "que hace llorar al puma". Mosquito de la puna de picadura muy fuerte.
pumpu s.: palo remojado mucho tiempo. →**qaymaa**.
pumpunya s. onomat.: ruido de algo pesado al caer, sonido al pisar la superficie de algo vacío.
pumpunyay v. onomat.: producir el sonido pum, pum.
pumpush s.: pumpush. Planta andina de raíces tuberosas que comen los cerdos. La manteca de estos cerdos es azulina y verdosa y no se coagula.
pun s.: vez, oportunidad, momento, día, tiempo. Necesita un determinador que le anteceda. *huk pun*: una vez. *kanan pun, kanan punchau*: hoy día. *unay pun, unay punchau*: tiempo pasado. *waray pun, waray punchau*: tiempo futuro.
puna s.: puna, región alta de 4,000 a 4,800 s. n. d. m. →**hallqa**.
puncha adj.: puntiagudo. *puncha qiru*: palo puntiagudo.
punchatsay (*puncha-tsa-y*) v.: sacar la punta, afilar la punta.
punchau (*pun-chau*) exp. temporal: día, tiempo, época. Necesita un determinador. *Kanan punchau llapantsik ayllukashkantsik*: En este momento todos (sin excepción) nos hemos congregado.
punchinkuy s.: escarabajo. *Punchinkuy ismayta lluyllun*: El escarabajo hace pelotita de excremento.
punchu s.: 1. poncho, ruana. Es símbolo de honra. Varía de color y forma según la región. *suqu punchu*: poncho gris. *yana punchu*: poncho negro. *kauchu punchu*: poncho de caucho, impermeable. *utku punchu*: poncho de algodón. 2. preservativo, condón.
punchuta haruy exp. v.: lit. "pisar el poncho", faltar respeto, menospreciar. *Nuqapa punchuuta pipis haruntsu*: Nadie me pisa el poncho. Nadie me falta el respeto.
punchukuy (*punchu-ku-y*) v. refl.: ponerse el poncho. *Tamyaamuptinqa, punchukunki*: Si llueve ponte poncho.
punki s.: 1. per. punqui. Cereal a medio tostar o la harina de éste. *punki kashki*: sopa de harina de punqui. 2. hinchazón, inflamación.
punkikuy v. enfático: hacer el punqui.
punkiy v.: hacer el punqui, tostar el trigo para el punqui.
punkiy v.: hincharse. →**saksay**.
punku s.: puerta, abertura, acceso. *wasi punku*: puerta de la casa, patio, chacra delante de la casa. *punku › pungu*, pongo.
punku runa s.: portero, guardián de casa, pongo.
punkuy v.: poner la puerta.
punrun s. onomat.: sonido del trueno.
punruruy v.: producir el sonido *punrun* del trueno, tronar.
punta: 1. adj., s.: primero, anterior. *punta wawa*: primogénito (relacionado con

la madre). *llapanpa puntan*: el primero de todos. 2. delante. *Puntaachauqa maqanakuyallaytsu*: Por favor, no se peleen en mi delante. →**ñaupa**

punta s. esp.: punta, herramienta metálica puntiaguda que se amarra en el arado para que roture la tierra.

puntaakuy v.: adelantarse, irse primero.

puntay v.: adelantar, ir primero. *Qam puntay, sasmi taripashqayki*: Tú ve primero (adelanta), pronto te voy a alcanzar.

punuy v.: dormir. →**puñuy**.

puñu s.: sueño.

puñukuy v.: dormirse, acostarse.

puñuna (*puñu-na*) s.: cama, objetos que constituyen la cama (lo que se tiende al piso y lo que cubre). *Puñunaykita taqshamushaq*: Voy a lavar tu frazada.

puñuna wasi s.: posada, hotel.

puñunay (*puñu-na-y*) v.: tener sueño. *Puñunaa*: Tengo sueño.

puñupakuy (*puñu-pa-ku-y*) v.: dormir en una y otra casa.

puñupaakuy v.: dormirse placenteramente

puñu puñu exp. adv.: somnoliento, con sueño. →**puñuysaa**.

puñutsiy (*puñu-tsi-y*) v.: hacer dormir, acostar.

puñuy v.: dormir, pernoctar.
   Mamaacha, willaykallaamay
   maychautan wamra puñun,
   kikillaami yaykukushaq
   arashnau laatarllapis.
Mamita, avíseme, / dónde duerme la chica, / entraré yo solito / aunque como lagartija (huayno).

puñuysaa adj.: somnoliento. *Puñuysaa shaarikur lluta shukukuskii*: Por levantarme somnoliento me he vestido mal.

puñuy shikra s.: 1. capullo de los gusanos. Gusano en estado de larva que está dentro del capullo. 2. bolsa de dormir.

puñuy siki exp. adj.: lit. "que duerme hasta con el culo", dormilón. *Puñuy siki karmi hunaqyaapakuyanki*: Por ser dormilones se hacen tarde. C de H: *puñii siki*.

pupa s.: pupa. Planta parásita que crece sobre otros árboles. De hojas menudas, flores anaranjadas, frutos de cáscara roja, de semilla cubierta de sustancia gomosa y blanca. El pájaro que come lleva esa semilla pegajosa a otros árboles donde se limpia el pico.

pupu s.: ombligo. *sapra pupu*: ombligo velludo.

puputi adj.: barrigón, ventrudo.

puputiisu adj.: barrigón, vientre inflado por mala nutrición. *puputiisu wamra*: niño ventrudo.

pupu watu s.: cordón umbilical.

puqi s.: basura, mugre, desperdicio.

puqis adj.: tonto, ingenuo.

puqla adj.: sin gracia, desatento. *puqla sikritarya*: secretaria sin gracia.

puqlash s.: papo, papada.

puqpii s.: hongo negro de la mazorca de maíz. Es comestible en ensalada o guiso. →**upatu**.

puqpu s. onomat.: borbotón, sonido del líquido que brota en gran cantidad, chorro.

puqpuqyay v. onomat.: borbotar en gran cantidad (agua termal en un cráter grande), ebullir, chorrear.

puqpuy v. onomat.: borbotar, ebullir.

puqru s.: absceso, per. chupo. *ukush puqru*: absceso grande (del tamaño de un ratón). →**chuupu**.

puqru s.: moco, moquera. Es remedio para las ronchas producidas por ortiga.

puqru sinqa s., adj.: lit. "nariz con moco", mocoso.

puqruy v.: aparecer absceso, enfermarse de absceso.

puqti s.: manjar espeso. *shawin puqti* (ref. a los caracinos): manjar de guayaba.

puqu, poqu adj.: maduro, realizado, crecido, fermentado. *puqu runa*: hombre maduro. *puqu aswa*: chicha madura (bien

fermentada). *puqu ishpay*: orina fermentada (remedio para la sarna). *puqu puqru*: absceso maduro (con pus).
puqushqa (*puqu-shqa*) p. p.: madurado, crecido, realizado.
puquutsiy v.: hacer madurar. *Quñu patsachau paltata puquutsiy*: Haz madurar la palta en un lugar abrigado.
puquy v.: madurar, madurarse. *puquy patsa*: época de frutos maduros. *Aswaqa mishkiwan sas puqun*: La chicha se madura rápido con dulce (azúcar, chancaca).
pura morf. de similitud pospuesto: de la misma especie, congéneres, entre semejantes. *Wauqi puraqa maqanakuyaytsu*: No se peleen entre hermanos. *ñaña pura*: entre hermanas.
purakshay v.: empuñar. →**purashllay**.
purash s.: puñado, algo que sólo alcanza para un puñado. *huk purash allpa*: un puñado de tierra.
purashllay (*purash-lla-y*) v.: coger algo disperso con la mano, empuñar (cereal).
purichiku ‹ *puriq chaki* adj.: lit.: "pie que siempre anda"), vagabundo, andariego, trotamundo.
purikachay, puriykachay (*puri-ykacha-y*) v.: andar de un lado a otro, ir y venir frecuentemente en un espacio limitado.
purikuq (*puri-ku-q*) p. pte.: caminante, errante, andariego. →**purichiku**.
purikuy (*puri-ku-y*) v. enfát.: caminar, andar, ambular. *Ama tutapa purikunkitsu*: No andes de noche.
purina (*puri-na*) s.: camino, espacio por donde se anda. *Purinaaman witimuptikim, rikarquq*: Te he visto porque te acercaste a mi camino.
puri qishyay ‹ *puriq qishyay* s.: lit. "enfermedad que anda", enfermedad contagiosa que se manifiesta con fiebre, dolor de cabeza y que a veces se complica con malestar estomacal y náusea. Debe ser una clase de gripe.
puriy v.: andar, caminar, dar pasos, pasearse. *¿Wamrayki purinnaku?*: ¿Ya camina tu niño?
purtakuy v. esp.: 1. refl.: portarse, comportarse. *Yashqakunapa ñaupanchaumi kaykantsik, shumaq purtakushun*: Comportémonos bien, estamos ante los mayores. →**kakuy**. 2. enfát.: invitar, brindar. *Mana yarpachakur alli upyayay, kananqa nuqam purtakuu*: Beban sin preocuparse, hoy invito yo.
puru s.: esp. porongo. Planta de la familia de las calabazas cuyos frutos largos, una vez quitadas las semillas, sirven para guardar agua o cal.
puruku ‹ *purutuku* s.: laringe.
purun adj.: 1. salvaje, silvestre, deshabitado. *purun runa*: hombre salvaje. *purun patsa*: tierra deshabitada, tiempo antiguo. *purun haka*: cuy salvaje. *purun kuchi*: chancho salvaje. 2. que no pertenece a nadie, sin dueño. *purun chakra*: terreno sin dueño.
purunku s.: per. porongo. Fruto de una especie de calabaza, de forma ovalada, ancha y de cuello delgado. Se usa como depósito de líquido.
purunyaatsiy v.: hacer que se vuelva salvaje, primitivizar.
purunyay (*purun-ya-y*) v.: hacerse salvaje, volverse primitivo.
puru ñuñu s., adj.: lit. "teta de porongo", tetona, que tiene mucha leche. *puru ñuñu waaka*: vaca de ubre grande, vaca lechera.
puru puru s.: poroporo, curuba (Colombia). Especie de granadilla. →**puruqsu**.
puruqsu, poroqsu s.: porocso (Passiflora mollisima), curuba (en Colombia). Planta enredadera de fruto alargado que se amarilla cuando está maduro. Sus lianas sirven como soguilla, sus frutos, generalmente, son comestibles. *inka puruqsu, inkapa puruqsun*: lit. "porocso del inca", de frutos pelusientos y venenosos. *pishqupa puruqsun*: lit. "porocso del pájaro", de frutos pequeños y comestibles.

mishki puruqsu: porocso dulce y comestible. *puchqu puruqsu*: porocso ácido pero comestible. *ruyru puruqsu*: lit. "porocso redondo", granadilla.
   ¿Puruqsu hachatsuraq
   nuqa kakullarqaa,
   kuyashqa cholitallaata
   tsararaakunaapaq?
¿Una planta de porocso / yo habría sido / para mantenerla cogida / a mi adorada cholita? (huayno)
puruqutu s.: esófago. →**millputuku**.
purush s.: purush, porocso. Planta enredadera de frutos dulces y ácidos. →**puruqsu**.
purush adj.: de forma alargada, que tiene forma de porocso.
purutuku s.: laringe. *purutuku nanay*: dolor de laringe. →**tunqur**
puruutu s.: poroto (Erythrina edulis). Especie de castaña de la zona yunga, de flores rojas, vainas grandes que contienen frutos de cáscara marrón. top. Poroto (La Libertad). →**pahuru, hacha pushku**.
purway v.: recoger lo disperso.
Purway s. top.: Purhuay. Pueblo donde se encuentra una de las huacas muy importantes. El catipador la invoca como *Mamacha Purway*.
pusaq num.: ocho. *pusaq pachak*: ochocientos.
pusi s.: afrecho. →**saqtu**.
pushaq p. pte.: el que guía, guiador. *Kay yapyachau huk pushaqta wanaa*: Necesito un guiador en este trabajo de arar.
pushanakuy (*pusha-naku-y*) v. recíp.: guiarse, orientarse.
pushapay v.: guiar a la yunta para que no se aleje del surco, acostumbrar a la yunta a caminar por el surco.
pushay v.: guiar, orientar, hacer conocer el camino. *Wasikiman pushamay*: Llévame a tu casa.
pushku s.: frijol, frejol, judía. *pushku pallay*: cosecha de frijol. *hacha pushku*

s.: lit. "frijol de árbol", poroto. *pushku pichu*: picante de frijol, frijol guisado. Después de frijol no se toma agua fría. *pushku puklla*: juego de frijoles. Se tiende una manta y cada jugador pone allí un número convenido de frijoles, de colores diferentes por cada jugador. Además, cada jugador escoge un *apu* (como el rey en ajedrez) que debe ser bonito y escurridizo. El juego consiste en empuñar por turno los frijoles y arrojarlos hacia arriba para recibirlos con el dorso de la mano y luego con la palma. Esta operación de tres tiempos se realiza para escoger sólo sus frijoles con el fin salvarlos o si es posible capturar al *apu* de los adversarios. Si el apu cae en mano ajena, el dueño del *apu* pierde el juego. →**pushpu**.
pushlla (apóc. de *pushllanka*) s.: ampolla, salpullido.
pushllanka s.: ampolla, salpullido. *Pusllankaa allaapa nanan*: Me duele mucho la ampolla.
pushllankaatsiy v.: producir ampollas.
pushllankay v.: ampollarse, salpullirse.
pushllu s. ampolla. →**pushllanka**.
pushlluy v.: quemar con agua caliente.
pushpu (Caraz) s.: frejol, frijol, judía. →**pushku**.
pushuqay s.: espuma. *Punta pushuqayta hitarinki*: Debes botar la primera espuma.
pushuqay v.: espumear, arrojar espuma. *Piña qucha pushuqan*: La laguna enojada espumea.
puspa s.: primera lluvia (en octubre). *Puspa ishkirallaamun*: Qué bien, acaba de caer la primera lluvia. →**mushuq tamya**.
puspa killa s.: mes de primera lluvia, octubre.
puspuru s. esp.: fósforo. *¿Puspuruta rantikullarkiku?*: ¿Vende fósforo?
pusra s.: cáscara de cereales, afrecho. →**puusha**.
putaqa s.: putaga (Rumex peruvianus).

Planta de lugares húmedos de la puna, semejante a la acelga. Su sustancia gomosa del tallo es utilizada como antiinflamante.
putka adj.: turbio. *Putka yakuta wamrayki upyashqa*: Tu niño ha tomado agua turbia.
putkay v.: enturbiar.
putru adj.: meón.
putska s.: hilado. *Putskata miratsillay*: Avance el hilado, por favor. *hiqna putska*: persona que no cumple con la fecha de entrega del hilado.
putskaq (*putska-q*) p. pte.: que hila, hilador. *alli putskaq*: buen hilador.
putskapakuy (*putska-pa-ku-y*) v.: hilar para otra persona, ganarse la vida hilando. C de H: *putskapakiy*.
putskapaakuy v.: estar hilando despacio y con gusto.
putskatsiy v.: hacer hilar, mandar hilar.
putskay v.: hilar, hacer hilo. C de H: *putskee*.
putsu s.: hoyo, quebrada, depresión.
putsu putsu s.: hoyadas, tierra de pequeñas quebradas. top. Putsuputsu (Santa Cruz – Ancash).
putu s.: 1. poto. Especie de calabaza de frutos redondos. 2. poto, cojudito (norte peruano), vasija redonda fruto de la planta del mismo nombre. Se usa como copa o envase para guardar algo. *aswa putu*: poto para chicha. *putu aswa*: poto de chicha. *chiklau putu, chila putu*: vasija de calabaza, calvo. *kachi putu*: poto de sal, tonto. *qara putu*: calvo, de pelo corto, cachimbo. *utsu putu*: vasija de ají, tobillo. Por analogía el per. "poto": nalga.
Putumayu (*putu mayu*) s. top.: lit. "río donde hay la planta putu", Putumayo. Río de la selva entre Perú y Colombia.
putunya s.: haba verde tostada.
puturka (Cajamarca) adj.: de ojos hundidos. →**tuqu ñawi**.
pututu s. onomat.: per. pututo, caracol marino que se toca para convocar o avisar.
puucha interj.: ¡pucha!, exp. de admiración, cansancio.
puuchay v.: poner emplasto, embarrar. →**luqiy**.
puuchu s.: colilla de cigarrillo. En Ancash se usa más *puuchu* que *puchu*.
puuchuy s.: sobrar algo, dejar un pedazo. →**puchuy**.
puuka s.: soplo, soplido.
puukana s.: 1. pucana. Arma de cacería. Tubo largo que contiene una flechita que se sopla. 2. *nina puukana*: soplador del fuego (generalmente un tubo).
puukapay (*puuka-pa-y*) v.: soplar un rato, dar viento.
puukash ‹ **puukashqa** s.: vejiga. *kuchi puukash*: vejiga de chancho. Se infla para usar como pelota. →**ishpay puku**.
puukashqa (*puuka-shqa*) p. p.: inflado, lleno de viento.
puukay v.: 1. soplar. *Ninata puukashun*: Soplemos el fuego. 2. poder. *Kay runaqa puukannatsu*: Este hombre ya no sopla (ya no puede).
puuna s.: puna, jalca, región fría. En Ancash se prefiere *puuna* que *puna*.
puuniy v.: pisar (copular) el ave macho a hembra.
puusha s.: cáscara seca de cereales. *sibaada puusha*: cáscara de cebada. →**pusra**.
puushay v.: quitar la cáscara seca.
puutatay v.: levantarse algo menudo como polvo o plumas. *Puutatakat saqmaykaptiipis, hinchi tukuqa ishkiikuntsu*: El búho no cayó a pesar de que lo apedreé hasta que volaran sus plumas.
puuya s.: puya (Puya raimondi Harms). Planta bromeliácea. →**qupchu, kunkush**.
puwaq (C de H) num.: ocho. *puwak chunka*: ochenta. →**pusaq**.
puwaq adj.: hirviente. →**timpuq**.

puwatsiy (*puwa-tsi-y*) v.: hacer hervir, hervir. *Uqa mankata puwatsiy*: Haz hervir la olla de oca.

puway v.: hervir, hervirse, borbotar. *¿Kashkiki puwannaku?*: ¿Ya hierve tu sopa? C de H: *puwee*. →**timpuy**.

puyaati s.: chuchuya, piojo de aves. *llullu puyaati*: chuchuya tierna. →**chuchuuya**.

puyllu s.: adorno que se pone sobre el ganado, borla.

puylluqshu s.: puillocsho, cumlloisho. Planta espinosa de la puna, de flores moradas con líneas blancas, de hojas pelusientas, de frutos verdes y redondos que cuando se maduran se tornan amarillentos, su jugo amargo se utiliza para cuajar la leche y lavar la ropa, pero si cae al ojo puede ser fatal, el humo de la leña de puillocso hace doler la cabeza. Es comida de murciélagos. →**qumlluyshu**.

puylluy v.: adornar el ganado con borlas. →**wankukuy**.

puyñu s.: cántaro, vasija de cuello delgado y de cuerpo ancho. *aswa puyñu*: cántaro para chicha. *puyñu aswa*: un cántaro de chicha. →**urpu, kuntu**.

puytiy v.: bocabajar la olla. →**kupsay**.

puytu s.: hoyo profundo, abismo.

puyu s.: 1. polilla. *hara puyu*: pollilla de maíz. *shiuri puyu*: polilla en estado de larva. 2. (Q II) nube, niebla, neblina, polvillo (nube que quema las hojas de las plantas). →**pukutay**.

puyuy v.: 1. apolillarse, carcomerse por la polilla. *Punkuyki puyushqana*: Tu puerta ya se ha apolillado. 2. (Q II) haber nube, llenarse de niebla.

puywan, puywaq (*puywa-q*: que late, que palpita) s.: corazón (órgano). *waaka puywaq*: corazón de vaca. top Puihuac Rumi (*puywaq rumi*: piedra en forma de corazón) Santa Cruz (Huaylas). →**shunqu**.

puyway v.: latir el corazón.

Q

q [q] fonema postvelar oclusivo: Como el castellano no tiene un fonema equivalente los préstamos quechuas con este fonema han pasado como [k] y [g]: *qasa pampa* › top. Cajabamba; *wallqayuq* › top. Hualgayoc. Dentro del quechua también hay la tendencia de sustituir por [k] o elidir: *allqu* › *allku, alku* (perro); *rikarqun* › *rikarun* (ha visto).

-q morf. verbal de participio presente, agente. Va en el tema verbal: -ante, -ente, -ero, -or, el que, la que, lo que. *munaq*: el que quiere. *puriq*: caminante. *waynu tushuq*: huaynero, bailarín de huaynos. *qiru llaqllaq*: carpintero.

-q ‹ *paq* morf. v. de finalidad, va después del tema verbal de la oración subordinada: para, para que, a fin de que. *Aya pampaq aywaa*: Voy para enterrar al muerto.

-q morf. pron. incorporado al verbo en la secuencia "yo te, nosotros te": te (o. d., o. i.). *Kuyaq*: Te amo. *Kuyayaq*: Te amamos (apóc. de *qamta*).

-qa morf. enfático y topicalizador. Se agrega a cualquier elemento de la oración. *Allquykiqa riqimantsu*: Tu perro (y no otro) no me reconoce. *Nuqa munaptiiqa pipis shiqimantsu*: Si yo quiero realmente, nadie me gana. *Paytaqa wanaatsu*: Precisamente a él no lo necesito.

-qa morf. sustantivador, se añade al infinitivo: subordinada sustantiva con infinitivo. *Kuyanakuyqa allim*: Amarse recíprocamente es bueno. *Allaapa puñuyqa allitsu*: Es malo dormir mucho.

-qa morf. de actitud del hablante: 1. después de sust.: expresión de extrañeza y advertencia. *¡Runaqa!*: ¡Hombre!, ¡Qué le pasa a este hombre!, ¡Cuidado, hombre! 2. después de adj.: expresión de admiración o rechazo: *¡Shumaqqa!*: ¡Qué bello!

qaara s.: maguey, penca, agave. Su tallo sirve como madera y canal, sus hojas dan la fibra, sus frutos sirven para hacer manjar, su savia para licor, su tronco para asiento. *tsiqyaq qaara*: maguey de color verde césped. *suqu qaara*: maguey gris, maguey de color verde grisáceo. Tiene mejor fibra y crece en la región quechua y yunga. *shillqu qaara*: maguey con líneas amarillas verticales. Adorna los jardines. *yuraq qaara*: maguey blanco. →**chuchaa**.

qaaracha s.: savia de maguey. Sirve para hacer licor.

qaara pishqu s.: lit. "pájaro de maguey" (Troglodytes aedon). Especie de pájaro que vive donde hay maguey.

qacha adj.: sucio, descuidado. *qacha maki*: mano sucia. →**taqra**.

qachay v.: ensuciar, embarrar. *Putskaykita qachanki*: Ensucias tu hilado.

qachikachay ‹ *qachi-ykacha-y* (vocales gemelas se simplifican) v.: 1. escarbar por escarbar y con frecuencia. 2. garabatear, rubricar, firmar, escribir a mano de corrido. *Shutikita kaychau qachikachay*: Aquí rubrica.

qachiy v.: escarbar, sacar tierra botando como la gallina, rayar. *Wallpa chakraykita qachin*: La gallina escarba tu chacra.

qachpa adj.: rocoso, de poca tierra.

qachpa s.: cadera. →**kachpa**.

qachqa adj.: áspero, tosco. *qachqa rumi*: piedra áspera. *qachqa qaqlla*: cara áspera por viruela o granos. *qachqa urpay*: paloma de cemita. Insulto a los que tienen huellas de viruela.

qachqayaatsiy (*qachqa-ya-a-tsi-y*) v.: hacer volver áspero.

qachqayay v.: volverse áspero. *Chakrachau aruptiimi makii qachqayan*: Mi mano se pone áspera porque labro la tierra.

qachu adj.: menudo, pequeño y delgado,

mal desarrollado. *Qachu runalla kaychau taakun*: Aquí vive sólo gente pequeña y flaca. →**siqru**.

qachuyay (*qachu-ya-y*) v.: volverse pequeño y delgado.

qaha ‹ *qasa*: 1. s.: helada, escarcha. 2. frío, helado, donde cae la helada. top.: Cajamarca (*qasa marka*), Cajatambo (*qasa tampu*). →**qasa**.

qahakuy v.: tasar los daños en la sementera. *Kuchiki papaata ukrishqa, aku qahakullaashun*: Su chancho ha hociqueado mi papa, vayamos a tasar los daños.

qahapa s.: helada, frío que quema las plantas y hasta mata a ganado que duerme en la intemperie. *Qahapa paqaspa ishkin*: La helada cae de noche. →**qasapa**.

qahapay v.: caer la helada, sufrir las consecuencias de la helada.

qala ‹ *qara*: 1. s.: cuero, piel. 2. adj.: lit. "cuero", desnudo, pobre, per. calato, pelado, calvo. *qala urku*: frente pelada.

qala chaki adj.: lit. "pie desnudo", descalzo, sin calzado o sandalia. *Qala chakipis, maqanakurqa, allim haytaa*: Aunque descalzo, si peleo, pateo bien.

qala pacha adj.: lit. "barriga desnuda", pobre, harapiento.

qalapaachu adj.: desnudo, pelado.

qala piqa adj.: calvo, cabeza pelada.

qala putu adj., s.: lit. "calabaza pelada", calvo. →**qara putu, chila putu**.

qalashtu adj.: desnudo, harapiento, pobre.

qalashtuy v.: desnudar, quitar la ropa.

qalatu adj.: per. calato, desnudo, pobre, sin nada, de poco pelo. *qalatu kuchi*: cerdo sin pelambre.

qalatu allqu s.: perro calato, perro sin pelambre. Perro peruano sin pelo.

qala wirpa adj.: lampiño, imberbe.

qaliq kuru s.: lit. "gusano que voltea", escarabajo. →**punchinkuy**.

qaliy v.: voltear, hacer rodar. →**kiptay**.

qallana (*qalla-na*) s.: comienzo, principio, partida.

qallapaakuy v. enfát.: fastidiar, molestar. *Paymi qallapaakun*: Aquél fastidia mucho.

qallapay (*qalla-pa-y*) v.: fastidiar, molestar, provocar. *Allquta qallapaytsu*: No fastidies al perro. →**wahupay**.

qallariy (*qalla-ri-y*) v.: acabar de empezar, dar el comienzo. *Tamya qallarin*: Acaba de empezar la lluvia.

qallay v.: iniciar, empezar. *Pukllata qallashunna* Empecemos ya el juego.

qallpa s., adj.: terreno pedregoso o cascajo que no sirve para el cultivo. *Qallpachaupis murukuumi*: Siembro aunque sea en el pedregal.

qallpakuq s.: recogedor de espiga.

qallpay v.: 1. quitar las piedras de la sementera. 2. rebuscar espigas después de la siega. →**pallay**.

qallpuy adj.: simple, sencillo. *qallpuy wachuku*: faja de tejido simple. *qallpuy runa*: hombre simple (no complicado).

qallpuy kashki: sopa sin aderezo, sin grasa ni aceite, saborizado sólo con verduras. Generalmente es de papa.

qallqa s.: galga, caída frecuente de piedras, derrumbe. top. Galgada (quebrada de derrumbes, Pallasca – Ancash).

qallqay v.: haber galgas, caer piedras frecuentemente.

qallu s.: lengua (órgano). *waaka qallu*: lengua de vaca. *qallunnaq (shiminnaq)*: lit. "sin lengua", que no habla, tímido para hablar. *upa qallu*: lit. "de lengua inútil", mudo. *nina qallu*: lit. "lengua de fuego", calumniador, maledico. *papa qallu*: lit. "lengua de papa", gago, que no pronuncia bien por tener lengua gruesa y redonda como la papa.

qallutsiy (*qallu-tsi-y*) s.: hacer torcer (hilo, soga).

qalluy v.: torcer las fibras con las palmas de las manos. *Qaarapa rapranta qalluyay*: Tuerzan la hoja del maguey.

qallwa adj.: amarillo. *qallwa wayta*: flor amarilla. El sonido palatal expresa que el color es más intenso. →**qarwa**.
qallwakincha, qallwaykincha s.: calluaquincha. Planta de la región quechua, de tallo amarillo, con espinas, de frutos negros y ácidos que se usan como tinta.
qaltiy v.: rodar, rodarse.
qam pron. pers.: tú, usted. *Qamwanmi pukllashaq*: Jugaré contigo y no con otro. *Qammi yayaa kallanki*: Usted es mi padre. *qamkuna*: vosotros, ustedes.
qam kallarchi exp.: lit. "gracias a usted", gracias. Expresión para agradecer.
qamay v.: pujar, hacer esfuerzo para expulsar algo interno. →**hinchipakuy**.
qamkuna (*qam-kuna*) pron. segunda pers. pl.: ustedes, vosotros. *Piraq qamkunanau*: Quién como ustedes.
qamla adj.: soso, desabrido, insípido, sin gracia. *qamla api*: mazamorra sosa. *qamla runa*: persona sin gracia. →**qamya**.
qamlayay v.: ponerse soso, hacerse desabrido.
qamya adj.: soso, sin sabor, sin gracia. *qamya papa*: papa sin sabor.
qamyayay v.: volverse soso, hacerse desabrido.
qan s. onomat.: sonido de un chicotazo sobre la piel.
qanchis num.: siete. *qanchis chunka*: 70. *qanchis pachak*: 700.
qanchis laaya s.: sietesabios, siete sabios. Planta de zona jalca cuyas flores sirven para iluminar la mente. Quien toma su agua adquiere el conocimiento de siete sabios. Muy buscada por los chamanes.
qanlli s.: canlli, panisara (Satureja punchella). Planta aromática de la puna cuyas hojas se usan en infusión para el dolor de estómago originado por frío o viento. *qanlli yaku*: té de panisara.
qanra adj.: sucio, desaseado. *qanra wasi*: casa sucia. →**taqra**.

qanrataakuy v. enfát., refl.: ensuciarse, mancharse.
qanratay ‹ *qanratsay* v.: ensuciar.
qantu s.: cantuta (Cantua buxifolia). Planta de flores rojas, remedio para el mal viento. Flor heráldica del Perú.
qantuy v.: ponerse colorado como la flor de cantuta (por alegría, fiebre o trabajo).
qanyan adv. temporal: ayer. *qanyan paqas*: anoche.
qanyaanin adv. temporal: anteayer, antes de ayer. →**qanyaatin**.
qanyaatin adv. temporal: anteayer, antes de ayer. *qanyaatin paqas*: anteanoche.
¡qap! onomat.: ¡trac! Sonido de maderas o frutos en vaina al romperse o reventarse.
qapapaatsiy v.: tocar la trompeta.
qapapay v. onomat.: sonar la trompeta, producir el sonido de la trompeta. *Taqay paqtsachaumi imach qapapan*: No sé qué suena como trompeta dentro de aquella catarata.
Qapaq s.: capac, poderoso, dios, creador. Mucho incas adoptaron nombres con esta palabra: Manco Capac, Capac Yupanqui, Huayna Capac.
qapari s.: exclamación de alegría o desafío. El grito humano ¡huaaji! se escucha más en gente con efectos del licor. Es propio de varones y animales machos; si lo hace la mujer o animal hembra puede ser maldición o desprecio de la hembra al macho.
qaparipay (*qapari-pa-y*) v.: provocar frecuentemente con gritos de burla o desafío. Propio de varones y animales machos.
qapariy v.: emitir el grito gutural de alegría, desafío o burla. Se escucha en las fiestas y faenas comunales. Es propio de varones y animales machos. *Taqay runakunaqa, qaparir wahupaanakuyan*: Aquellos hombres, se provocan con gritos de ¡huaaji!
qapariykachay (*qapari-ykacha-y*) v.:

emitir frecuentemente el tradicional grito ¡huaaaji! (como desahogo o provocación).
qapchu adj.: frágil que puede hacerse en pedazos.
qapchuchuy v. onomat.: roer, masticar algo duro.
qapchukay v.: romperse en pedazos (piedra, vidrio).
qapchuy v.: romper fácilmente en pedazos algo duro (vidrio).
qapiy v.: ordeñar, estrujar, exprimir. *Waaka qapiyllatapis yachankitsu*: Ni siquiera sabes ordeñar la vaca.
qaplla adj.: ciego, invidente (dicho con cariño). →**qapra**.
qapllaaku s. onomat.: capllaco, ají escabeche. Cuando se aplasta o muele produce el sonido ¡qap!
qapllaq s. onomat.: capllaco, ají escabeche. →**qapllaaku**.
qapra adj.: ciego, invidente. *qapra uusha*: oveja ciega. →**ñausa, wisku**.
qaprayaatsiy (*qapra-ya-a-tsi-y*) v.: enceguecer, volver ciego.
qaprayay (*qapra-ya-y*) v.: volverse ciego, perder la vista.
qapshi adj.: medio molido, hecho pedazos.
qapshiy v.: moler a medias, hacer pedazos como para hacer la carapulcra.
qapshu adj. onomat.: de cáscara muy frágil que cuando se aplasta se rompe, muy suave (tierra), esponjoso, molido en pedazos. *qapshu wiru*: caña esponjosa (media seca). →**qapchu**.
qapshuyay v.: volverse suave la tierra, hacerse en pedazos.
qapshuy v.: romper en pedazos (nuez, cáscara de huevo), moler en pedazos grandes (como papaseca para carapulcra), roturar fácilmente la tierra.
qapsu adj.: fofo, algo rompible como caña seca. *qapsu qiru chuchwaa*: maguey de madera fofa.
qaptsiy v.: exprimir (ropa o lana mojadas). →**qapiy**.
qapukay (*qapu-ka-y*) v.: 1. aplastarse el cerco. 2. estar desgarbado.
qapuy v.: aplastar el cerco o plantas, derribar el cerco. *Qinchaata qapuytsu*: No derribes mi quincha. →**qashuy**.
qapya adj. onomat.: fácil de romperse o quebrarse (palos, frutos en vaina), flojo, quebradizo. *qapya yanta*: leña quebradiza.
qapyay v. onomat.: quebrarse o romperse produciendo el sonido ¡qap!
qaqa s.: roca, collado, peña, cerro. *parya qaqa*: cerro de gaviota. *yana qaqa*: cerro negro. top. Titicaca, Pariacaca.
qaqaraq (*qaqa-ra-q*) p. pte.: que permanece al lado, cercano, contiguo. *qaqaraq wasikuna*: casas contiguas.
qaqaray v.: estar lado a lado, estar juntos. *Qamkuna qaqaraayanki*: Ustedes están lado a lado (juntos).
qaqa wayu ‹ *qaqapa wayun* s.: lit. "fruto de la roca", orquídea silvestre de bulbos comestibles. →**shakaullu**.
qaqay v.: ponerse al lado de otro, arrimarse, ajuntarse. *Ritraatupaqmi qaqaayan*: Se ponen juntos para la fotografía.
qaqchu s. onomat.: loro, perico. *Ishyaq qaqchukuna tsuqlluta mikuyan*: Numerosos loros comen choclo.
qaqlla s.: cara, rostro, faz, mejilla. *Shumaq qaqlla warmi, shunqullaami kuyashunki*: Mujer de bello rostro, mi humilde corazón te ama. *siki qaqlla*: cara de culo (insulto). →**uya**.
qaqru s.: paladar (central y posterior). →**shanqa**.
qaqukuq (*qaqu-ku-q*) s.: persona entendida en curar masajeando con yerbas u otras sustancias.
qaqukuy v. refl., enfát.: frotarse, masajear con delicadeza.
qaqupay (*qaqu-pa-y*) v.: frotar o masajear por buen rato.
qaquy v.: frotar, sobar, masajear. Una

manera de curarse es frotarse con ciertas yerbas, grasas y otras sustancias.
qaqyu s., adj.: labio partido, labio leporino, boca hendida. Las embarazadas no se exponen a descargas eléctricas (relámpagos, truenos) porque son causas de niños con labios leporinos.
qaqyuy v.: hendir la boca.
qaqyuyay (*qaqyu-ya-y*) v.: volverse de labio leporino, hendirse la boca.
qara s.: piel, cuero, cáscara, corteza. *ashnu qara*: cuero de burro, que aguanta todo. *qara chuupa*: chupa de cuero, casaca de cuero. *qara urku*: frentón, frente pelada. *qara wirpa*: lampiño, imberbe. *¿Aykatan waaka qarapa chanin?*: ¿Cuánto cuesta el cuero de vaca? *qara* › *qala*.
qaracha s.: per. caracha, sarna.
qarachakay v.: arrastrarse.
qarachaanakuy v. recíp.: jalarse, arrastrarse.
qarachaatsiy (*qaracha-a-tsi-y*) v.: hacer arrastrar.
qarachay v.: arrastrar, jalar. *Kay kulluta qarachanki*: Debes arrastrar este tronco.
qarachaykachay (*qaracha-ykacha-y*) v.: jalonear, arrastrar muchas veces y sin respeto, arrastrar por aquí y por allá.
qarachupa (*qara chupa*) s.: lit. "cola pelada", zarigüeya, per. carachupa, muca (Didelphis marsupialis). →**muuka**.
qarakuy (*qara-ku-y*) v. enfát.: regalar, donar, obsequiar. *Alli karpis, numpataqku llapan hampiita qarakushaq*: Por bueno que sea, cómo voy a regalar todo mi remedio. C de H: *qarakiy*.
qara llanqi s.: ojota de cuero. →**shukuy**.
qara matash s.: cara matash. Planta andina con cuyas hojas calentadas sobre la brasa se frota el cuerpo para curar el mal viento. →**raprika**.
qarampi s.: carampi. Trigo lavado y sancochado para comer con chicharrón.
qaranakuy (*qara-naku-y*) v. recíp.: regalarse, donarse. *Alli yanasakunaqam imallatapis qaranakuyan*: Los buenos amigos se regalan cualquier cosita.
qarapacha, qara pacha adj.: lit. "barriga descubierta", pobre, desnudo, per. calato. →**qarapaatu**.
qarapaachu adj.: per. calato, pelado, desnudo, pobre, sin nada. También se refiere a tierra sin vegetación. top. Carapacho (terreno rocoso y pelado). Quitaracsa.
qarapaatu adj.: per. calato, desnudo, pobre, sin nada, pelado, sin vegetación.
qaraparaq adj.: de muelas sobresalientes como el esqueleto.
qaraparay v.: estar expuesto los dientes (de la calavera).
Ima mishkim puñukunki
kiruykipis qaraparaptin.
Qué dulce sueño tienes / exponiendo hasta tus dientes. (Versión irrespetuosa de un canto fúnebre)
qarapataakuy v. refl.: desvestirse, desnudarse. *Armakunaapaq qarapataakuu*: Me desnudo para bañarme.
qarapatakay v.: pelarse, perder el pelo, empobrecerse.
qarapatay v.: desnudar, desvestir, empobrecer totalmente, pelar. *Allaapam alalan, wamrata ama qarapataytsu*: Hace mucho frío, no desvistas al niño. *Suwa raqashkunam qarapatayaaman*: Los ladrones de Ragash nos empobrecen totalmente.
qarapay v.: regalar siempre, acostumbrar con regalos.
qarapulka s.: per. carapulcra. Comida preparada con papaseca y pellejo de cerdo.
qarapinku, qarapintu adj.: pelado, mal protegido (ref. animales con poco pelo, persona con vestido de tela delgada).
qaratsa: 1. s.: pellejo que sirve como colchón. *yana qaratsa*: pellejo negro. *uusha qaratsa*: pellejo de oveja. 2. adj.: pobre, todo pellejo.
qaratsiy (*qara-tsi-y*) v.: hacer regalar, mandar que regale.

qaraatsiy v.: ayudar a regalar o a repartir.
qara wanku s.: lit. "envolvedor de cuero", cuero para amarrar la punta metálica en el arado. →**wachauka**.
qara wirpa exp. adj.: lit. "labio pura piel", lampiño, imberbe. →**shaprannaq**.
qaray s.: regalo, donativo, dádiva, ofrenda, obsequio. *Qapaqllay, kay qarayniita chaskillay*: Dios míc, recibe por favor, este regalo mío.
qaray v.: regalar, donar, ofrendar, obsequiar. *Mamataqam, allir. kaqta qarantsik*: A mamá se le regala lo mejor.
qaray tukuy v.: recibir regalo, recibir beneficios.
qari (Q II) s.: varón, hombre. →**ullqu**.
qarimpay v.: revolcarse como el burro. →**quchpalliy**.
qarishina, qarisina (*qari-sina*. Ecuador) adj.: lit. "como varón", marimacha, ahombrada. →**urqutuuna**.
qariy v.: levantar el vestido, destapar, levantar el velo.
qarmish s.: omóplato, paletilla.
qarpukay (*qarpu-ka-y*) v.: hundirse, caer en desgracia, retroceder, caerse, condenarse. →**ishkipakay**.
qarpuy v.: 1. desbarrancar, arrojar algo al precipicio, hundir. *Ycna puma huk hatun tooruta qarpushqa*: El oso negro ha desbarrancado un toro grande. *Taqay, shimpishurnikiqc, qarpushunkim*: Aquél, si te acusa, te va a hundir. 2. hacer tragar a las malas. →**hirpuy**.
qarqamuy ‹ *qarqu-mu-y*. (Disimilación de /u/ en /a/ ante otra sílaba con /u/) v.: arrojar aquí, botar aquí, echar aquí.
qarqay v. onomat.: quiquiriquear.
qarqumuy (*qarqu-mu-y*) v.: arrojar aquí, botar aquí.
qarqunakuy v. recíp.: arrojarse de un lugar, botarse.
qarqutsiy (*qarqu-tsi-y*) v. hacer botar, hacer arrojar.

qarquutsiy v.: ayudar a botar animales o personas.
qarquy v.: hacer salir, arrojar personas o animales, arrear animales del redil, deshacerse de algo, despojar de sus cosas. *Qila yachatsiq hunaqlla wamrakunata qarqun*: El instructor ocioso bota (de la escuela) temprano a los niños.
qarwa adj.: amarillo, anaranjado. *qarwa punchu*: poncho de color anaranjado. *qarwa ishpay*: orina amarilla.
qarwa kasha s.: lit. "espina amarilla", caruacasha (Opuntia subata). Planta cactácea de la puna, de espinas amarillas y grandes como agujas. top. Caruacasha. →**wankay**.
qarwanchu s.: hierba mala ya crecida que hay que sacar, maleza. *chushu qarwanchu*: maleza menuda.
qarwanchuy v.: arrancar la hierba mala crecida dentro de los sembríos. *Qarwanchunki ninqaata, payqa qunqaskinaq*: Él se había olvidado que le había dicho que arrancara la maleza.
qarwas (*qarwa-s*) adj.: amarillento. top. Carhuaz (Ancash).
qarwash (*qarwa-sh*) adj.: muy amarillo, amarillo oscuro.
qarwaray (*qarwa-ra-y*) v.: estar todo amarillo, estar todo maduro. *Mikuy qarwaran*: La sementera está madura.
qarway v.: madurar, adquirir color dorado (ref. plantas). *Qarwannam papayki*: Tu papa ya está madura. En los Andes coincide con la época seca. C de H: *qarwee*.
qarway tamya s.: lluvia en época seca. Es un fenómeno raro y crea problemas a la cosecha C de H: *qarwee tamya*.
qarwa yaku s.: agua amarilla, linfa, plasma sanguíneo.
qarwayllu s.: crepúsculo, arrebol. *Mana tamya kananpaqmi qarwayllu yurikan*: El arrebol aparece para que no haya lluvia.
qarwaylluy v.: producirse el arrebol.

qarwayay (*qarwa-ya-y*) v.: amarillarse, madurarse.
qasa s.: helada, frío, escarcha. *qasa* › *qaha*. →**qahapa**.
qasa adj.: frío, fresco. *qasa api*: mazamorra fresca. *qasa pampa*: pampa fría.
qasay v.: enfriarse, helarse. →**qahay**.
qasay v.: partir algo con el cuchillo. *Uqata waray qasanki*: Mañana partirás la oca (para hacer *qawi*). →**qatsay**.
qashaqaaña s.: cerraja. Planta de familia de las compuestas, de savia blanca, amarga y pegajosa, de flor amarilla. *kasha qashaqaaña*: cerraja espinosa (Sonchus arvensis). *llampu qashaqaaña*: cerraja suave (Sonchus oleraceus), sus hojas se comen en ensaladas, remedio para el hígado, inflamación y diarrea.
qasha adj.: desgarrado, abierto. *qasha wara*: pantalón abierto en la punta lateral.
qashay v.: abrir el cerco, rasgar la ropa rompiéndola.
qashpa: adj.: crespo, rizado. *qashpa kuchi*: cerdo de pelo crespo. *qashpa aqtsa*: pelo crespo.
qashpakay (*qashpa-ka-y*) v.: chamuscarse, quemarse la superficie.
qashpanakuy (*qashpa-naku-y*) v. recíp.: chamuscarse los pelos. Los muchachos y muchachas quitaracsinos festejan el Sábado de Gloria quemándose las cabelleras con velas con que acompañaron en las procesiones de Semana Santa.
qashpay s.: chamusquina, chamuscada.
qashpay v.: chamuscar.
qashpayay (*qashpa-ya-y*) v.: 1. rizarse, hacerse crespo. 2. imperativo plural. *Kuchita qashpayay*: Chamusquen el cerdo.
qashpu (metátesis de *qapshu*) adj. onomat.: tierra suave y seca donde penetra fácilmente la herramienta. El sonido ¡qash! imita el ruido que produce la herramienta al penetrar en la tierra. →**qapshu**.
qashqa s.: desgarre, ranura. →**tsilli**.

qashqakay v.: desgarrarse, rasgarse, erosionarse.
qashqay v. onomat.: rasgar (tela, papel).
qashu s.: cerco hundido a la fuerza, surco que deja el agua de la lluvia, huella de ranura del desmonte.
qashuy v.: pasar cercos de ramas destruyéndolos, surcar desmonte por la chacra.
¡qasi! interj. de advertencia: ¡quieto!, ¡tranquillo! *¡Qasi kay!*: ¡Estate quieto!
qasma: 1. s.: ronquera, chirrido de bronquios. 2. adj.: ronco. *qasma runa*: hombre ronco. →**hasma**.
qasmayay (*qasma-ya-y*) v.: volverse ronco, enroncarse.
qasqu s.: pecho, tórax. *qasqu nanay*: dolor de pecho. *qara qasqu*: pecho descubierto.
qasra: 1. s.: casra. Enfermedad de maíz que seca las hojas. 2. adj., s.: mujer que no sabe hacer crecer a sus hijos.
qata s.: objeto que cubre, cobertor, frazada, manto, cobija. *Alli qatawanqa manam alalankitsu*: Con buena frazada no vas a sentir frío.
qatakuy (*qata-ku-y*) v. refl.: cubrirse, abrigarse, taparse.
qatatsiy (*qata-tsi-y*) v.: hacer techar, mandar techar. *Tamya killa chaamunqanam, wasikita qatatsiy*: Haz techar tu casa, ya pronto llegará el mes de lluvias.
qatay v.: cubrir, techar, poner algo encima. *Tsukllaata qataa*: Techo la choza.
qatikachay, qatiykachay (*qati-ykachay*) v.: siguetear, perseguir.
qatikuy (*qati-ku-y*) v. enfát.: seguir, ir detrás, arrear animales. *Taqay pampaman waakakunata qatikushun*: Arreemos las vacas hacia esa pampa.
qatilliishu adj.: imitador, mono, que anda detrás de otro. *Allaapa qatilliishu kaypis, manam allitsu*: Tampoco es bueno ser muy imitador.
qatipaq (*qatipa-q*) p. pte.: 1. el que va detrás, perseguidor. 2. per. catipador, que

sigue la suerte. *kukawan qatipaq*: catipador con coca (mastica o desparrama las hojas sobre un manto). *harawan qatipaq*: el que sigue la suerte con maíz (muerde un grano ya tratado con ritos).
qatipay (*qati-pa-y*) v.: 1. perseguir, ir detrás de otro, andar atrás. 2. seguir la suerte con coca (masticando o desparramando las hojas sobre un manto).
qatiy v.: 1. seguir, ir detrás, imitar, arrear. *Yakuta alli qatiyanki*: Encaucen bien el agua. *Alli runapa llupintam qatinantsik*: Debemos seguir las huellas de persona buena. 2. seguir la suerte.
qatsakay (*qatsa-ka-y*) v.: cuartearse, abrirse o rajarse (fruta, tubérculo).
qatsay v.: partir algo con cuchillo. *Uqata kanan qatsayanqa*: Hoy partirán la oca. →**qasay**.
qatswa s.: cashua. Baile y música andinos.
qatswaq (*qatswa-q*) p. pte.: cashuero, que baila cashua. *qatswaq runa*: hombre que baila la cashua.
qatsway v.: bailar la cashua. *Kananmi qatswashun*: Hoy vamos a bailar la cashua.
qatsu adj.: desgarbado, sin gallardía, de hombros caídos.
qatsukay (*qatsu-ka-y*) v.: desgarbarse.
qatsukashqa (*qatsu-ka-shqa*) adj.: que ha perdido el garbo, de hombros caídos. *qatsukashqa aukis*: viejo desgarbado.
qatsuy v.: derribar el cerco, abrir trocha. →**qapuy**.
qatu s.: negocio, comercio, venta, mercancía. *hampi qatu*: farmacia.
qatukuq (*qatuku-q*) p. pte.: comerciante, negociante.
qatukuy (*qatu-ku-y*) v. enfát.: vender, comerciar.
qatuna s.: lugar de venta, mercado, puesto de venta.
qatuq (*qatu-q*) p. pte.: negociante, comerciante, vendedor. *hampi qatuq warmi*: mujer comerciante de remedios.
qatu pampa s.: mercado ferial.
qatuy v.: vender, comerciar, negociar. *¿Imaytan qatuyta qallanki?*: ¿Cuándo comienzas a negociar (vender)?
¡qau! s. onomat.: cau, sonido del corte o penetración de algo filudo o agudo en el cuerpo. *Kay kuchilluqa, ¡qau!, kutsuskaman*: Este cochillo me cortó ¡sas!
qaucha s., adj.: tubérculo aguado por no haber sido cosechado a tiempo. *Qaucha papaqa manam imapaqpis allitsu*: La papa aguada no es buena para nada.
qauchay v.: aguarse por no haberse cosechado a tiempo.
qauchayay (*qaucha-ya-y*) v.: volverse aguado (tubérculo).
qauchi adj.: afilado, filudo. *qauchi rumi*: piedra filuda.
qaullullu s. onomat.: sonido estomacal suave por hambre o malestar.
qaullulluy v. onomat.: sonar el estómago por hambre o malestar.
¡qauqau! s. onomat.: 1. ¡cau, cau!, sonido del estómago por hambre. *¡Qauqau! Pachayki wcqaykaptinpis, qamqa murukunkitsu*: Tú no siembras aunque tu estómago esté llorando ¡cau, cau! 2. sonido estomacal por comer verdura o fruta verde.
qauqau s. onomat.: per. caucau. Comida peruana con tripas, papa, palillo (colorante amarillo) y otras hierbas que cuando se come suena ¡cau cau!
qauqauya s. onomat.: sonido fuerte del estómago por hambre o malestar, sonido al comer algo mal cocinado (papa, carne).
qauqauyay v. onomat.: producir sonido ¡cau, cau! al comer algo mal cocinado, sonar el estómago por hambre. *Pachantsik mana qauqauyananta munarmi atskata murukuntsik*: Sembramos bastante porque no nos gusta que nuestro estómago llore de hambre.
qaushill s.: nabina, semilla de mostaza.

La fiebre baja frotando el cuerpo con nabina remojada en orina no fermentada (sinapismo).

qawakuna (*qawa-ku-na*) s. enfát.: mirador, observatorio.

qawakuy (*qawa-ku-y*) v. enfát.: asomar la cabeza para ver, merodear, examinar con la vista.

qawana (*qawa-na*) s.: mirador, observatorio. top.: Cabana, Copacabana.

qawapay (*qawa-pa-y*) v.: acechar, espiar.

qaway v.: per. aguaitar, echar un vistazo, mirar sin ser visto, divisar, espiar. *Rurita qawaykuy*: Mira adentro. Aguaita adentro.

qawi s.: cahui, oca partida y secada al sol que se emplea en mazamorra. Es una técnica tradicional de conservación de oca. *Qawipaq uqata qatsashun*: Partamos la oca para cahui.

qayakuq (*qaya-ku-q*) p. pte.: pregonero, que llama en voz alta.

qayakuy (*qaya-ku-y*) v. enfát.: llamar en voz alta, pregonar. *Taqay hirkapita qayakunki*: Pregonarás desde esa colina.

qayanakuy v. recíp.: llamarse, pasarse la voz (fuerte).

qayapaakuy v. enfát.: gritar, ser irrespetuoso con palabras, alzar la voz. *Ama pitapis qayapaakuytsu*: No grites a nadie.

qayapaanakuy (*qaya-pa-a-naku-y*) v. recíp.: decirse necedades, gritarse. *Wauqi pura qayapaanakuyanki*: Ustedes se gritan entre hermanos.

qayapay (*qaya-pa-y*) v.: gritar, faltar el respeto con palabras. *Qayapaallaamaytsu, alliraq musyapakuy*: No me grite, por favor, primero investigue bien.

qayaratsiy (*qaya-ra-tsi-y*) v.: hacer llamar, hacer convocar.

qayaraatsiy (*qaya-ra-a-tsi-y*) v.: hacer gritar de dolor o susto.

qayaray v.: 1. convocar siempre. 2. dar alarido, gritar de dolor o espanto.

qayatsiy v.: hacer llamar, hacer comparecer, convocar.

qayay v.: clamar, anunciar en voz alta, pregonar. *Kay kumun tiliihunupita panikita qayay*: Llama a tu hermana desde este teléfono público.

qaykapuy v.: arrear el animal hacia otro animal para que peleen o se apareen, alcahuetear, per. hacerle el corralito, hacerle la buena.

qayku s.: corral, lugar de encierro de animales.

qaykuy v.: meter los animales en el corral, encerrar el ganado en el aprisco. *Llapan kuchikunata qaykuyay*: Encierren todos los chanchos en el corral.

qaymaa s.: palo o tronco que por estar remojado cambia de color y dureza (blanco y vidrioso). →**pumpu**.

qaymaayay (*qaymaa-ya-y*) v.: tomar las características de madera remojada por mucho tiempo.

qaypu s.: caipo. Planta de la zona yunga, parecida a la grama, su semilla tiene espinas que si penetran en el cuerpo producen pequeños tumores como verrugas.

qaypu s.: hilo de dos hebras para hacer ponchos, frazadas, costales, etc. →**kaypu**.

qaypukay v.: 1. torcelarse. 2. llenarse de espinas de caipo.

qaypukuy (*qaypu-ku-y*) v. enfát.: torcer las hebras.

qaypuy v.: torcer dos hebras.

qayqa s.: gaiga. Pasto semejante a la cebada. Si los cuyes comen este pasto orinan mucho.

qayra s.: rana. *chankasapa qayra*: rana patilarga.

qaywa s.: per. caigua, caygua (Cyclantera sp.). Planta cucurbitácea de frutos verdes con débiles espinas, se come en ensalada, guiso, jugo. Cura la inflamación externa e interna. Como emplasto es buena para la piel. *kishiu*: caigua serrana de la región quechua y puna. Es más pequeña pero

más agradable y no tiene tanta babosidad como de la zona yunga. →**kaywa**.
qaywina (*qaywi-na*) s.: palo tostador o batidor. →**kashpi**.
qaywiy v.: batir algo en la olla, mover el tostador o batidor.
qicha, qecha s., adj.: diarrea, excremento. *yawar qicha*: diarrea sanguinolenta.
qichapakuy (*qicha-pa-ku-y*) v.: salírsele la diarrea, tener diarrea fuera del baño.
qicha siki s.: lit. "ano con diarrea", persona que siempre está con diarrea.
qichay v.: tener diarrea, estar con diarrea.
qichipra s.: pestaña. →**qipsha**.
qichu, qechu s.: producto del arrebato.
qichukuy (*qichu-ku-y*) v.: despojar, arrebatar algo (para beneficio propio). *Qamqa, imatapis, lluta qichukanki*: Tú siempre quitas por quitar cualquier cosa.
qichuy v.: quitar, arrebatar, recuperar a la fuerza. *Waakaykita, suwa raqashkunapita, qichuy*: Recupera tu vaca de las manos de los ladrones ragashinos.
qichwa s.: soguilla. →**waska**.
qila, qela adj.: ocioso, perezoso. *Qila runa, chakrantapis arukuntsu*: Hombre ocioso, ni siquiera labra su chacra.
qilaakuy v.: tener pereza, sentir pesadez. *Qilaakurninqa, ama aywaytsu*: Si tienes pereza, no vayas.
qilanay (*qila-na-y*) v.: querer ociosear, buscar el ocio, no tener ganas de hacer nada. *Kananqa, ¿qilanankiku?*: Y ahora, ¿no tienes ganas de hacer nada?
qillay s.: dinero, moneda, plata. *Chapitunkunaqa qillayllatam ashiyan*: Los chapetones sólo buscan dinero. C de H: *qillee*.
qillay kuru s.: gusano dorado. Pequeño gusano acuático de caparazón dorado y brillante.
qillay tooru s.: toro dorado. Toro mítico que en las noches de luna llena sale de los manantiales y lagunas para pasearse, es más brillante que la luciérnaga grande, emana gas tóxico por lo que su contacto puede ser fatal. →**qucha tooru**.
qillayyaakuy (*qillay-ya-a-ku-y*) v.: ganar plata, hacerse de dinero. *Kay markachaumi qillayyaakuu*: En este pueblo gano dinero.
qillayyuq (*qillay-yuq*) s.: que tiene dinero, adinerado, rico, platudo. C de H: *qilleeyuq*.
qilli, qelli: 1. s.: apuntalador, objeto con que ayuda a mantenerse firme. 2. colaboración para la fiesta (papa, carne, chicha, cohete). →**hawi**. 3. adj.: contribuyente en la fiesta.
qillikuq (*qilli-ku-q*) p. pte.: contribuyente en la fiesta, persona que colabora en la realización de una fiesta para ser atendido en la celebración, apuntalador.
qillikuy (*qilli-ku-y*) v. enfát.: colaborar con algo en la celebración de la fiesta.
qilliy v.: 1. apuntalar, reforzar por los lados para que algo se mantenga en su sitio. *Tullpata qilliy, ishkinmantaq*: Refuerza la piedra del fogón, no se vaya a caer. →**tukmay**. 2. colaborar con algo en la fiesta o rito.
qillipay, qillpay v.: apuntalar, sostener constantemente.
qillqa s.: escritura, grabado. *Qullanankunapa qillqanta yachakushun*: Aprendamos la escritura de los antiguos. →**killka**.
qillqakuy (*qillqa-ku-y*) v. enfát.: escribir.
qillqanakuy (*qillqa-naku-y*) v. recíp.: escribirse, cartearse.
qillqatsikuy (*qillqa-tsi-ku-y*) v. causativo enfát.: hacer escribir porque uno no puede, pedir que otro escriba. *Mana kikii kartata qillqanaa raykum, hukta qillqatsikurquu*: Pedí a otro que escribiera la carta por no escribirla yo mismo.
qillqatsiy v.: hacer escribir, mandar a escribir.
qillqay v.: escribir. *Hachapa raprallanchaupis qillqamanki*: Escríbeme aunque

sea en la hoja del árbol. →**killkay**.
Qillqay Rumi s. top.: Quillcay Rumi, lit. "piedra escrita". Una meseta sobre Quitaracsa donde hay piedras con grabados geométricos que parecen trazos del movimiento de los astros o plano de una ciudad.
qillu adj.: amarillo oscuro. *qillu wachuku*: faja de color amarillo oscuro. →**qallwa**.
qimaa s.: agua de tubérculo sancochado. *papa qimaa*: agua de papa sancochada. Es remedio para la úlcera estomacal.
qimay v.: escurrir el agua de la olla.
qimchiy v.: guiñar. →**qiptsiy**.
qimish s.: papaya silvestre. Es más pequeña y amarga que la domesticada. Se come en silencio para que no amargue al darse cuenta de que está siendo profanada, o para no despertar a mosquitos causantes de uta. →**purun papaya**.
qimlla s.: llamado con la mano, seña de mano llamando. *Qimllanta mana maakurmi aywakurquu*: Me he ido sin darme cuenta de la seña de su mano llamándome.
qimllana s.: 1. llamador, señal de llamada. *ullqu qimllana*: lit. "llamador de hombre", cintas multicolores que cuelgan del sombrero de la mujer soltera. 2. persona a quien se le llama con señas, que se deja llamar con señas.
qimllanakuy (*qimlla-naku-y*) v. recíp.: llamarse con la mano.
qimllatsiy (*qimlla-tsi-y*) v.: hacer llamar con la mano.
qimllay v.: llamar con las manos (abriendo y cerrando las palmas de arriba hacia abajo). Es descortesía si se hace frecuentemente. Los mensajes se comunican hablando, sólo a los animales con señas. *Qimllaptiqpis shamunkitsu*: No vienes aunque te llame con la mano.
qimtsiy v.: guiñar. →**qiptsiy**.
qina s.: quena, flauta.
qincha, qencha s.: per. quincha, cerco, tapia, palizada. En Quitaracsa se usa quincha transportable para majadear en diferentes lugares. →**kincha**.
qinchay v.: cercar, encerrar dentro de la palizada, arrear el ganado al redil.
qinllaatsi s. onomat.: zancudo. *Karkata waykar qinllaatsita anyay*: Espanta el zancudo quemando la bosta. →**wanwa**.
qinqu, qenqo: 1. s.: laberinto que tiene caminos en zigzag. 2. adj.: vericueto, en zigzag, zigzagueante, que da vueltas, de línea torcida. *qinqu naani*: camino de muchas curvas, zigzagueante. →**winqu**.
qinquy v.: zigzaguear.
qinquyay v.: volverse torcido, volverse zigzag.
qinrash s. onomat.: mosca azul, (mosca grande de abdomen verde azulado y brillante que deposita sus huevos (queresa) en la carne. Se la relaciona con el alma porque siempre está junto a los cadáveres.
qinriri s. onomat.: zumbido de mosca azul, abeja, moscardón, habla nasalizada.
qinririy (*qinri-ri-y*) v. onomat.: zumbar como la mosca azul, producir el sonido ¡qin!, nasalizar mucho.
qinti, qenti s.: picaflor, colibrí, quendi. →**winchus**.
qinti, qenti adj.: arrugado, ajado, encogido. *qinti muniillu*: monillo arrugado.
qintishqa (*qinti-shqa*) p. p.: ajado, arrugado, encogido.
qintiy v.: arrugarse, ajarse. *Chuupayki qintishqa*: Tu chupa se ha arrugado (ajado). *qinti urku*: frente con arrugas.
qinua, qenua s.: quenua (Polylepis incana). Árbol de la puna. Su cáscara roja y agria es empleada en curtiembre, su madera dura y un poco colorada es resistente. Se usa, en especial, para trompo y runrún (*winwinya*) que cuando giran suenan ¡qinnn! top. Quenuajirca (*qinua hirka*). Quitaracsa.
qinua pishqu s.: pájaro de quenua. Pájaro que vive en los bosques de quenuales,

de penacho rojizo, párpados plomos. A las mujeres pintarrajeadas se las compara con este pájaro.
qipa adv. locat. y temp.: atrás, detrás, posterior, menor. Se usa con morfema de persona. *qipaa*: mi atrás, mi parte posterior, mi menor. *qipayki*: tu parte posterior, tu menor. *qipan*: su parte posterior, su menor. *qipantsik*: nuestra parte posterior, nuestro menor.
Wasiki qipanchau
waytata murarqaa.
Wasiki qipanchau
shapashta tukurqaa.
Tsaypa rapralʼanchau
shutiita churarqaa,
piwan aywakurpis
yarparinaykipaq.
Detrás de tu casa / sembré una flor. / Detrás de tu casa / sembré un zapallo. / Y sobre sus hojas / escribí mi nombre, / para que recuerdes / yendo con cualquiera (huayno). 2. adj.: posterior, atrasado, menor. *qipa muruy papa*: papa sembrada en fecha atrasada. *Payqa, qipa kaq wauqiimi*: Él es mi hermano menor.
qipaakuy (*qipa-a-ku-y*) v. enfát.: atrasarse, retrasarse, quedarse atrás. *Allaapa qipaakuypis, allitsu*: Tampoco es bueno atrasarse mucho
qipaatsiy v.: hacer atrasar, hacer quedar mientras otros avanzan, retrasar.
qipay v.: quedarse, atrasarse.
qipchi adj.: achinado en un ojo, ojos que parpadean adrede o involuntariamente.
qipchiy v.: guiñar. →qimchiy.
qipi, qepi s.: bulto, equipaje, maleta, peso para otro. *Naanichauqam, wamrawan aukisqa qipilla kayan*: El niño y el anciano son bultos en el viaje. El per. "maleta" (persona que es carga para otro) puede ser un calco semántico.
qipichi s.: guiño, un cierre de ojos.
qipichyay ‹ *qipichi-ya-y*. v.: cerrar los ojos por breve momento.

qipilli s.: cierre momentáneo de ojos.
qipilliy v.: cerrar los ojos.
qipilliykachay (*qipilli-ykacha-y*) v.: abrir y cerrar los ojos llamando la atención.
qipina (*qipi-na*) s.: mantel para envolver el fiambre.
qipipakuy (*qipi-pa-ku-y*) v. enfát.: preparar el equipaje.
qipipay (*qipi-pa-y*) v.: preparar el equipaje envolviéndolo despacio.
qipipuy (*qipi-pu-y*) v.: envolver algo para otro, hacerle su equipaje.
qipiy v.: envolver algo, hacer un envuelto.
qipsha, qepsha s.: pestaña. *shumaq qipsha kullkush*: tórtola de lindas pestañas. Para espantar la lluvia se jala una pestaña y se sopla hacia la parte superior donde se origina la lluvia. →**pullurki**.
qiptsi adj.: que guiña a cada rato.
qiptsinakuy v. recíp.: guiñarse.
qiptsipaanakuy (*qiptsi-pa-a-naku-y*) v. recíp. frecuente: guiñarse frecuentemente.
qiptsipay v.: guiñar a alguien con frecuencia. *Taqay chiinam qiptsipaaman*: Aquella chica me guiña con frecuencia.
qiptsiy (Q I) v.: guiñar.
Qiqi, Qeqi s. onomat.: mit. Guegue. La cabeza de mujer que ha tenido relación sexual con su compadre vuela en la noche gritando ¡qiqi!, busca un reemplazo. Sus víctimas son los que duermen boca arriba.
qiqu s.: mazorca aún no seca (no buena para el desgrane). *Kaspaqa qiqullaraqmi ishkunapaq*: La mazorca todavía está húmeda para desgranar.
qiri s.: úlcera, granos infectados, llaga infectada. *qiri chanka*: pierna con granos infectados. *qiri siki yukris*: zorzal de nalga bubosa. *liqli qiri*: úlcera acuosa.
qiriy v.: ulcerarse, infectarse un grano o llaga. *Allquykipa rinrin qirishqa*: La oreja de tu perro se ha ulcerado.
qirqu: 1. s.: mazorca con ocho hileras de granos. 2. querco. Cualquier ave de colo-

res que van como líneas de maíz.
qiru, qeru s.: palo, madera, viga. *tita qiru*: palo grueso.
qiru haqchiq v. lit. "que muerde madera", carpintero. Trato despectivo.
qiru llaqllaq s.: lit. "que labra la madera", carpintero. →**qiru haqchiq**.
qiru takaq s.: lit. "golpeador de madera", carpintero. Trato despectivo.
qiru takaq pishqu s.: pájaro carpintero.
qishpi adj.: librado, salvado.
qishpikay (*qishpi-ka-y*) v.: crecer superando problemas, desarrollarse, madurar a pesar de los problemas.
qishpikuy (*qishpi-ku-y*) v. enfát.: dar a luz, alumbrar, parir. Más ref. persona. *Yanasaykiqa qishpikushqanam*: Tu amiga ya ha dado a luz.
qishpit, qeshpit (*qishpi-t*) exp. adv.: todo, de canto a canto, de extremo a extremo, de punta a punta. *Qishpit punchuu rachiskin*: Mi poncho acaba de romperse de punta a punta. →**hankat, chipyat**.
qishpitsikuq (*qishpi-tsi-ku-q*) p. pte.: persona que hace crecer con cuidado, partera diestra, persona que hace cruzar el río.
qishpitsikuy (*qishpi-tsi-ku-y*) v.: hacer crecer con mucho cuidado, atender el parto con cuidado, hacer cruzar el río.
qishpitsiq s.: el que hace crecer, partera, el que hace cruzar el río.
qishpitsiy (*qishpi-tsi-y*) v.: 1. hacer crecer, criar. *Wamra rurayqa ahatsu, qishpitsiymi ahaqa*: Hacer un niño no es difícil, hacerlo crecer es lo difícil. 2. hacer pasar de una banda a otra. 3. salvar, liberar.
qishpiy, qeshpiy v.: crecer, desarrollarse, cruzar, vadear, librarse de un peligro, salvarse. *Kuchpapita qishpiskii*: Me he salvado de la piedra que rueda.
qishqi, qeshqi s.: queshqui. Planta espinosa que crece sobre las rocas, comida del oso negro. Semejante a la alcachofa,
se come la parte suave y blanca. *suqu qishqi*: queshqui gris, musgo que ataca plantas, aerobio que crece hasta en los alambres eléctricos. *qarwa qishqi*: queshqui colorado. Son grandes y forman bosques en la puna. Su resina fresca es gelatinosa pero después se endurece como goma arábiga, de acidez suave y es comestible. Los cuyes que comen sus hojas se reproducen bien.
qishu, qeshu s.: nido, hogar, tierra natal. *Qishuumanmi kutiyta munaa*: Quiero volver a mi nido (pueblo natal). *pichusankapa qishun*: nido del gorrión.
qishuy v.: anidar, guardar abrigando (papa en pozo forrado de paja).
qishyanay (*qishya-na-y*) v.: tener síntomas de enfermedad.
qishyapakuy (*qishya-pa-ku-y*) v.: enfermársele alguien.
qishyapaakuy (*qishya-pa-a-ku-y*) v.: estar enfermizo.
qishyaq (*qishya-q*) p. pte.: 1. enfermo, con problemas de salud. *Qishyaqkunaqa wasichau kayaatsun*: Que los enfermos se queden en casa. 2. adj.: embarazada.
qishyaqyashqa (*qishya-q-ya-shqa*) p. p.: enfermizo. *Supaypa wawan kachaaku, imanir qishyaqyashqa runata haytanki*: Militar, hijo del diablo, por qué pateas al hombre enfermizo.
qishyaqyay (*qishya-q-ya-y*) v.: enfermarse, ponerse enfermo.
qishyay, qeshyay s.: enfermedad, el mal. *mana alli qishyay*: enfermedad grave. *puriq qishyay, puri qishyay*: enfermedad contagiosa. *allqu qishyay*: enfermedad de perros.
qishyay v.: enfermarse, tener decaimiento.
qispi s.: vidrio, cristal, cuarzo. *yuraq qispi*: cuarzo blanco. *Ruyru qispitam chaskirquu*: He recibido el cristal redondo.
qispi rumi s.: lit. "piedra de vidrio", cuarzo, cristal.
qispi umiña s.: diamante.

qisqa s.: penumbra, semioscuro.

qitaa, qetaa s.: barro, lodo, pantano, limo. *taqra qitaa* lodo sucio. *qitaa raqra*: quebrada pantanosa. →**liqta**.

qitqi, qetqi (Huaraz) s.: hollín, sombra de nube. →**qitya**.

qitqiy v.: formarse hollín, haber sombra de nube.

qitsitsi, qits s. onomat.: chirrido de puerta al abrirse.

qitsitsiy v. onomat.: chirriar la puerta, temblar la tierra produciendo este ruido.

qitsqa, qetsqa s.: filo del abismo. *qitsqa machay*: cueva al filo del abismo.

qitsqay v.: ponerse de lado, ladearse.

qitsqu, qetsqu adj.: torcido, dislocado.

qitsqukay, qitsqakay (*qitsqu-ka-y*) v.: dislocarse.

qitsquy v.: torcer, torcerse el tobillo, mover el hueso de su sitio. C de H: *qitsqiy*.

qitsyay (*qits-ya-y*) v. onomat.: chirriar la puerta, producir el sonido del chirrido de la puerta.

qitu, qetu s.: pelo o lana enmarañados que no se pueden peinar. Intencionalmente se deja una o dos marañas en la cabeza del niño para realizar el rito del corte de pelo. En una fiesta, cada maraña es cortada por un padrino que regala un ganado. *qitu millwa*: lana enmarañada.

qituyay (*qitu-ya-y*) v.: enmarañarse el pelo o lana. *Wamrata ñaqtsaykullay, qituyannam*: Por favor peine a la criatura que su pelo ya se enmaraña.

qituy v.: hacerse maraña, enmarañarse el pelo, lana o algodón.

qitya, qetya s.: hollín, tizne. *qitya pirqa*: pared manchada de hollín. *qitya manka*: olla tiznada.

qityaakuy (*qitya-a-ku-y*) v.: ensuciarse con hollín, tiznarse.

qityay v.: formarse el hollín, mancharse con hollín.

qiulla, qeulla s. onomat.: queulla (Larus serranus). Especie de gaviota andina del tamaño de gallina, de color pardo claro con matiz blanco.

qiusa, qeusa s.: reojo, mirada de lado por odio o desafío como toros antes de pelear.

qiusanakuy (*qiusa-naku-y*) v. recíp.: mirarse de reojo, mirarse de soslayo.

qiusaray (*qiusa-ra-y*) v.: mirar de lado en actitud desafiante o de odio. *¿Ima nirtan qam qiusaraamanki?*: ¿Por qué me miras de reojo desde hace un rato?

qiusay v.: mirar de reojo, mirar de lado con cólera.

qiwa, qewa s.: pasto. *tsiqyaq qiwa*: pasto verde. *tsaki qiwa*: pienso, pasto seco. *supi qiwa*: supi quehua, lit "planta de pedo". Planta medicinal contra la gastritis.

qiwakuq (*qiwaku-q*) p. pte.: recogedor de pasto.

qiwakuy (*qiwa-ku-y*) v.: recoger pasto, proveerse de pasto. *Alliqlla qiwakuu*: Muy temprano me proveo de pasto.

qiwiy v.: desgajar. →**kiwiy**.

qucha, qocha s.: cocha, laguna, lago, charco. Top.: Yanacocha (*yana qucha*: laguna negra), Cocha Ruri (*qucha ruri*: quebrada de la laguna), Acsaicocha (*aksay qucha*: laguna fiera), Amartay Cocha (*Amaru rctay*: donde se posa el Amaru), Coillorcocha (*quyllur qucha*: laguna de estrellas). Quitaracsa.

Qucha s.: Cocha (deidad femenina). *Qucha Mama*: Madre Lago. Origen de la vida. Muchas fuerzas poderosas viven dentro del agua: *Qucha Runa, Qucha Tooru, Waraqllay, Ayra*.

quchakaatsiy (*qucha-ka-a-tsi-y*) v.: represar, estancar el agua, enlagunar.

quchakay (*qucha-ka-y*) v.: estancarse el agua, convertirse en laguna. *Hatun mayu taqay rurichau quchakan*: El río grande se estanca en aquella quebrada honda.

qucha(pa) ñawin s.: lit. "ojo de laguna", manantial madre de la laguna, fuente de donde mana el agua.

qucha qucha exp. adj.: charcos, lugar de muchas lagunas.
qucharay (*qucha-ra-y*) v.: 1. estar estancada el agua. 2. Por analogía: haber algo en abundancia (granos en el troje, huevos en el nido).
Qucha Runa s.: mit., lit. "Hombre del Lago". Hombre que mora en las profundidades de las lagunas. Es el que da curso a los ríos; pero si sale enojado produce aluviones.
Qucha Tooru s.: mit., lit. "Toro de la Laguna". Toro que vive dentro de lugares húmedos, sale de su morada en las noches de plenilunio. Es más brillante que cualquier luciérnaga. →**qillay tooru**.
quchayay (*qucha-ya-y*) v.: volverse laguna, encharcarse.
qucha yuuyu s.: lit. "verdura del mar", alga marina, per. cochayuyo, mococho. *china qucha yuuyu*: cocha yuyo hembra, alga de hojas delgadas que se cocinan rápido. *urqu chicha yuuyu*: cocha yuyo macho, alga de hojas gruesas que no se cocinan fácilmente. →**mukuchu**.
quchpa s.: revolcada, revolcadura.
quchpakay (*quchpa-ka-y*) v. enfát.: caerse como burro que revuelca.
quchpalliy v.: jugar revolcándose como el burro. →**qarimpay**.
quchpay v.: revolcarse como el burro.
quchqu: 1. s.: harina fina, bien molida. 2. adj.: muy molido, molido fino. →**aqallpu**.
quchquy v.: moler hasta dejar harina fina.
quchquyay v.: hacerse polvo, volverse como harina fina.
quha, qoha s.: marido, esposo. *quhannaq*: sin esposo. *qusa › quha › quwa*. →**qusa**.
quhan maqashqa s.: gujan magashga, lit. "pegado por su esposo". Planta de hojas morateadas como rostro de la mujer golpeada por su esposo.

qukuy (*qu-ku-y*) v. enfát.: dar, otorgar. *Yanapakurqa, llapan kallpaykita qukunki*: Cuando ayudes, da toda tu energía.
qulliy v.: tapar la brasa para que no se extinga.
qullmi, qollmi: 1. s.: mazamorra sin azúcar, manjar sin dulce. Mazamorra de cebada tostada, molida y hervida lentamente para que arroje la cáscara. Si no arroja, se mete el cucharón en la ceniza y luego se bate el preparado, la lejía ayuda a arrojar la cáscara. 2. adj.: tranquilo, sencillo.
qullpa, qollpa s.: alumbre, tierra salitrosa que lamen los animales. Si los animales lamen mucho es mortal.
qullpay v.: 1. lamer tierra salitrosa (ref. animales). *Uushayki qullpaykan*: Tu oveja está lamiendo tierra salitrosa 2. enfermarse o morir por lamer mucho la tierra salitrosa. *Uushayki qullpashqa*: Tu oveja ha muerto por lamer salitre.
qullqa, qollqa s.: silo, granero, troje, arcón. El granero, generalmente, está en el segundo piso por ser el lugar fresco y seco. top. Colca, Colcas, Colcabamba.
qullqay v.: poner el producto en el arcón.
qullqi, qollqe s.: plata. *chawa qullqi*: plata en bruto (tal como sale de la mina). top. y onomástico: Colquejirca (*qullqi hirka*: colina de plata).
qullqi takaq s.: platero, lit. "golpeador de plata".
qullu adj.: estéril, no fértil, machorra.
qulluq (*qullu-q*) p. pte.: que se extingue, que no tiene descendencia, que no aumenta, estéril (persona o animal). *Qulluq warmipa ayan haku haku aqushata aparin*: El alma de la mujer estéril carga mantos de arenilla.
qullushta s.: piedra redonda. →**qulluta**.
qulluta, qolluta s.: piedra redonda. Se usa para suavizar el cuero duro, machacar la carne. *qulluta uma*: cabeza redonda

y dura. *qulluta chaki*: pie redondo y hasta un poco deforme. top. Collota. Ancash.
qullutsiy (*qullu-tsi-y*) v.: extinguir una especie. *Kay alli papata qullutsishuntsu*: No extingamos esta buena papa.
qulluy v.: extinguirse, no tener descendencia. *Kichwantsikqa manam qullunqatsu*: Nuestro quechua no se va a extinguir.
qulluyay (*qullu-ya-y*) v.: volverse estéril.
qumir, qomir adj.: verde. →tsiqyaq.
qumlluyshu s.: comlloisho. Planta de la puna, de hojas pelusientas, de flor de color morado con blanco, de frutos redondos y muy amargos. →**puylluqshu**.
qumpa, qompa s.: pedrada.
qumpanakuy (*qumpa-naku-y*) v. recíp.: apedrearse.
qumpay v.: apedrear, lapidar. *Mana alli mitsikuq karmi waatata qumpan*: Apedrea al ganado por ser un mal pastor.
qumpiy (C de H) v.: apedrear.
qumrushtu, qomrushta s.: chinchón en la cabeza por efecto de golpe. →**ququshtu**.
qumrushtukay (*qumrushtu-ka-y*) v. refl.: hincharse, hacerse chichón en la cabeza.
qumrushtuy v.: hincharse, hacerse chichón en la cabeza.
qumu adj.: torcido, curvado, retuerto. *qumu shukshu*: cayado retorcido. →**wiksu**.
qunakuy (*qu-naku-y*) v. recíp.: 1. entregarse, darse. 2. golpearse, pegarse. *Aypa karqa qullmi shunqu pura qunakuyay*: Si son tan machos, péguense entre sanos (sin haber bebido). 3. hacer acto sexual, fornicar. *Kanankunaqa iglisya qipanchaupis qunakuyan*: En estos días fornican hasta detrás de la iglesia.
qunqa, qonqa s.: olvido, omisión.
qunqanakuy (*qunqa-naku-y*) v. recíp.: olvidarse. *Kuyanakuq yanasakunaqa manam imaypis qunqanakuyantsu*: Los amigos que se quieren nunca se olvidan. C de H: *qunqanakiy*.

qunqapa s.: lit. "del olvido", concapa. Planta de la puna cuyos frutos negros y dulces, si se comen mucho, hacen perder la memoria y transportan a otra realidad.
qunqaq (*qunqa-q*) p. pte.: olvidadizo, que no se acuerda. *Qamqam, markan qunqaq allqu kanki*: Tú eres un perro que se olvida de su pueblo.
qunqatsiy (*qunqa-tsi-y*) v.: hacer olvidar. *Hatun markakunapis, ichik markaataqa, qunqatsiyaamantsu*: Ni las ciudades grandes me pueden hacer olvidar a mi pueblito.
qunqay: v.: olvidar, omitir. *Tsukuykita qunqashkanki*: Has olvidado tu sombrero.
qunqayta exp. adv.: si, por si acaso, algo inseguro, quizás, por error. *Qunqayta kutimurmi, kutimushaq*: Volveré, si es por un error.
qunqur, qonqur s.: rodilla. *Ashnuykipa qunqurnin hakaykan*: La rodilla de tu burro se está hinchando.
qunqurikuy (*qunqur-ri-ku-y*. Las consonantes gemelas "r" se simplifican) v. enfát.: arrodillarse, hincarse de rodillas (por humildad o por rito). *Runaqa, Qapaqpa ñaupallanchaumi, qunqurikunan*: El hombre sólo debe arrodillarse ante Dios.
qunquritsiy (*qunquri-tsi-y*) v.: hacer arrodillar.
qunquriray (*qunqur-ri-ra-y*) v.: permanecer arrodillado.
qunquriy v.: arrodillarse, hacer genuflexión (ante el altar).
qunta, qonta s.: polvo, gas, humo, vaho.
quntall quntall < *quntalla quntalla* exp. adv.: apestando, levantando polvo.
quntallyay v.: levantar polvareda, propagar gases.
quntata s.: mucha polvareda, humareda, plumareda. La repetición de sílaba *ta* es para exagerar o enfatizar.
quntataakuy v. enfát.: levantar polvareda, humo, gases, plumas. *Ushkaqa, alaq pushkuta mikuskirnin, quntataakun*: Os-

car arroja mucho gas después de haber comido frijol frío.
quntataatsiy (*quntata-a-tsi-y*) v.: causar mucha polvareda o humareda, esparcir plumas.
quntatay v.: hacer mucha polvareda, producir mucha humareda, apestar mucho.
quntay v.: levantar polvareda, humear, apestar. →**qushtay**.
quntsu, qontsu s.: 1. sedimento, residuo espeso de la chicha, per. concho. Sirve de levadura. →**kunchu**.
Harapitam shuraqa,
shurapitam aswaqa,
aswapitam quntsuqa,
quntsupitam warmiqa.
La jora es de maíz, / la chicha es de jora, / el concho es de la chicha / y la mujer es del concho (huayno). 2. lo que sobra, el resto, lo que no se ha podido terminar. 3. benjamín, per. concho, conchito, último hijo. Por analogía con sedimento de chicha.
quntsuyay (*quntsu-ya-y*) v.: volverse en concho, sedimentarse.
qunupa s.: conopa, ídolo, piedra sagrada. top. Conopa.
qunupay v.: voltear la paja de cereales de un horquetazo.
quña, qoña s., adj.: pelusa, que tiene pelusas. *quña waqra*: cuerno con pelusas.
quñu, qoñu adj.: tibio, un poco caliente. *quñu marka*: lugar de clima templado.
quñukuy v. enfát.: calentarse, abrigarse (ref. el día, el clima).
quñuq (*quñu-q*) p. pte.: tibio, abrigado. →**quñu**.
quñuukuy (*quñu-u-ku-y*) v. refl. enfát.: calentarse, abrigarse, obtener calor, solearse, entibiarse. *Patsa quñuukun*: El suelo se entibia. *Tsayraq quñuukurii*: Recién me abrigo.
quñuutsi s.: comida recalentada. *Quñuutsi pushkutaqa, mallqarpis, mikullaatsu*:

Aunque esté de hambre no como frijol recalentado. →**chunwa**.
quñutsinakuy v. recíp.: calentarse, abrigarse, darse calor.
quñutsiy v.: calentar, entibiar. *Maman wallpa chipshankunata quñutsin*: La gallina madre calienta a sus polluelos.
quñuy v.: calentarse, solearse, abrigarse, ganar calor. *Kananqa quñunmi*: Hoy el día está abrigado.
qupchu s.: copcho, una especie de puya. Planta de la región puna, de hojas lanceoladas y agudas, de abundante flor de color morado y blanco. →**kunkush**.
qupchu papa s.: papa copcho. Papa de cáscara áspera y morada, contiene mucho almidón.
qupi: 1. s.: base, lo que se tiende en el piso para dormir sobre él (pellejo, costal, paja). *Llapsha qupi kaptinmi alay rataaman*: Me penetra el frío por haber cama delgada. 2. *qupi* + morf. pers. + morf. locat.: debajo, debajo de. adv. *qupiichau* (*qupi-i-chau*): lit. "en mi debajo", debajo de mí, debajo mío. *Qupikita rikay*: Mira debajo tuyo. *Rumi qupinpita achaq yaku yarqun*: El agua caliente sale desde debajo de la piedra.
qupikuy (*qupi-ku-y*) v. enfát.: 1. tender la base (colchón, pellejo) para dormir, preparar la cama. 2. aplastar, poner debajo, machucar, tumbar.
qupinakuy (*qupi-naku-y*) v. recíp.: aplastarse, tumbarse.
qupiy v.: 1. tender el colchón, pellejo, costal o paja. 2. aplastar, presionar, poner debajo, machucar. *Kay kuchita kapanqaayaq, hinchi qupinki*: Aplastarás fuerte este chancho mientras lo castre. →**nitiy**. 3. proteger aun sabiendo que es culpable.
quq (*qu-q*): 1. p. pte.: el que da, donante. 2. macho fornicador. 3. *Quq*: Te doy.
quqan s. onomat.: cogan. Ave de la puna, del tamaño de la gallina, de color marrón que tiende a anaranjado.

quqa adj.: rancio.
quqayashqa (*quqa-ya-shqa*) p. p.: ranciado, rancio. *quqayashqa wira*: grasa rancia.
quqayay (*quqa-ya-y*) v.: ranciarse, ponerse rancio.
quqis, qoqis s. onomat.: coguis. Ave rapaz de la puna, de color negro, muy fiero.
ququma s.: mazorca de maíz con panca.
ququshtu, qoqushtu (Huaraz) s.: chichón en la cabeza, bola redonda. →**qumrushtu**.
ququshtuy v.: hacerse chichón.
qura, qora s.: mala hierba, maleza. *papa qura*: hierba del papal.
qurana (*qura-na*) s.: herramienta que se usa en el deshierbe.
quray s.: deshierbe. *quray killa*: mes del deshierbe. →**qarwanchu**.
quray v.: quitar la yerba (mala), desyerbar. *Sibaadaata quraa*: Desyerbo mi cebadal.
quri, qori: 1. s.: oro. top. Corihuacac (*quri waqaq*: que llora oro). Quitaracsa. 2. adj.: de oro, dorado, muy valioso, muy bueno. *quri siwi*: anillo de oro. *quri paychi*: zarcillo de oro. *quri shunqu*: de buen corazón.
quri: 1. s.: arruga. *Urkuykiqa qurillam*: Tu frente es pura arruga. 2. adj.: rugoso, arrugado, con arrugas.
quri kasha s.: lit. "espina de oro", cactácea de la puna de espinas amarillas y grandes. →**qarwa kasha**.
qurikay (*quri-ka-y*) v.: recogerse, encogerse, arrugarse.
quri shunqu exp.: lit. "corazón de oro", muy bueno, generoso. *Quri shunqu kaptikim piimay kuyashunki*: Todos te aman porque eres corazón de oro.
quri wayta exp.: lit. "flor de oro", muy buena. Trato de mucho afecto y cortesía para las mujeres.
quriy, qoriy v.: congregar, recoger, juntar, aunar. *Aylluykitaqa qurinkiman*: Debes juntar a tu familia.
qurpa, qorpa s.: huésped, visita. *Qurpakunapaq mikuyta rurashun*: Prepararemos la comida para los huéspedes.
qurpa kuru s.: lit. "insecto de visita", libélula. Anuncia la llegada de alguien.
qurpay v.: hospedar.
qurqa, qorqa s.: montón de piedras (natural o hecho por el hombre). *Qurqa huchunaykan*: El morro de piedras está por caerse. →**chuqu**.
qurqay v.: amontonar, colocar uno sobre otro, hacer morro encimando cosas.
quru, qoru: 1. s. joroba, giba, tumor resaltante. 2. adj.: jorobado, giboso, con tumor. *quru waqta*: jorobado, espalda con joroba. →**kurku**.
quru quru exp. adv.: accidentado, con promontorios.
qurunta, qorunta, s.: coronta, corozo, tusa. →**qurushta**.
qurushta s.: tusa, coronta, corozo.
quruta, qoruta s.: escroto, testículo. *pumapa qurutan*: lit. "huevo de puma". Planta cactácea de la puna, ovalada, de espinas menudas y grises, su pulpa interior es comestible. →**pumapa qurutan**
qurutasapa (*quruta-sapa*) s.: de testículos grandes, huevón, boludo.
qurya, qorya s. onomat.: ronquido.
quryay v. onomat.: roncar al dormir o por mal de bronquios.
qusa, qosa s.: esposo, marido. Se usa con morf. pos. *Qusaapaq punchun putskaykaa*: Estoy hilando el poncho para mi esposo. *qusa* › *quha* › *quwa*.
qushni, qoshni s.: humo, hollín.
qushniikuy v. enfát.: humear.
qushnitsiy v.: hacer humear, producir humareda.
qushniy v: humear, producir hollín. *Uqu yanta allaapa qushnin*: La leña húmeda humea mucho. →**qushtay, quntay**.
qushtatay v.: producir mucha humareda.
qushtay v.: humear, producir humareda.

Wasiki qushtan: Tu casa humea.
qushulu (Santiago de Estero) s.: caracol de río.
qushyay v. onomat.: producir el sonido ¡cush! (al respirar durmiendo profundamente). *Qushyar puñunqaykiyaq atuq ashkashnikita mikushqa*: Mientras dormías profundamente (respirando ¡cush!) el zorro ha comido tu corderillo.
qusqi, qosqi adj.: irritante, que pica la nariz y ojos (que hace toser y llorar). *qusqi qushni*: humo irritante, gas lacrimógeno. *qusqi machay*: cueva de olor irritante.
qusqiq (*qusqi-q*) p. pte.: que irrita los ojos y nariz. *Kachaakukunaqa qusqiq qushnita hitarmi runakunata waqatsiyan, hitaritsiyan*: Los militares hacen llorar y vomitar a la gente arrojando gas irritante.
qusqiy v.: producir olor irritante a la nariz y ojos (ají que se quema, ajo frito, gas en algunos huecos).
qusu, qosu s.: tos. *tsaki qusu*: tos seca. →**chuqa**.
qusu s.: canto, canción. *Kay marka qusuqa, shumaqmi*: Es bonito el canto de este pueblo. →**taki, qutsu**.
qusuy v.: toser. *Allaapanam qusunki*: Ya toses mucho.
qusuy v.: cantar. *Unay qusuta qusurishun*: Cantemos la canción antigua.
qutsu s.: canto, canción. *aywallaachi qutsu*: canción de despedida.
qutsuy v.: cantar. →**takiy, qusuy**.
qutu, qotu 1.: s.: per. coto, bocio, papera. Inflamación en el cuello. *Tsayraq yuriq wamrapa ismaninmi qutupa hampin*: El excremento del recién nacido es remedio para el bocio. 2. adj.: cotudo, con bocio. *Chuyaskunaqash qutulla kayan*: Se dice que la gente de Chuyas es toda cotuda.
qutu s.: 1. morro, elevamiento de tierra. Tiene analogía con el bocio. Estos lugares tienen poderes positivos o negativos. top.: Pariacoto (*parya qutu*: morro de gaviotas), Uchucoto (*uchu qutu*: morro de ají), Cotamarca (*qutu marka*: pueblo de morros), Yanacoto (*yana qutu*: morro negro), Yuracoto (*yuraq qutu*: morro blanco). 2. montón de cosas, medida de venta de algunas cosas. *Kimsa qutu ullukuta rantikallaamay*: Véndame tres montones de olluco.
qutukay (*qutu-ka-y*) v.: desmoronarse, caerse la ropa del cuerpo, sentir como si cayeran los miembros del cuerpo.
qutulay v.: toser. →**chuqay**.
qutuy v.: amontonar, dejar las cosas en un solo lugar. *Kayman uqata qutunki*: Aquí debes amontonar la oca.
qutsa (Q I: Cordillera Negra) *wira qucha* > *wiraqutsa, wiraqsa* > *qutsa* s.: señor, don, persona noble, respetable, importante. *Huk qutsam chaamushqa*: Ha llegado un señor importante.
qutsiy (*qu-tsi-y*) v.: 1. hacer dar, mandar que dé. 2. hacer fornicar, hacer que el macho fornique.
quwa s.: esposo, marido. *qusa* > *quha* > *quwa*.
quy, qoy v.: 1. dar, otorgar, conceder, entregar. 2. fornicar a hembra.
quy v.: no importar, no merecer interés: *Imata qukaman*: Qué me importa. *Imata qukushunki*: Qué te importa. *Imata qukun*: Qué le importa a él. *Imata qukamantsik*: Qué nos importa.
quykuy v.: 1. darle, devolverle. *Quykuy kullu kulluyaq*: Dale hasta el tronco (en un cuento así dice el cuy al hombre). *quykupuy, quykapuy*: devolverle, devuélvele. 2. dar en el blanco, acertar.
quya, qoya 1. s.: día solar. *huk quya*: un día. 2. la mañana, el amanecer, aurora. 3. adv.: temprano, al amanecer, en la mañana. *Warayqa, quyalla rikchatsimanki*: Mañana, despiértame temprano.
quya, qoya s.: coya, princesa de linaje real.
quyall, qoyall s.: coyal. Planta aromática

de la jalca que se utiliza en infusiones medicinales contra la gastritis y dolor de estómago. →**kuyall**.

quyay v.: pasar todo el día solar. *Tamyaqa quyaskin*: Todo el día ha llovido.

quyllur, qoyllur s.: estrella, lucero. *Ama quyllurta yupaytsu*: No cuentes las estrellas (tabú). *chupasapa quyllur*: cometa. *paariq quyllur*: lit. "estrella que vuela", objeto volador luminoso. *quyllur atski*: luz estelar. *yana quyllur*: estrella negra. *Waraq Quyllur*: Lucero del Amanecer (Venus). top. Coillorcocha (*quyllur qucha*: laguna de estrellas). →**chaska**.

quyqu s.: coico. Gusano largo parecido a "huachi" que come el tubérculo de papa.

quyquy v.: ser atacada por coico.

quyru, qoyru s.: carnosidad en el ojo.

quyruy v.: formarse la carnosidad en el ojo. *Ñawii quyrunnaachi*: Quizás en mi ojo se está formando carnosidad.

quyu, qoyu adj.: verdeado por golpe (en animales) o por insolación (en tubérculos como la papa). *quyu papa*: papa verdeada (buena para semilla pero muy amarga para comer).

quyuyay (*quyu-ya-y*) v.: verdearse. *Rikraa quyuyashqa*: Mi brazo se ha verdeado.

quyuy v.: ponerse lívido, verdearse (por golpe o sol).

R

r [r], [ř]: Equivale a la /r/ (<r>) y la /ř/ (<rr>, <r> inicial) españolas. Tiene dos valores: 1. vibrante múltiple rehilada [ř]. Aparece en las siguientes posiciones: inicial absoluta, final absoluta y algunas veces intervocálica (en este caso se transcribe <rr> para distinguir de la simple): *rakwa*: azada. *qunqur*: rodilla. *pararra*: roca plana. La erre rehilada del español andino es considerada como sustrato quechua. Al sur de Ancash, especialmente, hay casos de sustitución por [l]. Topónimos: *Lurin (Rurin), Limaq (Rimaq)*. 2. vibrante simple [r]. Aparece en las siguientes posiciones: después de las consonantes /n/, /m/, /s/ y entre vocales. Nunca en inicial absoluta: *panri* [panri]: malnutrido. *ramrash*: aliso. *qasra*: casra (enfermedad de maíz). *qara*: piel, cuero. *hara*: maíz. Forma grupos consonánticos /pr/ (*qapra*: ciego), /tr/ (*putru*: meón), /kr/ (*chakra*: chacra, se- me(atpóa).de *-rnin*) morf. v. de subordinación, se agrega al tema verbal. Admite el pron. complementario enclítico. Se usa cuando la oración principal y subordinada tienen el mismo sujeto: 1. porque, a causa de, si, gerundio, cuando, aunque, a pesar de que, "al" con infinitivo. *Munar shamunki*: Vendrás si quieres. Vendrás cuando quieras. *Waqar rikcharqaa*: Me desperté llorando. *Kuyarnikim kutimuu*: Vuelvo porque te amo. *Muspashqata rikaamar, paypis wañuyta munanaq*: Dicen que al verme desmayado, él también había querido morirse. 2. *-r-chi*: porque seguramente, seguro porque. *Kuyamarchi kutimun*: Vuelve porque seguramente me ama. 3. −*r* + *qa* + *ch*: si (condicional). *Yakunarqach kutiyaamushaq*: Volveremos si tenemos sed. *Kuyamarqach kutimunqa*: Volverá si me ama. Cuando las oraciones tienen sujetos diferentes el alomorfo: *-pti-*.

-ra- morf. v., se agrega al tema verbal, luego el morf. pers.: larga duración, acción continua o indefinida. *rikaray (rikara-y)*: observar por tiempo indefinido. *tamyaray*: llover por mucho tiempo. Es de mayor duración que *-pa*.

raabanus s. esp.: nabo de flores azules. Remedio para la gastritis. *hallqa raabanus*: rábano de la puna.

raama s. esp.: rama del árbol. →**llimlla**.
*Pichusankapis waranmi
kaliptu hachapa llimllanchau,
tsaytsuraq mana waraaman
taqaylla chiinapa uqllanchau.*
El gorrión también amanece / en la rama del eucalipto, / cómo yo no voy a amanecer / en la cama de esa muchacha (huayno de Ancash).

raatu s. esp.: rato, momento. *huk raatu*: un rato. *Raatuna*: Hace ya buen rato.

rachak s.: rachac. Batracio de la puna, de colores blanco y negro matizados. No tiene escamas y además no croa como el sapo común. →**lachak**.

rachi adj.: muy delgado, que está por romperse o quebrarse. *rachi kunka*: cuello que ya se rompe por muy delgado. *rachi tsiqlla*: cintura que ya se quiebra por muy delgada.

rachi s.: arranque. *kuntur rachi*: arranque del cóndor. Fiesta en que se mata al cóndor a golpes de puño y luego se arranca la lengua como trofeo.

rachiy v.: arrancar, desgarrar, romper. *Qiruta sutaykaptii waskaa rachiskirqan*: Mi soga se rompió cuando yo estaba jalando el palo.

radyu 1. s.: radio. *haqrash radyu*: radio viejo y maltrecho. 2. adj.: chismoso, que lleva chismes, mentiroso.

rahakuy (*raha-ku-y*) v. enfát.: inspec-

cionar, investigar, ver cómo están las sementeras. *Aku chakraruna rahakuq*: Vayamos a ver cómo están las chacras. →**raqay**.
rahay v.: inspeccionar, investigar, revisar, ver el estado del sembrío (que no haya sido estropeado).
rahu s.: nevado, nieve, glaciar. *hatun rahu*: nevado grande. top.: Apurraju (*apu rahu*), Tullparra u (*tullpa rahu*). →**rasu**.
rahuy v.: nevar. *Hirkallachau rahunqa nikashqa, kaychau rahun*: Cuando estamos diciendo que sólo nevaría en la cima, nieva aquí. →**rashtay**.
raka s.: vagina, sexo de mujer adulta. *raka shimi*: lit. "boca como vagina", boca suelta, malédico, soplón. top. Racarrumi (*raka rumi*). Formación rocosa en forma de vagina frente a Racuaypampa, camino de Tarica a Quitaracsa. →**chupi**.
raka pacha exp. adj.: sátiro, hambriento de sexo.
rakan waataq exp. adj.: lit. "que sólo cuida su vagina", botarata, malgastadora. La mujer debe saber administrar la economía del hogar, y no valer sólo por su sexo.
rakacha s.: arracacha. →**raqacha**.
rakcha: 1. s.: suciedad, mugre, inmoralidad, adulterio. 2. adj.: sucio, mugriento, inmoral, cochino, adúltero. *Rakcha marka kaptinmi imayka qishyay yurikan*: Aparece cualquier enfermedad porque la ciudad es sucia *rakcha runa*: persona sucia, persona inmoral (adúltera).
rakchaakuy v. refl., enfát.: ensuciarse, cagarse, enmierdarse, fornicar.
rakchataakuy v.: ensuciar, ensuciarse.
rakchatay ‹ *rakchatsay* v.: ensuciar.
rakchay v.: ensuciar, profanar, fornicar, cometer adulterio. *Ultukuna yakuta rakchaayan*: Los renacuajos ensucian el agua. *Kay wasichaushi Kashiwan Hillu rakchaayan*: Dicen que en esta casa fornican Casilda y Jerónimo.

rakchayay (*rakcha-ya-y*) v.: volverse sucio, ensuciarse.
rakchayaatsiy v.: ensuciar, hacer que se ensucie.
raki adj.: separado, desunido.
raki raki exp. adv.: separados, cada uno por su cuenta, desunidos, individualmente.
rakikaakuy v. refl. enfát.: separarse, divorciarse, cada uno tomar otro camino.
rakikay (*raki-ka-y*) v.: separarse, divorciarse, cada uno tomar otro camino. *Maqanakuqkuna, mana pipis washaq kaptin, kikinkuna rakikaayan*: Los que pelean, como no hay quién los separe, se separan por sí mismos.
rakikuy (*raki-ku-y*) v. enfát.: separar, tomar su parte. *Uushallaykita rakikullay*: Separe, por favor, solamente sus ovejas.
rakinakuy v. recíp.: distribuirse, repartirse, separarse.
rakipanakuy v. recíp.: distribuirse las cosas. →**rakinakuy**.
rakiy v.: separar, desunir. *Uushantsikllata rakishun*: Separemos sólo nuestras ovejas.
rakray v.: tragar, engullir, comer como las aves. *Wallpa harata rakran*: La gallina come el maíz. →**shakshay**.
rakta adj.: grueso, doble (lámina, tela). *rakta punchu*: poncho doble. *rakta wirpa*: labio grueso.
raktayay (*rakta-ya-y*) v.: hacerse doble, volverse grueso.
rakwa s.: azada, puntilla. →**ishwi**.
ramaada s. esp.: rancho pequeño y rústico hecho con ramas.
ramakay v.: derramarse, rebasar.
ramay v.: derramar, esparcir. →**hichay**.
rampa s.: roncha, alergia o intoxicación.
rampa rampa exp. adj.: enronchado, intoxicado.
rampayay (*rampa-ya-y*) v.: hacerse ronchas. Por picazón de mosquitos o por espinillas de ortiga.
rampay v.: enroncharse.

rampuchku s.: papilla, baya de papa. →**shurupta**.
rampusku s.: papilla, baya de papa.
ramrash s.: aliso (Alnus jorullensis). Árbol de muchos usos: como madera, leña, sus hojas sirven para cubrir la jora. *puka ramrash*: aliso rojo. Su madera es rojiza. *qashpa ramrash*: aliso de hojas rugosas, de madera blanca. top. Ramrash Pampa.
-ran: 1. morf. de proceso no concluido: todavía, aún. *Paqasran*: Aún es noche. *Alaqran*: Todavía es frío. *Manaran*: Todavía no. 2. que provoca, que da ganas, hasta: *Tushuqa munapaatsikunran*: El baile hasta provoca bailar. →**-raq**.
rancha s.: rancha. Enfermedad de papa que ataca las hojas llenándolas de ronchas.
ranchay v.: enfermarse la papa de rancha.
rani s.: pene de adulto, badajo de campana, vena de ají, estambre. *rani kunka* (insulto): cuellilargo. →**pishqu**.
ranin waataq exp. adj.: lit. "varón que cuida sólo su sexo", derrochador, botarate, malgastador. El hombre no vale sólo por su sexo, debe saber producir y economizar.
rankachu s.: agua congelada, carámbano. →**tsururru**.
rankachuy v.: congelarse el agua.
rankukuy v. refl.: tropezarse.
rankuy v.: tropezar. →**mitkay**.
ranra s., adj.: amontonamiento de piedras, resto de alud o derrumbe, pedregal, pedregoso, de muchas piedras. *ranra chakra*: chacra pedregosa. top.: Ranrajirca (*ranra hirka*: morro pedregoso), Ranracoto (*ranra qutu*: morro de piedras), Pucarranra (*puka ranra*: pedregal rojo).
ranti s.: trueque, cambio. Actualmente tiene el sentido de compra y venta.
rantikuq (*ranti-ku-q*) p. pte.: el que vende, vendedor. *hampi rantikuq*: vendedor de remedios, farmacéutico. *Europakunaqa, runa rantikuq kayashqa*: Los europeos han sido vendedores de gente (negreros).
rantikuy (*ranti-ku-y*) v.: vender, comprar, negociar. *Wasiita rantikuyta munaa*: Quiero vender mi casa.
rantikuna (*ranti-ku-na*) s.: cosa que se vende, mercadería, lo vendible. *Runaqa manam rantikunatsu*: La gente no es objeto de venta.
rantina s.: cosa que se compra, lo comprable.
rantin s.: rantin, reciprocidad. Servicio que se presta con el fin de ser retribuido con otro servicio. Esta costumbre es como el "do ut des" de los romanos. *Rantinpaq yanapakuq shamuu*: Vengo a ayudar para rantin.
rantin (*ranti-n*) s.: reemplazo, sustituto, en vez de. *Wauqiipa rantin shamushkaa*: He venido en vez de mi hermano. *Paymi rantinnii*: Él es mi sustituto.
rantinllay v.: hacer el rantin, cumplir el rantin.
rantipakuy (*ranti-pa-ku-y*) v.: hacer las compras, estar de compras. *Kay tampullachau llapanta rantipakurishaq*: Mejor compraré todas las cosas en esta tienda nomás. C de H: *rantipakiy*.
rantiq (*ranti-q*) p. pte.: el que compra, comprador. *waaka rantiq*: comprador de vacas.
rantitsiy (*ranti-tsi-y*) v.: hacer comprar. *Wamraami kay libruta rantitsiman*: Mi hijo me hace comprar este libro.
rantipakuq (*ranti-pa-ku-q*): 1. p. pte.: que hace compras, que está de compras. *Rantipakuq runatam wardiya achkushqa*: El policía ha atrapado al hombre que estaba haciendo sus compras. 2. para hacer las compras (finalidad). *Rantipakuq aywaqtam wardiyaqa wichqashqa*: El guardia ha encarcelado al que iba para hacer sus compras.

rantiy v.: comprar, adquirir algo con dinero. *Papaata rantillay*: Compre mi papa, por favor.
ranya adj.: mal agüero, profano, per. salado. *ranya shimi*: boca de mal agüero. →**winchu**.
ranyay v.: causar el mal con vibraciones negativas, desacralizar, dar la mala suerte, per. salar. *Shantim illapaata ranyashqa*: Santiago ha salado mi escopeta.
rapapay v. onomat.: 1. flamear (bandera). →**wipipiy**. 2. parpadear. →**parparyay**.
rapi s.: escarcha. *Rapiqa rupaywan tsullun*: La escarcha se derrite con el sol.
rapin s.: membrana delgada de carne debajo de las costillas, paletilla, malaya.
rapiy v.: escarchar. *Llapan hirka rapishqa*: Todas las colinas se han escarchado.
rapra s.: hoja (de planta). *Kullashpa rapranwan hampikunki*: Debes curarte con la hoja de molle.
raprasapa adj.: de muchas hojas, folioso. *raprasapa hacha*: árbol folioso.
rapray v.: foliar, echar hojas. *Tsakiykar rapraskin*: En lo que estaba secándose ha echado hojas.
raprika s.: raprica. Planta de la puna. Cura el mal viento. Se frota el cuerpo con hojas calentadas sobre la brasa. →**qara matash**.
rapyay v. onomat.: palpitar, parpadear. →**parparyay**.
-raq: 1. morf. de proceso inconcluso: todavía, aún. *Kikinraq shamutsun*: Que venga todavía él mismo. *Amaraq*: Todavía no. 2. que provoca, que da ganas, hasta. *Rakwaqa pintiykachanraq*: La azada hasta brincotea por lo bueno que es. 3. *-tsu-raq*: exp. de duda. *Paypis, ¿runatsuraq?*: Él también, ¿será gente? *¿Ushashuntsuraq?*: ¿Acabaremos? →**-ran**.
raqaa s.: casa en ruinas, vivienda abandonada que no tiene puerta ni techo, corral. *Taqay tukuy puka raqaa*: Hasta por allá casas ruinosas rojas. Es un trabalenguas para ejercitar la pronunciación de /q/; si por dificultad o confusión se pronuncia como /k/ el significado es muy diferente: *Takay tukuy puka rakaa*: Golpetea mi vagina roja. *Taqay tukuy puka rakaa*: Hasta allá está mi vagina roja.
raqaayay (*raqaa-ya-y*) v.: convertirse la casa en ruina. *Yaya wañuptinqa, wasipis raqaayanmi*: Cuando se muere el padre, hasta la casa se vuelve ruina.
raqacha s.: arracacha (Arracacia xantorrhiza). Tubérculo comestible de la región andina. La planta se parece al apio, el tubérculo al camote blanco; pero el sabor es como de pishpi yuca. Si se come mucho, indigesta.
raqash s.: papa ragash. Especie de papa blanca, grande y de sabor soso que se usa en locro y fritura.
raqau s.: 1. ragao, gusano de vaca. Gusano como un anillo grueso, de cabeza roja, parte superior blanca y el abdomen plomo oscuro, vive donde hay excremento de vaca. Su saliva cura la carnosidad del ojo. →**waaka kuru**. 2. hongo del pie, pie de atleta. Aparece por contacto con guano de vaca en los meses húmedos.
raqchi s.: peña con muchas puntas.
raqra: 1. s.: quebrada angosta, cañón. › top. Quitaracsa (*qitaa raqra*: quebrada pantanosa). 2. adj.: rajado, con grietas. *raqra qucha*: laguna agrietada. *raqra maki*: mano que no agarra bien las cosas, malgastador. →**rara**.
raqrayaatsiy (*raqra-ya-a-tsi-y*) v.: rajar, agrietar.
raqrayay v.: rajarse, agrietarse.
rara s.: quebrada grande, abra, parte superior. *raqra › rara* (por síncopa de q).
rarka s.: acequia, canal.
rarqa s.: acequia, canal. *Kayqa qullanankunapa rarqanmi*: Este es canal de los antiguos. →**larqa**.
ras adv.: rápido, veloz. →**sas**.
raslla (*ras-lla*) adv.: rápidamente, ve-

lozmente, muy pronto. Esta enfatización se hace también repitiendo: *ras ras, sas sas, wayra wayra*. →**ahalla, saslla, wayralla**.
rashta s.: 1. nevada, copo de nieve, ventisca con nieve. *rashta yaku*: agua de nevada. 2. Por analogía: cabellos canos, pelo blanco. *Umaykiman rashta ishkiykanna*: lit. "Ya está cayendo la nevada a tu cabeza". Ya estás comenzando a encanecerte.
rashtay v.: nevar, caer la nevada. *Rashtaptinqa naanitapis uqrankim*: Si nieva hasta pierdes el camino.
raspa s. esp.: raspa, chancaca, panela. *¿Raspata apiman hitaaku?*: ¿Echo chancaca a la mazamorra?
rastruuhu s. esp.: rastrojo, resto de tallos de cereales después de la siega. →**turupa**.
rasu s.: nieve, glaciar. →**rahu**.
rasun adv. esp.: razón, cierto, verdad. *¿Rasunku?*: ¿Es verdad? *Rasunmi*: Es verdad.
rasunpa (*rasun-pa*) exp. adv.: de verdad, cierto, sin duda.
rata adj.: cojo, carente de un pie. *Wasi hananchau rata lluytsu akataykachaykan* (trabalenguas): Encima de la casa está correteando un venado cojo.
ratakuy v. refl.: esconderse, ocultarse, buscar guarida.
rata puñuutsi s.: juego de las escondidas. →**tsinka puñuutsi**.
Rata Supay s.: Diablo Cojo. Se ha vuelto cojo por andar alcahueteando a gente de la misma familia, tampoco tiene tiempo para curarse. →**chulla chaki**.
ratayaatsiy (*rata-ya-a-tsi-y*) v.: causar la cojera, volver cojo, hacer que cojee.
ratash: 1. adj.: haraposo, rotoso. *ratash tsuku*: sombrero rotoso. 2. s.: vestido, ropa (expresión de humildad refiriéndose a la vestimenta). →**llatapa**.
ratatsiy v.: 1. alcanzar, dar en el blanco, acertar. 2. vencer, dominar.
ratay: 1. s.: ropa, vestido. 2. adj.: rotoso, harapiento, andrajoso, deshilachado. *ratay llullipa*: falda deshilachada. →**ratash**.
ratay v.: posarse, aterrizar, descender algo que vuela. *Kay pampachau paariq quyllur ratanqa*: En esta pampa aterrizará la estrella voladora. *Wasi hananchau wiskul rataran*: El gallinazo está posado sobre la casa.
ratayay (*rata-ya-y*) v.: volverse cojo. *Tamya killam uywa ratayan*: El animal se vuelve cojo en el mes de lluvia.
rauka s.: puntilla, azada. →**ishwi, rakwa**.
raukakashqa (*rauka-ka-shqa*) p. p.: encogido, en posición del feto, enroscado como el gato que duerme. *Alalaptinmi raukakashqa puñukullaa*: Duermo encogido porque hace frío.
raukakay v.: encogerse, enroscarse (como felino que duerme).
raukaray (*rauka-ra-y*) v.: estar encogido por mucho tiempo, adoptar por mucho tiempo la posición del gato que duerme.
raukis s.: dedo. *maman raukis*: dedo pulgar. *tuksina raukis*: dedo índice. *shunqu raukis*: dedo cordial. *siwi raukis*: dedo anular. *llullu raukis*: dedo meñique, dedo tierno. →**rukana**.
rauraatsiy v.: 1. hacer resplandecer, hacer brillar, hacer llamear. 2. hacer resquemar, hacer arder.
rauraq (*raura-q*) p. pte.: que arroja llamas, flameante, resquemante, centelleante, fervoroso. *rauraq quyllur*: estrella centelleante. *rauraq shunqu*: corazón fervoroso, irascible.
rauray v.: llamear, centellear, parecerse a llamaradas. *Supaypa ñawin rauran*: El ojo del diablo arroja llamas.
rauray v.: sentir comezón, escocer, resquemar la herida.
rayan s. esp.: arrayán, mirto, saúco. Árbol de hojas dentadas, flores blancas, fru-

tos negros en racimos que se usan en la tintorería y remedio para colesterol, madera de corazón fofo que sirve para hacer flautas, sopladores y tubos. top. Rayan Pampa.

-rayku, rayku morf. nominal: pro, por, a favor de, por la causa de. *Qam rayku shamushkaa*: He venido por ti (por tratarse de ti). En este diccionario lo separamos de la palabra antecedente para reforzar la pronunciación de la erre rehilada múltiple. C de H: *reeku*.

raymi s.: fiesta, ceremonia. *Inti Raymi*: Fiesta del Sol. Se celebra en el solsticio de invierno en el Hemisferio Sur, el día central es 24 de junio.

-ri morf.: pues. *Shaarikuyri*: Levántate pues. *Akunari*. Vayamos ya, pues. *Qamri kananqa*: Ahora tú, pues. *Aumiri, oomiri*: Sí. *Manamri*: No, pues.

-ri morf. v. incoativo, después del tema verbal, antecede al morf. pers.: inicio de acción, comenzar a con infinitivo. *Mana yarpanqaata mikurii*: Qué bien que acabo de comer lo que ni me había imaginado. *Manaraqpis llapanta wiyar waqarinki*: Ni bien escuchas todo comienzas a llorar.

rikaakuy v.: espectar, quedarse mirando, mirarse. *Tsaynauna rirpuchau rikaakunki*: Tanto te miras en el espejo.

rikaanakuy v. recíp.: verse. *Waray kaychau rikaanakushun*: Mañana nos veremos aquí. C de E: *rikaanakiy*.

rikaatsiy v.: hacer ver, mostrar.

rikaariy v.: ver al fin, comenzar a ver. *Shuyay, nuqapis qamta ñatakuqta rikaarishqaykim*: Espérate, yo también te voy a ver en necesidad.

rikachakuy v.: vigilar, divisar, tener atenta la mirada. →**rikchakuy**.

rikakay (*rika-ka-y*) v.: verse, ser visto, ser visible. *Aruynikiqa rikakanmi*: Tu trabajo es visible (se ve).

rikapakay (*rika-pa-ka-y*) v.: ver visiones, tener ilusión óptica. *Mallaqpita imatanach rikapakaa*: No sé qué cosas ya veo por hambre. *Mantsalliishu karmi rikapakanki*: Ves visones porque eres un cobarde.

rikapakuy (*rika-pa-ku-y*) v. enfát.: ver, fisgonear.

rikapaakuy v.: quedarse mirando detenidamente.

rikapay (*rika-pa-y*) v.: observar.

rikaq p.pre: el que ve, vigilante.

rikaray (*rika-ra-y*) v.: mirar, observar, espectar. C de H: *rikaree*.

rikay v.: 1. ver, mirar, cuidar. Q II: *rikuy*. 2. imperativo: ve, mira, cuida. *Wamrata rikay*: Cuida la niño.

rikchakuy v.: 1. despertarse, estar en vigilia, imperativo "despiértate". C de H: *rikchakiy*. 2. *rikachakuy › rikchakuy* (síncopa de "a" en sílaba "ka"): vigilar, divisar, estar en guardia, tener mirada atenta.

rikchay v.: despertar, tomar conciencia. *Markantsik, ¿imayraq rikchanqa?*: ¿Cuándo se despertará nuestro pueblo? →**riyay**.

rikra s.: brazo. *tullu rikra*: brazo huesudo. *waska rikra*: brazo largo y delgado. *kunturpa rikran*: ala del cóndor. Helecho grande de frutos negros. Si se come mucho se tiene la sensación de volar.

Rikraykita kicharirnin,
 ayallaata ankupaykuy.

Extendiendo ya tus brazos, / compadece a mi pobre alma.

riksichiy (Q II) v.: hacer conocer, presentar. *Panikita riksichimay*: Preséntame a tu hermana. →**riqitsiy**.

riksiy (Q II): conocer, reconocer. →**riqiy**.

rikuq, rikoq exp. de comparación de igualdad: idéntico a, como. *maman rikuq wamra*: niño parecido a su mamá.

Mishi rikuq mishi, mishilla.
Ushqu rikuq ushqu, ushqulla.
Puma rikuq puma, pumalla.
Yana puma rikuq, ukumarilla.

Gato idéntico a gato, sólo es gato. / Gato

montés idéntico a gato montés, sólo es gato montés. / Puma idéntico a puma, sólo es puma. / Oso idéntico a oso, sólo es oso. – Canción de niños donde hay tres leyes de analogía: La dirección horizontal de cada verso es la ley de la identidad (el gato es idéntico sólo al gato); la dirección vertical es de similitud (gato, gato montés, puma, oso lit. "puma negro"); siguiendo la dirección vertical: los más cercanos son más similares, los más lejanos son más diferentes. Uno comienza un pie de verso nombrando un ser, otro le responde nombrando otro ser semejante, esto continúa hasta que alguien se equivoca en la similitud. Quitaracsa. →**niraq**.
rikuy (Q II) v.: ver, mirar. →**rikay**.
rimarrima, rima rima s.: rimarrima, lit. "palabra y palabra, palabras". Planta de la puna, cura la tos y el mal viento.

Rimarrima wayta,
ama rimamaytsu.
Tumpatumpa wayta,
ama tumpamaytsu.

Flor de rimarrima / no hables mal de mí. / Flor de tumpatumpa / no sospeches de mí. – Hay analogía fonética de *rima rima* con verbo *rimay* (hablar), de *tumpa tumpa* con *tumpay* (sospechar).
rimaq (*rima-q*) p. pte.: el que habla, hablador, el que comunica. En Ancash significa: el que habla mal de alguien, difamador; ya que se usa el préstamo español *parlay* para el simple acto del habla. *rimaq* › *rimak* › *Limaq* › Lima.
Rimaq Mayu s.: Río Hablador. topónimos: Rímac, Lima.
rimaq pampa s.: lit. "pampa que habla", plaza pública, agora pública. *Rimaq pampata pitsayay*: Barran la plaza.
rimay s.: lengua, idioma. *Rimaynintsikta rimashun*: Hablemos nuestra lengua.
rimay v.: 1. hablar, comunicar. 2. En Ancash: acusar, rajar, murmurar, hablar mal de alguien. Para los colonizadores hispanos: parlar › *parlay*: hablar bien; mientras el nativo *rimay*: hablar mal.
rinri s.: oído, oreja, asa. *mankapa rinrin*: asa de olla. *kullu rinri*: lit. "oído de tronco", sordo, que no quiere oír. *mutu rinri*: de oreja corta (cortada o congénita). *chakcha rinri*: oreja resaltante, oreja erguida. *rinri winyay*: zumbar repentinamente el oído. Aviso de que el alma está por alejarse del cuerpo. *rinri achachay*: calentarse la oreja. Señal de que alguien está hablando mal de uno.
rinri kuru s.: gusano de oído. Pequeño gusano que entra al oído y puede romper el tímpano, vive donde hay eucaliptos.
rinrinnaq (*rinri-n-naq*) s.: lit. "sin oreja". 1. que carece de oreja. →**mutu**. 2. sordo, que no hace caso, que no quiere escuchar. →**mana kaayikuq**.
rinri uchku s.: orificio del oído.
rinrisapa adj.: orejón, de orejas largas, orejudo. *Rinrisapa Manku Qapaq*: Manco Cápac orejón.
rinri uchkuna s.: objeto perforador del lóbulo de oreja para usar aretes.
rinri wira s.: cerumen del oído.
ripipiy v. onomat.: flamear, moverse una tela o pluma con el viento. →**wipipiy**.
ripish exp. adv.: vuelta, que da vuelta.
ripishyay v.: dar vuelta rápido.
ripullu s. esp.: repollo. Aumenta la leche de las mujeres.
riq, req s. onomat.: sonido del pedo.
riqi, reqi s.: conocimiento sensorial.
riqikuy (*riqi-ku-y*) v.: reconocer, identificar. ¿*Llullu wamrayki riqikunnaku*?: ¿Ya reconoce tu niño tierno?
riqinakuy (*riqi-naku-y*) v. recíp.: conocerse, reconocerse.
riqipuy (*riqi-pu-y*) v.: 1. caerle bien una ropa, sentarle bien, darle buena apariencia. *Ullqutam, punchu riqipun; warmitam, haku*: El poncho le cae bien al hombre; y el manto a la mujer. 2. ayudarle a reconocer algo.

riqiriy (*riqi-ri-y*) v.: comenzar a conocer, conocer. *Gringukunapa markanta riqirii*: Acabo de conocer el país de los gringos.
riqitsiy (*riqi-tsi-y*) v.: presentar, mostrar, hacer conocer. *Yayaykita riqitsimay*: Preséntame a tu padre.
riqiy v.: conocer sensorialmente, reconocer, identificar. *¿Taqay runata riqinkiku?*: ¿Conoces a aquel hombre?
riqsiy, reqsiy v.: conocer. →**riqiy**.
riquchya s. onomat.: rechinada de dientes.
riquchyay v.: rechinar los dientes. Quien rechina al dormir come su propia vida, por eso se le debe despertar.
riqyay v.: pedar, producir el sonido ¡riq!
rirpu s.: espejo. *Rirpuykita mañamay*: Préstame tu espejo.
ritama s.: retama (planta silvestre de flores amarillas).
riti s.: nieve, hielo. →**hanka**.
riti pupu exp. adj.: lit. "de ombligo resaltado", enano, raquítico. *riti pupu*: barrigón (por desnutrición o parásitos).
ritiy v.: caer la nieve, nevar. →**rashtay**.
riway v.: despertarse, estar atento, ponerse en guardia. →**riyay**.
riwish exp. adv.: de un jalonazo. →**ripish**.
riwiy v.: jalar fuerte repentinamente.
riy (Q II): ir. *¿Mayta rinki?*: ¿A dónde vas? →**ayway**.
riyakuy (*riya-ku-y*) v. errát.: despertarse, darse cuenta, entrar en lucidez.
riyatsiy v.: despertar, hacer que se dé cuenta.
riyay v.: despertarse, estar atento, darse cuenta. *Antu, sas riyay, patsa warashqanam*: Antonio, despierta rápido, ya amaneció. →**rikchay, riway**.
-rku morf. v., después del tema verbal, antes del morf. pers.: acción repentina y breve, de repente, de un momento a otro, repentinamente, de sorpresa, de súbito.

Pampashun nikaayaptinna, runaqa kawarkun: El hombre revivió cuando ya estaban diciendo que lo iban a enterrar. *Aywakunayki kaptinpis, kaytaraq upyarkushun*: Aunque tengas que irte, tomemos todavía esto (súbita invitación).
-rnin morf. v. subordinante, se agrega al tema verbal. Cuando los sujetos de oración principal y subordinada son iguales: porque, a causa de, cuando, si, gerundio, cuando, 'al' con infinitivo. *Munarnin shamunki*: Vendrás si quieres. Vendrás cuando quieras. *Waqarnin rikcharqaa*: Me desperté llorando. *Wañushqata rikarnin, nuqapis wañuyta munarqaa*: Al verlo muerto yo también quise morirme. Su alomorfo apocopado: -r. Cuando las oraciones tienen sujetos diferentes: -pti.
-rpu morf. v., después del tema verbal, antes del morf. pers.: acción reanudativa o repetitiva en forma repentina. *Mana mantsakuq runa tuta uchkuman kutirpun*: El hombre que no teme a nada vuelve otra vez al socavón oscuro.
-rqa morf. temp., pospuesto al tema verbal pero después del morf. del pl., precede al morf. pers.: pasado lejano o pretérito indefinido. *hampirqaa*: curé. *hampirqayki*: curaste. *hampirqan*: curó. *hampirqantsik*: curamos (todos). *hampiyarqaa*: curamos (excluy.) *hampiyarqayki*: curasteis. *hampiyarqan*: curaron.
-rqu morf. temp., después del tema verbal, después del morf. del pl., precede al morf. pers.: pasado cercano, pret. perfecto. *qillqarquu*: he escrito. *qillqarquyki*: has escrito. *qillqarqun*: ha escrito. *qillqayarquu*: hemos escrito (excluy.). *qillqarquntsik*: hemos escrito (todos). *qillqayarquyki*: habéis escrito, (Uds.) han escrito. *qillqayarqun*: han escrito.
rukana s.: dedo. *mama rukana*: pulgar. *siwi rukana*: anular. *llullu rukana*: meñique. →**raukis**.
rukii s.: san pablo. Árbol de frutos

amargos que curan la sarna. →**puyau**.
ruku adj., s.,: 1. viejo, anciano. →**aukis**.
2. En el distrito de Huaylas: mozo, criado.
rukuchu s.: 1. rucucho. Árbol espinoso de la puna, de frutos rojos y pequeños comestibles; pero si se come mucho las muelas se pican. Su espina produce infección. Su madera dura sirve para trabajos de artesanía. *rukuchu taklla*: arado de rucucho. 2. En Huánuco: haba o arveja tostadas.
rukus s.: gavilán. →**pitsak, pichak**.
rukuyay (*ruku-ya-y*) v.: 1. envejecer (ref. varón, animal macho). →**aukisyay**. 2. En Huaylas: hacerse mozo.
rumaana s. esp.: romana. Medida de peso. *llulla rumaana*: romana inexacta. *ichik rumaana*: romanilla.
rumaanu adj. ref. gato: rojizo y anaranjado. *rumaanu mishi*: gato romano.
rumi s.: piedra. Por la naturaleza rocosa andina hay muchas palabras sobre la piedra: *hirka*: colina, parte alta del cerro. *qaqa*: roca, piedra muy grande. *pirush*: parte saliente de un cerro. *pararra*: piedra plana grande, laja. *shallana, shanqall*: piedra plana, muy delgada y mediana. *qullushta*: piedra redonda. *kuchpa*: piedra deforme que rueda. *ranra*: pedregal, montón de piedras dispersas. *shuytu rumi, urwa rumi, ushku rumi*: piedra plantada. Puede ser una referencia geográfica o de motivos religiosos. *waywash rumi*: piedra larga y delgada. *aqu*: arena, piedrita. *yaku rumi*: piedra del río. *waykana rumi*: lit. "piedra que arde", carbón de piedra. *illa rumi*: piedra bezoar. Es remedio y talismán. *isku rumi*: piedra caliza. *kachi rumi*: lit. "piedra de sal", sal de gema. *nina rumi*: pedernal, piedra de fuego. *rumipa kirun*: diente de la piedra, base de la piedra que está prendida a algo. *rumipa pachan*: parte central de la piedra. *rumipa qaqllan*: la cara visible de la piedra. *rumipa sinqan*: nariz o parte resaltante de la piedra. *qurqa*: morro de piedras hecho por el hombre.
rumi adj.: pétreo, duro como la piedra. *rumi ñawi*: lit. "ojo de piedra", de mirada fría y feroz. *rumi qaqlla*: cara de piedra, caradura. *rumi manka*: olla de piedra. *rumi maki*: mano de piedra, que pelea lanzando piedras. *rumi shunqu*: corazón de piedra, ruin, indolente. *rumi uma, rumi piqa*: cabeza de piedra, cabeza dura, de poco entendimiento. *rumi kiru*: diente duro, diente de piedra. *rumi hurquna*: cantera.
rumichay (Q II) v.: empedrar, poner piedras. →**rumitsay**.
rumipa shapran s.: lit. "barba de piedra", musgo. Es remedio para flor blanca o flujo blanco (enfermedad de mujer).
rumi rumi exp. adj.: pedregoso, de muchas piedras.
rumitsay (*rumi-tsa-y*) v.: empedrar.
rumi wawa s.: muñeca de piedra, persona mimada pero sin sensibilidad. En el Ande las niñas escogen una piedra larga y pequeña a la que visten como a una muñeca.
rumiy v.: empedrar, poner piedras.
rumiyay (*rumi-ya-y*) v.: endurecerse, volverse como piedra, petrificarse, volverse indolente.
rumpa adv.: temprano, al amanecer.
rumpa rumpa exp. adv.: muy temprano, al alborear, apenas amanece. *Rumpa rumpa naanita qallashun*: Iniciemos el viaje al alborear.
rumpay v. unipersonal: amanecer, nacer un nuevo día, alborear. *Sas rumpaskin*: Qué sorpresa que amanece rápido. →**atsikyay**.
rumpi s.: víspera, antesala al día principal de fiesta. Quizás proviene de la expr. "de rompe y raja".
rumpiy v.: hacer fiesta en la víspera.
rumpuqchu s.: papilla, baya de papa. →**rampuchku, shurupta**.

runa s.: gente, persona. *Wasintsikpitam runa kayta yachakuntsik*: Desde nuestro hogar aprendemos a ser gente. *huk runa* (otra persona, persona ajena) › *runa*: no familiar, persona ajena. *Runaqa manam llakipaashunkitsu*: Una persona ajena no te puede compadecer. *huk runapa* › *runapa*: de otra gente, de ajeno, de otro. *runapa markan*: pueblo extraño (no es el pueblo natal)

runa simi s.: lit. "lengua de la gente", lengua quechua. En el sur del Perú así lo llaman al quechua. →**runa shimi**.

runa shimi s.: lengua quechua.

runa tukuq exp. adj.: arrogante, creído, sobrado.

runa tukuy exp. v.: lit. "creerse gente", ser arrogante, ser creído, ser sobrado. *Ima wamaq karpis, taqayqa manam runa tukuntsu*: Aquél, siendo muy importante, no es creído.

runayay (*runa-ya-y*) v.: hacerse gente, madurar como persona.

runku s.: bulto, equipaje, bolsa. *millwa runku* (insulto): persona que hurta lana dentro de su monillo o camisa. *qara runku*: bolsa de cuero.

runkuy v.: hacer bultos.

runquchu s.: papilla, baya de papa. →**rampuchku**, **shurupta**.

runtu s.: huevo, testículo. *wallpapa runtun*: huevo de gallina. *¿Runtuykiku lasan?*: ¿Te pesa el huevo? Se dice a persona lerda u ociosa. →**ruru**.

runtu s.: granizo. *chushu runtu*: granizo menudo.

runtunnaq (*runtu-nnaq*) s., adj.: castrado, capón.

runtuy v.: 1. granizar, caer granizo. *Hallqallachaumi runtun*: Graniza sólo en la jalca. 2. huevear, pasar el tiempo sin hacer nada.

rup s. onomat.: ruido de la acción de roer.

rupa adj.: quemado. *rupa tanta*: pan quemado. *rupa tsuku*: sombrero quemado. *rupa punchu*: poncho quemado.

rupakuy (*rupa-ku-y*) v. refl.: quemarse. *Achaq yakuwan rupakuskii*: Acabo de quemarme con agua caliente. C de H: *rupakiy*.

rupapakuy (*rupa-pa-ku-y*) v.: quemarse accidentalmente (por descuido). *Punchuuta rupapakuskii*: Acabo de quemar mi poncho por accidente. C de H: *rupapakiy*.

rupapaakuy v. enfát.: resquemar, quemar o arder lentamente. *Pachaa rupapaakur nanan*: Mi estómago me duele con ardor. *Kay kullu hina rupapaakutsun, uchpatam wanantsik*: No importa que este tronco se queme, necesitamos ceniza.

rupapay (*rupa-pa-y*) v.: quemar poco a poco, resquemar.

rupashqa (*rupa-shqa*) p. p.: quemado. *rupashqa tanta*: pan quemado. *rupashqa manka*: olla quemada. →**rupa**.

rupay v.: quemar, asar.

rupay (Ancash) s.: lit. "que quema, quemante", sol, astro centro del sistema solar. *Rupay yarqunna*: Ya sale el sol. *Rupay hiqan*: Se oculta el sol. Se pone el sol. *Rupay qishyan*: el sol se enferma, se eclipsa. →**inti**.

ruprupya s. onomat.: sonido frecuente de la acción de roer.

ruprupyay v. onomat.: producir repetidas veces el sonido ¡rup! (al masticar algo muy seco) como los roedores.

rupu s.: malva. *rupu wayta*: flor de malva.

ruqru, roqru s.: per. locro, sopa de papa que se cocina en grandes peroles, potaje preferido en las fiestas. →**luqru**.

ruqtu adj.: sordo, tonto. →**upa rinri**.

ruqtuyay (*ruqtu-ya-y*) v.: volverse sordo, ensordecerse.

ruqu, roqu adj.: 1. mocho, sin sombrero, carente de algo. *ruqu aqtsa*: pelo corto.

ruqu tsuku: sombrero de ala pequeña o sin ala. →**mutu, kutu**. 2. sin filo, romo. *ruqu haacha*: hacha sin filo.
ruqun ruqun exp. adj.: sin sombrero, como un mocho, de pelo corto. *Chiinakunaqa, huk ishkay pun Limaqchau kaskir, ruqun ruqun kutiyaamun*: Las muchachas vuelven de pelo corto después de estar unos días en Lima.
ruqutu, roqotu s.: rocoto, pimentón picante. Hay de varios colores: rojo, amarillo, verde, morado; se usa para el "rocoto relleno". *ruqutu yura*: mata de rocoto. *ruqutu sinqa*: nariz de rocoto, nariz roja e inflamada. →**utsu**.
ruquy, roquy v.: cortar, trozar. →**kutsuy**.
ruquyay (*ruqu-ya-y*) v.: volverse mocho, ser trasquilado, perder el filo.
ruqyaq p. pte. onomat.: que cloquea, persona despistada, desarreglada, chiflada.
ruqyay v.: cloquear, estar despistado. →**chuqyay, tuqtuqyay**.
ruraa s.: rurá. Árbol de la puna de madera frágil.
ruratsiy (*rura-tsi-y*) v.: hacer fabricar, hacer trabajar.
ruraatsiy v.: ayudar a hacer.
ruray s.: trabajo, ocupación, acción. *Mana rurayniki kaptinqa, aku challwakuq*: Si no tienes trabajo vayamos a pescar. →**aruy**.
ruray v.: hacer, obrar, construir, fabricar. *Naanita rurashun*: Hagamos el camino.
ruri: 1. s.: el interior, el contenido. *Rurintaqa manam rikaatsu*: No veo su interior. 2. adj.: profundo. *ruri kallki*: quebrada honda. 3. *ruri* + morf. locat.: adv. adentro, al fondo. *Rurichau puñukushun*: Durmamos adentro.
rurin (*ruri-n*) adv.: adentro, dentro, en lo más hondo. *Patsa rurinchau waka kawan*: La huaca vive dentro de la tierra.
rurinpa (*ruri-n-pa*) sust.: falda interior.

ruripa s.: falda, pollera. →**llullipa**.
ruritsay (*ruri-tsa-y*) v.: profundizar, llenar el contenido.
ruriyay (*ruri-ya-y*) v.: profundizarse, hacerse hondo, contener.
ruriyuq (*ruri-yuq*) adj., sust.: recipiente o vasija que contiene algo, con contenido.
ruru s.: 1. huevo de aves. *tsiqyaq ruru*: huevo verde (de gallina negra). *suqsu ruru*: huevo huero. →**runtu**. 2. testículo, escroto, crótalo.
rurun s.: riñón. *Rurunnii nanan*: Me duele el riñón.
rusu s.: zorrillo, mofeta. →**añas**.
rutu adj., s.: cortado, trasquilado, trasquila, corte de pelo.
rutuchiku s.: primer corte de pelo. Es un rito con fiesta y regalos. Los que cortan hacen regalos. →**rututsiku**.
rutuchikuy Q II (*rutu-chi-ku-y*) v.: hacerse cortar el pelo. Hay fiesta si es por primera vez.
rutukunni adj.: pelucón, que no se recorta el pelo.
rutukuy (*rutu-ku-y*) v. refl.: recortarse el pelo, peluquearse. *Llaplla kaykarpis rutukuyta munantsu*: Aun siendo pelucón no quiere recortarse. C de H: *rutukiy*.
rutuna (*rutu-na*) s.: tijeras.
rutuq (*rutu-q*) p. pte.: que corta. *aqtsa rutuq*: trasquilador, peluquero.
rutushqa (*rutu-shqa*) p. p.: cortado, retaceado.
rututsiku s.: primer corte de pelo. En una fiesta los cortantes del pelo regalan cosas y animales. →**rutuchiku**.
rututsikuy (*rutu-tsi-ku-y*) v.: hacerse recortar, hacerse peluquear. *Aqtsanta mana rututsikurnin llaplla purin*: Anda pelucón por no recortarse el cabello.
rutuy s.: corte, trasquila.
rutuy v.: cortar, recortar, trasquilar. *Aqtsa rutuy*: corte de pelo. El primer corte de pelo es una fiesta en que los padrinos, previamente escogidos, cortan el pelo del

niño con el compromiso de regalar algo.
uusha rutuy: trasquila de ovejas. El mes de mayo es la mejor época.

ruuda s. esp. s.: ruda. Planta medicinal de fuerte olor. Espanta los malos espíritus, la mala suerte.

ruusa siika s. esp. rosa. *ruusa siika wayta*: flor de rosa. La rosa blanca baja las inflamaciones.

ruyru adj.: redondo, circular, esférico. →**lluyllu**.

ruyruy v.: redondear, hacer bolitas.

ruywaq s. onomat.: ruyhuac (Pheuticus chrysopeplus), santa rosa (por analogía del hábito de la dominica Santa Rosa). Pájaro de plumaje amarillo combinado con negro, se alimenta de frutos amargos.

S

s [s]: fonema fricativo alveolar sordo.
-s (después de vocal) morf. pospuesto al adjetivo: -uzco, -izo, -ento, semi-. Cualidad que casi llega a realizarse plenamente. *muqrus*: algo protuberante. *pukas*: rojizo. *qarwas*: amarillento. *yanas*: negruzco. Su alomorfo después de consonante: *-sa*.
-s (apóc. de *sapa*) pospuesto a sust.: exageración, aumentativo. *pachas*: barrigón. *piqas, umas*: cabezón. *chupas*: rabilargo. *upas*: tontonazo. →**-sapa**.
-sa (después de consonante) morf. pospuesto al adjetivo: -uzco, -izo, -ento, semi-. Cualidad que casi llega a realizarse plenamente. *tsiqyaqsa*: verduzco. *Yuraqsa*: blancuzco, blanquizco, blanquecino. Su alomorfo después de vocal: *-s*.
saabadu s. esp.: sábado. *Saabadu Santu*: Sábado Santo.
saabaduy v.: trabajar los sábados, sabadear.
saabila s. esp.: sábila, áloe. Planta de región cálida, parecida al maguey, de hojas carnosas y jugosas. Remedio para las infecciones, cura los granos, expulsa la pus, espanta la mala suerte. *yuraq saabila*: sábila blanca. *puka saabila*: sábila roja.
saachi s.: majada. →**shaatsi**.
saaku s.: 1. s.: costal, una medida de cuatro arrobas. *huk saaku papa*: un saco de papa. 2. esp.: saco, chaqueta. *qara saaku*: saco de cuero. →**chuupa**.
sacha s.: árbol, planta, vegetal. *sachakuna*: árboles, plantas. *sacha marka*: lugar de plantas, bosque. →**hacha**.
sacha adj.: silvestre, salvaje, no domado. *sacha runa*: hombre del bosque. →**purun**.
sachawaka s.: sachavaca, tapir. Animal del bosque.
saha adj.: color entre azul y gris. →**uqi**.
sahama s.: flor de maíz. →**shamachka**.
sahamay v.: florecer el maíz.
sahapa s.: sajama. Coca amarillenta de baja calidad.
saksa adj.: hinchado, que ha aumentado su volumen.
saksay s.: hinchazón, inflamación. *Paymi, saksayta, wirayaymi nin*: A la hinchazón él la llama gordura. →**tintinyay**.
saksay v.: hincharse, inflamarse, aumentar de volumen. *Kiruu nanaptinmi qaqllaa saksan*: Mi cara se hincha porque me duele la muela. *Alli quntsuwanmi tantapis saksan*: El pan también se hincha con buena levadura.
sakwara s.: sacuara, secse (Cortaderia jubata). Planta de hojas lanceoladas y cortantes. →**siqsi, sirwaa**.
salamanka s. esp.: salamanca, salamandra, saltojo. Especie de lagartija pequeña de zona yunga que en sus uñas lleva veneno.
salamanka s.: salamanca. vasija con boca en la base y que vierte el líquido por la parte superior.
salikuq (*sali-ku-q*) p. pte.: que fornica.
salikuy (*sali-ku-y*) v.: fornicar. Más se usa ref. a mujeres.
salla s.: montón de piedras, terreno fofo. →**qurqa, chuqu**.
sallina s.: azufre. *sallina rumi*: piedra de azufre.
samay s.: aliento, vapor. →**hamay**.
samay v.: descansar, sentarse, reposar. →**hamay**.
sampi s.: canilla. →**chaki sinqa**.
sana s.: sana. Especie de cañabrava.
sanan s.: casta, linaje, familia. →**ayllu**.
sani adj.: morado oscuro. *sani wayta*: flor morada.
sankay s.: sancai, gigantón (Neoraimondia macrostibas). Cacto grande cuya savia afirma el yeso en la pared, y destila el agua terrosa (se vierte su savia, se bate y se deja asentar hasta que la tierra quede en el fon-

do como masa gomosa). → **shikullu**.
sanku s.: sanco, sango. Harina de cereal tostado y guisado con muchos aderezos. En Quitaracsa es el plato de Navidad. *sanku millkapi*: fiambre de sanco.
sanku adj.: espeso como el sanco. *sanku qitaa*: barro espeso. *sanku kashki*: sopa espesa. *sanku api*: mazamorra espesa.
sankuutsiy (*sanku-u-tsi-y*) v.: espesar. *Chuya apita, imallawanraq sankuutsiiman*: Con qué nomás podría espesar la mazamorra aguada.
sankuy v.: preparar el sanco.
sankuyay (*sanku-ya-y*) v.: espesarse, volverse denso.
sansa s.: brasa, rescoldo. →**shanka**.
santakrus s.: santa cruz. Planta pequeña de la región jalca, de hojas lanceoladas, pelusientas, de color verde y un poco morado. En emplasto abre las úlceras infectadas y las hace arrojar toda la materia purulenta. Quizás de ahí su nombre.
santu s. esp.: santo, imagen, icono, cumpleaños.
sañu s.: tierra cocida. *sañu tika*: ladrillo. *sañu turu*: teja. *sañu allpa*: arcilla para ladrillo o teja.
-sapa morf. adj.: aumentativo, exagerativo, -ón, -azo, -ote. *piqasapa*: cabezón. *shimisapa*: bocón. *sikisapa*: culón. *pachasapa*: barrigón. Cuando la exageración se refiere a hábitos se usa las posposiciones *pacha, siki*: *puklla pacha*: juguetón. *puñuy siki*: dormilón. En casos de mucho uso se apocopa: *piqas, pachas*. →**-s**.
sapa kuru s.: sapacuro. Gusano de la selva que penetra en la carne viva de animales y personas.
sapalla (+ morf. pers.) adj.: único, solo, sin compañía. *Sapallan pukllan*: Juega solo. →**hapalla**.
sapallu s.: per. zapallo. Una especie de calabaza. Es amarillento. *sapallu api*: mazamorra de zapallo. →**shapash**.
sapapay v. onomat.: producir el sonido del aleteo de aves, aletear ruidosamente.
saparu s.: saparo. Grupo étnico de la selva peruana.
sapatiyay v. esp.: zapatear, bailar la fuga con zapateo. *Sapatiyaykaptii waraskin*: Amanecio cuando estaba zapateando.
sapatu s esp.: zapato, calzado. *hiirru sapatu*: zapato de hierro. El diablo tiene este tipo de zapatos. *qiru sapatu*: zapato de madera. En Quitaracsa hacían zapatos de madera.
sapatu ruraq s.: zapatero, fabricante de zapatos.
sapatu watu s.: cordón de zapato.
sapchu s.: afrecho. →**sapu**.
sapi (Saraguro, Lamas) s.: raíz, base. *yuka sapi*: raíz de yuca. →**chapa**.
sapra s.: bigote, barba, vello, español. *Saprawan sapra, qalashtu rurinchau*: Vello con vello, y un calato adentro. Es una adivinanza con mucha malicia. Respuesta. Ñawi: Ojo. (*sapra* ref. a pestañas; *qalashtu* ref. al ojo mismo). →**shapra**.
sapra adj.: bigotudo, velludo.
sapsay v.: comer a boca llena, comer como perro hambriento, devorar. *Mallaq allqullam imatapis sapsan*: Sólo el perro hambriento come cualquier cosa a boca llena.
sapsi s.: sapsi, tierra comunal.
sapu s.: afrecho con agua, cebada media molida y mezclada con agua que sirve de comida a los cerdos.
sapu adj.: lanudo, velludo. *sapu llama*: llama lanuda.
-saq, -shaq morf. nom. colectivo: *hatusaq, hatusaqkuna*: seres grandes. *ichishaq, ichishaqkuna*: seres pequeños. Posiblemente: *hatun kaq* > *hatusaq*. *ichik kaq* > *ichishaq*.
saqiy v.: desaparecer el agua en terreno arenoso o pedregoso. →**shuqukay**.
saqma s.: pedrada, lapidación.
saqmanakuy (*saqma-naku-y*) v. recíp.: apedrearse, lapidarse, tirarse piedras u

otras cosas. *Warmikunallam saqmanakuyan, ullqukunaqam kutanakuntsik*: Sólo las mujeres se apedrean, los hombres nos peleamos a puño limpio.

saqmay v.: arrojar piedra, apedrear, tirar piedras u otras cosas, lapidar. *Saqmamayllaqa*: Cuidado con apedrearme.

saqra adj.: feo, torpe, inútil, inservible, temible.

Saqra s.: diablo de formas grotescas.

saqraq s. onomat.: ¡sacrac!, sonido que producen las cosas secas al chocarse o caerse (cuero seco, hojas secas). *¿Imatan hara rurinchau saqraq saqraq purin?*: ¿Qué camina dentro del maizal haciendo sonar ¡sacrac!, ¡sacrac!?

saqraqyay (*saqraq-ya-y*) v. onomat.: producir sonido de objetos secos que se caen o chocan.

saqsa adj.: pelón, peludo, lanudo, de mucha cabellera, de frutos o ramas abundantes. Ref. animales y personas de cabellera o lana lacias y abundantes.

saqsimuy v.: filtrar el agua por el muro. →**yaku wachay**.

saqtu: 1. s.: afrecho. 2. adj.: áspero (comida con cáscara de cereal), mal molido. *saqtu machka*: harina mal molida o mal cernida. →**pusi**.

saqtuy v.: hacer afrecho, moler áspero.

saqwa s.: pelo (de persona o animal) caído en la comida, flojel. *Kashkipita saqwata hipiy*: Saca el pelo de la sopa.

sara (Q II) s.: maíz. *yana sara*: maíz negro. *sara > hara*.

sarku adj. esp.: zarco ref. ojos, bizco, bisojo.

sarsillu s. esp.: zarcillo, arete. *wayta sarsillu*: zarcillo de flores. *quri sarsillu*: zarcillo de oro. →**paychi**.

sartin s. esp.: sartén.

saruy (Q II) v.: pisar, pisotear. →**haruy**.

sas adv.: rápido, pronto, presto. *Sas shamuy*: Ven rápido. *sas yumpay*: inmediatamente. →**ras**.

sasa (Q II) adj.: difícil. →**aha**.

sasayay (Q II) v.: volverse difícil.

sasi s.: ayuno, dieta. *Kananqa sasi punmi*: Hoy es día de ayuno.

sasiy v.: ayunar, hacer dieta.

saslla (*sas-lla*) adv.: rápidamente, muy pronto. →**utkalla, raslla**.

sati s., adj.: sati. Grupo étnico del Callejón de Conchucos (Pomabamba, Huari, Piscobamba, Antonio Raimondi, Sihuas). Titu Cusi Yupanqui (*Instrucción*, folio 37) dice que los satis y antis ayudaron a Manco Inca en la batalla contra los españoles en Cuzco. Los del Callejón de Huaylas lo usan con significado de "ingenuo, torpe y bravo". Y los satis les responden llamándolos *wayllaallu*.

satiy (Q II) v.: meter, introducir. →**hatiy**.

sauma s. esp.: sahumerio. →**qushnitsi**.

saumakuy v. refl.: sahumarse, curarse con sahumerio.

saumatsiy (*sauma-tsi-y*) v.: hacer sahumar. Curación de muchos males.

saumay v. esp.: sahumar, curar o prevenir alguna enfermedad mediante el humo de ciertas plantas (eucalipto, ají, guano de ave marina, etc.). En la brasa se ponen cosas que humean con picor, el rebaño da vueltas en rededor estornudando y moqueando.

sausi s. esp.: sauce. *Sausi qiru amushyan*: La madera de sauce es fácil de labrar.

sayapayaq s.: mandadero. →**kachapuri**.

sayariy (*saya-ri-y*) v.: levantarse, ponerse de pie.

sayay (Q II) v.: pararse, ponerse de pie.

saylliki s.: recomendación, consejo, amonestación.

saylliy v.: recomendar, aconsejar.

sayri s.: tabaco. *sayri yura*: planta de tabaco. →**shayri**.

saysaya s.: verbena. Veneno para cuyes y conejos.

saywa s.: lindero, mojón, frontera. *rumi saywa*: lindero de piedra. →**shaywa**.
sayway v.: plantar los linderos.
sibaada s. esp.: cebada.
sibadilla s. esp.: cebadilla. Planta semejante a la cebada, sirve de forraje.
sibuylla s. esp.: cebolla. *kuntur sibuylla*: cebolla de cóndor. Planta de la jalca parecida a la cebolla pequeña.
sieti sabius s.: siete sabios, siete colores. Planta de la región janca, su aroma puede iluminar la mente para alcanzar la sabiduría de siete sabios. Para hacer hablar dormido a quien sea se coloca en su cabecera una cruz hecha con sus flores. Remedio para el mal viento. →**qanchis laaya**.
sigarriyay v.: cigarrear, fumar.
sigaarru s.: cigarrillo. Palabra de Mesoamérica.
sikaka s. onomat.: sicaca. Chorlito de la jalca de pico largo, de plumaje pardo y de canto ruidoso. Insulto ref. a mujer que se ríe sin control y ruidosamente.
siki: 1. s. nalga, trasero, base, parte posterior de animal, culo. *mankapa sikin*: la base de la olla. *auhapa sikin*: el ojo de aguja, agujero de aguja. *yana siki* (*chipirraura*): culo negro. Especie de papa de color morado oscuro. *siki ñawi* (insulto): ojo de culo, ojo pequeño. 2. Pospuesto a otra palabra es exagerativo, usado como fuerte insulto: *asyaq siki*: culo hediondo, sucio. *ishpay siki*: lit. "que mea hasta por el culo", meón. *lasaq siki*: lit. "culo pesado", lerdo, taimado. *puñuy siki*: lit. "que duerme hasta con el culo", dormilón. *qicha siki*: lit. "culo con diarrea", siempre con diarrea. *supi siki*: lit "culo de pedo", pedorro. *usa siki*: lit. "culo con piojo", piojoso.
sikicha s.: siquicha, baile empujándose a caderazos. →**sikilla**.
sikichay v.: bailar golpeándose y empujándose a caderazos.

siki chupa s.: lit. "la cola del trasero", coxis.
sikillay v.: golpearse a caderazos.
siki patak exp. s.: lit. "andén del trasero", cadera.
Warmi tsurinchau tariykamar
siki patakchau wiruykaman.
Siki patakqa tullulla kar
qiruta, rumita chaskikullan.
Al hallarme sobre su hija / me golpeó en la cadera. / Por ser cadera hueso nomás / palo y piedra recibe nomás. →**kachpa**.
sikipay (*siki-pa-y*) v.: retroceder, ir hacia atrás, recular. →**sikpay**.
sikpay ‹ *sikipay* (síncopa de segunda "i") v.: ir hacia atrás, retroceder.
sikisapa (*siki-sapa*): adj.: culón, de trasero grande.
sikisapa s.: siquisapa, hormiga culona. Hormiga de abdomen grande. Se come en algunos lugares de Perú y Colombia.
siki tapsi s.: lit. "sacudimiento de la posadera", siqui tapsi, fuga de bailes huayno, pasacalle, huaylash en que al zapatear se sacude la posadera.
siki tapsiq s.: zapateador, bailarín que sacude la posadera al bailar.
siki tsakaq s.: cadera. *Siki tsakaq aytsam mishki*: La carne de la cadera es deliciosa.
siki tullu s.: coxis.
siki uchku s.: lit. "hueco del trasero", ano.
sikta s.: caramelo, confite. →**mishki**.
siktakuy v.: chupar dulce o confite.
silmin s. esp.: celemín. Medida de peso.
silla s. esp.: montura, silla.
sillaama (se llama) exp. adj. o adv. esp.: requete-, exageración de algo. *Taqay chiinaqa sillaamam*: Aquella chica está requetebuena. *Kay tantaqa sillaamam*: Este pan está requtebien.
sillay (*silla-y*) v. esp.: ensillar, poner la montura. *Kawalluuta sillay*: Ensilla mi caballo.

silulu s.: silulo. Árbol del carnaval "vestido" de muchos regalos y serpentinas que se corta lentamente mientras se va bailando en su contorno. Es un vestigio del rito al árbol (axis mundi). →**wachi walli**.

simaana s. esp.: semana. *kay simaana*: esta semana, semana en curso. *shamuq simaana*: semana que viene (entrante).

simi (Q II) s.: boca, habla, palabra. *runa simi*: lit. "la lengua de la gente", quechua. →**shimi**.

simita s.: cemita. Especie de pan que se prepara con harina no cernida o con afrecho. Es de agradable sabor por llevar bastante manteca. *simita urpay*: paloma de cemita, persona con huellas de viruela.

simpa s.: trenza de pelo. →**pilta**.

simpay v.: trenzar, hacer trenzas.

sina (Q II) (pospuesto al elemento de comparación) adv.: así, como. *Kuchi sina supinki*: Pedas como cerdo. *warminchu sina*: como un maricón. →**hina**.

sinchi (Q II) adj.: fuerte, duro, recio, valiente. →**hinchi**.

sinchikuy (Q II) v.: hacer esfuerzo, esforzarse, contener los ataques, resistir. *Alli sinchikuy*: Resiste. Puja. →**hinchikuy**.

sinchipa (*sinchi-pa*) exp. adv.: con fuerza, con energía.

sinchipakuy (*sinchi-pa-ku-y*) v.: hacer mucho esfuerzo, resistir con firmeza.

sinqa s.: 1. nariz. *sinqasapa*: narigón, de nariz grande. *puqru sinqa, pisqa sinqa*: mocoso. *quru sinqa*: nariz como una joroba. *papa sinqa*: nariz redonda y grande como papa. *chaki sinqa*: canilla. *uraysinqay*: bocabajar. →**sampi**. 2. parte saliente de colina o piedra.

sinqakuy v.: sonarse la nariz. →**sinyakuy**.

sinqannaq (*sinqa-nnaq*) adj.: lit. "sin nariz", huraño, tímido. →**pinqaysaa**.

sinqa pitsana: lit. "limpia nariz", pañuelo.

sinqata qintiy v.: arrugar la nariz por descontento. →**muchkisyay**.

sinqa tullu s.: lit. "hueso de nariz", tabique nasal.

sinri s.: sarta, fila o hilera.

sinri adj.: enredado, ensartado. *sinri kuru*: fila de gusanos.

sinri sinri exp. adv.: muy enredado, con enredos.

sinrikay (*sinri-ka-y*) v.: enredarse, ensartarse. *Huk urpim kaychau sinrikanqa*: Una paloma se va a enredar aquí.

sinrinakuy (*sinri-naku-y*) v. recíp.: ensartarse, unirse.

sinriy v.: enredar, ensartar. *Kay wallqaqam mana alli sinrishqa*: Este collar está mal ensartado.

sinya s.: sonada de nariz.

sinyakuy v.: sonarse la nariz. →**sinqakuy**.

sinyatsiy v.: hacer sonar la nariz, mandar que bote el moco.

sinyay v.: sonarse la nariz.

sip s. onomat.: ¡sip! Sonido del látigo al caer al cuerpo.

sipas (Q II) s.: mujer joven, muchacha. →**shipash**.

sipi s.: 1. pechera de pluma. *puka sipi*: pechera roja. 2. hilacha, retazo.

sipicha s.: azote, látigo, varilla.

sipichay v.: azotar.

sipichi s.: tortura, flagelo.

sipichishqa p. p.: arrancado en tiras.

sipichiy v.: torturar despedazando.

sipiy v.: 1. deshilachar, arrancar en tiras o pedazos. 2. ahorcar, estrangular, torturar.

sipkana s.: descascarador (herramienta). →**pachqana**.

sipkay v.: descascarar, pelar. →**pachqay**.

sipikya s.: varilla, azote, látigo.

sipikyay v.: asustarse, sorprenderse de un latigazo. Posible metátesis de *pisikyay*.

sipikyatsiy v.: azotar, asustar con latigazo.

sipra adj., s.: persona de labios gruesos y arremangados, pelado. *sipra wirpa*: labios gruesos (jetón). *siprakuna*: jetones.

sipra s.: plátano. Para comer hay que quitar la cáscara lentamente.
sipraa s.: cáscara de tubérculo cocido. *papa sipraa*: cáscara de papa. →**shipraa**.
siprakat (*sipra-ka-t*) exp.: hasta que la piel se salga o se descascare. *Wamraykiqa urkun siprakat ishkishqa*: Tu niño se ha caído hasta pelarse la frente.
siprakay v.: pelarse, descascararse, cambiar de piel.
sipray v.: remangar, quitar la cáscara del tubérculo sancochado y frutas. →**shipray**.
sipta adj., sust.: ojo con párpados levantados. Este defecto físico, más de las veces, es consecuencia de la uta.
sipti s.: pellizcón, un pedacito de algo. →**tipshi**.
siptiy v.: pellizcar, romper un pedacito. →**tipshiy**.
sipu: 1. s.: arruga, pliegue, costura con rastros de la presión del hilo. 2. adj.: arrugado, con pliegues. *sipu muniillu*: blusa arrugada.
sipuy v.: arrugar, hacer pliegues en la tela, coser mal porque se muestran los puntos del hilo, fruncir, hilvanar.
sipuyay (*sipu-ya-y*) v.: arrugarse.
sipyatsiy v.: hacer sonar ¡sip!, azotar. →**sipyay**.
sipyay v. onomat.: azotar, echar latigazos. →**sipyatsiy**.
siqi s.: raya, línea, fila. *Siqi siqi ichiyay*: Párense en filas. *Siqilla aywayay*: Vayan en fila.
siqin s.: aguapié de chicha, refresco que se prepara con afrecho hervido.
siqina s.: rayador, objeto con que se raya.
siqiy v.: rayar, ponerse en fila, hacer rayas.
siqki s.: lechuga. *llullu siqki*: lechuga tierna.
siqru adj.: mal alimentado, flaco, enclenque, menudo, raquítico. →**qachu, uyu**.
siqsi s.: secse, sacuara. Planta de hojas lanceoladas y cortantes. *siqsi ranra*: pedregal donde hay secse. →**sakwara**.

siqu adj.: torcido, sinuoso. → **winqu**.
siqukay v.: enredarse. →**aurikay**.
siqu siqu s.: recoveco, laberinto.
siquy v.: enredar con soga, liana o algo similar.
sira s.: cicatriz, rastro de alguna herida. *sira kunka*: cuello con cicatriz.
sirara s.: escorpión. →**atapuquy**.
siray (Q II) v.: coser. →**hiray**.
siray v.: cicatrizar. *Chankayki sirannam*: Tu pierna ya se cicatriza.
sirayay (*sira-ya-y*) v.: volverse cicatriz, cicatrizarse.
sirbiisa s. esp.: cerveza. *yana sirbiisa*: cerveza negra. *sirbiisa sibaada*: cebada de cerveza.
sirguilliitu s. esp. antiguo sirga › sirguero › sirguerito › sirguillito › jilguerito: jilguero. Pájaro pequeño de cabeza negra, cuerpo amarillo con manchas negras. Como el castellano suena como el canto del jilguero, los quechuas chupan su seso aún caliente para ser castellaneros como los jilgueros. →**chayña, chilichill**.

Yana tsuku sirguilliitu,
tsukuykita mañaykamay.
Kuyashqallaami wañukushqa,
kuyashqallaata luutunaapaq.

Jilguerito de sombrero negro, / préstame tu sombrerito. / Se ha muerto mi amada, / para estar de luto por mi amada.
sirguiillu s. esp.: jilguero. →**chayña**.
sirku s. esp.: cerco, tapia.
sirkuy v. esp.: cercar, poner cerco o tapia. *kasha sirku*: cerco de espinas.
sirmuy v. esp.: sermonear, decir la homilía, predicar. *Kuuraqam kaynau sirmun: aypakunata yanapayanki, wallpan pishtapuyanki*: El cura predica así: ayuden a los poderosos, maten gallinas para ellos.
sirnina (esp. cernir + q. *-na*) s.: cernidor, harnero, cedazo, criba. →**shiknina**.
sirniy v. esp.: cernir, cribar. →**shikniy**.
sirwaa s.: secse, sacuara. Planta de hojas lanceoladas y cortantes. Se dice que las

culebras se cortan en sus hojas. → **sakwara**.
sirrya, sirrsirrya onomat. s.: runrún. Juguete que consiste en una lámina redonda con dos huecos en el centro por donde pasan los hilos que jalándolos rotan ruidosamente. Se compite cortándose los hilos. *mati sirrya*: runrún de mate.
sisa s.: 1. (Lamas, Ecuador, Argentina) flor. →**wayta**. 2. fornicación.
sisay v.: 1. florecer. 2. fornicar, hacer el coito. Acción ref. al macho.
sisi s.: sisi. Hormiga pequeña y colorada.
sitariy (Q II) v.: botar, arrojar, echar. →**hitariy**.
siti adj.: enano, pigmeo. →**shin**.
sitimri s. esp.: septiembre, setiembre. *nina killa*: mes del fuego.
situy v.: resplandecer. →**chipakyay**.
sitwa (Cuzco) s.: primavera.
siu s. onomat.: sonido de un chicotazo sobre la ropa.
siukay v.: devorar la carne arrancando en pedazos (como aves rapaces). *Gubirnukunaqa aytsata siukayan; waktsakunaqa, aytsata munarpis, tariyantsu*: Los del gobierno devoran carne como buitres; los pobres, aunque quieran carne, no la encuentran.
siusiu s. onomat.: 1. sonido del viento con lluvia. 2. sonido del perro que pide atención por hambre o frío.
siusiuya tamya s.: lluvia con viento. →**wayrampa tamya**.
siusiuyay v. onomat. enfát.: producir el sonido del viento con lluvia.
siuyay v. onomat.: llover con viento.
siwa s.: paja que se mezcla con barro para darle más consistencia.
siwar s.: piedra turquesa.
siway v.: esparcir la paja en el barro para hacer adobe.
siwi s.: anillo, aro. *siwi raukis*: dedo anular. *quri siwi*: anillo de oro.
siwitsiy (*siwi-tsi-y*) v.: ponerle anillo.

¡so! interj. esp.: ¡so! Voz para calmar o dominar acémilas. Por analogía se dice a las personas que no tienen cortesía (saludo, gesto al pasar al lado y al retirarse, pedar delante de gente, eructar comiendo, etc.).
-ska (Q II) morf. v. p. p. (participio pasado): -ado, -ido. *kuyaska*: amado. *ruraska*: hecho. *mikuska*: comido. →**-shqa**.
-ski morf. v. aspectual, después del tema verbal, le sigue el morf. pers.: 1. acción de sorpresa, ocurre que. *Yakuta upyaykarnin pantakaskii*: Me atoré cuando estaba tomando agua. *Lluytsuqa kay alli tuqllachau pankikaskinqam*: El venado se va a enredar en esta buena trampa. *Aullish ayata rikapakaskin*: Dicen que Aurelio acaba de ver al alma. 2. *-skirnin* (gerundio) con sujeto común en orac. principal y subordinada: después de, una vez acabado. *Mikuskirnin shamuy*: Ven después de comer. Cuando los sujetos de orac. principal y subordinada son diferentes se usa el alomorfo: *-pti*.
-su (Q II) morf. pron. complementario de segunda persona cuando el sujeto es tercera persona: él te (le), os (les). *Panchu kuyasunki*: Pancho te quiere. Q I: *-shu*.
suchi s.: suche. Pez del lago Titicaca.
suk num.: uno. *suk runa*: una persona. →**huk**.
suki s.: pejerrey.
sumak (Q II) adj.: bello, bonito, lindo. →**shumaq**.
sumaatsiy v.: celebrar, elogiar, festejar. *Qillayniki kaptinqam supikitapis sumaatsiyan*: Si tienes dinero elogian hasta tu pedo.
sumaq (Q II) adj.: lindo, hermoso, bello. →**shumaq**.
sumaqlla (Q II) exp. adv.: despacio, con mucho cuidado, sigilosamente.
sumaq tukuy (Q I) exp. v.: hacerse el gracioso, llamar la atención. *Payqa, sumaq tukurmi, runapa shunqunman yaykun*: Él se gana el corazón de la gente

haciéndose el gracioso.
sumay s.: honra, dignidad, respeto.
sumay (Q I) v.: ser solemne, ser grandioso. *Kay tushuqa sumanmi*: Esta fiesta es solemne.
suni s.: per. suni, región alta y fría hasta 4100 m. s. n. m.
suntur adj.: redondo. *suntur wasi*: casa redonda como un hongo. *suntur tsukllaa*: choza redonda y cónica.
Supay s.: diablo, espíritu maligno. Se alegra cuando pronunciar su nombre; por eso no se le nombra directamente, sino por sus cualidades: *Shapi* (peludo), *Asyaq* (hediondo), *Waqrasnqa* (cornudo), *Chakri* (incestuoso), *Mana Alli* (malo). *Saqra* (feo, grotesco). *Supaypa chupan*: cola del diablo, seguidor del diablo. *Supaypa pukllanan*: juguete del diablo, títere del diablo. *Supaypa wachashqan*: engendro del diablo, maldito. *Supaypa wawan*: hijo del diablo. *Qullananchauqash, Qapaqwan Supay alli yanasa kayaanaq. Tsayshi, imay karpis, shuqanakuyanqa*: Dicen que Dios y diablo habían sido buenos amigos en la antigüedad. Por eso, llegará el tiempo en que se reconcilien. *Supaynikitam apatsishqayki*: lit. "Te voy a hacer llevar con el diablo que está en ti". Te voy a matar (fuerte amenaza). C de H: *Supee*.
supayyay v.: volverse demonio, volverse malvado.
supayyuq (*supay-yuq*) s. poseso, endemoniado.
supi s.: pedo, gas estomacal. *Alli hampikuqqa, supillapitam qishryta riqin*: El que sabe curar, conoce la enfermedad sólo por el pedo. *Supiqa ayanshi*: Dicen que el pedo es amargo. *Supiqa naaniyuqmi*: El pedo tiene su camino. No es saludable evitar el pedo. *kuchi supi*: pedo de chancho, pedo que no suena pero apesta.
supikuy (*supi-ku-y*) v. enfát.: pedar, tirar pedo, arrojar gas estomacal. *Shumaqlla, witikuskir, supikunki*: Peda, con cuidado, retirándote de la gente.
supipaku s.: hongo redondo, esponjoso y comestible. Al secarse se convierte en polvo marrón muy fino que se usa contra la infección de quemaduras. Es la penicilina andina.
supipuy (*supi-pu-y*) v.: pedar sobre otro o algo, maltratar sin aprovecharlo. *Pacha hunta mikushqa waataqam qiwata supipunlla*: El ganado que ha comido a barriga llena sólo maltrata el pasto.
supi qiwa s.: supi quehua. Planta que hace botar gases.
supi siki exp. adj.: lit. "culo de pedo", pedorro, enfermo de gastritis.
supitsikuy (*supi-tsi-ku-y*) v. enfát.: hacer pedar, hacer botar gas. *Kay hampim supitsikun*: Este remedio hace pedar.
supitsiy (*supi-tsi-y*) v.: hacer pedar.
supiy v.: pedar, ventosear.
suq num. uno. →**huk**.
suqaku ‹ *suqakuq* adj.: mentiroso, embustero. →**llulla**.
suqakuy (*suqa-ku-y*) v. enfát.: mentir, hacer embustes. →**llullakuy, ulikuy**.
suqay s.: mentira, embuste.
suqay v.: mentir, hacer embustes.
suqli, soqli adj.: flojo, mal asegurado, mal amarrado. *suqli kiru*: diente flojo (que se mueve). →**haqli**.
suqliy v.: aflojarse, desatarse. →**haqliliy**.
suqpi, soqpi adj.: flojo, mal amarrado. *suqpi wara*: pantalón mal amarrado (también ref. a pollera mal amarrada). *suqpi siki*: lit. "trasero mal amarrado", persona que no sabe amarrarse el pantalón, mocoso, irresponsable.
suqpikay (*suqpi-ka-y*) v.: caerse el pantalón o pollera, desatarse. *Alli wachakaakuy, tushuykartaq suqpikankiman*: Amárrate bien la cintura, cuidado con se te caiga la ropa en pleno baile.
suqpikuy (*suqpi-ku-y*) v.: quitarse la ro-

pa, desvestirse, desnudarse, pelarse la piel.
suqpi papa s.: papa socpe, lit. "papa que se desviste, papa al que se le cae la ropa". Papa que una vez sancochada se descascara con suave presión de la mano.
suqpitsiy (*suqpi-tsi-y*) v.: hacer desvestir, hacer desnudar.
suqpiy v.: quitar el pantalón o pollera.
suqru adj.: sordo, mudo, tonto.
suqruyay (*suqru-ya-y*) v.: volverse tonto, azonzarse.
suqsi, soqsi s.: forcejeo, sacudón.
suqsikuy (*suqsi-ku-y*) v. enfát.: forcejear, sacudir. *Kay buyis allaapa suqsikun*: Este buey forcejea mucho (mueve su cabeza como queriendo dar cornadas).
suqsinakuy (*suqsi-naku-y*) v. recíp.: sacudirse, forcejearse, zamaquearse. *Kallpankunata musyayta munarmi suqsinakuyan*: Se forcejean porque quieren medir sus fuerzas.
suqsiy v.: forcejear, estremecer, remover el suelo, sacudir. *Mayu suqsiptinqa, kay pirqapis huchunqam*: Hasta este muro se va a derrumbar si el río lo estremece.
suqsu, soqsu adj.: huero, podrido (huevo). *suqsu ruru*: huevo huero. →**upa**.
suqsuy v.: volverse huero, podrirse el huevo. →**upay**.
suqsuyay (*suqsu-ya-y*) v.: volverse huero, malograrse el huevo.
suqta, soqta num.: seis. *suqta chunka*: sesenta. *suqta pachak*: seiscientos. *suqta waranqa*: seis mil.
suqtikuy (*suqti-ku-y*) v.: quitarse algo puesto (anillo), zafarse de atadura, librarse de algo.
suqtiy, soqtiy v.: quitar algo que amarra o asegura otro cuerpo. *Siwita suqtiy*: Saca el anillo del dedo.
suqu, soqu adj.: color gris, plomizo. *suqu hirka*: colina plomiza. *suqu piqa*: canoso.
suquyay (*suqu-ya-y*) v.: volverse canoso, volverse gris.

suri s.: suri. Alpaca de lana fina.
suri s.: ñandú. *suri tika*: adorno con plumas de ñandú.
surquy (Q II) v.: sacar, jalar, extraer. →**hurquy**.
suru: 1. s.: gangrena incurable. *Asyaq suruyuq kaykar runapa wasinman upyapakuq akatan*: Teniendo gangrena hedionda acude a casa ajena para tomar gratis. 2. adj.: gangrenoso, ulceroso. *suru chanka*: pierna ulcerosa.
suruchi s.: plomo. *suruchi hirka*: colina que tiene plomo. Hace cansar o vetar.
surumpi s.: dolor de ojos por la reverberación del sol en la nieve. Los ojos se irritan y arden.
surumpiy v.: reverberar el sol, la nieve o el cristal.
suruuchi s.: per. soroche, mal de la altura. Sus síntomas son: dolor de cabeza y estómago, náuseas, pesadez en todo el cuerpo, diarrea. El mejor remedio es la coca.
suruy v.: gangrenarse, ulcerarse.
susa s.: polilla. *qiru susa*: polilla de madera. →**puyu**.
susuy v.: apolillarse.
sutakaq (*suta-ka-q*) p. pte.: que se alarga como goma o jebe.
sutakashqa (*suta-ka-shqa*) p. p.: alargado, estirado.
sutakay (*suta-ka-y*) v.: alargarse, estirarse (jebe, chicle).
sutanakuy v. recíp.: jalarse, darse la mano, ayudarse. *Hatun rahutaqam, sutanakun sutanakun laatantsik*: Jalándose y jalándose se sube el nevado alto.
sutay v.: jalar, estirar. *Sutallaamay*: Jáleme, por favor.
suti (Q II) s.: nombre. →**shuti**.
sutichiy (Q II) v.: poner nombre.
suurrana rumi s.: piedra áspera sobre la que se soba para descascarar granos duros (haba, arveja).
suurray v. onomat.: descascarar granos

duros sobando sobre algo áspero (se pone los granos sobre una piedra plana y con otra piedra áspera se frotan hasta descascararlas).

suwa adj.: ladrón, caco. *Ama suwa*: No seas ladrón. Sé honrado. Uno de los tres principios que rigen la sociedad andina. *shunqu suwa*: roba corazón, ladrón de corazones. *Wallpa suwatam wichqayan; banku suwataqam sumaariyan*: Encarcelan al ladrón de gallina; pero celebran al ladrón de bancos.

suwaku s.: producto del robo, botín.

suwakuy (*suwa-ku-y*) v enfát.: robar, hurtar.

suwakuy adj.: robado, hurtado. *suwakuy utsu*: ají robado (producto del hurto). *Suwakuy qillayqa sasmi ushakan*: El dinero robado se acaba rápido.

suwanakuy (*suwa-naku-y*) v. recíp.: 1. robarse. 2. raptarse, escaparse una pareja de enamorados.

suway v.: robar, hurtar.

suyru s. esp.: suero, líquido restante de la leche cuajada.

suysuy (Q II) v.: colar. →**shuyshuy**.

suytu (Q II) adj.: ovoide, alargado hacia arriba. →**shuytu**.

suyu s.: per. suyo, región, cada una de las cuatro regiones en que se dividía el imperio del Tahuantinsuyo teniendo a Cuzco como centro: *Antisuyu* (región este), *Kuntisuyu* (región oeste), *Chirchaysuyu* (región norte) y *Kullasuyu* (región sur).

suyu s.: lista de otro color en poncho o pollera.

suyutsay (*suyu-tsa-y*) v.: parcelar el terreno, lotizar.

suyuy v.: dividir el territorio en regiones.

SH

sh [ʃ]: fonema fricativo palatal. Aparece en las siguientes posiciones: inicial absoluta, entre vocales y final absoluta. *shapash*: zapallo. *ashay*: insultar. *qimish*: papaya silvestre. En el caso de los hipocorísticos es la palatalización de la sibilante alveolar: *Shiku* (Segundo, Segundino, -a). *Shanti* (Santiago, -a). *Shilli* (Celestino, -a)

-sh (después de adj.): muy, -ísimo, énfasis, manifestación plena de cualidad. *pukash*, *pukish* (la palatal /i/ da más énfasis): muy rojo, rojísimo. *qarwash*, *qallwash*: muy amarillo. *yanash*: nigérrimo, muy negro. Si el adj. termina en consonante se recurre a la palatalización de otros fonemas de la palabra: *yullaq* (el fonema /r/ de *yuraq* se ha palatalizado): muy blanco, o a la repetición: *tsiqyaq tsiqyaq*: muy verde.

-sh: afectivo, -ito. *kurkush*, *kullkush*: jorobadito, tórtola. *kurku*: jorobado.

-sh (después de vocal breve) morf. de impersonalidad: dicen, se dice. El hablante no se hace responsable de su enunciado. *Huk runash wañushqa*: Dicen que una persona ha muerto. *Nuqash*: Dicen que yo. Después de vocal larga, diptongo decreciente y consonante el alomorfo *-shi*.

shaakuq rumi s.: lit. "piedra que está de pie", menhir, piedra plantada. →**hawi rumi**.

shaakuy (*shaa-ku-y*) v.: pararse, detenerse, estar de pie.

shaarikuy (*shaa-ri-ku-y*) v. enfát.: levantarse, ponerse de pie. *Shaarikuy, rupaypis punkuykichaunam*: Levántate, el sol también ya está en tu puerta.

shaaripakuy (*shaari-pa-ku-y*) v.: lit. "levantársele algo", excitarse. C de H: *shaaripakiy*.

shaaritsiy (*shaa-ri-tsi-y*) v.: 1. hacer levantar, poner de pie, construir. *Wauqikita shaaritsiy*: Levanta (despierta) a tu hermano. *¿Imayraq wasiita shaaritsishaq?*: ¿Cuándo levantaré mi casa? 2. lit. "levantar lo que estaba enterrado", recordar lo pasado, escarbar recuerdos, traer al presente lo pasado. *Tsayqa, machaskirnin, ima kaqtapis shaaritsin*: Ése, cuando se emborracha, escarba el pasado.

shaariy (*shaa-ri-y*) v.: levantarse, ponerse de pie, pararse.

shaariy taariy exp. v.: levantarse y caerse y volver a levantarse.

shaatsi s.: majada, tiempo de majada. *shaatsi killa*: mes de majada. →**saachi**.

shaatsikuy (*shaatsi-ku-y*) v. enfát.: majadear, hacer la majada. *Aku shaatsikuq*: Vayamos a majadear.

shaatsiy v.: majadear, hacer la majada, hacer dormir el rebaño en un terreno para abonarlo.

shahamay s.: inflorescencia de maíz, penacho de maíz. →**ñawiksha**.

Shaka s.: hipoc. de Zacarías.

shakashaka s.: lit. "masticable", shacaullo. Orquídea andina cuyo bulbo es comestible. →**shakaullu**.

shakaullu s.: shacaullo. Orquídea de la puna de bulbo acuoso y comestible. Es diurética. *kuntur shakaullu, kunturpa shakaullun*: shacaullo del cóndor. Su savia es muy gomosa y sirve para pegar lozas y metales. No es comestible. *suqu shakaullu*: shacaullo pequeño, grisáceo y comestible. →**qaqapa wayun**.

shakay v.: mascar succionando el jugo y botando el bagazo. *Tsay qasu wiruta imapaq shakashun*: Para qué vamos a mascar esa caña fofa.

shakllu s.: planta seca de frijoles y arvejas.

shakllu s.: nieto. →**willka**.

shakshay v.: tragar, hacer pasar entero. Manera de comer de las aves. →**rakray**.
shakwall ‹ *shakwalla* s.: movimiento del macho en la cópula.
shakwallyay v.: realizar movimientos del macho que copula.
shakway v.: realizar el movimiento del animal macho en la copulación sexual.
shallana s.: piedra delgada y plana, laja pequeña. →**shanqall**.
shallash adj.: sucio, descuidado. →**taqra**.
shama: 1. s.: escorbuto. Sus remedios: limón, chullco, zumo del excremento de burro. 2. adj.: que tiene escorbuto, con escorbuto, enfermo de escorbuto. *shama wamra*: niño con escorbuto.
shamachka s.: inflorescencia de maíz, penacho de maíz. *puka shamachka*: penacho rojo. *yuraq shamachka*: penacho blanco. *lasaq shamachka*: penacho pesado. →**ñawiksha, sahamay**.
shamachkay v.: florecer el maíz.
shamay v.: enfermarse de escorbuto.
shampaq s.: shampac. Bejuco de la puna, de frutos ácidos, redondos y de color verde con rayas negras. Es comestible.
Shamu s.: hipoc. de Samuel, -a.
shamuq (*shamu-q*) p. pte.: el que viene, el que sigue, el siguiente, el próximo, entrante. *shamuq killa*: el mes entrante. *shamuq wata*: el año que viene.
shamuuku s.: hipoc. de Samuel. Samuelito.
shamuy v.: venir. *Aulli, mikuq shamuy*: Aurelio, ven a comer. *Shamuunam*: Ya voy. (lit. "ya vengo", muy común en el habla del bilingüe quechua-español). *Llapaakunam shayaamushaq*: Todos vendremos. Obsérvese que el morf. pl. *ya*- precede al morf. -*mu*.
shana adj.: manchado, percudido, sucio.
shanka s.: brasa, carbón encendido. *Mana shanka wañunanpaq, shumaq tsapaykushun*: Tapemos bien la brasa para que no se apague. →**shansha**.

shanku s.: uvilla (Pourouma cecropiaefolia).
shanlala s. onomat.: sonido metálico como del cascabel.
shanlalaq kuru, shanlala kuru s.: serpiente cascabel.
shanlalay v. onomat.: producir el sonido metálico.
shanllalli s.: shanllalli. Planta de la puna de flores pequeñas que crece en las rocas. Se frota o se hace tomar el agua de sus flores a los niños que tardan en hablar.
shanqa s.: paladar. *puka shanqa*: paladar rojo. →**qaqru**.
shanqall s.: piedra plana y de espesor delgado. →**shallana**.
shansha s.: rescoldo, brasa. →**shanka**.
Shanta s.: hipoc. de Santana.
Shantaaku hipoc. de Santa Cruz.
Shanti s.: hipoc. de Santiago. Santi.
shapash s.: zapallo, planta parecida a la calabaza. →**sapallu**.
Shapi s.: diablo velludo. →**Shapinqu**.
shapillyay v.: mover la cadera el macho al fornicar.
Shapinqu s.: shapingo, diablo velludo. →**Shapi, Supay**.
shapra s.: bigote, barba, vello. *ñawi shapra*: ceja. *raka shapra*: pubis femenino. *rani shapra*: pubis masculino. *intipa (rupaypa) shapran*: rayos solares. *rumi shapra, rumipa shapran*: musgo de piedra. *yuraq shapra aukis*: anciano de barba blanca. →**sapra**.
shapra adj.: barbudo, bigotudo. →**sapra**.
shapraakuy v.: aparecer las barbas, rayar el sol.
shaprannaq (*shapra-nnaq*) exp. adj.: sin barba, imberbe, lampiño. →**qara wirpa**.
shapsha s.: diablo velludo y barbudo.
shapshaaku s.: velludo ref. personas y diablo. →**shapsha**.
shapu s., adj.: serrano, persona que tiene mucha chapa en la cara (cara sonrojada), o también mucha pelusilla en el rostro.

Este mismo término es usado en sentido despectivo para los habitantes de las regiones altas.

shapuyay (*shapu-ya-y*) v.: tener pelusas en el rostro (por frío o malestar).

shaput shaput exp. adv.: andar arrastrando los pies y ropa, andar taimadamente. Así caminan los enfermos y tontos.

-shaq morf. de primera pers. sing. del futuro imperfecto: -ré, voy a + infinitivo. *Aywashaq*: Iré. *Aywaa kutiramushaq*: Voy y vuelvo.

shaq s. onomat.: sonido del choque de objetos secos.

shaqa 1. s.: montón de cosas pequeñas (granos, piojos), cascajo. 2. adj.: amontonado, montón de, cascajoso. *shaqa maki*: mano con muchas verrugas. *shaqa rumi*: montón de piedras chicas, cascajo. *shaqa naani*: camino cascajoso. →**shaqru**.

shaqa shaqa exp. adv.: amontonado en gran cantidad.

shaqapa s.: shacapa. Árbol de la selva alta cuyos frutos secos sirven de cascabel.

shaqapa s. onomat.: cascabel de semillas de los danzantes de shacsha. →**shaqsha**.

shaqapi s.: raspadura de la cara interior del estómago de vaca. Remedio para la gastritis.

shaqapi adj.: verruguiento, con granos. *shaqapi maki*: mano verruguienta.

shaqashaqa s.: cola de caballo. Planta de tallos nudosos, delgados, verdes, ásperos y largos. Medicina para la tos, el mal viento y el dolor de riñón. →**matiwakwa**.

shaqaray v.: haber a montones, estar en montones, estar en sartas (frutos, piedras menudas, piojos). *Kay wamrapa aqtsanchau iski shaqaran*: Hay sartas de liendres en el pelo de este niño.

shaqlla s.: shaclla. Papa agusanada, más deliciosa que sana.

shaqllaku adj.: que pare con mucha frecuencia.

shaqllakuy v.: parir muy seguido (antes de destetar), parir en sartas.

shaqra s. onomat.: sonido del contacto de objetos secos.

shaqraray (*shaqra-ra-y*) v.: sonar constantemente por contacto de objetos secos. *Kay qaqa rurinchau imach shaqraran*: No sé qué suena dentro de esta roca.

shaqru s., adj.: montón de cosas pequeñas. *shaqru rumi*: montón de piedras pequeñas, cascajo. →**shaqa**.

shaqsha s.: shacsha. Danza de cascabeles de semillas secas. En Huaylas se baila en la fiesta de santa Isabel; en Carhuaz, en la fiesta de la Virgen de la Merced.

shaqshaq (*shaqsha-q*) p. pte.: danzante de shacsha, shacshero.

shaqshash s.: shacshash. Árbol de la puna de frutos deliciosos.

shaqshay v.: danzar la shacsha. *Watanqa nuqam shaqshamushaq*: El próximo año yo voy a danzar la shacsha aquí.

shaqta s.: 1. fibra de maguey lavada. 2. adj.: hecho con fibra de maguey: *shaqta waska*: soga de fibra de maguey.

shaqtakuy (*shaqta-ku-y*) v. enfát.: lavar o enjuagar la fibra de maguey para secar y luego hacer sogas.

shaqtakuy v. refl.: mojarse la cabeza, echarse agua a la cabeza con la mano para refrescarse. →**chullpakuy**.

shaqtay v.: lavar o enjuagar la fibra de maguey.

shaqtay v. refl.: mojarse la cabeza para refrescarse. →**chullpay**.

shaqwi s.: 1. harina de haba, arveja o frijol tostados, shacui. 2. crema de harina de haba, arveja o frijol. *Allwi shaqwita runtuntawan arurkamushaq*: Voy a preparar la crema de arveja acompañada de huevo.

shararay v. onomat.: Estremecerse el cuerpo, hacer ruido interior más fuerte que *shinririy*.

sharkatsiy ‹ *sharkutsiy* (asimilación de /u/ en /a/ en sílaba -ku-) v.: 1. levantar, poner en sentido vertical, poner de pie. *Ishkantsikqa, kallaaputa sharkatsishunmi*: Los dos podemos levantar (plantar) el horcón. →**hawiy**. 2. traer al presente un asunto olvidado, levantar el pasado. *Luuchupa unay hutsanta kananqa sharkatsiyan*: Ahora levantan el delito pasado de Lucho.

sharkuy ‹ *shaarikuy* v.: levantarse, ponerse de pie, pararse.

shashull s.: rocío. →**shulla**.

shashuy v.: danzar, bailar (Chuyas – Ancash). *Takillaashun, shashullaashun*: Cantemos y bailemos.

shatatay v. onomat.: chorrear, llover a torrentes, haber chaparrón. →**pachachay**.

shatatay v.: estar empapado, estar chorreando. →**shututay**.

shatatay v.: tiritar, temblar. →**kapapay**.

Shatu s.: hipoc. de Saturnino, -a.

Shatuuku →**Shatu**.

shawana (*shawa-na*): 1. s.: que sirve para lacear, laceador, soga. *Shawanaykita allitsay*: Arregla tu soga laceadora. →**waska**. 2. adj.: laceable, capturable, al alcance. *shawana chiina*: muchacha fácil.

shaway v.: lacear, coger con soga, capturar como al ganado. *Kay nikachaq chiinata piraq shawaskinqa*: Quién laceará a esta chica pretenciosa. C de H: *shawee*.

shawi s.: hipoc. de Sabino, -a.

shawin s.: guayabo, guayaba (Psidium guajava). *shawin puqti*: barriga de guayaba. Calificativo a los de Caraz.

shawin iusha s.: papa de interior rosado como la guayaba.

shawintu (Chachapoyas) s.: guayabo, guayaba.

shay s.: 1. pene (lo que se para). 2. palabra de trato íntimo entre los varones, para un extraño es falta de respeto. Los equivalentes en español peruano: pata, primo, cumpa, collera, causa. C de H: *shee*.

shay v.: pararse, ponerse de pie.

shayaq s.: palo vertical de la quincha que sostiene las horizontales largas.

shayku s : cansancio.

shaykushqa (*shayku-shqa*) p. p.: cansado, agotado, fatigado. →**pishipashqa**.

shaykuutsinakuy (*shayku-u-tsi-naku-y*) v. recíp.: hacerse cansar, causarse fatiga.

shaykuutsiy v.: hacer cansar, agotar.

shaykuy v.: cansarse, fatigarse, agotarse. →**pishipay**.

shaywa s.: lindero, frontera, mojón. top. Shayhua Jirca (*shaywa hirka*. Lindero entre Huaylas y Corongo, entre Quitaracsa y Tarica). →**saywa, usnu, taywa**.

shaywa rumi s.: piedra del lindero, piedra de demarcación.

shayway v.: poner linderos.

-shi morf. de impersonalidad (después de consonante, vocal larga, y diptongos decrecientes /au/, /ai/): dicen que, se dice. El hablante no se responsabiliza de su enunciado. *Mamaasmi qishyan*: Dicen que mi mamá está enferma. Después de vocal breve se usa el alomorfo –*sh*.

Shiba s.: hipoc. de Sebastián, -a. Sebas.

Shihui, Shihwi s.: hipoc. de Ceferino, -a.

Shiisha s.: hipoc. de César.

shika s.: lo raspado, lo rallado.

shikana (*shika-na*) s.: rallador (objeto áspero), afeitador. *papa shikana*: rallador de papa.

shikashika s.: raspadilla de hielo con jarabe. *Shikashikatam munapaakurillaa*: Acabo de tener un fuerte antojo de una raspadilla.

shikapi s. 1. conjunto de cosas ralladas. 2. lo rallado del interior del estómago de los rumiantes. Cura la gastritis.

shikashqa (*shika-shqa*) p. p.: raspado, afeitado, rallado. *shikashqa papa*: papa rallada.

shikay v.: raer, raspar, lijar, limar, afeitar. *Shapraykita shikaramushaq*: Te voy a afeitar la barba. →**hichkay**.

shikni s.: lo esparcido, lo cernido.

shikniy v.: esparcir, cernir, cribar.

shikra s.: bolsa pequeña, bolsa de oruga, morral. *puñuna shikra*: bolsa de dormir. *puñuy shikra*: bolsa de oruga.
shikray v.: meter algo en la bolsa.
shikshi s.: tubérculo cocido en brasa o ceniza muy caliente. *shikshi papa*: papa asada. *shikshi yuuka*: yuca asada.
shikshi s.: paja que se echa desparramando sobre el piso para alzarla como una capa sobre el techo de la choza, paja esparcida en el barro para hacer adobe.
shikshina s.: harnero, cedazo.
shikshiy v.: 1. asar el tubérculo en ceniza caliente. 2. esparcir paja en el piso en desorden para que se entrecrucen bien, esparcir paja sobre el barro. 3. cernir.
Shiku hipoc. de Segundo, -a.
shikull s.: gimoteo.
shikull shikull exp. adv. onomat. modal: con lloriqueos, gimoteando.
shikullu s.: gigantón (Browningia candelaris). Cactáceo de la zona yunga que supera los tres metros de altura, de fruto comestible. Su leña produce buena ceniza para hacer pelados de cereales. Sus nervaduras y nudos son los restos de los cortes que recibió del valiente *Illaqu* cuando se enfrentó al gigantón *Supay*. top. Shicullu Pampa. →**sankay, higantun**.
shikullyay (*shikull-ya-y*) v. onomat.: gimotear.
shikwatsiy (*shikwa-tsi-y*) v.: tumbar algo que está colgado.
shikway v.: caer algo (fruto u otros objetos pequeños). →**ishkiy**.
shilla s.: shilla. Piedra negra de la puna para hacer utensilios de cocina. Se muele y luego se prepara la masa. Pomabamba. *shilla manka*: olla de shilla. Es resistente, liviana y de sonido metálico.
Shilli s.: hipoc. de Celestino, a; Cirilo, -a.
shilliku s.: celendino, ref. Celendín (Cajamarca). Son comerciantes que pueden vender todo.
shillka 1. s.: shillca, papa u oca en segunda cosecha. La papa shillca es más sabrosa que la de la primera cosecha pero se cocina en más tiempo. En Quitaracsa se siembra la oca, mashua y olluco después de la cosecha de papa, ya que la tierra está removida y, además, al cosechar se entierran las papas pequeñas y soleadas. Al aporcar la oca se cosecha la papa shillca. 2. adj.: de segundo uso, de segunda mano.
shillkakuy v.: sacar la shillca, hacer la segunda cosecha.
shillkaakuy (*shillka-ku-y*) v.: hacerse shillca, volverse como algo ya usado.
shillki s.: shillqui, shilgui. Cólico estomacal con náuseas. Se supone que se origina por la mala posición de los huesos de la vértebra. Su remedio es la shilquida, que consiste en masajear las vértebras hasta hacerlas sonar.
shillki s.: 1. shilquida, masaje en la espalda y columna vertebral. 2. presión al vientre de un cadáver para expulsar el contenido por el ano y la boca.
shillkinakuy (*shillki-naku-y*) v. recíp.: masajearse la espalda, hacerse la shilquida.
shillkiq (*shillki-q*) p. pte.: shilquidor, traumatólogo que cura muchos males masajeando la vértebra.
shillkitsikuy (*shillki-tsi-ku-y*) v.: hacerse curar con la shilquida.
shillkiy v.: 1. masajear la columna vertebral y la espalda. El shilquidor se sienta en el piso uniendo las rodillas; el paciente se sienta delante, cruza los brazos para que desde atrás los jale suavemente el shilquidor hasta que suene la vértebra. Se cambia la posición de los brazos, y otra vez se jala hacia atrás. Al final se masajea la espalda. Muchos cólicos estomacales se curan así. 2. presionar el vientre del cadáver hasta que expulse el contenido.
shillku s.: shillco, amor seco (Desmodium adscendens). Planta cuyas semillas secas se prenden en la ropa o en la lana

de los animales. Por ser muy pegajoso es conocido como "amor seco". *yuraq shillku*: shillco blanco. Se usa como condimento en la sopa, remedio para el mal viento.
¡Ay shillku, shillku!
shillku niraq wamra.
Wakman, kaymanmi
laqakaykachanki.
¡Ay shillco, shillco! / joven como shillco. / Aquí y allá / estás que te prendes (huayno). →**llauri**.

shillpi adj.: partido, cortado en forma vertical, con hilachas. *shillpi rinri*: oreja partida. Puede ser una señal del dueño o efecto de algún accidente.

shillpiy v.: acción de partir la oreja con el cuchillo, rasgar en tiras.

shillqu adj.: rayado con líneas curvas. *shillqu waraka*: honda de líneas curvas ondulantes.

shillquy v.: tener o hacer líneas delgadas y curvas.

shilltay v.: sacar fibra por fibra, carmenar. →**hichiy**.

shillu s.: uña, garra, pezuña. *¿Atuqpa shilluntaqa, imapaq puritsinki?*: ¿Para qué haces andar la uña del zorro? *Shilluykita rutukuy*: Córtate las uñas. No robes.

shillusapa (*shillu-sapa*) adj.: de uñas largas, ladrón.

shilluyuq (*shillu-yuq*) adj.: que tiene uña o garra, ladrón. →**makiyuq**.

shilluy v.: rayar con la uña.

shimi (Ancash) s.: 1. boca. *shimi hunta*: boca llena de comida. 2. habla, idioma, palabra. *mama shimi*: lengua materna, palabra de madre. *llullu shimi*: habla infantil, que habla como un niño. *mishki shimi*: adulador, demagogo, piquito de oro. *taqra shimi*: boca sucia, grosero. *nina shimi*: lit. "lengua de fuego", lenguaraz, chismoso. →**simi**.

shimpa s.: trenza. →**pilta**.

shimpa s.: trabajo de ayudar a alzar el bulto para cargar.

shimpa adj.: destemplado (diente).

shimpay v.: 1. trenzar. →**piltay**. 2. ayudar a cargar el saco (costal con contenido) agarrando la otra punta, chimbar. En algunos pueblos del norte: shimbay. La /p/ se sonoriza en contacto con /m/. 3. destemplarse la dentadura por efecto de ácidos fuertes como del limón y zarzamora.

shimpi s.: acusación, delatación.

shimpikuy (*shimpi-ku-y*) v. enfát.: acusar, delatar, narrar o mostrar con datos.

shimpinakuy (*shimpi-naku-y*) v. recíp.: delatarse, acusarse. *Alli yanasakunaqa manam shimpinakuyantsu*: Los buenos amigos no se delatan.

shimpiy v.: delatar, acusar, narrar acusando. *Mana hutsayuq runata taqay warmi shimpishqa*: Aquella mujer ha acusado al hombre inocente. *Imanau chapitunkuna chakrantsikta qichumanqantsikta kay libru shimpin*: Este libro narra cómo los chapetones nos arrebataron nuestras chacras.

shimpu s.: avispa. *Shimputa wahupaakuutsu*: No fastidio a la avispa.

shimpu adj.: arrugado, con pliegues, desplanchado. →**qinti**.

shimpuy v.: arrugarse, hacerse pliegues.

shin (apóc. de *shinki*) adj.: pequeño, diminuto. *shin runa*: hombre pequeño (diminuto). →**siti, chira**.

shina adv.: así, como. *Yaya shina waqanki*: Lloras como papá. →**hina**.

shininyaa s.: shininya. Árbol de la puna de buena madera, de frutos pequeños, rojos y dulces.

shinka s.: cáscara de caña, bagazo.

shinka s.: condición de los primeros efectos del licor.

shinka shinka exp. adj., adv.: picado o entonado de licor, estado entre lo sano y lo borracho. *Shinka shinkanam kaa*: Ya estoy picado (de licor).

shinkakuy v. enfát.: descascarar la caña con los dientes.
shinkakuy v. refl.: picarse con licor, emborracharse un poco. *Huk chaqawan shinkakuu*: Me pico con un vaso.
shinkay v.: 1. pelar la caña con la dentadura. 2. quedar medio borracho, picarse con licor.
shinki: s.: golpe con algo agudo.
shinki: adj.: pequeño, diminuto. →**shin**.
shinki manka s.: olla pequeña para ordeño y preparación de remedios.
shinkinakuy (*shinki-naku-y*) v. recíp.: golpearse los trompos. Primero se hace un pequeño círculo o raya en el suelo a donde se tira el trompo para que baile, quien alcanza más lejano del centro o raya coloca su trompo dentro del círculo para que otros jugadores lo alcancen de un tiro. El que no lo alcanza pone su trompo dentro del círculo. Algunas veces, de un golpe certero del clavo, se raja el trompo expuesto. El objetivo de este juego es malograrse los trompos; si es posible, partirlos.
shinkiy v.: jugar con el trompo tratando de alcanzar al otro de un solo golpe o tirada.
shinqa s.: frijol chivo. De clima cálido. Su vaina y hojas pelusientas y aceitosas huelen como el chivo. *shinqa pichu*: picante de frijol chivo.
shinqawi s.: bozal, jáquima, atadura del hocico de animal.
shinqallwa s.: jáquima. →**shinqawi**.
shinqallway v.: poner la jáquima.
shinqash s.: canilla, espinilla. *Shinqashnii nanan*: Me duele la canilla. →**chaki sinqa**.
shinqawiy v.: atar el hocico de la acémila para manejarlo fácilmente, poner el bozal o jáquima.
shinqay v.: aspirar por la nariz, inhalar. *yakuta shinqay*: absorber agua por la nariz, ahogarse.

shinqi s.: redecilla redonda para airear mates (platos) y guardar comida lejos del alcance de perros y gatos. →**wayrinka**.
shinqu s.: shingo, gallinazo, aura, zopilote. →**wiskul**.
shinriri s. onomat.: sonido muy suave al estremecerse algo (cintas tendidas para espantar pájaros, sonido interior de la circulación de sangre después de que un miembro ha estado congelado).
shinririy v. onomat.: estremecerse o temblar produciendo un sonido muy suave. *Usunkashqa chankaa shinririn*: Mi pierna adormecida tiembla con sonido muy suave.
shinriy v.: ensartar. →**sinriy**.
shinti s.: shinti, haba o arveja tostadas y sancochadas.
shintikuy (*shinti-ku-y*) v. enfát.: preparar el shinti.
shintiy v.: hacer el shinti.
shintu (Caraz) s.: shinti, haba o arveja tostadas y sancochadas. →**shinti**.
shinwaa s.: ortiga (Urtica sp.). *puma shinwaa*: ortiga de puma. Planta de la puna de flores anaranjadas y espinas largas. *chushu shinwaa*: ortiga de hojas menudas. El líquido urente de sus espinas es medicina para los que sufren de nervios. Las hojas, pasadas por agua caliente (para que no hinquen), son remedios para la úlcera estomacal.
shipash (Q I) s., adj.: mujer joven, señorita, muchacha. →**sipas, pasña**.
shipashyay v.: hacerse mujer joven, hacerse moza.
Shipi s.: hipoc. de Cipriano, -a.
Shipiiku s.: hipoc. de Cipriano. Ciprianito.
shipina (*shipi-na*) s.: chupador del porongo, alambre para sacar la cal del porongo al masticar la coca.
shipiy v.: arrancar frutos u hojas, arrancar en tiras, deshilachar.
shipka s.: trabajo de descascarar.

shipkana (*shipka-na*) s.: descascarador (herramienta).
shipkay v.: quitar la cáscara. →**pachqay**.
shipraa s.: cáscara de tubérculo sancochado. *papa shipraa*: cáscara de papa sancochada. *shipraa qallu*: lit. "lengua como cáscara de papa", gago. →**sipraa**.
shiprakuy v. enfát.: romper la membrana, descascarar.
shipray v.: pelar, descascarar, romper la membrana que protege (costra). *Kukupapaq papata shiprashun*: Pelemos la papa para (hacer) la papaseca.
shiprikuy s. onomat.: 1. shiprico. Pájaro de la jalca. Cuando un señor dormía en una posada con su cuñada oyó el canto del pájaro *shiprikuy, shiprikuy*. Sorprendido preguntó al pájaro Cómo voy a hacer eso a mi cuñada. Ella le dijo al pájaro: Dile que tu cuñada es tan mujer como tu esposa. En ese momento el hombre la poseyó. El canto es similar a *shiprakuy, shiprakuy*. 2. hombre que convive con su cuñada.
shipshi s.: crepúsculo, momento entre el día y la noche, momento de oscurecerse. →**tsaqa**.
shipshiy v.: anochecer, llegar el crepúsculo, oscurecerse.
shiqi, sheqi s.: líquido de la chicha antes de fermentarse.
shiqimpa tamya (*shiqi-n-pa*. El cambio fonético n › m es por el contacto con /p/) s.: lluvia con viento. →**siusiuya**.
shiqinakuy (*shiqi-naku-y*) v. recíp.: rivalizar, pelearse, competir, emular, lidiar.
shiqiy v.: 1. superar, vencer. 2. golpear alzando y tirando al suelo. →**tsapiy**. 3. azotar → **astay**.
shiqshi s.: comezón, escozor.
shiqshi adj.: 1. que tiene comezón. 2. coqueta, pizpireta, intranquila, excitada.
shiqshipakuy (*shiqshi-pa-ku-y*) v.: lit. "sentir comezón", excitarse sexualmente, ref. a animal hembra.
shiqshiy v.: dar comezón, escocer.
shiqu s.: lazada, cordel. →**waska, watu**.
shiqukay (*shiqu-ka-y*) v.: enlazarse, enredarse, caer en la trampa de soga. *Kaychaumi urpiqa shiqukanqa*: Aquí se va a enredar la paloma.
shiquna s.: lazada, cordel, cualquier cosa con que se ata.
shiquy v.: enlazar, atar. →**watay**.
Shira s.: hipoc. de Serapio, -a.
shira s.: zarzamora. →**shiraka**.
shiraka ‹ *shira kashe* s.: zarzamora, mora silvestre. Planta espinosa cuyos frutos se comen o se usan en la tintorería. Su raíz es remedio para diabetes.
shirapuqu (*shira puqu*) s.: fruto de zarzamora que cuando está maduro es de color morado oscuro. →**shiraka**.
shiri papa (Chiquián) s.: papa shire. Especie de papa amarga. →**atuqpa papan**.
shiririy v. onomat.: estremecerse suavemente, producir cosquilleos en el interior del cuerpo, temblar suavemente. *Usunkashqa chankaa shiririr nanan*: Mi pierna entumecida me duele con estremecimientos y cosquilleos. →**shinririy**.
shirqi s.: rasguño, herida por una arañada. →**llishi**.
shirqiy v.: rasguñar dejando una herida larga y delgada.
Shisha s.: hipoc. de Cesáreo, -a.
shishi (Santiago de Estero) s.: hormiga. →**iñaashu**.
Shishi hipoc. de Cecilio, -a.
shishu 1. s.: espinilla de ciertas plantas y animales (larvas como *uusha kuru*), pelo corto y erizado. *Shishu shukumashqa*: Me he llenado de espinillas. *turmanyay shishu*: espinilla del arco iris. 2. adj.: de pelo corto y erizado. *shishu uma*: de pelo corto (que parece erizo).
shishuy v.: penetrar espinillas al cuerpo.
shitay v.: botar, arrojar, despedir, tirar. →**hitay**.

shitqa s.: mostaza, nabo. Con sus hojas y flores se preparan sabrosos potajes. Pero la mostaza de flor lila no es apreciada como verdura. →**hitqa**.

shiuri s.: cualquier gusano en estado de larva. *papa shiuri*: gusano de papa. *aytsa shiuri*: gusano de carne.

shiuriy v.: agusanarse. *Naani kuchun papaqam sas shiurin*: La papa cerca del camino se agusana rápido.

shiusha s.: garúa, llovizna. Si cae al pañal produce granos en la piel de los niños.

shiushay v.: llovizar, garuar. *Shiushawanmi qiwaqa kutin*: El pasto retoña con la llovizna.

Shiwi s.: hipoc. de Severo, -a: Seve.

-shka morf. temp., después del tema verbal, en el plural después del morf. pl., antecede al morf. pers.: acabar de, acción muy reciente. *mikushkaa*: acabo de comer, recién he comido. *mikushkanki*: acabas de comer. *mikushka (-shqa)*: acaba de comer (elipsis de *-n* en tercera persona). *Mikushkantsik*: acabamos de comer (todos). *mikuyashkaa*: acabamos de comer (excluy.). *mikuyashkanki*: acabáis de comer. *mikuyashka (-shqa)*: acaban de comer.

-shku morf. afectivo, paragoge en hipoc.: -ito, -itito. *Katashku (Kata-shku)*: Catalinito, Catalinita.

-shpa morf. v., se agrega al tema verbal de la orac. subordinada, cuando el sujeto de la orac. principal y subord. es el mismo, forma oraciones modales, causales, temporales: gerundio, porque, cuando. *Kayta yarpashpa shamuu*: Vengo pensando esto. *Tsayta wiyashpa aywakurqun*: Escuchando eso se fue. →**-r, -rnin**.

-shqa morf. v. del participio pasado: (-ado, ido, to, so, cho). *rikashqa* (visto). *pakishqa* (roto), *timpushqa* (hervido). El participio *nishqa* refiere lo mencionado, recurso frecuente en el discurso quechua: *Nishqa wiraqutsaqa Supay kanaq*: El referido caballero había sido diablo.

-shqa con verbo *kay* (conjugado): presente de la voz pasiva: *yarpashqa kaa*: soy recordado. *yarpashqa kanki*: eres recordado. *yarpashqam* (sin auxiliar *kay* pero con morf. aseverativo *-m*): es recordado. *yarpashqa kayaa*: somos recordados. *yarpashqa kantsik*: somos recordados (incluy.). *yarpashqa kayanki*: sois recordados, Uds. son recordados. *yarpashqa kayan*: son recordados.

-shqa morf. v. de 3ª pers. del pretérito perfecto: *Pay chaamushqa*: Él ha llegado. *Huk quyllurshi ishkishqa*: Dicen que ha caído una estrella.

-shu (Q I) morf. pron. complementario de 2ª persona cuando el sujeto es 3ª persona, va como infijo: él te (le), os (les). *Pati chiina kuyashunki*: La joven Patricia te quiere. *Yayaa kuyayaashunki*: Mi padre los (os) quiere. *Mamaawan yayaa kuyayaashunki*: Mi madre y mi padre te (os) quieren. Q II: *su-*.

shuh num.: uno, un. →**huk, suk**.

shuka s.: silbido, silbo, chiflido. *llaki shuka*: silbido triste. *Ayapa shukanqam kinray*: El silbido del alma es horizontal (sin cadencias ni anticadencias).

shukakuy (*shuka-ku-y*) v. enfát.: silbar, chiflar. *Paqaspa purikurqa, shukakunki, ayawantaq kamakankiman*: Silba al andar de noche, no vaya a ser que te choques con el alma.

shukay v.: silbar, chiflar.

shukshu s.: bastón, cayado, bordón. El cayado funciona como tercera pierna y arma. →**tukru, tauna**.

shukshu adj.: delgado y alto como bastón. *Wamraykikunaqa shukshulla kayan*: Tus hijos son delgados y altos.

shukshuy v.: usar el bastón para caminar o para garrotear.

shuktu s.: penetración por espacio muy estrecho.

shuktuy v.: penetrar por espacio estrecho.

Shuku, Shoku s.: hipoc. de Socorro.

shukupakuy (*shuku-pa-ku-y*) v.: vestirse, ponerse la ropa.
shukukuy (*shuku-ku-y*) v. refl.: vestirse. *Saslla chuupaykita shukukuy*: Rápido vístete tu chupa (saco).
shukukuy v. enfát.: contagiar (enfermedad, piojo, vicio). *Witikullay, qishyayniitam shukukushqayki*: Retírese, por favor, le voy a contagiar mi enfermedad.
shukukuy s.: torbellino de viento que lleva polvareda, piedras, plantas y enfermedades (pestes, trastornos mentales, parálisis facial). Las almas de los hijos ingratos van arrastrados por el viento gritando y lamentándose alocados. C de H: *shukukii*.
shukukuy rumi s.: lit. "piedra del torbellino", piedra hueca por efecto del torbellino o rayo, el polvo de su interior huele a pólvora. →**tsiquy rumi**.
shukunakuy (*shuku-naku-y*) v. recíp.: contagiarse.
shukutsinakuy (*shuku-tsi-naku-y*) v. recíp.: vestirse, ayudarse a vestir. C de H: *shukutsinakiy*.
shukutsiy (*shuku-tsi-y*) v.: vestir, hacer vestir (persona, cruz, muñeca, espantapájaros, etc.), ayudar a vestirse.
shukutsiy v.: hacer contagiar.
shukutsiy v.: fornicar el hombre a mujer.
shukuy s.: ojota de cuero. →**qara llanqi**.
shukuy v.: ponerse la ropa, vestirse.
shukuy v.: contagiar. *Ama witipaamaytsu, chuqatam shukumanki*: No te me acerques, me vas a contagiar la tos.
shulla s.: rocío. *chushu shulla*: rocío menudo. →**shushall**.
shullay v.: caer el rocío.
shullay v.: deshojar, desgajar. →**llaumiy**.
shullka s., adj.: el último de la familia, el menor, el benjamín. *shullka wauqi*: hermano benjamín. *shullka pani*: hermana benjamina. *shullka raukis*: dedo meñique. →**utush**.
shullka killa s.: lit. "último mes", febrero (memoria de que antes el año se iniciaba en marzo). →**katu killa**.
shullpapaakuy (*shullpa-pa-a-ku-y*) v.: mojarse la cabeza para arreglarse el pelo o refrescarse, acariciarse la cabeza arreglándose el cabello con la mano.
shullpapay (*shullpa-pa-y*) v.: mojar la cabeza para arreglar el pelo o refrescar, acariciar la cabeza arreglando el pelo con la mano. →**chullpapay**.
shulltu s.: choclo o maíz remojado molido. →**chupla**.
shullu s.: aborto. *shullu nanay*: el mal del aborto.
shullu adj.: abortado. *shullu haka*: aborto de cuy, cuy abortado.
shullu hampi s.: abortivo, remedio abortivo. *Tsutsuqmaami shullu hampi*: El tsotsocmá es remedio abortivo.
shullun (*shullu-n*) s.: 1. lengüeta de ciertas flautas, pequeña pieza de las flautas roncadoras que se coloca en la parte de la boquilla para que module mejor los sonidos. 2. yema de plantas o semillas.
shulluna hampi s.: poción abortiva.
shullutsiy (*shullu-tsi-y*) v.: hacer abortar, causar aborto. *Chichu ashnuta chaqnarqam shullutsinki*: Vas a hacer abortar a la burra si le pones la carga.
shulluy v.: abortar. *Waakayki shullushqa*: Tu vaca ha abortado.
shumaq adj.: bonito, precioso, agradable. *Shumaq wayta, shumaq wayta; kay shunqullaata suwashkanki*: Bella flor, bella flor; has robado a este mi pobre corazón. *shumaq mushkuy*: olor agradable.
shumaq adv.: tranquilo, bien, bonito. *Shumaq kakunki*: Debes estar tranquilo. *Shumaq puñuy*: Duerme bonito.
shumaqlla (*shumaq-lla*) adv. modal: con cuidado, sigilosamente, con astucia, despacio, bonito. *Kay huchu naanipaqa, shumaqlla aywashun*: Vayamos con cuidado por este camino de derrumbes.
shumaqnin (*shumaq-nin*) exp.: lo más

bonito, lo mejor.
shumaqyaatsiy (*shumaq-ya-a-tsi-y*) v.: embellecer, hermosear. →**shumaatsiy**.
shumaqyay v.: embellecerse, hacerse más bonito, mejorarse.
shumaatsiy ‹ *shumaqyaatsiy* (síncopa) v.: embellecer, hermosear algo, celebrar con gracia. *Kay waytam markata shumaatsin*: Esta flor embellece al pueblo.
shumay v.: ser bello (un evento). *Warayqa tushuntsik shumanqam*: Mañana será bonito nuestro baile.
shumpa s.: paja o cualquier desperdicio de planta que ensucia el piso, hojarasca.
shumpaakuy (*shumpa-a-ku-y*) v. enfát.: ensuciar con hojas, astillas, cáscaras.
shumpay v.: ensuciar el piso con desperdicios de planta.
-shun morf. v., después del tema verbal: sugerencia para hacer o tomar una actitud, imperativo de primera persona plural. *Alli yanasa kashun*: Seamos buenos amigos. *Upyarishun*: Bebamos. Salud con todos.
shunqu s.: redecilla para capturar peces. Los bilingües dicen "shungo". Santa Cruz (Ancash).
shunqu, shonqu: corazón, núcleo, parte central, interior. *tantapa shunqun*: lit. "corazón del pan", miga, *rumipa shunqun*: el interior de la piedra. →**puywaq**.
shunqu s., adj.: amor, intención, actitud. *shunqu suwa*: lit. "ladrón de corazón", amado. *quri shunqu*: lit. "corazón de oro", bueno, generoso. *tukuy shunquwan*: de todo corazón. *rumi shunqu*: lit. "corazón de piedra", insensible, ruín. *qapsu shunqu*: de corazón fofo, falso, pusilánime. *ishkay shunqu*: de dos intenciones, hipócrita. *pishi shunqu*: pusilánime. *shunqusapa*: bondadoso, de corazón grande. *shunqu watu*: lit. "hilo de donde pende el corazón", amado. *Shunquuta pipis musyantsu*: Nadie conoce mi corazón (intención).

shunqu milanay v.: tener náuseas, tener asco, rechazar, odiar. *Shunquumi milanan, maypis hitarishaq*: Tengo náuseas, quizás voy a vomitar.
shunqu nanay s.: dolor de corazón, mal de corazón.
shunqu tsallaqyay v.: tener una corazonada, tener un pálpito, presentir.
shunqunnaq (*shunqu-nnaq*) exp. adj.: Sin corazón, ingrato, ruín, sin compasión, desalmado, indolente. *Shunqunnaq runa, pishi wamrankunata haqiskir aywakun*: Hombre sin corazón, se va dejando a sus pequeños niños.
shunqu watu, shunqupa watun s.: lit. "hilo que sostiene el corazón", lo importante, lo esencial, lo más querido. *Qanmi shuquupa watun kanki*: Tú eres lo más importante para mí. Tú eres mi vida.
shuntu s.: montón, acerbo. *huk shuntu karka*: un montón de bosta. *shuntu kuru*: gusanos amontonados.
shuntu shuntu exp. adv.: a montones, de montón en montón.
shuntukay (*shuntu-ka-y*) v.: amontonarse, agruparse, congregarse. *Kachita muskirmi uushakuna sas shuntukaayamun*: Por oler la sal las ovejas rápido se amontonan aquí.
shuntur s.: algo de forma piramidal.
shuntur tsukllaa s.: una especie de choza más grande que la común, por su forma cónica sirve como cocina y vivienda. Es un iglú andino que sirve como casa temporal.
shuntuy v.: amontonar, dejar un montón. *Taqrakuna, naanichau rakchata shuntuyan*: Sucios, dejan la mugre en el camino.
shupay s.: frotada, masaje.
shupay v.: frotar, sobar. →**qaquy**.
shupi s.: tierra del fogón muy caliente.
shupiy v.: resecarse la tierra después de la lluvia.
shuqa s.: consuelo.
shuqan s.: muestra, huevo o algo pareci-

do que sirve para que la gallina siga poniendo huevos en el mismo lugar. *Kayqa shuqanllam*: Esto es sólo una muestra.
shuqanakuy (*shuqa-naku-y*) v. recíp.: consolarse.
shuqay v.: consolar, confortar. *Yanasataqam imaykanaupis shuqarintsik*: Al amigo se le consuela de cualquier manera.
shuqllaa s.: seca, golondrino, inflamación de la glándula en la axila o ingle. Produce fiebre y puede supurar algunas veces. Se cura poniendo la sal y algo muy frío sobre la glándula inflamada.
shuqlla s.: césped. →**champa**.
shuqllakuy v.: proveerse de pasto, cortar el césped.
shuqma, shoqma s.: 1. frotación, sobe. 2. rito de curar el mal del susto frotando con flores. Después de la frotación se arrojan las flores en el cruce del camino para que el mal absorbido se disipe.
shuqma s.: selección de cosas pequeñas (granos y tubérculos).
shuqmay v.: 1. frotar, sobar. 2. hacer el rito terapéutico de frotación.
shuqmay v.: escoger, seleccionar. *Hara muruta shuqmarishun*: Seleccionemos la semilla de maíz. →**akray**.
shuqshi s.: sacudimiento, zamaqueo.
shuqshinakuy (*shuqshi-naku-y*) v. recíp.: sacudirse, asirse, zamaquearse.

Tsaynauchaumi kuyanakuy,
tsaynauchaumi wayllunakuy,
kawitu hananchau shuqshinakuy,
wasi qipanchau wayunakuy.

Amarse consiste en eso, / quererse consiste en eso, / zamaquearse sobre el catre / y tumbarse detrás de casa (huayno). C de H: *shuqshinakiy*.
shuqti adj.: que se zafa, lo puesto que se sale. →**suqpi**.
shuqtikay (*shuqti-ka-y*) v. refl. pasivo: caérsele algo que se lleva puesto, zafarse de algo que ata o cubre.
shuqtikuy (*shuqti-ku-y*) v. enfát.: quitarse algo que se lleva puesto (ropa). *Llatapata shuqtikuy*: Quítate el vestido.
shuqtiy v.: quitarse lo que se lleva puesto, desvestirse, zafarse. *Alalaptinmi mana waracta shuqtir puñuu*: Duermo sin quitarme el pantalón porque hace frío.
shuqu s.: 1. tubo. 2. absorción, succión.
shuqumpi s.: shucumpi, shugumpi. Planta silvestre de la puna de flor color rosado o rojo, de forma tubular que en su cáliz conserva el néctar. El picaflor y las personas succionan su dulce. *¿Pitan shuqumpipa mishkinta yawashqatsu?*: ¿Quién no ha probado el dulce de shucumpi?
shuqush, shoqush s.: carrizo. *shuqush shunqu runa*: persona de corazón vacío (como el carrizo).
shuqutsiy (*shuqu-tsi-y*) v.: hacer chupar, invitar a chupar, hacer succionar, invitar a dar una pitada del cigarro.
shuqutsinakuy (*shuqu-tsi-naku-y*) v. recíp.: hacerse chupar, hacerse fumar.
shuquy, shoquy s.: succión, chupada, fumada, pitada.
shuquy v.: succionar, chupar, absorber, fumar. *Winchusqam waytapa mishkinta shuqurnin kawakun*: El picaflor vive chupando el néctar de la flor. *Lluta shayrita shuqurmi qishyaqyashqa*: Se ha enfermado por fumar cualquier cigarro. *Kay ranram yakuta shuqun*: Este pedregal absorbe el agua.
shuqpi adj.: resbaloso. *shuqpi rumi*: piedra resbalosa.
shuqpina (*shuqpi-na*) s.: tobogán, resbaladero. *shuqpina rumi*: piedra para resbalarse.
shuqpitsiy (*shuqpi-tsi-y*) v.: hacer resbalar, deslizar.
shura s.: jora. Maíz u otra gramínea germinada y fermentada sobre ramas y en un lugar húmedo. Luego se seca y muele para elaborar la chicha.
shuray v.: preparar la jora, fermentar el maíz para hacer la chicha.

shurunku ‹ *shuytu runku* s.: shurunco, bulto alargado y algo deforme.
shurunku adj.: deforme y pequeño, gordito como shurunco.
shurupta s.: papilla, baya de papa (Mallash – Ancash). →**rampuchku, runquchu**.
shushall s.: rocío. *waraq shushall*: rocío de la mañana. *shushall yaku*: agua del rocío. →**shulla**.
shushuwa s.: shushuba, uvilla. →**shanku**.
shushuma s.: cerro que siempre está cayendo poco a poco, granero.
shushuna s., adj.: que se cae en pedazos, delicado. *shushuna wayta*: flor delicada cuyos pétalos se caen pronto.
shushutsiy (*shushu-tsi-y*) v.: hacer caer hojas, migajas, partículas.
shushuy v.: caer algo en pedazos (hojas, flores, piedras, ropa vieja). *Ratashniimi kantsu, kaypis shushuykannam*: No tengo ropa, éste también está que se me cae en pedazos.
shuti (Q I) s.: nombre. *¿Imatan shutiki?*: ¿Cómo te llamas?, ¿Cuál es tu nombre? *shutinnaq allqu*: perro sin nombre, persona que no vale nada. *Shutiichau aswata upyayay*: Tomen chicha en mi nombre. *shutita churay*: poner el nombre, apodar. *ashana shuti*: apodo, sobrenombre. *alli shutiyuq*: renombrado, bien nombrado. →**suti**.
shutitsinakuy v. recíp.: ponerse nombres o apodos.
shutitsiy (*shuti-tsi-y*) v.: poner nombre o apodo.
shutqu adj.: derecho, recto, no torcido. *shutqu qiru*: palo recto. →**llillqu**.
shutqutsay (*shutqu-tsa-y*) v.: enderezar.
shutquyay (*shutqu-ya-y*) v.: enderezarse, hacerse recto. *Kay hacha shutquyan*: Este árbol se endereza.
shutu s.: gota, gotera.
shutu s.: sedimento de chicha recién elaborada que se deja por unas horas para luego vaciar solamente el líquido en los cántaros. Tiene sabor agradable y es de alto valor nutritivo.
shutu adj.: que gotea, con gotera. *shutu machay*: cueva con gotera (húmeda). *shutu yaku*: agua de gotera. *shutu sinqa*: nariz que gotea.
shututsiy (*shutu-tsi-y*) v.: hacer gotear, derramar poco a poco. *Manaraq upyarmi Patsa Mamapaq aswan shututsii*: Antes de beber ofrezco la chicha a la Madre Tierra.
shutuy v. unipersonal: gotear. *Llapan paqas kay wasi shutushqa*: Esta casa ha goteado toda la noche.
shutuykay (*shutu-yka-y*) v.: estar goteando, estar mojado. *¿Shutuykarninku llatapata shuqtinkitsu?*: ¿No te quitas el vestido estando mojado? →**shatatay**.
shututaykay v. enfát.: estar muy mojado.
shuupa s.: acción de lavarse la cara.
shuupakuy (*shuupa-ku-y*) v. refl.: lavarse la cara.
shuupatsinakuy (*shuupa-tsi-naku-y*) v. recíp.: ayudarse a lavarse la cara.
shuupatsiy (*shuupa-tsi-y*) v.: hacer lavar la cara.
shuupay v.: lavar la cara de otro.
shuurapi s.: piel que deja el reptil al cambiar a otra.
shuurapi s.: hijo o descendencia (dicho en forma graciosa).
shuuray v.: cambiar de piel (como la culebra).
Shuushi s.: hipoc. de Zózimo, -a.
shuuta, shuutay s.: 1. respiro, respiración. *Shuutaynintsik ushakanqan patsam, wak kawayman rikcharintsik*: En el mismo momento que termina nuestra respiración despertamos a la otra vida. *huk shuutaylla*: un solo respiro. 2. descanso, respiro. *atska shuuta*: mucho descanso.
shuutay v.: 1. respirar. *Yanqalla shuutay*: Respira suave. 2. descansar. *Shuutaykur, shuutaykur, taqay pishi wamra*

mamanpaq yantan apan: Descansando y descansando; aquel niño tierno lleva leña para su madre.

shuuru s.: shuro. Cacto de zona yunga, de frutos ácidos que curan la úlcera estomacal. →**maran**.

shuyakuy (*shuya-ku-y*) v. enfát.: esperar, aguardar.

shuyanakuy (*shuya-naku-y*) v. recíp.: esperarse, aguardarse.

shuyatsiy (*shuya-tsi-y*) v.: hacer esperar, hacer aguardar.

shuyay v.: 1. esperar, aguardar. *Tamyata shuyakurmi qipata muruyashkaa*: Hemos sembrado atrasados por esperar la lluvia. *Shuyallaamay*: Espéreme por favor. 2. expresión de amenaza y venganza. *Shuyay, patsaqa tumanmi*: Espérate, el mundo da vuelta. *Shuyaayay, qamkunapis wañuqllam kayanki*: Espérense, ustedes también son mortales.

shuyni adj.: mucho, abundante, cuantioso, bastante. →**yaynin, atska, tsika**.

shuyniyay (*shuyni-ya-y*) v.: hacerse bastante.

shuyshuna (*shuyshu-na*) s.: colador, tamiz.

shuyshuy v.: colar. *Aswata shuyshushun*: Colemos la chicha.

shuytu adj.: de forma ovoide, alargado. *shuytu uma*: cabeza ovoide (alargada hacia arriba).

shuytu rumi: 1. piedra larga y delgada. 2. menhir plantado en lugares estratégicos y con fines especiales →**hawi rumi, ushku**.

shuyu adj.: sucio, con rayas.

shuyu (Santa Cruz Huaylas) s.: competencia.

shuyunakuy (*shuyu-naku-y*) v. recíp.: ganarse, competir.

-shwan morf. v., después del tema verbal, ref. a nosotros incluy.: potencial, inseguridad. *Usyawanqa ushakashwanmi*: Con la sequía podríamos extinguirnos.

¿Alliku markapa kutikushwan?: ¿Sería bueno retornar al pueblo natal?

T

t [t]: fonema oclusivo dental sordo.

-t morf. modal exagerativo: todito, totalmente, hasta. *charkut*: desde arriba hasta abajo. *chipyat*: todito, per. toditito. *hankat*: todito. *muspat*: hasta desmayarse. *wañut*: hasta morir, hasta matar. *millput millput*: pasar la saliva con ganas. *Mikuynintsikta, hankat ushaskirnin, ¿imantsiktaraq mikushun?*: ¿Qué comeremos si terminamos toda nuestra comida?

-ta: 1. morf. del objeto directo. *Qamtam kuyashunki*: A ti te quiere y no a otro. *Llapantsik yakuta wanantsik*: Todos necesitamos agua. 2. objeto indirecto: *Aukista aswan qaray*: Regala chicha al anciano. 3. destino, movimiento a un lugar, indica la intención de llegar al lugar: *Markaata aywaa*: Voy a mi pueblo. 4. Sustituye a *-pa* en exp. adv. temporal repetida para enfatizar: *Paqasta hunaqta (paqaspa hunaqpa) puñunki*: Duermes de día y de noche. lit.: "Duermes la noche y el día".

-ta ‹ *tsa* morf. v. transitivo, pospuesto a nombre y adj.: convertir en, transformar. *yawartay*: sangrar. →**tsa**.

taa ‹ *tiya* s.: asiento, banco. →**tiya**.

taakatsiy v.: hacer sentar. →**taakutsiy**.

taaku s. esp.: taco (lana o algodón para cargar la escopeta con pólvora y bala).

taakuna ‹ *tiyakuna* s.: banco, asiento, lugar para sentarse. *taakuna rumi*: piedra donde uno se sienta. *Taakunaachau wallpa rakchaakushqa*: La gallina se ha ensuciado en mi asiento. →**hamakuna**.

taakutsiy (*taa-ku-tsi-y*) v.: sentar, hacer sentar, invitar o mandar a que se siente. *Waqay siki wamrata waqta punkuchau taakutsiy*: Al niño llorón hazlo sentar en el patio.

taakuy ‹ *tiyakuy* v. refl.: sentarse, reposar, descansar. *Allquqam kuchuchau taakun*: El perro se sienta en el rincón. →**hamakuy**.

taakuy v.: vivir, residir, habitar, morar. *¿Kay pukruchauku taakuyanki?*: ¿Ustedes viven en esta hoyada? *Ari, kaychaumi taakuyaa*: Sí, vivimos aquí.

taapakuq (*taapa-ku-q*), **taapaku** p. pte.: vigilante, cuidador. *wasi taapakuq*: cuidador de casa.

taapakuy (*taapa-ku-y*) v. enfát.: cuidar, vigilar.

taapaq (*taapa-q*) p. pte.: cuidador, vigilante.

taapay v.: cuidar, vigilar, guardar. *uusha taapaq*: cuidador de oveja durante la noche (por zorro, puma, ladrón).

taara s.: tara (Caesalpinia spinosa). Planta espinosa de clima templado, de fruto en vainas que cuando están verdes se descascaran y se extraen capas blancas como córneas que cubren la semilla, éstas se comen en dulces. Cura la diarrea. La semilla seca se usa en la curtiembre. Contiene tanino.

taariy v.: sentarse. *shaariy taariy*: levantarse y sentarse.

taay v.: sentar, reposar. Se usa más la forma reflexiva o enfática: *taakuy*.

taaya s.: taya (Caesalpinia spinosa). Planta de la puna. *china taaya*: taya hembra. Se usa como escoba. *urqu taaya*: taya macho. Su cáscara sirve para tejer canastas.

tabardiillu s. esp.: tabardillo, insolación. *achaywan yanukay, hallqa tabardiillu*: tabardillo de la jalca.

tabardiillay v.: tabardillarse, insolarse.

tahu adj.: grano de maíz todavía no seco totalmente.

taka s.: afrecho de chicha hervida.

taka s.: golpe repentino que se recibe (cornada, puñete).

takakuy (*taka-ku-y*) v. refl.: golpearse, darse un golpe.

takama s.: tacama. Una especie de pato.
takana (*taka-na*) s.: golpeador, martillo, mazo.
takanakuy (*taka-naku-y*) v. recíp.: golpearse con algo, cornearse. *Kay toorukuna llutanpa takanakuyan*: Estos toros se golpean fieramente.
takarpu s.: estaca, palo plantado.
takatsikuy (*taka-tsi-ku-y*) v.: hacerse golpear, hacerse fornicar (ref. hembra).
takatsiy (*taka-tsi-y*) v.: hacer golpear.
takapi s.: tacapi. Sopa de harina de trigo tostado. La harina no debe estar muy molida sólo golpeada. *takapi aqallpu*: harina para tacapi.
takay v.: golpear, martillar, tocar. *qiru takaq pishqu*: pájaro carpintero.
taki s.: canto. *aya taki*: canto fúnebre. →**qusu**.
takikuq (*taki-ku-q*) p. pte. cantor, el que canta, cantante.
takikuy (*taki-ku-y*) v. enfát.: cantar, entonar. *Kanan patsa takikushun*: Cantemos ahora mismo.
taki unquy s.: lit. "enfermedad de canto", culto estelar andino, canto a las fuerzas estelares. Los practicantes de este culto fueron perseguidos por los extirpadores de idolatrías.
takitsiy (*taki-tsi-y*) v.: hacer cantar, dirigir un coro.
takiy v.: cantar. *Takillaashun, tushullaashun. Kushikuyta takishun*: Cantemos todos, bailemos todos. Cantemos todos de alegría. →**qusuy**.
takiyay v. esp.: taquear (presionar lana o algodón al cargar la escopeta con pólvora y bala).
taklla s.: arado, herramienta para remover la tierra. *chaki taklla*: lit. "arado de pie", chaqui taclla (arado prehispánico). Palo con punta aguda y una rama horizontal donde se pisa para que penetre y roture la tierra. *lasaq taklla*: arado pesado.
Taklla s.: Arado. Constelación en forma de arado.
takllush s.: taclló. Árbol de la puna, la parte de la hoja que da al sol es verde; el reverso es blanco y lanoso. Posiblemente era la preferida para fabricar la chaqui taclla (arado de pie).
takmay v.: apuntalar el techo con palos. →**tukmay**.
taksha adj.: mediano, no grande. *taksha runa*: persona mediana. *Taksha papallata akrashun* Escojamos solamente la papa mediana (no grande ni menuda).
takshatsay (*taksha-tsa-y*) v.: achicar, reducir de tamaño.
takshayay (*taksha-ya-y*) v.: reducirse de tamaño.
takshayaatsiy (*taksha-ya-a-tsi-y*) v.: reducir el tamaño. *Gubirnu qillaytapis takshayaatsin*: El gobierno reduce hasta el tamaño del dinero.
taku s.: algarrobo (Prosopis sp.). Árbol de la costa cuyo fruto cura la tos. Si se consume mucho produce diarrea.
taku adj.: mezclado, entreverado. →**sapu**.
takukay (*taku-ka-y*) v.: mezclarse, entreverarse *Yawarnintsik takukashqam*: Nuestra sangre se ha mezclado.
takukaakuy v. muy enfát.: mezclarse, entreverarse, confundirse.
takutaku s.: lit. "mezcolanza, entrevero", per. tacutacu. Comida con mezcla de legumbres, cereales, pellejo de chancho y otros ingredientes. También comida con mezcla de todas las sobras.
takutaku s.: tacutacu. Mezcla del quechua y español. Tacutacu léxico: "En estos quinrayes de la puna no falta la carca". De sintagma: "Es su chacra de tu papá". De fonética y morfología: "Diunaviz vuy avisar a mayistra".
takutsiy v.: causar la mezcla, causar entrevero o confusión.
takuy v.: mezclar, entreverar.
takya s.: per. carca, bosta. →**karka**.
takyatsiy v.: afianzar, afirmar, apuntalar,

asegurar.
takyay v.: estar firme en un lugar, durar.
talapa s. astilla. →**kallapa**.
taliq taliq exp. adv.: caminar taimadamente, caminar balanceándose. *Taliq taliq purikuykaptinlla rupay hiqarin*: El sol se oculta cuando está caminando taimadamente.
tallay v.: cortar algo (papa, oca, olluco) en rodajas para cocinar. →**ikiy**.
talliy v.: vaciar, verter. →**hichay**.
tallmaq (*tallma-q*) p. p.: tallmador. El que deshace los surcos tapando las semillas. *Tallmaqpa tsiqllan nanan*: Al tallmador le duele la cintura.
tallmay v.: deshacer los surcos después de arar a fin de que las semillas de cereales no queden expuestos a los pájaros.
tallpuy v.: poner algo debajo.
tallu s.: complementario, algo que complementa la comida.
tallun (*tallu-n*) s.: ingrediente, adicional, complemento de las comidas. La cancha (maíz tostado) es el complemento de la sopa. ¿*Kay kashkipaq tallun kanku?*: ¿Hay algún complemento para esta sopa?
talluy v.: entreverar, mezclar.
tami s.: placenta. →**paaris**.
tamarindu s. esp.: tamarindo. Medicina para la tos.
tampu s.: tambo, tienda, depósito de víveres. Topónimos: Cajatambo, Chasquitampo, Tamborreal, Tambopata.
tamu s.: 1. hojarasca. →**shumpa**. 2. dulce hecho de tubérculos.
tamya s.: lluvia. *usya tamya, qarway tamya*: lluvia del tiempo de estío. Seca las hojas de las plantas. *chushu tamya*: lluvia menuda, cerrazón. *mushuq tamya, puspa tamya*: primera lluvia después de época seca. *qipa tamya, qipashqa tamya*: lluvia atrasada. *rupay tamya*: lluvia con sol. *uti tamya*: mangada, chaparrón. *tamya killa*: mes de lluvia, marzo. *tamya yaku*: agua de lluvia. Para pedir la lluvia a los antepasados se saca la calavera gris de su cueva. Y para pedir cese de lluvia se saca la calavera blanca. Pero antes se les presenta ofrendas: coca, cancha de maíz, cigarro. →**para**.
tamya killa: mes de lluvia, marzo.
tamya kuru s.: lit. "gusano de lluvia", gusano peludo y oscuro que aparece en grupos durante la época de lluvia.
tamya misa s.: misa para pedir la lluvia.
tamyanay (*tamya-na-y*) v.: estar por llover, querer llover.

Llapan patsa pukutan,
tamyanaykar tamyantsu.
Tsaynaumi shunquupis,
waqanaykar waqantsu.

Toda la tierra se nubla, / quiere llover, y no llueve. / Así está mi corazón, / quiere llorar, y no llora (huayno).
tamya qallanan killa s.: lit. "mes del inicio de lluvia", octubre. →**puspa killa**.
tamya tsapaana s.: paraguas.
tamyapay (*tamya-pa-y*) v.: llover un rato.
tamyaray (*tamya-ra-y*) v.: llover sin parar.
tamyay v. unipersonal: llover. *Allaapa tamyan*: Llueve mucho.
tamya yaku s.: agua de lluvia. *Tamya yakuta qurikushun*: Recojamos el agua de la lluvia.
-tan morf. interrogativo enfático, después del pron. o adv. Refuerza la interrogación: En español se puede expresar con énfasis en los acentos de tono y tensión. ¿*Pitan?*: ¿Quién es? ¿*Pitatan rikarquyki?*: ¿A quién has visto? ¿*Maychautan challwakunki?*: ¿Dónde sueles pescar? ¿*Imaytan aywashun?*: ¿Cuándo vamos a ir? (Deseo saber la fecha) →**-taq**.
taniy v.: cesar una acción que está en proceso. *Tamya tanin*: Cesa de llover.
tankas adj.: rotoso, haraposo. →**tankay**.
tankay adj.: rotoso, haraposo. *tankay wara*: pantalón rotoso. *tankay siki*: andrajoso, harapiento.

tankay v.: remendar, poner parches.
tankayllu s.: tábano negro que vence a la tarántula con sus aguijones ponzoñosos. →**wachiq wachiq**.
tankus adj.: empapado, pesado por estar mojado.
tankus tankus exp. adv. modal: andar pesadamente.
tankusyay (*tankus-ya-y*) v.: pesar la ropa al mojarse. *Uqa uusha llullipaqam tankusyan*: La pollera de lana de oveja pesa si está mojada.
tanqana (*tanqa-na*) s.: 1. palo con que se empuja la balsa. 2. roca o palo que estorba empujando al caminante.
tanqanakuy (*tanqa-naku-y*) v. recíp.: empujarse, darse empellones. *Kichki naanichau tanqanakurqam asnukuna qaqata hiqayanqa*: Se van a desbarrancar los burros si se empujan en camino estrecho.
tanqay v.: empujar. *Kay rumita ruriman tanqay*: Empuja esta piedra hacia adentro. →**kumay, kunhay**.
tanran s. onomat.: sonido de trueno, y arma de fuego.
tanta s.: pan. *rupa tanta*: pan quemado.
tantakuy (*tanta-ku-y*) v.: proveerse de pan.
tanta pacha s., adj.: lit. "estómago de pan", persona que come mucho pan, que gusta mucho pan.
tanta ruraq s.: panadero. *Huk alli tanta ruraqniimi kantsu*: Carezco de un buen panadero.
tantay v.: reunirse, juntarse. →**ayllukay**.
tantiyanakuy v. recíp.: conocerse bien, saberse las mañas, tantearse, estarse al tanto de muchas cosas. →**musyapanakuy**.
tantiyatsiy v.: hacer que tantee o que se dé cuenta. →**kaayitsiy**.
tantiyay v. esp.: 1. tantear, probar. →**maa**. 2. darse cuenta, enterarse. *Qamqa imatapis tantiyankitsu* Tú no te das cuenta de nada. →**maakuy**.
tanuy v.: aplastar, machucar. →**nitiy**.

tañu, tanu adj.: chato, aplastado, machucado. *tañu sinqa*: nariz chata, per. ñato.
tañuy v.: aplastar, machucar. →**nitiy**.
tapra adj.: corto de vista, cegatón.
tapray v.: tropezar, caminar a tropezones.
tapriy v.: pisotear los cuadrúpedos con las patas delanteras, manotear. *Mula ashkashta taprishqa*: La mula ha manoteado al corderito.
tapsa s.: pico de ave.
tapsay v. picotear. →**taushiy**.
tapsipa (*tapsi-pa*) s.: tapsipada. Un rito de daño para desmoralizar o hacer inefectiva cualquier actividad del rival. El tapsipador sacude su órgano genital. Este rito es muy usado en competencias deportivas y en trabajos donde existe la emulación.
tapsipay (*tapsi-pa-y*) v.: sacudir un rato.
tapsiy v.: sacudir (el pene después de orinar, la ropa para desempolvar), agitar. *Tsampakunata tapsishun*: Sacudamos las champas (terrones de césped).
tapu s.: pregunta.
tapuchi (*tapu-chi*) s.: preguntón, chismoso. *tapuchi warmi*: mujer preguntona.
tapukuy (*tapu-ku-y*) v. enfát.: preguntar, informarse, indagar, consultar, averiguar.
Tapukushqayki, markamasi.
Tapukushqayki, alli runa.
Maypis shipashta rikaallarquyki.
Kuyashqallaami aywakullashqa.
Le pregunto, paisanito. / Le pregunto, hombre bueno. / Quizás ha visto a una joven. / Mi bien amada se ha marchado.
tapuna (*tapu-na*) adj.: interrogable.
tapunakuy (*tapu-naku-y*) v. recíp.: preguntarse, consultarse.
taputsiy (*tapu-tsi-y*) v.: mandar a preguntar, averiguar a través de otro.
tapuy v.: preguntar, averiguar, investigar.
tapya s.: mal agüero, que trae mala suerte. El canto ¡tucuu! del búho, ¡paca paca! de la pacapaca, y ¡chac! del gorrión cerca

de la casa. →**winchu, ranya, ati**.
-taq morf. nominal preventivo: cuidado, cuidado con. *Hukpa qillaynintataq uqrankiman*: Cuidado con perder dinero ajeno.
-taq morf. enfát., después del pron. o adv. interrog.: En esp. se puede expresar con mayor énfasis en los acentos de tono y tensión. *¿Pitaq rikaamantsik?*: ¿Quién nos ve? (Nadie nos ve) *¿Maychautaq puñurquyki?*: ¿Dónde has dormido? (Dímelo que debo saber) *¿Imaytaq kutimunki?*: ¿Cuándo vas a volver? (Quiero saberlo) →**tan**.
-taq morf. aseverativo, de igual función que *-m, -mi*: sorpresa o aclaración a alguna duda. *Nuqataq*: Soy yo. *Paytaq*: Él es. Ocurre que es él.
taqay pron. o adj. demostrativo: aquel, aquella, aquello. *Taqaytam rikarquu*: He visto a aquél. *Taqay markachau papata alli muruyan*: En aquel pueblo siembran mucha papa.
taqay + morf. locat.: allá. *taqaychau*: allá, en aquel lugar. *taqayman*: hacia allá, hacia aquel lugar. *taqaypita*: desde allá, desde aquel lugar. C de H: *taqee*.
taqllapay (*taqlla-pa-y*) v.: palmotear, dar palmadas de saludo o caricia.
taqllay v.: 1. palmear (masa de arcilla o harina, saludo). *manka taqllaq*: ollero, fabricante de olla. 2. aplaudir. *Makita taqllashun*: Aplaudamos. →**paqchiy**.
taqma s.: destrozo, algo caído por vejez.
taqmay v.: deshacer lo construido, desmoronar, derrumbar. *Kay huchunaykaq wasitaqa hina patsa taqmashun*: Ahora mismo tumbemos esta casa que está por derrumbarse.
taqra adj.: sucio, desordenado, mugriento, descuidado. *taqra maki*: mano sucia. *Taqra manka, wiqla warmi*: Olla sucia, mujer descuidada.
taqray v.: ensuciar. *¿Pitan puñuy shikraata taqrarqun?*: ¿Quién ha ensuciado mi bolsa de dormir?
taqsha s.: trabajo de lavar, lavado.
taqshakuna (*taqsha-ku-na*) s.: lavadero, lugar donde se lava.
taqshakuy v. enfát.: lavar la ropa, lana, frazada.
taqshana (*taqsha-na*) s.: material para lavar ropa. Productos naturales que sirven como jabón: semillas de cumlluyshu, tallos de congona, lejía de ceniza.
taqshapakuy (*taqsha-pa-ku-y*) v.: lavar ropa de otra gente. *Taqshapakur qillayta tarii*: Gano dinero lavando ropa ajena.
taqshaq (*taqsha-q*) p. pte.: que lava, lavador, lavandero. *taqshaq maakina*: máquina lavadora, lavadora.
taqshatsiy (*taqsha-tsi-y*) v.: hacer lavar (ropa, lana).
taqshay v.: lavar ropa o lana. *Kanan llatapaata taqshaa*: Hoy lavo mi ropa.
taqtay v.: pisotear, atropellar. →**haruy**.
taqway s.: alud, huaico, aluvión, avalancha. →**apaakuy, lluqlla, waqyaa**.
taraaway s.: ciempiés. *taraawaynau atska chakishqa*: de muchos pies como el ciempiés. *puka taraaway*: ciempiés rojo.
tardi s. esp.: tarde, demora. →**ampi, qipa**.
tardiyaapakuy (*tardi-ya-a-pa-ku-y*) v.: hacerse tarde, pasársele el tiempo sin que pueda concluir o cumplir algo.
tardiyay v.: atardecer, hacerse tarde.
tari s.: hallazgo.
tariku s.: algo que uno se encuentra.
tarikuy (*tari-ku-y*) v. refl.: encontrarse algo. *Qillayta tarikurquu*: Me he encontrado dinero.
tarinakuy (*tari-naku-y*) v. recíp.: encontrarse, hallarse.
taripay v.: alcanzar al que va delante, igualar. *Puntaamaptinpis taripaashaqmi*: Le voy a alcanzar aunque se me adelante.
taripuy (*tari-pu-y*) v.: descubrir lo que se quiere esconder, encontrar in fraganti.
tariy v.: encontrar, hallar.
tariy tukuy v.: ser descubierto. *Tiitush*

tariy tukushqa, kananqa pipis maypis suwa kanqanta musyan: Dicen que Tito ha sido descubierto, ahora todo el mundo sabe que es ladrón.
Tarma s. top.: Tarma. Un pueblo de Junín (Perú). *tarmakuna*: tarmeños.
tarma papa s.: papa tarma. Ref. al lugar de procedencia.
tarpaa s.: papa de sembrío atrasado.
tarpay v.: atrasarse en la siembra.
tarpu s.: siembra. *tarpu killa*: mes de siembra.
tarpuy v.: sembrar. →**muruy**.
taruka s.: taruca, taruga (Hippocamelus antisensis). Ciervo andino. →**tarush**.
tarush s.: taruca, taruga. Ciervo andino.
tarwi (metátesis de *tauri*) s.: tauri, tarqui, chocho (Lupinus argenteus). →**tauri**.
tash s. onomat.: ¡tas!, sonido de la pisada de cuadrúpedos no pesados. *¿Imallaqash, imallaqash kallan: ishkay lapin lapin, chusku tash tash, huk wirut wirut?*: ¿Qué será, qué será: dos cosas colgadas que se golpean, cuatro que suenan tas tas, y uno que se mueve como un garrote? Respuesta: *allqu*: perro. Explicación: *ishkay lapin lapin*: las orejas. *chusku tash tash*: las cuatro patas. *huk wirut wirut*: la cola.
tashnuy v.: rociar. *Kuwashqa iskuta tashnurqa qaqllaykita tsapakunki*: Tápate el rostro al rociar cal quemada. →**tsaqtsuy**.
tashpuy v.: rebasar el agua cuando hierve. →**chasuy**.
tashta s.: trastabillada, caminata a tientas.
tashta tashta exp. adv.: a tientas, trastabillando. →**tinkaka, tashtapa**.
tashtapa (*tashta-pa*) exp. adv.: a tientas, trastabillando.
tashtapa tashtapa exp. adv. exagerativo: en zigzag, trastabillando. *Tashtapa tashtapa purinqaykiyaq upyanki, ¿manaku pinqakunki?*: ¿No te da vergüenza?, bebes hasta caminar en zigzag. →**tinka tinka**.
tashtapay v.: caminar a tientas, trastabillar. Las causas: debilidad física (niño, enfermo), mareo, ceguera.
tataku s., adj.: tataco, enano, diminuto, raquítico, chilenito (ref. animales o plantas raquíticos). *tataku runa*: hombre enano.
tataku kakash s.: gallo tataco, chilenito. Gallo pequeño, fiero, infatigable y traidor en la pelea.
tataku sipra s.: plátano tataco, plátano de frutos pequeños y muy dulces.
tauha s.: montón de cosas. →**shuntu**.
tauhay v. amontonar.
taulli s.: 1. taulli, chocho o tauri silvestre (Lupinus ballianus) de flores moradas con manchas blancas. Las cabras que comen sus hojas amargas tienen tripas amargas. 2. adj.: color de la flor de taulli (morado con blanco). *taulli pishqu*: pájaro del color de la flor de taulli.
tauna s.: cayado, bastón, báculo. *qumu tauna*: bastón retorcido. →**shukshu**.
tauna qiru s.: muleta.
tauqay v.: mezclar, entreverar. →**takuy**.
tauri s.: tauri, tarqui, chocho (Lupinus argenteus). Planta de la puna cuyos frutos blancos o blanquinegros son muy amargos. Para comer hay que procesarlo: se sancocha, se remoja en agua corriente o en depósito pero cambiando frecuentemente el agua. En una semana pierde el amargor y entonces se come en ensalada, guiso y en otros platos. Crudo es veneno. *tauri packa karaskuna*: carasinos come chochos. (Huaylas – Ancash). →**tarki**.
taushi s.: picotazo de ave.
taushinakuy (*taushi-naku-y*) v. recíp.: picotearse. *Urpikunapis, urpi kaykar, taushinakuyan*: Las palomas, siendo palomas, se picotean. C de H: *taushinakiy*.
taushiy v.: picotear. *Papata wallpataq taushinman*: Cuidado que la gallina picotee la papa. →**tapsay, tiushiy**.
tawa (Q II) num.: cuatro. *tawa suyu*: cuatro regiones. *tawa llaqta*: cuatro pueblos. →**chusku**.
tawanpa (*tawa-n-pa*), **tawampa**: exp.

adv.: a gatas, de cuatro patas, como un cuadrúpedo. →**chuskunpa**.
tawanpa s.: tahuampa. Recolección en la playa de ríos selváticos después de la riada. La gente casi anda a gatas buscando algo en el lodazal.
tawanpay, tawampay v.: 1. gatear (los niños), andar a cuatro patas (el cazador). 2. tahuampear, buscar casi a gatas lo que el río ha dejado en la orilla. →**chuskunpay**.
Tawantinsuyu (*tawa-ntin-suyu*: con cuatro regiones) s.: Tahuantinsuyo. Nombre del imperio incaico que comprendía cuatro regiones: *Antisuyu* (región oriental o del Ande), *Chinchaysuyu* (región Chincha o del norte), *Kuntisuyu* (región Kunti o del oeste), *Qullasuyu* (región Colla o del sur). La capital era Cuzco.
taykay (*ta-yka-y*) v.: estar sentado, estar firme en su base. *¿Pitan kaychau taykan?*: ¿Quién está sentado aquí? →**tiyaykay**.
tayta s. esp.: padre, papá, señor, trato de respeto y a veces de sometimiento o reconocimiento de tutelaje. →**yaya**.
tayta kuura s.: sacerdote, cura, padre.
Tayta kuura, tayta kuura:
rispunsullaa qusurkallaamuy.
Kananmi rikaarillaashaq,
Qapaqta kar, Supayta kar.
Taita cura, taita cura: / cánteme mi responso. / Hoy voy a contemplar, / ya sea a Dios, ya sea al Diablo.
taytay (*tayta-y*) s. enfát.: taitito, padrecito, papacito, señorcito. C de H: *Oomi teetee*: Sí, señor.
taywa s.: lindero, frontera. →**shaywa**.
tihra s. esp.: tijera, tijeras. *mushuq tihra*: tijera nueva. *tihra tushu*: baile de tijeras.
tiiha s. esp.: teja. *rakta tiiha*: teja gruesa.
tiila s. esp.: tela. *llampu tiila*: tela suave.
tiila haqchiq s.: lit. "que arranca la tela con sus dientes", sastre, costurera. Trato despectivo.
tiiray v. esp.: 1. poder, ser capaz de.

Imatapis tiirankinatsu: Ya no puedes hacer nada. 2. tomar hacia una dirección.
tiiru s. esp.: 1. tiro, disparo. 2. exp. adv.: rápido. *Huk tiirulla rurarishaq*: Lo haré de un sólo tiro (rápido).
tika s.: flor. →**wayta, sisa**.
tika s.: adobe, ladrillo. *tika wasi*: casa de adobe.
tika s.: queso del tamaño del molde. *tika kiisu*: un queso.
Tikapampa (*tika pampa*) s. top.: ¿pampa de flor?, ¿pampa de adobes? Pueblo minero de la provincia de Recuay (Ancash).
tikay v.: 1. florecer. 2. hacer adobes, jalar adobes. 3. poner el queso en el molde.
tiki ‹ *tiksi* s.: universo.
tiklla s.: mancha grande en la parte lateral del animal.
tikllash adj.: con lunar o mancha (ref. animales). *tikllash tooru*: toro con mancha en el costado.
tikpi s.: prendedor, alfiler, alambre o espina que sirve para sostener el manto. *quri tikpi*: prendedor de oro. *tullu tikpi*: prendedor de hueso. →**tupu**.
tikpi haku s.: rebozo que cubre la espalda y el pecho, se asegura con un prendedor. Las mujeres casadas o mayores prefieren de colores oscuros y de adornos sobrios; las jóvenes prefieren de colores vivos y con muchos adornos. La forma de llevar el rebozo muestra el carácter de la mujer.
tikpiy v.: prender, hacer agarrar la ropa con algo.
tikra s.: revés, reverso, volteada.
tikrakuy (*tikra-ku-y*) v.: voltearse, dar la espalda.
tikramuy (*tikra-mu-y*) v.: 1. retornar, volver hacia el principio, regresar. *May tsayta aywarpis, markaamanqa tikramushaqmi*: Vaya a donde vaya, pero volveré a mi pueblo. 2. mirar hacia atrás, tornar la mirada hacia donde está el interlocutor. *Ayash huk runata ninaq: Qampis yana-*

pamarquykim, kananqa ñaupallaata ayway, mana tikramur; tikramurqam mantsakanki: Dicen que el alma había dicho a un hombre: Tú también me has ayudado, ahora ve delante mío sin voltear hacia atrás donde estoy yo; si volteas te vas a asustar.

tikrapa (*tikra-pa*) s.: ticrapada, volteada, respuesta. Hacer brujería en contra de la persona que primero ha brujeado.

tikrapay (*tikra-pa-y*) v.: voltear algo lentamente, dar la contra con brujería.

tikray v.: 1. voltear, volver lo abajo hacia arriba. *Manhanqa kita kanan tikray*: Ahora voltea lo que has tendido. 2. trasladar, cambiar de posición. *Qinchata tikraa*: Traslado (cambio) la quincha. 3. variar, cambiar, volverse diferente. *Kay runaqa, taqay warmiwan churakanqanpita, mana alli tikrashqa*: Este hombre se ha vuelto malo desde que se casó con aquella mujer.

tikraypa (*tikra-y-pa*) adv. modal: al revés (con la cara interior hacia fuera). *Tikraypa llullipakushkanki*: Te has puesto la falda al revés.

tikraypa tikray exp. v. de frecuencia: volver y volver, frecuentar. *Wanarnikim tikraypa tikramuu*: Vuelvo que vuelvo aquí porque te necesito.

tikshay v.: voltear algo para vaciar el contenido. →**tikway**.

tikshu adj.: inclinado a un lado, chueco, torcido, ladeado, desigual. *tikshu tsuku*: sombrero ladeado.

tikshukay (*tikshu-ka-y*) v.: ladearse, inclinarse a un lado, desbalancearse, desequilibrarse.

tikshuutsiy (*tikshu-u-tsi-y*) v.: inclinar sólo a un lado (ref. cargas), desbalancear, ladear. *Tsukuuta tikshuutsiytsu*: No ladees mi sombrero.

tikshuy v.: inclinarse a un lado, ladearse.

tiksi s.: universo, mundo. *kawaq tiksi*: universo vivo. Esta palabra ha sido escrita: *tiki, tiri*.

tiksi adj.: universal. *tiksi muyu*: esfera universal. *tiksi wira qucha*: fuente universal de vida. Nombre de dios al sur del Tahuantinsuyo.

tikta: 1. s.: nata, natilla que se forma sobre la leche y mazamorra. *api tikta*: nata de mazamorra. 2. adj.: que tiene natilla. *tikta api*: mazamorra con nata.

tiktay v.: formarse la nata, cuajarse, coagularse. *Kay api shumaq tiktan*: Esta mazamorra forma bien su nata.

tikti s.: verruga, tumor exterior pequeño. La sacuadra es uno de los causantes. Se cura sobando con cebada tostada caliente o con escama caliente de los pies de gallina en el momento de pelar en agua caliente, y tomando leche de cabra. *tikti maki chiina*: muchacha de mano verruguienta.

tikwakaq tikwakaq exp. adv.: irse el peso de un lado a otro lado. *Kay kaarruqa tikwakaq tikwakaq aywan*: Este carro va inclinándose a un lado y a otro lado.

tikwakay (*tikwa-ka-y*) v.: irse el peso sólo a un lado.

tikway v.: derramar, vaciar de golpe el contenido de un recipiente o costal. *Tikwankimantaq, shumaqlla, mikuyta apay*: Lleva con cuidado la comida, no vayas a vaciarla.

tilapya s.: centella, relámpago, chispa. →**tilauya**

tilapyatsiy (*tilapya-tsi-y*) v.: hacer centellear, hacer brillar.

tilapyay v.: centellear, relampaguear.

tilau adj.: centelleante, relampagueante.

tilauya s.: centella, relámpago, chispa. →**tilapya**.

tilauyatsiy (*tilau-ya-tsi-y*) v.: hacer chispear, hacer brillar.

tilauyay v.: centellear, brillar de repente, relampaguear. *Kaychau tilauyarqun*: Aquí ha centelleado.

Tili s.: hipoc. de Telésforo, -a.

Tiliichu s.: hipoc. de Telésforo, Telesforito.
tiliihunu s. esp.: teléfono. *mushuq tiliihunu*: teléfono nuevo. *tiliihunu wasi*: central telefónica. *puriq tiliihunu*: teléfono celular, teléfono portátil.
tiliira s. esp.: telera, travesaño en el techo o arado.
tilihuniyay v.: telefonear.
tillapyay v.: centellear, relampaguear. →**tilauyay**.
tillaqshay v.: asustarse. →**mantsakay**.
tilti adj.: poco torcelado. *tilti watu*: hilo poco torcido.
timpi s.: hincada, punzada.
timpikachay (*timpi-ykacha-y*) v.: laborar en forma muy activa moviéndose de un lado a otro, brincotear trabajando.
timpiy v.: hincar con algo agudo (espina, aguja etc). →**tuksi**.
timpu s.: hervor. *Kay yuyuqam huk timpulla chan*: Esta verdura se cuece sólo en un hervor.
timpuq yaku s.: agua que hierve, agua termal.
timputsiy (*timpu-tsi-y*) v.: hacer hervir.
timpuuchi s.: agua o leche hervida sin nada. *timpuuchi yaku*: agua hervida para tomar.
timpuy v.: 1. hervir, borbotar. *Mankayki timpunnam*: Tu olla ya hierve. 2. hervir de gente, estar lleno de gente. →**tipullyay**.
timta s.: polilla. →**puyu**.
Timu s.: hipoc. de Timoteo, -a.
Timuuku s.: hipoc. de Timoteo, Timoteíto, -a.
timun s. esp.: timón. *timun qiru*: palo timón. *taklla timun*: timón de arado.
¡tinii! interj.: ¡tené! Voz para tranquilizar al ganado vacuno. *Buyisqa, ¡tinii! nikaptii takaskaman*: El buey, cuando le estaba diciendo ¡tené!, me ha dado una cornada
tinka s.: 1. tingote, capirotazo. →**chirlu**. 2. palanquera sostén del techo de la mina.
tinka tinka exp. adv.: a tientas, trastabillando. →**tashta tashta**.
tinkaka tinkaka exp. enfát.: a tropezones, trastabillando. *Tinkaka tinkaka purinqaykiyaq upyashkanki*: Has tomado hasta andar trastabillando.
tinkan s. onomat.: ronroneo. Sonido del gato cuando duerme.
tinkay s.: tingote, papirotazo. *Qamqa huk tinkayllapaqmi kanki*: Tú no eres más que para un tingote.
tinkay v.: 1. tirar tingotes, tingotear, dar papirotes. *Chuspita tinkay*: Da un tingote a la mosca. 2. asperjar a papirotazos. Es una forma de brindar el licor a la madre naturaleza antes de beber.
tinkay v.: rebotar una barra al ser golpeada, vibrar. *Rumiman char barritaqa tinkaskaman*: La barreta me rebotó al chocar con la piedra.
tinki s.: nudo. *Supaypa tinkin*: nudo del diablo. Un nudo difícil de desatar. →**kipu**.
tinki adj.: nudoso, con nudo. *tinki waska*: soga nudosa. →**kipu**.
tinki tinki exp. adj. de exageración: encadenado, ensartado.
tinki adj.: seco, flaco, sin carne (animal o persona): *tinki siki* (*tsaki siki*): persona de nalga muy flaca.
tinkikay (*tinki-ka-y*) v.: 1. anudarse, hacerse nudo. 2. enflaquecerse, hacerse delgado, secarse.
tinkinakuy (*tinki-naku-y*) v. recíp.: unirse, ensartarse (usado para referirse a perros).
tinkiy v.: anudar, unir dos puntas, ensartar.
tinku s.: 1. lugar de convergencia de ríos y caminos. top.: Tinco, Tingo, Tingo María. 2. lo justo, lo cabal, lo exacto.
tinkuchi s.: símil, comparación, analogía.
tinkumuy (*tinku-mu-y*) v.: cumplirse un período fijado. *Huk patsakuti tinkumun*: Se cumple un pachacuti (500 años).
tinkutsi s.: 1. hecho de hacer alcanzar distribuyendo. 2. duración de la cosecha

pasada hasta la nueva cosecha. Una de las grandes virtudes de las amas de casa. 3. Comparación. →**paqtatsi**.
tinkutsiy (*tinku-tsi-y*) v.: 1. hacer alcanzar distribuyendo. 2. hacer durar la cosecha anterior hasta la nueva cosecha, hacer coincidir los dos extremos. *Wawawan mamatan tinkutsiyta munaa*: Quiero hacer encontrar la nueva cosecha con la anterior. 3. comparar, hacer analogía. *Qamtaqa paywanmi tinkutsiq*: A ti te comparo con él.
tinkuutsiy v.: llevar algo para entregar a alguien que viene (antes de que llegue). *Kay aswata tsaka qiru apamuqkunata tinkuutsiy*: Lleva esta chicha para los que están trayendo el palo para el puente.
tinkuy v.: 1. encontrarse, dar el encuentro a alguien. *Mamaata tinkuu*: Doy encuentro a mi mamá. 2. ser lo exacto, ser adecuado. 3. cumplirse la fecha, concluir el plazo. *Churakuykaptiilla killa tinkurin*: Llega el mes cuando me estoy preparando. 4. semejarse, parecerse coincidir.
tinri adj.: abultado, inflado (estómago de niños desnutridos o con parásitos). *tinri pacha*: barrigón, ventrudo.
tinriyay (*tinri-ya-y*) v.: inflarse el estómago (por desnutrición, parasitosis).
tinti s.: langosta, saltamonte, chapulín. →**uqsha kuru**.
tinti adj.: inmóvil, paralizado.
tintishqa p. p.: paralizado, inmóvil, dormido. *tintishqa ñawi chiina*: muchacha de ojos dormidos.
tintiy v.: paralizarse, quedarse inmóvil (ref. líquido o masa gelatinosa).
tinya s.: tinya, tambor pequeño. *tinya pacha*: barriga resaltada como una tinya.
tiñina (*tiñi-na*) s.: herramienta de tintorería. *tiñina manka*: olla que sirve para teñir.
tiñiy v. esp.: teñir, agarrar bien el color.
tipina (*tipi-na*) s.: tipicuna, despancador. Herramienta puntiaguda para quitar la panca del maíz. *Tipinata makyaykamay*: Alcánzame el despancador.
tipiy v.: despancar, quitar la panca de la mazorca.
tiplla s.: 1. maíz suave descascarado, choclo descascarado para moler y preparar las humitas, tamales y otras viandas. 2. labor de descascarar el grano remojado.
tipllay v.: descascarar granos blandos o remojados (choclo, maíz o frejol).
tipshi s.: 1. pellizco. 2. pellizco, pedacito de algo. →**sipti, kipchu**.
tipshinakuy (*tipshi-naku-y*) v. recíp.: pellizcarse.
tipshipanakuy (*tipshi-pa-naku-y*) v. recíp.: compartir un pedazo, repartirse aunque sean pedacitos. *Huk tantallatapis tipshipanakurmi mikukuyaa*: Aunque sea un pan comemos compartiendo los pedacitos.
tipshipaanakuy (*tipshi-pa-a-naku-y*) v. recíp.: pellizcarse, provocarse con pellizcos. *Tipshipaanakurmi kuyanakuyta qallantsik*: Pellizcándonos comenzamos a amarnos.
tipshiy v.: 1. pellizcar. *Tipshimaytsu*: No me pellizques. →**siptiy**. 2. romper un pedacito. →**kipchuy**. 2. matar animales pequeños de un pellizco en el cuello.
Tipshu s.: hipoc. de Teófilo, -a. →**Tiushi**.
tipukyay v.: latir, palpitar (corazón, buche de aves).
tipullyay v.: borbotar, palpitar, latir, hervir de gente (movimiento de la masa humana en una reunión). *Tushu kaptinqa kay rimaq pampachau runakuna tipullyaayan*: Cuando hay fiesta la plaza hierve de gente.
tipuy v.: jadear, fatigarse.
tiq s. onomat.: sonido que produce algo espeso al hervir.
tiqlla 1. s.: hastío, saciedad. 2. adj.: saciado, hastiado.
tiqllatsiy (*tiqlla-tsi-y*) v.: hacer llenar el estómago, saciar. *Atska mikuywanqa llapanta tiqllatsinki*: Vas a saciar a todos

con harta comida.

tiqllaatsiy (*tiqlla-a-tsi-y*) v.: hartar, hastiar, hacer aburrir. *Papa apiwan tiqllaatsimashkanki*: Me has hartado con mazamorra de papa.

tiqllay v.: llenarse, hartarse, hastiarse.

tiqmu s.: eclipse. →**rupay wañuy**.

tiqmuy v.: eclipsarse, haber eclipse.

tiqsa s.: carda, objeto para cardar.

tiqsay v.: cardar, raspar la tela con algo áspero.

tiqsi s.: origen, principio. *tiqsi rumi*: piedra angular.

tiqsiy v.: poner la base, cimentar.

tiqtiy, titiqtay v. onomat.: producir sonido al hervir algo espeso. *Apiki tiqtiqyannam*: Tu mazamorra ya hierve sonoramente.

tiqwash s.: ticuash. Pequeña planta aromática que ayuda la digestión (Huaraz).

tirana (*tira-na*) s.: 1. desyerbo. *tirana aruy*: trabajo de desyerbo. →**qarwanchu**. 2. pinza, escarbador.

tiraq (*tira-q*) p. pte.: que desyerba, desyerbador.

¡tiraq! s. onomat.: cacareo de la gallina.

tiraqyay (*tiraq-ya-y*) v. onomat.: cacarear.

tiray s.: desyerbo, trabajo de limpieza de las chacras.

tiray v.: arrancar yedras de las chacras, jalar desde la raíz. *Ama aqtsaata tiraytsu*: No arranques mi pelo

tiririnqa s. onomat.: mosca azul de carne. →**qinrash**.

tirisya s. esp.: ictericia. Enfermedad que amarilla el rostro y la retina del ojo.

tirisya kuru s.: gusano de ictericia. Es como un anillo negro y grueso que cuando lo escupe una persona con algún órgano inflamado se vuelve amarillo. Se supone que su picadura produce la enfermedad de ictericia.

tirisyay v.: enfermarse de ictericia.

tirsiupiilu s. esp.: terciopelo. Una especie de maíz.

¡tisa! interj.: ¡tesa! Voz para mandar al ganado vacuno para que haga caso.

tisapay (*tisa-pa-y*) v.: ayudar a otro para que la yunta le obedezca mientras are.

tisay v.: mandar al ganado vacuno para que obedezca.

tishay (Chachapoyas) v.: carmenar. *Alli tishay*: Carmena bien. →**hichiy**.

tispiy (metátesis de *tipshiy, tipsiy*) v.: pellizcar.

tishqu s.: isla, isleta.

tisuylu s. esp.: tesuelo, fleco de tela nueva.

tita adj.: grueso, voluminoso. *tita qiru*: palo grueso. *tita shimi*: voz gruesa.

titaq ‹ *tita kaq* exp. adj.: lo que es grueso, la parte gruesa. *titaq chanka*: lit. "la parte gruesa de la pierna", muslo de la pierna (entre la ingle y rodilla). *titaq rikra*: muslo del brazo (entre el hombro y codo).

titayay (*tita-ya-y*) v.: engrosarse, hacerse grueso.

titi ‹ *tiki* ‹ *tiksi* s.: universo. →**tiksi**.

titi s.: plomo. *yuraq titi*: plomo blanco, estaño.

Titi Qaqa s. top.: Titicaca, lit. "roca de plomo". Lago entre Perú y Bolivia. Se dice que una de sus islas tenía yacimiento de plomo.

titira s.: zancudo. →**wanwa, qinllaatsi**.

titu adj.: profundo, oscuro, inexplicable.

Tiulla s.: hipoc. de Teodora. Teo.

Tiullu s.: hipoc. de Teodoro. Teo. La oposición *Tiullu / Tiulla* es influencia del castellano.

Tiushi s.: hipoc. de Teófilo, -a.

tiushiy v.: picotear (aves). →**taushiy**.

Tiushu s.: hipoc. de Teodosio, -a.

tiuti adj.: 1. muy delgado, enclenque. 2. s. onomat. sonido agudo como el canto del pichón de cóndor y gavilán.

tiutiuyay v.: producir sonido muy agudo.

tiuyay v.: saltar, brincar. *Maa, washa tsimpayaq tiuyashun*: A ver, saltemos

hasta la otra orilla.
tiya s.: asiento, banco. →**tiyana**.
tiya s. esp.: tía. *mamapa ñañan, yayapa panin*: hermana de mamá, hermana de papá. *Nuqam tiyayki kaa*: Yo soy tu tía.
tiyakuy (Q II) v. enfát.: sentarse, tomar asiento. →**taakuy**.
tiyaykay v.: estar sentado, estar firme en su base. →**taykay**.
tiyana s.: asiento, banco. →**taakuna**.
Tiyawanaku s. top.: Tiahuanaco. Cultura preinca del altiplano peruano y boliviano.
tiyay v.: sentar, sentarse.
tiyu s., adj.: arena, arenoso. →**aqu**.
tiyu s. esp.: tío. *mamapa turin, yayapa wauqin*: hermano de mamá, hermano de papá.
traahi s. esp.: traje, vestido de mujer.
tramuuhu s. esp.: tramojo. Palo que se amarra entre el cuello y la estaca para que el animal no muerda la soga.
tramuuhuy v. esp.: poner el tramojo.
¡tran! s. onomat.: ¡tran! Sonido de golpe o trueno.
tranka s.: tranca, palo que asegura la puerta. *tranka hirka*: colina donde se cierra la portada.
trankay v.: trancar, atrancar, asegurar la puerta con algo.
tranyay v. onomat.: sonar ¡tran!, tronar.
trapichi s. esp.: trapiche, antigua fábrica de azúcar y chancaca. *trapichi pampa*: la pampa del trapiche.
triibul s. esp.: trébol. *triibul pampa*: la pampa del trébol.
triigu s. esp.: trigo. *triigu tanta*: pan de trigo.
triilla s. esp.: trilla. Los caballos ensartados pisotean las gavillas amontonadas hasta que los granos caigan. Es una fiesta comunal con música, licor y comida.
triillay v. esp.: trillar, hacer pisotear las espigas o vainas con caballos.
trinchi s. esp.: trinche, tenedor (cubierto de mesa).
trukay v. esp.: trocar, comerciar a trueque.
tugaadu adj. esp.: delicado, togado.
tuki s.: siembra haciendo hueco.
tukikuy (*tuki-ku-y*) v. enfát.: sembrar haciendo hoyo, engendrar (ref. macho).
tukilla s.: toquilla (Carludovica divergens). Paja que sirve para hacer sombrero.
tukiy v.: hacer un hueco en el terreno para arrojar allí la semilla (una forma de sembrar), engendrar. *Harata tukishun*: Sembremos maíz.
tukllu s.: hongo de sombrerillo (Amanita muscaria). Agárico comestible. *ayapa tukllun*: lit. "hongo del muerto", hongo venenoso. Generalmente, es más grande, más delicado y huele a podrido.
tukma s.: apuntalamiento. →**tuksha**.
tukmana s.: algo que sirve para apuntalar.
tukmay v.: apuntalar, hacer sostener con uno palos el techo de una casa. →**qilliy**.
tukru s.: bastón, cayado. →**shukshu**.
tukruy v.: 1. caminar usando el bastón. *Aukisnau tukrunki*: Usas el bastón como un anciano. 2. garrotear con el bastón. *Allquta, kanimaq shamuykaqta, tukruskii*: Garroteé al perro que esta viniendo a morderme.
tuksi s.: puñalada, cuchillada. *Kuchi Tuksi*: lit. "degüello del cerdo", Venus. A la hora que sale Venus se degüella al chancho.
tuksikuq (*tuksi-ku-q*) p. pte.: cuchillero, que apuñala.
tuksikuy (*tuksi-ku-y*) v. enfát.: apuñalar, chavetear.
tuksina s.: algo que sirve para hincar o apuñalar.
tuksinakuy (*tuksi-naku-y*) v. recíp.: acuchillarse, chavetearse, apuñalarse. *Chimbuutikunaqam tuksinakuyan*: Los chimbotanos se apuñalan.
tuksiy v.: acuchillar, chavetear, hincar, herir profundo. *Kuchiita tuksipallaamay*: Por favor, degüelle mi chancho.

tuksiy v.: señalar con el dedo. No se señala con el dedo: a las personas (a no ser que sea para acusarlas), al arco iris (porque se pudre el dedo: *tuparu*), al sol, a la luna y a las estrellas. Sólo se señala objetos.
tukshi s.: punzada, hincón.
tukshiy v.: hincar, pinchar, punzar. *Imach waqtaachau tukshiman*: No sé qué me hinca la espalda.
tuktu s.: flor, capullo, yema de una planta.
tuktupillin s. onomat.: tuctupillín, putilla (Pyrocephalus rubinus). Pequeño pájaro de la región yunga, de pecho rojo, espalda marrón; la hembra tiene el pecho anaranjado claro. Es amuleto de amor.
tuktuy v.: brotar capullos, estar a punto de florecer. *Uqantsik tuktuykannam*: Nuestra oca ya está en capullo. →**muqtuy**.
tuku s. onomat.: búho, ave rapaz nocturna. Es mal agüero si canta cerca de una casa.
tukuman (*tuku uma-n*) s.: lit. "cabeza de búho", gorro que cubre la cabeza y orejas. Se parece a la cabeza del búho.
Tukuman s. top.: Tucumán. Provincia al norte de Argentina que recibió la influencia quechua.
tukupa ñawin s.: lit. "ojo del búho". Tejido con figuras como los ojos del búho.
tukuru s.: 1. locro, sopa espesa de choclo, zapallo y carne. 2. engrudo de harina.
tukuy v.: parecerse, semejarse, adoptar una personalidad ajena, simular, fingir, creerse. *yashqa tukuy*: simular ser persona mayor. *Kuuraqa Qapaq tukun*: El cura se cree dios.
tukuy adv.: todo, muchas cosas. *Tukuy yachaq*: El que lo sabe todo. *Qatuta rikarmi tukuyta munantsik*: Queremos muchas cosas porque vemos la mercancía. *Taqay tukuy, puka raqaa* (trabalenguas): Por todo lugar, caserones rojos.
tukuy morf. exagerativo: hasta. *Taqay tukuy ashashunki*: Hasta aquél te insulta. →**kama, yaq**.

tukuy rikaq (*tukuy rika-q*) Q I s.: lit. "que ve todo", el que investiga de vista, vista.
tukuyrikuq (*tukuy riku-q*) Q II s.: visitador en la época incaica, policía de investigación. En Ancash: *tukuy rikaq*.
tukuuyu s. esp.: tocuyo. *shumaq tukuuyu*: tocuyo bonito.
Tulli s.: hipoc. de Toribio, -a.
tullma s.: soldadura de hueso o rama rota. *maray tullma*: planta enredadera de la puna que sirve para soldar los huesos rotos o rajados.
tullmatsiy (*tullma-tsi-y*) v.: hacer soldar.
tullmay v.: soldarse los miembros rotos. *Wamrapa tullunqa sasmi tullmanqa*: El hueso del niño se va a soldar rápido.
tullpa s.: piedra del fogón que sostiene la olla. top. Tullparraju (*tullpa rahu*: nevado como piedra de fogón), nevado y laguna sobre Huaraz.
tullpa papa s.: papa tullpa. Papa de cáscara suave y negra como la piedra del fogón. Se usa en sopa o guiso porque es un poco acuosa y sosa.
tullpay v.: preparar el fogón.
tullpu adj.: remojado.
tullpu s.: tullpo. Ají picado con culantro, cebolla y sal en un platillo de agua hervida o agua de papa sancochada. Es un acompañante simple cuando se come papa sancochada. *qimaa tullpu*: tullpo con agua de papa sancochada.
tullpunakuy (*tullpu-naku-y*) v. recíp.: remojarse (juego de carnaval).
tullpuy v.: remojar, sumergir en el agua. *tullpushqa qara*: cuero remojado.
tullu s.: hueso. Parte desechable y destinada a los perros. *Ayapa tullunshi llullu killachau atsikyan*: Dicen que el hueso del muerto brilla en la luna nueva. *tullu siki*: lit. "culo huesudo", flaco, puro hueso. *waman tullu*: clavícula.
tullu tullu exp. exagerativa: muy flaco, puro hueso.

tulluta hitapuy exp.v.: lit. "tirarle un hueso", darle un hueso para complacer o deshacerse de alguien, tratar como a perro, darle un hueso para callar.

tulluta kaptuy exp. ofensiva: lit. "morder hueso", no hacer caso a un impertinente. *Tulluta kaptuy*: No jodas y dedícate a morder huesos. Es un trato como a perro.

tulluta matankaatsiy exp. v.: lit. "cargar el hueso en hombro ajeno", mentir, engañar. →**llullatsiy, ulitsiy.**

tulluta waqruy exp. v.: lit. "morder el hueso", ocuparse en algo no importante, hacer callar dándole la faena de morder el hueso. Es una forma de hacer callar a los imprudentes; porque perro con hueso ya no ladra. *Tulluta waqrutsun*: Que muerda hueso (Que se calle. Que haga cualquier cosa y no se meta).

tulluyay (*tullu-ya-y*) v.: osificarse, convertirse en hueso, enflaquecer.

tuma s.: vuelta, rodeo. *kichki tuma*: vuelta estrecha.

tumaati s. azteca: tomate (planta y fruto).

tumana s. curva, vuelta.

tuma tuma exp. adv.: de muchas vueltas, en zigzag, ref. caminos. →**winqu winqu.**

tumapay (*tuma-pa-y*) v.: dar vueltas observando, dar muchas vueltas sobre un tema sin hablar directo. *Llullu bisiirruta kunturkuna tumapaayan*: Los cóndores dan vueltas y vueltas sobre el becerro tierno.

tumarinqa (Sicsibamba – Ancash) s.: tumaringa. Planta andina que cura el flujo de flor blanca. →**panas.**

tumatsiy v.: hacer volver, hacer voltear, hacer girar.

tumay v.: rodear, dar vuelta, retornar. *Taqay hirkachau, itsuq kaq naaniman tumanki*: En esa cumbre voltea hacia el camino de la izquierda.

tumi s.: cuchillo ceremonial, especie de bisturí.

tumpa s.: sospecha, conjetura.

tumpana adj.: sospechoso.

tumpanakuy (*tumpa-naku-y*) v. recíp.: sospecharse.

tumpaq (*tumpa-q*) p. pte.: el que sospecha, acusador.

tumpa tumpa s.: tumpatumpa. Planta de la puna de flores pequeñas de variados colores.

Tumpa tumpa wayta
qamshi tumpamanki;
amaraq tumpamaytsu,
tsayraq qallapaykaa.

Flor de tumpatumpa / dicen que me sospechas; / todavía no me sospeches, / recién la estoy fastidiando. – Hay analogía fonética, porque *tumpa* significa "flor" y "sospecha".

tumpay v.: calumniar, sospechar, echar la culpa. *Qamkunaqmishari, nuqallata tumpayaamanki*: Ocurre que ustedes solamente a mí me sospechan.

tumpay masi exp. s.: supuesto cómplice, amante. *Manam nuqaqa tumpay masikitsu kaa*: Yo no soy tu cómplice. Yo no soy tu amante.

tumpay tukuy exp. v.: hacerse sospechoso, dar sospechas.

tumpu s.: brote del cuerno romo y sin punta. →**upa waqra.**

tumpush s. onomat.: tábano que tiene dulce en su abdomen, lo cual se saca y come. Revolotea junto a las vacas. *waaka tumpush*: tábano que vive junto a las vacas. Se mete una pajita en el abdomen para que lleve la carta al diablo. *mishki wachaq tumpush*: abeja. *tumpush pampay*: el entierro del moscón. Los tábanos se entierran en huecos bajo tierra donde inviernan. *tumpush pampay killa*: abril. →**tankayllu.**

tumshu s. entumecimiento, dolor de los miembros por el frío o mala circulación de sangre, adormecimiento. top. Tum-

shucaico (tumshu qaiku). Caraz – Ancash.
tumshuy v.: entumecerse, sentir dolor por frío, adormecerse algún miembro por mala circulación de sangre. →**usunkay**.
tuna s.: lugar retirado, sementera abandonada. *tuna papa*: papa silvestre. *Tunachaumi taakuu*: Yo vivo en un lugar retirado. →**haapa**.
tunaqay v.: apoyarse en algo para tenerse de pie.
tunay s.: per. chungo, piedra que sirve para moler sobre el batán. →**tuñay**.
tunkuuchi s.: montoncito de algo, montón de excremento.
tunkutsiy, tunkushiy v.: 1. hacer sentar. 2. aporcar echando tierra a los lados hasta hacerlo "sentar" bien la planta.
tunkushi, tunkushu s.: aporque cubriendo la raíz del maíz por todos lados para que se siente bien y eche buenas raíces.
tunkuy v.: ponerse en cuclillas, sentarse en cuclillas. *Tsaychau tunkuraykay, aywaa kutiramushaq* (adivinanza): Estate allí sentado, voy y vuelvo. Respuesta: *ismay* (excremento). →**chunkuy**.
tunqur s.: laringe, garganta, per. tongor. →**purutuku**.
tuñay s.: per. chungo, piedra con se muele sobre el batán, moledor. C de H: *tunee*.
tupa s.: cantidad de hilo en el palo hilador, hilado. *Tupaatam maychauchi haqishkaa*: No sé en dónde he dejado mi hilado.
tupaq (Q II) adj.: insigne, noble. Onomásticos: Tupac Yupanqui, Tupac Amaru.
tuparu s.: hinchazón de dedos por infección. Se dice que los dedos se hinchan cuando se señala al arco iris.
tuparuyay v.: hincharse el dedo por señalar el arco iris.
tupra s.: tropezón, bamboleo. →**tapra**.
tupray v.: andar a tropezones, andar balanceándose como los tontos.
tupsa s.: pico de ave.

tupu s.: 1. per. topo, medida, porción de terreno que se daba al recién nacido. Al varón le correspondía un topo, y a la mujer medio topo. 2. pequeño depósito que sirve para medir los granos y cosas molidas. *ishkay tupu kachi*: dos medidas de sal. 3. alfiler, prendedor. →**tikpi**.
tupukuy (*tupu-ku-y*) v. enfát.: medirse o probarse (ropa). *¿Mushuq llatapaykita tupukushkankinaku?*: ¿Ya te has probado tu vestido nuevo? C de H: *tupukiy*.
tupuy v.: medir (peso, longitud, volumen). *Kay wasita alli tupushun*: Midamos bien esta casa.
tuq s. onomat.: cloc. Sonido que produce la gallina clueca.
¡tuq tuq tuq! interj.: ¡to to to! Voz para llamar gallinas. Imitación de la gallina que llama a sus polluelos. →**¡chipa chipa!**
tuqakuy v. enfát.: escupir, lanzar el escupitajo.
tuqapi s.: saliva, escupitajo. →**tuqay**.
tuqapuy (*tuqa-pu-y*) v.: escupir a alguien o a algo.
tuqay, toqay s.: saliva, esputo.
tuqay, toqay v.: escupir, esputar.
tuqaykachay (*tuqa-ykacha-y*) v.: dar escupitajos en cualquier lugar como signo de que los demás no le merecen respeto.
tuqlla, toqlla s.: 1. trampa, artimaña, ardid, emboscada. *Tuqllawanmi chukaru toorutaqa aptantsik*: Al toro chúcaro se atrapa con la trampa. *tuqlla waska*: soga de trampa. 2. engaño hecho con brujería para vencer al rival.
tuqllay v.: hacer la trampa, preparar la trampa, tramar.
tuqpa s.: mazo para golpear la ropa al lavar.
tuqpi s.: tocpi, cachada. Juego de trompos que consiste en poner un trompo dentro de un círculo a donde todos tiran sus trompos con el objetivo de alcanzarlo con la punta metálica.
tuqpinakuy (*tuqpi-naku-y*) v. recíp.:

hincarse con algo agudo, jugar el tocpi golpeándose el trompo.

tuqpiy v.: jugar el tocpi, ahuecar a golpe.

tuqriy, toqriy v.: agujerear, hincar con palo, meter el palo al hueco tratando de encontrar algo, asustar con palo. *Kay uchkuman huk warkuy yaykushqa, tuqriy yarqamunanpaq*: A este hueco ha entrado una rata, asusta con el palo para que salga por aquí.

tuqruu, toqruu adj. s.: sonso, tarado, ido mental. →**upa, tuqshu**.

tuqshu, toqshu s.: seso, tuétano.

tuqshu, toqshu adj.: adj: tonto, sonso (ref. personas).

tuqtu s. onomat.: tocto. Enfermedad de la papa por la que el tubérculo tiene un vacío en el centro, y a veces con una sustancia suave como almidón podrido. Generalmente esto sucede cuando el tubérculo es de tamaño muy grande. Cuando se golpea suena ¡tuq, tuq! por lo que ya se puede saber antes de partirlo.

tuqtu uma adj.: lit. "cabeza hueca", tonto. Por analogía con la papa enferma de tocto.

tuqtuqyaq (*tuqtuq-ya-q*) o. pte.: 1. que suena tuq tuq. 2. que cloquea, clueca (ref. gallina). →**chuqyaq, ruqyaq**.

tuqtuqyay v. onomat.: 1. sonar tuq tuq (papa enferma de tocto, de corazón vacío). 2. cloquear (gallina).

tuqtuy v. onomat.: enfermarse la papa por tocto (vacío en el centro). *tuqtushqa papa*: papa enferma de tocto.

tuqu, toqu s.: 1. hueco, concavidad, socavón. →**uchku, ushnu**. 2. alma, calavera (ref. ojos vacíos de calavera).

tuqu ñawi adj.: de ojos hundidos, ojón. →**puturka**.

tuqush, toqush s.: tocosh, maíz o papa remojada en pozos donde se descompone. Su olor desagradable se disipa al secarse. Con tocosh se elaboran muchos potajes. Medicina para la úlcera estomacal y asma. *hara tuqush*: tocosh de maíz. *papa tuqush*: tocosh de papa. →**tsunu**.

tuquy, toquy v.: hundir algo, profundizar alguna herida, agujerear, ahuecar.

tuquyay (*tuqu-ya-y*) v.: ahuecarse, hundirse, profundizarse.

tuqyay v.: reventar, erupcionar, abrirse la flor o la yema, reventar el huevo al salir el pichón. →**pashtay**.

turi s.: hermano de la hermana. Relacionado con la mujer. *turiikuna*: mis hermanos. *urkupa turi*: hermanastro.

turmanyay s.: arco iris, gas que sale del vientre de la tierra. *yana turmanyay*: lit. "arco iris negro". Vapor negro que emanan ciertas lagunas y pantanos. Es un inmenso árbol negro que se levanta hacia el cielo y cae donde hay grasa (*wira*: símbolo de vida). Si cae sobre la persona, le "come el corazón", la víctima muere vomitando sangre o secándose como paja. *yuraq turmanyay*: lit. "arco iris blanco". Vapor blanco que sale en noches de luna llena. El arco iris teme a la bosta, tabaco y coca. C de H: *turmanyee*. →**kwichi**.

turpuna s.: espada.

turpuy v.: punzar, hincar. →**tuqriy**.

turqu, torqu s.: viga principal entre las dos alas del techo de la casa, viga madre.

turquy v.: poner la viga madre.

turu s.: 1. barro. *llampu turu*: barro suave. →**qitaa, mitu**. 2. teja. *puka turu*: teja roja.

turuna s. turuna. Árbol andino de espinas grandes y madera dura, sus frutos amarillos, redondos y amargos sirven de alimento de murciélago, zorzal, cuculí. Es muy utilizada como cerco.

turupa s.: rastrojo de maíz y otros cereales que queda después de la siega.

turupakuy (*turupa-ku-y*) v.: herirse con tallo del rastrojo (de maíz, cereales).

tusha s.: haba tostada y hervida. →**shinti**.

tushana s.: algo que sirve para apuntalar.

tushay v.: apuntalar. →**tukmay**.

tushpi s.: mosca. →**chuspi**.
tushu s.: baile, danza. *anaka tushu*: baile de anaca. *lluta tushu*: baile ordinario.
tushu s.: antojo, el mal del antojo. Enfermedad de mujeres y animales en embarazo. De repente tienen antojo por cierta comida. Sus síntomas son: náuseas, decaimiento, dolor de estómago, dolor de hígado y hasta fiebre. Un antojo no satisfecho puede causar aborto; por eso, no se come delante de otros sin invitar. *Tushuykim nananqa, imapaqtan runa mikunqanta rikapaakunki*: Para qué miras lo que come otra gente, te va a doler tu antojo (vas a tener el mal del antojo).
tushu pacha exp. adj.: lit. "estómago de baile", bailarín, que se aloca por el baile. *Tushu pacha warmi, wamran puñunqanyaq tushuman akatan*: Mujer que se aloca por el baile, acude al baile mientras duerme su niño.
tushupakuy (*tushu-pa-ku-y*) v.: bailar por paga o en correspondencia de algo.
tushuq (*tushu-q*) p. pte.: el que baila, bailarín, danzante. *Tushuqkunam puntata mikuyan*: Los danzantes comen primero.
tushutsiy (*tushu-tsi-y*) v.: 1. hacer bailar. 2. dominar la pelota como si se la hiciera bailar.
tushuutsiy (*tushu-u-tsi-y*) v.: ayudar a bailar, acompañar en el baile.
tushuy v.: bailar, danzar. *Kay runaraqmi shumaq tushunqaqa, ¿maychauraq yachakurqun?*: Este hombre sí que baila bonito, ¿dónde habrá aprendido?
tuspi s.: mosquito que pica. →**chuspi**.
tuta: 1. s.: oscuridad, tiniebla. *Tutapanam*: Ya es de noche. →**paqas**. 2. adj.: oscuro, lóbrego. *tuta paqas*: noche oscura.
tuta tuta 1. exp. adv.: de noche, al anochecer. 2. adj.: muy oscuro.
tuta tutalla exp. adv.: muy de noche, en la oscuridad.
tutapa (*tuta-pa*) s.: noche, tiniebla, oscuridad. *Tutapachauqa, naanita qallaatsu*: No inicio el viaje en la noche. →**paqas**.
tutapalla (*tuta-pa-lla*) exp. adv.: lit. "de noche nomás", madrugada, aún de noche, antes de que amanezca.
tutapaapukuy (*tuta-pa-a-pu-ku-y*) v.: hacerse de noche, llegarle la noche sorpresivamente.
tutapay v.: anochecer, oscurecerse, eclipsarse.
Tutapaq Kallki s. top.: Tutapac Callqui, lit. "quebrada oscura". Es una grieta muy estrecha y profunda que aun de día está oscura. Quitaracsa.
tutay adv.: la otra vez, la vez anterior. *tutay paqas*: la otra noche. *tutay killa*: el mes pasado. C de H: *tutee*.
tutay witsay exp. adv. enfática: la otra vez, la vez pasada. C de H: *tutee witsee*.
tutayay v.: oscurecer, anochecer, llegar la noche. →**tutapay, paqasyay**.
¡tu tu tu! interj.: ¡tu tu tu! Voz para llamar a gallinas. →**chipa chipa**.
tutu s.: último hijo, benjamín. →**shullka**.
tutuma s.: tutuma (Crescentia cujete). Planta de zona yunga de frutos grandes y redondos como la calabaza. Sirve de plato y envase.
tutush s.: último hijo, benjamín. *tutush wawa*: hija última (relación con mamá). →**shullka**.
tutura s.: junco, espadaña. Planta acuática cuya raíz se come y con sus tallos se hace esteras. →**ututu**.
tuuhu s. esp.: tufo, olor, vapor que emanan las comidas. *Ayaqash mikuypa tuuhullanta yawan*: Dicen que el alma sólo prueba el tufo de la comida. →**mushku**.
tuuma s. esp.: toma. Lugar de donde se deriva el agua.
tuunas s.: tuna, nopal (Opuntia ficus indica). Fruta espinosa de frutos comestibles.
tuupa s.: topa. Una especie de coca.
tuupakay (*tuupa-pa-ka-y*) v.: encontrar-

245

se, coincidir en el camino, chocarse. *Naanichau piwanpis tuupckarquutsu*: No me he encontrado con nadie en el camino.

tuupay v.: 1. dar el encuentro, dar la bienvenida. →**tinkuy**. 2. esp.: tocar, palpar. →**yatay**.

tuusa s.: per. coronta, carozo, tusa. Corazón poroso de la mazorca de maíz que queda después de desgranar.

tuya s.: calandria. *tuyapa runtun*: huevo de calandria.

tuyay v.: picar (ref. insectos).

tuyutuyu s.: tuyotuyo. Planta de hojas lanceoladas (verdes, rojas o grises) que crece prendida en las rocas. Su flor es *machitu*. →**wiqllaa**.

-tya- morf. v.: 1. acción inconclusa, en proceso de cumplirse. *lagwatyay*: tener ganas de comer algo, hacerse agua en la boca. *millputyay*: tener ganas de pasarlo por la garganta, tragar saliva por antojo. *wañutyay*: estar por morirse. 2. *na-tya-y*: sentir deseo muy leve. *yakunatyay*: sentir un poco de sed. El morf. *na-* le añade la intención desiderativa.

TS

ts [ts]: fonema africado dental sordo, característico del quechua ancashino (Q I). En otros dialectos quechuas lo pronuncian como [tʃ]. En Ancash diferencian /ts/ de /tʃ/: *tsaki* (seco) / *chaki* (pie). *patsa* (tierra, mundo, tiempo) / *pacha* (estómago). *qatsa* (partido) / *qacha* (sucio).
-tsa morf. v. transformativo y causativo, pospuesto a sustantivo y adjetivo: convertir en, transformar. *yawartsay*: sangrar, causar sangría. *wiratsay*: aceitar, engrasar. *hatuntsay*: agrandar. *allitsay*: arreglar, mejorar. *allqutsay*: tratar como a un perro, convertir en perro. -*tsa* › -*ta*.
-tsaaku (*tsa-a-ku*) morf. v.: tratar como, adoptar como. *mamatsaakuy*: tratar como a su propia madre. *markatsaakuy*: adoptar como su pueblo natal.
tsaka s.: puente. *Tsaka puntanchau yana uushata atuq mikushqa*: El zorro ha comido una oveja negra en la entrada del puente. →**chaka**.
tsaka adj.: que atraviesa horizontalmente. *tsaka rumi*: piedra del puente, piedra que atraviesa como brazos de cruz.
tsakana s.: travesaño, dintel. →**tsaqana**.
Tsaka Rumi s. top.: Tsaca Rumi. Ruina sobre Quitaracsa que tiene un dintel de piedra como puente o brazos de cruz.
tsakay v.: poner algo como puente, tender el puente, atravesar una viga en forma horizontal.
tsaki adj.: 1. seco, sin agua. *tsaki machay*: cueva seca. *tsaki patsa*: tierra seca, tiempo seco. 2. flaco, delgado. *tsaki siki*: nalga flaca. *tsaki pacha*: lit. "barriga seca", sin barriga, de vientre hundido.
tsakikay (*tsaki-ka-y*) v. pasivo: secarse, cicatrizarse.

tsakitsiy (*tsaki-tsi-y*) v.: hacer secar, secar. *Mana alli parqurmi chirimuuya yurata tsakitsishkanki*: Has hecho secar la planta de chirimoya por no regarla bien.
tsakiy v.: secarse, enflaquecer.
tsakma s.: tierra arada una vez, tierra virgen removida. →**chaqma, tsaqma**.
tsakmay v.: labrar tierra virgen, deshacer los terrones del barbecho.
tsakpaa s.: chacpá (Oreocallis grandiflora). Árbol de la puna de flores vistosas, sus frutos se cuelgan en el cuello para que desaparezca el bocio.
tsakpaa s.: sexo femenino. Analogía con el fruto de chacpá y la vulva. El fruto es una vaina larga con una raya rojiza vertical por donde se abre cuando está maduro.
tsakpiy v.: apedrear, tirar piedra, lapidar. →**saqmay**.
tsakra s.: atoro.
tsakrakay v.: atorarse. →**pantakay**.
tsaktsi (Huaraz) s. onomat.: murciélago. →**tsiktsi**.
tsakwa s.: perdiz. *Tsakwa uqaata mikun*: La perdiz come mi oca. →**yutu**.
Tsakwa s.: Perdiz. Constelación visible en el atardecer de julio y agosto.
tsalla adj.: desigual, que no armoniza.
tsallaqya s.: presentimiento, corazonada.
tsallaqyay (*tsallaq-ya-y*) v.: presentir con hincones súbitos al corazón, sentir pálpitos, tener corazonada. *Shunquu tsallaqyan*: Mi corazón presiente algo.
tsamana s.: chamana. Planta de tallos rectos que se usan en rejas de arados y en quinchas. (Sicsibamba – Ancash).
tsampa s.: césped, champa (Distichia muscoides). →**champa**.
tsampa adj.: melenudo, pelucón, lanudo, enredado. *tsampa piqa*: lit. "cabeza como césped", melenudo, pelucón.
tsampi s.: hato de plantas, gavilla, tablada del carnaval.
tsampiyay v.: remover el césped, quitar

la champa.
tsamqa s.: cereal molido en pedazos grandes, semimolido.
tsamqana s.: batán para moler cereales.
tsamqay v.: moler en pedazos grandes.
tsankapay (*tsanka-pa-y*) v.: andar a tropiezos.
tsankapaykachay (*tsanka-pa-ykacha-y*) v.: andar a tropezones.
tsankay v.: tropezar, andar a trompicones.
tsankaykachay (*tsanka-ykacha-y*) v.: andar sin rumbo, tontear. *Tsankaykachanqanpitaqa, wauqikiqa hamaykur qillqanan kaqta ushanman*: Tu hermano debe sentarse para terminar lo que tiene que escribir en vez de estar tonteando.
tsapakay (*tsapa-ka-y*) v.: atorarse, cubrirse. →**latukay**.
tsapaanakuy v. recíp.: cubrirse, encubrirse, atajarse.
tsapaq (*tsapa-q*) p. pte.: el que ataja, arquero. →**arkiiru**.
tsapay v.: 1. atajar, retener, atorar, tapar un hueco. *Kay uchkuta tsapay*: Tapa este hueco. →**chapay, latuy**. 2. cubrir, tapar. *Punchuuwan puñukashqa wamrata tsapay*: Cubre con mi poncho al niño dormido. 3. encubrir, proteger. *Mamaqa, mana alli ruraq wawantapis tsapan*: La madre defiende hasta a su hijo malhechor. →**qupiy**.
tsapiy v.: golpear algo levantando y tirando al suelo con fuerza, sacudir telas.
tsapikllaariy (*tsapi-klla-a-ri-y*) v.: golpear sin compasión tirando y levantando.
tsapruy v.: hacer en pedazos, desmenuzar.
tsapu s.: mezcla de afrecho con agua (comida de cerdo).
tsapuy v.: mezclar afrecho con agua, remojar.
tsaqa s.: columna vertebral, espina dorsal. →**hirka washu**.
tsaqa s.: crepúsculo, frontera entre el día y la noche.
tsaqana quyllur s.: estrella del anochecer, cruz del sur, estrella de brazos extendidos.
tsaqana s.: camilla para cargar el cadáver. →**wantuna**.
tsaqay v.: 1. anochecer, oscurecer. *Tsaqaarin manaraq waakata watashqa*: Ya anocheció antes de que amarremos la vaca. 2. tender algo horizontalmente.
tsaqlla s: palo delgado que sirve para hacer la quincha, palo delgado que se ata sobre vigas más gruesas al hacer el techo de paja. →**chaqlla**.
tsaqllay v.: poner los palos delgados para hacer quincha o techo. *Kananmi wasita tsaqllashaq*: Hoy amarraré los palos delgados del techo de la casa.
tsaqma s.: tierra barbechada, tierra virgen removida, per. chacma. *Tsaqmaykita aku ñututsishun*: Vayamos a deshacer los terrones de tu barbecho. →**chaqma**.
tsaqmay v.: arar por primera vez, labrar tierra virgen, deshacer los terrones del barbecho. →**kurpata ñututsiy**.
tsaqtakuy (*tsaqta-ku-y*) v.: 1. refl. golpearse. 2. enfát. tocar la puerta.
tsaqtay v.: golpear, tocar la puerta con golpes fuertes. →**takay**.
tsaqtsuna (*tsaqtsu-na*) s.: hisopo, objeto rociador.
tsaqtsupay (*tsaqtsu-pa-y*) v.: estar rociando poco a poco.
tsaqtsuy v.: rociar, asperjar. *Mullpu patsata allim tsaqtsushaq*: Rociaré bien el suelo polvoriento. →**tashnuy**.
tsaqu s.: lugar de tala para preparar abono vegetal, trocha.
tsaqukay (*tsaqu-ka-y*) v.: hundirse.
tsaqukuy v. enfát. talar para sembrar, trochar.
tsaquy v.: trochar, talar el bosque para preparar el abono vegetal. *Tsaqur mururmi hachata ushatsiyan*: Destruyen los árboles porque siembran talando.
tsarakuy v.: resistir, soportar sin caerse, estar firme, agarrarse.

tsarapakuy (*tsara-pa-ku-y*) v.: asirse, agarrarse para no caer, soportar sin caerse.
tsarapay (*tsara-pa-y*) v.: ayudar a agarrar, retener un momento. *Washaq tukur, wauqiita tsarapashkanki runa kutananpaq*: Simulando parar la pelea tú has agarrado a mi hermano para que el otro lo golpeara.
tsararay (*tsara-ra-y*) v.: tener agarrado a alguien o algo por mucho tiempo, retener. *Qillaynintsikta tsararaashun*: Retengamos nuestro dinero.
tsaray v.: agarrar, retener, sostener, tener en la mano. *Tsarallaamay*: Agárreme, por favor. →**aptay**.
tsarikuna (*tsari-ku-na*) s.: trapo que protege las manos del calor cuando se coge olla u otros utensilios de cocina muy calientes.
tsarikuy (*tsari-ku-y*) v. refl.: apropiarse, agarrar algo escogiéndolo.
tsarina (*tsari-na*) s.: mango, asa, parte por donde se coge una herramienta. *Martillupa tsarinan pakishqa*: Se ha roto el mango del martillo.
tsaripakuy (*tsari-pa-ku-y*) v.: 1. refl. agarrarse, asirse. 2. enfát. sentir los síntomas de algún mal grave (cólicos, epilepsia, parto).
tsaripay (*tsari-pa-y*) v.: 1. tomar la mano, palpar. 2. tener cogido algo o alguien para que otro haga algo de él (cuando se cura un animal, operación sin anestesia).
tsaritsari s.: sarisari. Planta de la puna de flores que se pegan en la ropa y en la lana de oveja. Es remedio para el mal viento.
tsaritsari s. onomat.: libélula, caballito del diablo. →**qurpa kuru**.
tsaritsiy (*tsari-tsi-y*) v.: 1. hacer agarrar con hilo, zurcir provisionalmente, hacer capturar. 2. acertar en el color. 3. encender el fuego, prender. 4. hacer tener. *Paymi mantsakuyta tsaritsimarqun*: Él me ha hecho tener miedo.

tsariy v.: 1. agarrar, capturar. →**aptay**. 2. dar buen color, colorearse bien. *Patsuwan patsatsinmi alli tsarin*: La caparrosa y patsatsín (árbol) dan buen color. 3. encenderse, prenderse. *Uqu uqshachau nina tsarintsu*: El fuego no se enciende en paja húmeda. 4. coger, afectar, tener: *Nuqataqa mantsakuypis tsarimantsu*: Yo no tengo miedo a nada. A mí no me afecta el miedo.
tsarki s.: charqui, carne salada y seca, cecina. →**charki**.
tsarkiy v.: hacer charqui, cecinar.
tsatsa s.: anciano, patriarca, padre de padres, anciana, matriarca. *Tsatsantsikkunapaq huk chakrata murushun*: Sembremos una chacra para nuestros ancianos. →**chacha**.
tsautsa s.: chaucha. Papa que se madura en cuatro meses. *yuraq tsautsa*: chaucha blanca. →**chaucha**.
tsay pron., adj.: ese, esa, eso. *tsay tukru*: ese bastón. *Ayway, tsaykunata pushamuy*: Ve y trae a esos. C de H: *tsee*.
tsay exp. de llamada de atención: toma, ¿no te dije?, ¿no te advertí?, ¿ya ves?
tsayanku s.: sayanco, chayanco. Planta de hojas aceitosas que suelda los huesos rotos. →**chayanku**.
tsaylla (*tsay-lla*) adv.: per. "aquicito, cerquita" (para el andino no hay distancias lejanas), muy cerca, allí nomás. *Kananqa, may markapis tsayllam*: Ahora, cualquier pueblo está muy cerca. C de H: *tseella*.
tsayllaraq (*tsay-lla-raq*) exp. adv.: reciencito, hace un momentito. *Tsayllaraq wañuskin*: Reciencito acaba de morir.
tsayna (*tsay-na*) adv.: entonces, ya, luego, después. *Tsaynach qam imatapis ruranki*: Entonces tú harás cualquier cosa. C de H: *tseena*.
tsaynau (*tsay-nau*) adv.: así, de esa manera, de esa forma. *Tsaynau katsun*: Así sea, amén. C de H: *tseenoo*.

Tsaynau kaptinmi
warmita munaatsu,
tsullan midiastawan
puritsillaamaptin.
Porque es así / no quiero a la mujer / con media impar / me hace caminar (huayno).

tsaynauchau (*tsay-nau-chau*) exp.: lit. "como en eso", en eso, en esa condición, en esa circunstancia. *Tsaynauchaumi kuyanakuy, tsaynauchaumi wayllunakuy*. En eso podemos querernos, en eso podemos amarnos. C de H: *tseenoochoo*.

tsaynauqa (*tsay-nau-qa*) adv. modal: así, en esa condición. *Tsaynauqa pipis alli mikun*: Así cualquiera come bien.

tsaypita (*tsay-pita*) exp. adv.: desde allí, desde entonces. *Tsaypita kinrayllata aywakullanki*: Desde allí vaya derecho no más (sin subir ni bajar). C de H: *tseepita*.

tsaypunqa (*tsay-pun-qa*) adv.: entonces, luego, por tanto, en conclusión. *Tsaypunqa, manach aywankitsu*: Entonces, ya no vas. C de H: *tseepunqa*

tsayraq (*tsay-raq*) adv.: recién, en ese momento. *Mamaykiqa unaynam wañukushqa, ¿tsayraqku, ay mamallaa, ninki?*: Hace ya mucho tiempo que se murió tu madre, ¿recién dices: ay madre mía? *tsayllaraq*: reciencito, hace un momentito. *Tsayllaraq Ayrata rikapakarquu*: Reciencito he tenido la visión de Ayra. C de H: *tseeraq*.

tsay tsika exp. de exageración de cantidad: en gran cantidad.

tsay tsikan exp. de exageración: enorme, grandazo. *tsay tsikan kuru*: gusano enorme. →**tsikankaray**.

tsayyaq (*tsay-yaq*) exp. adv.: mientras tanto, en eso. *Huk runash wallpanta, qipinta naanichau haqiykur, ismakuq aywanaq; tsayyaq, pitsakqa wallpanta hiqaratsinaq*: Dicen que un hombre se había ido a defecar dejando su gallina y su equipaje en el camino; mientras tanto el gavilán se había llevado su gallina.

-tsi morf. v. causativo (después del tema verbal): mandar, ordenar, hacer + infinitivo. *arutsiy*: hacer trabajar. *qillqatsiy*: mandar escribir, hacer escribir. →**-chi** (Q II).

tsika s.: cantidad. *¿Ima tsika?*: ¿Qué cantidad?, ¿Cuánto?

tsika tsika exp. adv.: mucho, demasiado, exorbitante, en gran cantidad. *Qarakuypis alli, tsika tsikam allitsuqa*: Es bueno regalar pero no en gran cantidad. →**allaapa**.

tsikan: 1. s.: tamaño. *¿Ima tsikan?*: ¿De qué tamaño? 2. adj.: inmenso.

tsikankaray adj.: enorme, inmenso, muy alto. *Rahupita huk tsikankaray runa uraamuqta rikaayashqa*: Han visto a un hombre enorme bajando del nevado.

tsikasaq (*tsika-saq*) adj. colectivo: grandes, enormes.

tsiktsi s.: murciélago.

tsiktsina s.: tsictsina, herramienta para tallar cucharas.

tsilli s.: desgarre, rajadura, ranura. *tsilli puku*: escudilla rajada. →**qashqa**.

tsillina (*tsilli-na*) s.: cincel, cuña, herramienta para partir maderas y piedras.

tsilliq (*tsilli-q*) p. pte.: 1. s.: que parte algo, cincelador. *rumi tsilliq*: cantero, picapedrero. 2. adj.: que se raja o agrieta. *Tsilliq chaki kaykar llanqikunkitsu. Mana wanakuq kanki*: Teniendo pie con grietas no te pones el llanque. Tú no escarmientas.

tsilliy v.: 1. partir, rajar. *Kananmi kay rumita tsillishaq*: Hoy mismo partiré esta piedra. 2. rajarse, cuartearse, agrietarse.

tsillka s.: chilca (Baccharis latifolia). Planta andina de flores blancas y hojas dentadas y aceitosas. Sus hojas calentadas en fogón sirven para poner emplasto en las dislocaduras. →**chilka**.

tsillpi s.: astilla. *ramrash tsillpi*: astilla de aliso.

tsillpiy v.: astillar.

tsimpa s.: orilla, banda, ribera. *wak tsim-*

pa, kay tsimpa: la otra ribera y esta ribera. →**chimpa**.
tsimpa tsimpa exp. adv.: banda a banda, frente a frente.
tsimpay v.: vadear, pasar a la otra banda, cruzar el río o quebrada. *Kaypa tsimpay*: Vadea por aquí.
tsinka adj.: escondido, oculto. →**chinka**.
tsinka tsinka exp. adv.: a escondidas, ocultamente, en secreto, sigilosamente, con miedo de ser visto.
tsinkana s.: escondite. *tsinkakuna marka*: lugar de escondites.
tsinkakuy (*tsinka-ku-y*) v. enfát.: esconderse, ocultarse. *Kananyaq, chakra runa kachaakupita tsinkakun*: Hasta ahora el campesino se esconde del militar.
tsinkana, tsinkakuna s.: escondite, per. chingana.
tsinkatsiy (*tsinka-tsi-y*) v.: ocultar o esconder a alguien o algo. *Atuq wawanta tsinkatsin*: El zorro esconde a su cría.
tsinkapanakuy (*tsinka-pa-naku-y*) v. recíp.: evitar tener el encuentro, jugar escondiéndose, jugar a las escondidas.
tsinkay v.: esconderse, ocultarse.
tsinka puñuutsi s.: juego de las escondidas. Los que juegan se dividen en dos grupos, pero fijan un lugar o persona de salvación para no "morir" al ser visto e identificado. Si es mujer la salvadora, los que llegan sin ser vistos o reconocidos gritan: *Mamallaachi*. Si es varón el salvador, los que se salvan gritan: *Yayallaachi*. Después del sorteo, *mama* o *yaya* tapa con mantos a los buscadores para que otros tengan tiempo de esconderse. Generalmente se juega de noche. →**rata puñuutsi**.
tsinka puñuutsiy v.: jugar a las escondidas, esconderse esperando ser buscado.
tsintsuu s.: tsintso, chincho (Tagetes elliptica). Planta aromática que se usa para moler con ají, aderezar la carne. *yanta tsintsuu*: lit. "chincho de leña". Chincho de tallos largos, sus hojas son muy verdes. Remedio para la gastritis. →**chinchuu**.
tsipapiy v.: brillar, resplandecer. *Imach tsipapin*: Algo brilla.→**chipapiy**.
tsipya s.: ambiente despejado. →**chipya**.
tsipyaq (*tsipya-q*) adj.: limpio, resplandeciente.
tsipyay v.: estar despejado, estar limpio.
tsiqa tsiqa exp.: con prosa, gallardo, altivo, pedante.
tsiqiipa adv.: verdaderamente, de verdad, sin duda.
tsiqlla s.: cintura. *rachi tsiqlla chiina*: muchacha de cintura delgada (lit. "cintura que ya se arranca").
tsiqlla watu s.: lit. "pabilo de cintura", cinturón. Cinta de pollera que la sujeta en la cintura.
tsiqlli s.: brote, retoño. →**lliqlli, muqtu**.
tsiqlliy v.: brotar, retoñar.
tsiqta s.: 1. trabajo de partir la leña. 2. leña rajada.
tsiqtana s.: herramienta para rajar leña, hacha.
tsiqtaq (*tsiqta-q*) p. pte.: el que raja leña, leñador.
tsiqtay v.: partir o rajar la leña. *Yantata tsiqtayna*: Rajen ya la leña.
tsiqtsi s. onomat.: murciélago. →**masu**.
tsiqu rumi s.: piedra hueca por efecto del torbellino o rayo. El polvo de su interior huele a pólvora. →**shukukuy rumi**.
tsiqya adj.: verde, verdoso. *tsiqya papa*: papa verde.
tsiqyaq p. pte., adj.: que verdea, verde.
tsiqyaq tsiqyaq exp. adj.: muy verde, verdísimo.
tsiqyaqsa (*tsiqyaq-sa*) adj.: verduzco.
tsiqyay v.: verdear, ponerse verde. *Taqay pampa tsiqyaykannam*: Aquella pampa ya está verdeando.
tsitsi s.: tsitsi. Pan de la primera horneada. Generalmente tiene chicharrón. *tsitsi tanta*: pan tsitsi.

tsitsiy v.: hacer el pan tsitsi.
tsitsuq s.: persona que hace nudos al extremo mientras se preparan los hilos en el piso antes de llevarlo al telar. Se necesita dos anudadores.
tsitsuy v.: hacer nudos en cada hebra. Esta labor se hace en el momento del *aulliy*.
tsiuqa s.: junco, totora. →**tutura, matara**.
-tsu morf. de negación: no. Va en el núcleo de la negación. El uso del adv. *mana* y *–tsu* en la misma oración enfatiza la negación. Se puede omitir *mana*, pero *-tsu* es imprescindible. *Taqay kuuraqa, kuura karpis, manam runatsu*: Aquel cura, aunque sea cura, no es gente. *Mana kantsu*: No hay. *Imaapis kantsu*: No tengo nada. →**-chu** (Q II).
tsukan s.: sangre coagulada que se come en guiso.
tsukllaa s.: choza. *shuntur tsukllaa*: choza cónica como iglú.
tsuktsu s. onomat.: temblor del cuerpo por fiebre palúdica. La fiebre alta estremece el cuerpo. →**chapi**.
tsuktsukyay (*tsuktsu-kya-y*) v.: temblar, estremecerse (por frío, temor o fiebre). *Mantsakurninmi tsuktsukyanki*: Tú tiemblas porque tienes miedo.
tsuktsukyaatsiy (*tsuktsu-kya-a-tsi-y*) v.: hacer temblar, estremecer. *Hinchi shimillaawan tsuktsukyaatsiq*: Con un grito fuerte te hago temblar.
tsuktsuy v.: temblar por fiebre palúdica.
tsuku s.: sombrero. *paku tsuku*: sombrero de lana de alpaca. *istira tsuku*: sombrero de paja. *lapi tsuku*: sombrero de ala caída. *laapa tsuku*: sombrero de ala ancha. *tsuku watu*: cinta del sombrero. *tsuku ruraq*: sombrerero. →**chuku**.
tsuku tsuku exp. adj.: abierto y con borde ancho como sombrero Generalmente se refiere a sexo de mujer gorda.
tsukukuy (*tsuku-ku-y*) v.: ponerse el sombrero.
tsukutsiy (*tsuku-tsi-y*) v.: hacer poner el sombrero.
tsulla adj.: impar, sin pareja, solo. *tsulla rinri*: carente de una oreja. *tsulla ñawi*: tuerto. →**chulla**.
Tsulla Chaki s.: Chullachaqui, lit. "de un solo pie", diablo cojuelo. →**Chulla Chaki**.
tsullannaq (*tsulla-n-naq*) s.: sin pareja, impar. También se usa la forma incorrecta: *tsullanninnaq*, donde aparece repetido el morf. de tercera. pers. (*-n-nin*).
tsullayay (*tsulla-ya-y*) v.: quedar solo, quedar sin pareja.
tsullku s.: chullco. Planta andina semejante a la oca, sus tallos contienen jugo ácido que se usa para teñir y cortar la leche. *puka tsullku*: chullco rojo. *yuraq tsullku*: chullco blanco. *patsa tsullku*: chullco oscuro que cura dolor de muela. →**chullku**.
tsullpay v.: tumbar cebadales o trigales. Generalmente es el efecto del ventarrón.
tsulluy v.: derretirse, deshacerse por efecto del calor. *Hatun rahuntsik tsulluptin, quchaman alaq wiqin ishkimun*: Cuando se derrite nuestro gran nevado sus lágrimas frías caen a la laguna.
tsumpu s.: choclo asado en brasa u horno dentro de sus pancas. →**chumpu**.
tsumpuy v.: asar choclo dentro de su panca. →**kuway, watyay**.
tsumuy v.: aplastar con el puño, madurar la masa con los puños. *Hatun makinwan tsumuskaman*: Me aplastó con sus manos grandes.
-tsun morf. v. desiderativo, se usa en tercera. pers.: *Hina aywatsun*: No importa que vaya. *Alli runa kayta yachakutsun*: Que aprenda a ser hombre bueno.
tsunta s.: chonta. Planta espinosa de madera dura que sirve para bastón. →**pinqus**.
tsunu s.: 1. almidón. *papa tsunu*: almidón de papa. 2. papa remojada en agua hasta hidratarse totalmente. Se cuela con manta, se bota la cáscara y agua, se

hacen bolas de almidón que secadas pueden conservarse años sin malograrse. →**tuqush, chunu.**
tsununuku s.: tsununuco, chununuco. Papa de cáscara negra, contiene mucho almidón.
tsunya adj.: silencioso, tranquilo, deshabitado. *tsunya wasi*: casa silenciosa (abandonada).
tsunyaq (*tsunya-q*) p. pte.: que hace silencio, silencioso, tranquilo. →**upaalla.**
tsunyay v.: 1. estar silencioso, estar sin ruido. 2. silenciarse, callarse. 3. ausentarse. *Tsunyaptiimi qurapis wasi punkuuchau miran*: La hierba también crece en mi patio porque me ausento.
tsuqllu s.: choclo, maíz aún no maduro, elote. →**chuqllu.**
tsuqllu tsuqllu s.: tsocllo tsocllo, socllo socllo. Yerba medicinal para la diarrea y el cólico. Por su olor fragante se toma en infusión.
tsuqllukuy v.: proveerse de choclo, cosechar choclo.
tsuqlluyay (*tsuqllu-ya-y*) v.: llegar a la condición de choclo, hacerse choclo.
tsuqpakuy (*tsuqpa-ku-y*) v.: 1. pedir clemencia juntando las manos (las palmas). *Llullu wishkash tsuqpakur waqan*: La vizcacha tierna llora juntando sus patas delanteras. 2. hacer hatos de leña o pasto.
tsuqpay v.: 1. juntar las palmas de las manos y poner a la altura del pecho como para implorar. 2. formar hato, amontonar en orden.
-tsuraq (*-tsu-raq*) exp. adv. dubitativa: quizás, ¿será?, posiblemente no, a lo mejor no, no creo. *¿Allitsuraq kaypita aywakuuman?*: ¿Sería bueno que me vaya de aquí? *¿Payqa shamuntsuraq?*: ¿Vendrá él? *Qamtsuraq ruranki, mana ruranqaata*: No creo que tú hagas lo que no he podido.
tsuri s.: hijo cuando lo dice el padre. *Warmi tsurikita alli rikay*: Cuida bien a tu hija. →**churi.**

tsuriikuy (*tsuri-ku-y*) v.: engendrar (ref. varón, macho). *Tsuriikuyqa ahatsu, qishpitsiymi ahaqa*: Tener hijo es fácil; lo difícil es criarlo.
tsuritsaakuy (*tsuri-tsa-a-ku-y*) v.: adoptar (ref. varón, macho) como hijo o hija.
tsuru s.: escarcha, carámbano.
tsururru s.: agua congelada, carámbano. *Tsururruta mikuytsu, wirpaykitam llikitsinki*: No comas carámbano, partirás tu labio. →**hullullu, rankachu.**
tsururruy v.: congelarse el agua.
tsutsu s.: flor de nabo silvestre.
tsutsuqa s.: chochoca. Maíz medio sancochado y secado. Es una técnica tradicional de conservar el maíz. Molida se usa en sopa, guiso y dulces. *tsutsuqa kashki*: sopa de chochoca. *tutsuqa machka*: harina de chochoca. →**chuchuka.**
tsutsuqmaa s.: tsotsocma, sosocma. Planta rastrera cuyos frutos pequeños y negros son dulces. Su raíz es abortiva.
tsuya adj.: no espeso, aguado, líquido. →**chuya.**
tsuyaatsiy (*tsuya-a-tsi-y*) v.: aguar, dejar que se asiente lo espeso en la base.
tsuyayaatsiy (*tsuya-ya-a-tsi-y*) v.: hacer que lo espeso y líquido se separen. Actividad de los pueblos de zonas yungas cuando el río va muy turbio.
tsuyay v.: clarearse el agua.

U

u [u], [u̯] (en diptongo <au>): vocal cerrada, posterior.

ubiilla s. esp.: uvilla. →**shanku**.

uchku s.: hueco, agujero. *uchku rumi*: piedra con huecos. top. Uchcucaca: lit. "roca con huecos". Zona de rocas con huecos debajo de las cuales hay centenares de andenes. Quitaracsa.

Uchku Pedro s.: Uchcu Pedro. Sobrenombre de Pedro Celestino Cochachín por su cara picada de viruela. Él y Pedro Pablo Atusparia encabezaron la rebelión indígena del Callejón de Huaylas (1885) contra el pago de tributo al que el gobierno de Miguel Iglesias les obligaba. Al morir Atusparia quedó al mando de la rebelión hasta que fue capturado y ejecutado.
Uchku Pedru shamuykan
Atuspariapa qipanta.
Ayllu apuntsik qallaykan
Uchku Pedrupa naaninta.
Uchco Pedro está viniendo / siguiendo a Atusparia. / Nuestro líder comienza / el camino de Uchco Pedro (huayno).

uchkuna s.: perforador, herramienta que sirve para perforar.

uchkuq (*uchku-q*) p. pte.: 1. perforador, agujereador. *rumi uchkuq*: picapedrero, cantero. 2. violador, fornicador.

uchkuy v.: 1. hacer hueco, agujerear, perforar. 2. violar a una virgen.

uchkuyay (*uchku-ya-y*) v.: ahuecarse, hacerse hueco.

uchkuyuq (*uchku-yuq*) adj.: ahuecado, que tiene hueco.

uchpa s.: ceniza, residuo de quemazón. *Kullash uchpawan llushtunki*: Haz el pelado de granos con ceniza de molle.

uchpaatsiy (*uchpa-a-tsi-y*) v.: ayudar a hacer ceniza.

uchpas (*uchpa-s*) adj.: de color ceniza, ceniciento. *uchpas wallpa*: gallina cenicienta.

uchpay v.: cenizar, echar ceniza, esparcir ceniza. *Waray alliq ayapa llupinta rikaanapaq, patsata uchpaashun*: Echemos ceniza al piso para ver mañana en la mañana la huella del alma. En la noche del rito del pichcay (al quinto día de la muerte) se esparce ceniza en el piso donde se dejan las prendas del difunto. La habitación queda cerrada hasta el otro día en que se abre delante de los familiares. Allí aparecen raras huellas o dibujos que son mensajes del difunto.

uchpayay (*uchpa-ya-y*) v.: hacerse ceniza, convertirse en ceniza, volverse ceniza.

uchpayaatsiy (*uchpa-ya-a-tsi-y*) v.: hacer volver en ceniza.

uchu (Q II) s.: ají, picante. *uchu llaqta*: pueblo que produce ají. →**utsu**.

uchuk (Q II) adj.: pequeño, diminuto. →**ichik**.

uchuklla adj.: muy pequeño. →**ichiklla**.

uchuy v.: comer pequeñas cosas (cereales tostados). *Rachak chuspita uchun*: La rana traga la mosca.

uchuy (Q II) v.: estar picoso, picar, tener sabor de ají. →**utsuy**.

uha s.: piojo, parásito del cuerpo. *yuraq uha*: piojo blanco. *uha piqa*: cabeza piojosa. *usa : uha*, cambio fonético común en el Callejón de Huaylas. →**usa**.

uhaakuy (*uha-a-ku-y*) v. enfát.: despiojarse, quitarse los piojos. *Yukrispis, yukris kayninchau, uhaakun*: Hasta el zorzal, siendo zorzal, se despioja.

uhapaakuy (*uha-pa-a-ku-y*) v.: despiojarse buen rato.

uhasapa (*uha-sapa*) s.: piojoso.

uhaanakuy v. recíp.: despiojarse, quitarse los piojos.

uhay v.: despiojar, sacar piojos. →**usay**.

¡uhu! interj.: Voz para mandar a la yunta

para que vuelva o baje al surco. →**uku**.
uhukuy (*uhu-ku-y*) v.: acostarse, echarse al lecho.
uhutsiy (*uhu-tsi-y*) v.: 1. acostar, reclinar en el piso. 2. desparramar, perder, desaprovechar, hacer caer. →**uqray**.
uhuy v.: 1. acostarse, echarse al suelo. →**iskay**. 2. caer al suelo. →**ishkiy**.
uksi s.: hociqueo. *kuchi uksi*: hociqueo del chancho.
uksinakuy (*uksi-naku-y*) v. recíp.: hociquearse, empujarse con la trompa.
uksiy v.: hociquear, empujar con la trompa. *Kuchikikuna papa chakraata uksiyashqa*: Tus cerdos han hociqueado mi chacra de papa.
ukshi s.: buche. *mallaq ukshi*: hambriento. *qara ukshi*: lit. "buche de cuero", pobre, que no cubre su cuerpo. →**uytu**.
uku (Q II) adj.: interior, profundo. *uku pacha*: el mundo de abajo. *uku yaku*: agua de fuente. →**ruri**.
¡uku! interj.: Voz para mandar a la yunta para que baje o vuelva al surco. →**uhu**.
ukucha s.: pericote, ratón. →**ukush**.
ukuku s.: oso negro andino. →**ukumarya**.
ukumari s.: oso. →**ukuku**.
ukumarya s.: oso negro. →**yana puma**.
ukush: 1. s.: ratón, pericote. 2. adj.: salvaje, silvestre, no comestible por el hombre. El ratón, zorro y cóndor no son animales domésticos. *Ukush ñumya*: arveja de ratón. Planta de frutos redondos, amargos, y no comestibles.
ukush kasha s.: ucush casha, lit. "espina de ratón". Planta rastrera de espinas diminutas y muy agudas como los dientes del ratón, crecen en pampas. →**ulluna kasha**.
ukush llaliy exp.: lit. "ganar el ratón", olvidarse algo que uno está por decir. *Imatach ninaq karqun, ukush llalliskaman*: No sé qué iba a decirte, se me olvidó.
ukushta llaliy exp.: lit. "ganar al ratón", ponerse ropa nueva antes que muerda el ratón, hacerlo muy rápido. *Ukushta llaliy* (*mushuq llatapaykita sas shukukuy*): Vístete tu nueva ropa, gana al ratón.
ukush ñumya s.: ucush ñumya, lit. "arveja de ratón". Planta de la puna de frutos redondos y amargos; sus hojas, usadas en frotación, bajan la fiebre.
ukushpa pachan s.: ucushpa pachan, lit. "barriga de ratón". Oca de tubérculo del color como la piel de la barriga de ratón.
ukush papa s.: lit. "papa de ratón". Papa colorada, mediana y que al ser masticada revienta como el roer del ratón.
ukush puqru s.: lit. "absceso de ratón", absceso grande que parece como un ratón introducido en la piel. →**chuupu**.
ukuti s.: recto, ano. →**uqiti**.
uli s.: mentira, embuste.
ulikuq (*uli-ku-q*) p. pte.: que miente, mentiroso, engañador, embaucador. *ulikuq pishqu*: pájaro mentiroso.
ulikuy (*uli-ku-y*) v. enfát.: mentir, engañar. *Imapaqtan ulikunki*: Para qué mientes. →**llullakuy, suqakuy**.
uliy v.: mentir, engañar.
ultu s.: renacuajo. Remedio para el cáncer estomacal. Se muele el renacuajo quitándole los intestinos, esa masa negra se pone como emplasto en la parte cancerosa.
ultupa ñawin s.: lit. "ojo de renacuajo". Papa de color morado oscuro que por su sabor agradable y gomoso se come más en sancochado o en mazamorra. El ojo del tubérculo se parece al ojo del renacuajo.
ulyu s.: bautismo. *ulyu llatapa*: vestido de bautismo. *Ulyupis chaniyuqmi*: El bautismo también cuesta. Posible: óleo › *ulyu*.
ulyutsiy (*ulyu-tsi-y*) v.: hacer bautizar, bautizar.
ulyuy v.: bautizarse, recibir el bautismo.
ullku s.: varón. →**ullqu**.
ullkuy kushma s.: ullcuy cushma. Pequeña planta de la puna, medicina para el mal sitio.

ullma s.: menhir plantado por motivos religiosos o geográficos (lindero o dirección). →**urwa rumi, hawi rumi**.
ullmis s.: ruiseñor. *china ullmis*: ruiseñora. →**chauriqsa**.
ullqu s.: varón, hombre. Tiene relación con *urqu* (macho). *ullqu pura*: entre hombres. →**qari**.
ullqu qimllana s.: lit. "llamador de hombres", cintas multicolores que cuelgan del sombrero de las mujeres solteras anunciando su estado civil. También son conocidas como *choolu qimllana*.
ullquutsiy (*ullqu-u-tsi-y*) v.: enojar a varón o animal macho. Antónimo de *warmiitsiy*.
ullquy v.: enojarse (varón, animal macho).
Ullu s.: hipoc. de Eulogio, -a. →**Iullu**.
ullu s.: pene. →**pishqu, rani**.
ulluku s.: olluco (Ullucus tuberosus). Tubérculo andino. Sus hojas suaves como las de espinaca y sus tubérculos de cáscara muy delgada son comestibles. *ulluku pichu*: guiso de olluco. *atuqpa ullukun*: lit. "olluco de zorro". Olluco silvestre cuyas hojas se aprovechan en sopas, el tubérculo cura las inflamaciones.
ullullma s., adj.: ullullma. Tubérculo raquítico y duro por efecto de la helada, más ref. papa. *Ullullmaqa murupaqpis allitsu*: El tubérculo raquítico no es bueno ni para semilla.
ullullmay v.: quedarse pequeña y dura el tubérculo por enfermedad. *Papaami ullullmashqa*: Mi papa se ha enfermado y tiene frutos pequeños y duros.
ullumuy (*ullu-mu-y*) v.: salir por lugar muy estrecho hacia el interlocutor, filtrar. *Rupay ullumunqanam*: Ya va a salir el sol. Ya va a rayar la aurora.
ulluna kasha s.: ulluna casha, lit. "espina que penetra". Planta rastrera de espina muy puntiaguda. →**ukush kasha**.
ullush (Huari) s.: bolita de piedra. *kimsa ullush*: tres bolitas de piedra. →**qullushta**.
ullutsiy (*ullu-tsi-y*) v.: meter por hueco estrecho.
ulluy v.: entrar por espacio estrecho, pasar superando obstáculos, introducirse, filtrarse. *Rupay ullunna*: Ya se oculta el sol.
ullwincha (Santiago del Estero): gigantón. →**shikullu**.
uma s.: parte superior, parte de arriba. Se usa con morf. locat. *umapita*: desde la parte de arriba. *umaman*: hacia arriba. *Umachau waatantsik mikuykan*: En la parte de arriba está comiendo nuestro ganado. →**hanaq**.
uma s.: cabeza. *shuytu uma*: cabeza cónica. *umasapa*: cabezón. *kuntur uma*: cabeza de cóndor. *uma tullu*: cráneo, calavera. *alli umayuq*: que tiene buena cabeza, inteligente. *willka uma*: cabeza consagrada, sacerdote de la religión solar. →**piqa**.
umalliy < *umariy* v.: cabecear, levantar algo con la cabeza, llevar el bulto sobre la cabeza.
uman kashki, uman kaldu s.: caldo de cabeza de ganado. *Uman kaldutaraq upuramushaq*: Déjame que tome primero el caldo de cabeza. →**piqan kaldu**.
umash (*uma-sh*) adj.: de cabeza alargada hacia arriba (puede ser por pelos o plumas parados).
umiña s.: piedra preciosa, cristal. *puka umiña*: rubí. *tsiqyaq umiña*: esmeralda. *qispi umiña*: diamante.
umisha s.: unsha, silulo. Árbol de carnaval que se adorna y se corta. →**unsha, silulu**.
umita s.: humita. Masa de harina con dulce o sal que se hierve envuelto con panca de mazorca de maíz o con hojas de plátano o achira. Es la comida del 24 de junio y de 25 de diciembre (Ancash). Algunas humitas de sal llevan aderezos en medio. Es algo parecido al tamal pequeño. *yuuka umita*: humita de harina de yu-

ca. *hara umita*: humita de maíz. *mishki umita*: humita dulce. →**parpa**.
umpa s.: encargo (que se deja en casa ajena). →**paytaku**.
umpakuy (*umpa-ku-y*) v. enfát.: encargar, dejar encargo. *Kay qipillaa umpakushqayki*: Por favor, le encargo este mi bulto.
umpay v.: encargar, dejar encargo en casa ajena. *umpay qipi*: bulto encargado.
umpu adj.: cabeza gacha, con la cabeza baja.
umpu umpu exp. adv. modal: cabizbajo, cabeza gacha, con vergüenza o recelo, humildemente. *Mana alli ruraqkunallam umpu umpu puriyan*: Sólo los malhechores andan cabizbajos.
umpukashqa (*umpu-ka-shqa*) p. p.: jorobado, de cabeza gacha. Hábito o defecto innato.
umpukay (*umpu-ka-y*) v.: quedar cabeza gacha (por vejez, sueño o enfermedad). *Aukisqa puñunarmi umpukan*: El anciano dobla la cabeza por sueño.
umpukuy (*umpu-ku-y*) v.: agacharse, inclinarse. *Hanaapa tiuyaptikim umpukurquu*: Me he agachado porque tú saltabas por mi encima.
umpuutsiy v.: hacer agachar, hacer inclinar la cabeza.
umpuy v.: agacharse, inclinarse, hacer venia.
unancha s.: bandera, estandarte. *turmanyay unancha*: bandera de arco iris (bandera de los incas).
unau s.: unau. Planta pequeña de clima templado, de hojas aceitosas y flores melíferas. (Mato – Ancash).
unaatsiy (*una-a-tsi-y*) v.: prolongar el término de una actividad, demorar.
unay: 1. adj.: antiguo, remoto, pretérito, de hace tiempo. *unay patsa*: tiempo remoto. *unay runakuna*: hombres antiguos. *unay pun*: tiempo pasado. *unay wata*: antaño. 2. adv.: antes, época pasada, mucho tiempo transcurrido, in illo tempore. *Unaynam kaychau taakuu*: Vivo aquí ya hace mucho tiempo. *Unaypita chaaramunki*: Llegas desde hace tanto tiempo. C de H: *unee*.
unay v.: tardar, durar, demorar. *Ama unankitsu*: No tardes. No demores.
unchu adj.: en cuclillas, acurrucado.
unchukuy (*unchu-ku-y*) v. enfát.: ponerse en cuclillas, acurrucarse. *Kayllachau unchukushun*: Aquí no más pongámonos en cuclillas.
unchuy v.: ponerse en cuclillas.
unka s.: unca (Myrcianthus oreophylla). Árbol de la puna, de madera dura y de frutos negros y dulces. *unka taklla*: arado de unca.
unkanakuy (*unka-naku-y*) v. recíp.: darse la comida como dos aves, compartir la escasa comida. C de H: *unkanakiy*.
unkay v.: dar la comida directamente de boca a boca como hacen las aves con sus críos tiernos.
unku s.: unco, camiseta indígena, cushma. →**kushma**.
unku s.: segundo aporque.
unkuy v.: aporcar por segunda vez.
unquy s.: enfermedad. *lluta unquy*: enfermedad común. *taki unquy*: culto estelar, canto a las estrellas (combatida por los sacerdotes católicos durante la colonia española). →**qishyay**.
unquy v.: enfermarse.
unquy quyllur s.: cabrillas, pléyade.
unsha s.: silulo. Árbol del carnaval "vestido" de muchos regalos y serpentinas que se corta lentamente mientras se va bailando en su contorno. Vestigio del rito al árbol (axis mundi). →**silulu, wachi walli**.
unta adj.: lleno, pleno. →**hunta**.
untay v.: llenar.
untsuy v.: agacharse, ponerse en cuclillas. →**unchuy**.
untuy v.: cojear. →**ratakyay**.

unu (Cuzco) s.: agua. *Unuta munani*: Quiero agua. →**yaku**.

unuu s.: unau. Planta pequeña de hojas aceitosas y flores melíferas. →**unau**.

upa adj.: 1. sonso, ido, tarado, cretino. →**tuqruu**. 2. huero, inservible, pasado (en frutas y huevos), no logrado. *upa runtu*: huevo huero. *upa rinri*: sordo. *upa shimi*: mudo. *upa maki*: mano sin destreza. 3. ingenuo, inocente, tontito. *Kay wamraqa upallaraqmi*: Este niño todavía es ingenuo. 4. romo (sin punta, sin filo). *upa waqra*: cuerno sin punta (cuerno que recién brota).

upaalla (*upa-a-lla*) adj.: callado, silencioso. *Upaalla kakushun*: Estémonos callados. →**tsunya, chulluk**

¡upaalla! interj.: ¡silencio!, ¡cállense! Voz para hacer callar.

upaallalla (*upa-a-lla-lla*) exp. adv.: silenciosamente, muy callado, sigilosamente. *Upaallalla kaqmi yachanaq*: Quien sabía era el que estaba muy callado.

¡upaalla shimi! exp. imperativa: ¡calla la boca!, ¡cierra la boca!, ¡silencio!

upaallatsinakuy (*upaallo-tsi-naku-y*) v. recíp.: hacerse callar, silenciarse.

upaallatsiy (*upaalla-tsi-y*) v.: hacer callar, ordenar que se calle, hacer silenciar.

upaallay v.: silenciarse, callarse, guardar silencio. *Mamam puñun, upaallashun*: Callémonos, mamá duerme.

upa pishqu s.: upa pishco, lit. "pájaro tonto" (Catamenia analis). Pájaro de la puna de color gris que no canta como los demás pájaros. →**uqsha pishqu**.

upa pitsak s.: lit. "gavilán tonto", especie de gavilán que parece tonto pero es fiero. →**quqis**.

upas ‹ *upasapa*: 1. s.: animal mocho o sin cuerno. El animal mocho, por su cabeza grande y redonda, tiene la apariencia de tonto. 2. adj.: tontazo, idiota.

upasakashqa adj.: atontado, desmayado.

upasakay v.: atontarse, desmayarse.

upashanku, upa shanku s.: upashanco. Planta pequeña de la puna de frutos pequeños, dulces y anaranjados que se come en silencio. *upashanku wayu*: fruto del upashanco.

upa runtu s.: huevo huero.

upatu s.: hongo negro que ataca la mazorca de maíz, maíz que por el hongo no llega a desarrollarse. →**puqpii, pakurma**.

upaypa makin s.: lit. "la mano del espíritu", maqui maqui. Árbol de hojas grandes como las manos abiertas, de flor blanca, de semillas negras y muy amargas. Su madera suave sirve para labrar muchas cosas: escudillas, bateas. C de H: *upeepa makin*. →**maki maki, pumapa makin**.

upay s.: 1. espíritu del ser vivo, espíritu, ánima. C de H: *upee*. 2. sombra.

upayay (*upa-ya-y*) v.: volverse tonto, atontarse.

upay tukru s.: lit. "bastón del espíritu". Planta de la puna de hojas menudas y tallos delgados. Huele a cadáver.

upi s.: mosto, residuo espeso de chicha antes del fermento.

upi s.: muerte, fuego apagado.

upitsiy (*upi-tsi-y*) v.: apagar, hacer apagar (fuego, candil, luz eléctrica). *Tsay ninata upitsiy*: Apaga ese fuego.

upiy v.: 1. apagar. *Atskita upiy*: Apaga la luz. 2. apagarse, morirse el fuego o luz. *Chiuchiki upirinnam*: Tu candil ya está apagándose.

upsha s.: búsqueda de comida aunque sea por pedacitos como las aves y acémilas en lugares de comida escasa.

upshakuy (*upsha-ku-y*) v.: rebuscarse el alimento escaso.

upshatsiy (*upsha-tsi-y*) v.: hacer rebuscar la comida.

upshay v.: rebuscar el alimento escaso.

upukuy (*upu-ku-y*) v. enfát.: tomar (sopa, mazamorra).

uputinti s.: alacrán. →**atuq kuru**.

uputsinakuy (*upu-tsi-naku-y*) v. recíp.: hacerse tomar, invitarse algo que se toma.

uputsiy v.: hacer tomar, invitar algo que se está tomando.

upuy v.: tomar alimentos sin necesidad de masticar (mazamorra, sopa). *Aywakunayki kaptinpis, shapash apitaraq upuriy*: Toma primero la mazamorra de zapallo aunque tengas que irte.

upya s.: borrachera, jarana. *Qila runallam upyata ashir purin*: Sólo el hombre ocioso anda buscando la borrachera.

upyana (*upya-na*) s.: 1. bebida, lo bebible. 2. vasija, vaso, per. poto.

upyapakuy (*upya-pa-ku-y*) v.: beber por brindis ajeno.

upyapaakuy (*upya-pa-a-ku-y*) v.: beber despacio saboreando.

upyashqa (*upya-shqa*) adj.: bebido, tomado, borracho.

upyatsinakuy (*upya-tsi-naku-y*) v. recíp.: hacerse beber, invitarse la bebida.

upyatsiy (*upya-tsi-y*) v.: hacer beber, invitar a beber.

upyay v.: beber, tomar, libar. *Upyallaashun*: Salud. Bebamos, por favor. *Upyarishun*: Salud. Brindemos. *Upyarkushun*: Salud. A ver, bebamos.

> *Upyakullaashun, machakullaashun*
> *hukllaylla kawayta yarparillarnin.*
> *Waray, waraatin wañukullashqa*
> *kawaqkunam rimakamaashun.*

Bebamos y emborrachémonos / recordando la vida es una. / Mañana o pasado cuando muramos / otros vivos van a rajarnos. (huayno)

uqa, oqa s.: oca (Tropaeolum tuberosum). Planta de la puna cuyo tubérculo es comestible. Algunas clases de oca: *chumpak*: oca anaranjada, harinosa. Buena en sopa. *chimpiinu, chimbiinu*: oca delgada, anaranjada, ácida, acuosa. Es buena para cahui (partida y secada al sol para que se haga dulce). *mishmiimu*: oca pequeña, delgada, blanca, harinosa.

uqakuy (*uqa-ku-y*) v.: proveerse de oca, cosechar oca.

uqaushu s.: ocausho, lit. "oquita". Pequeña planta silvestre de la jalca, de tubérculo con sabor de oca dulce. Se cosecha en mayo. Quitaracsa.

uqi, oqi adj.: de color plomo y un poco morado (como sangre coagulada por golpe), gris. *uqi tsuku*: sombrero plomizo. *uqi qaqlla*: cara con mancha morada. →**saha**.

uqis (*uqi-s*): 1. adj.: plomizo, grisáceo. 2. s.: Maíz de grano plomizo.

uqish (*uqi-sh*) adj.: muy plomo, muy gris.

uqiti s.: recto, parte final del intestino.

uqiti kuru s.: almorrana, lit. "gusano del recto".

uqitishqa adj.: con recto salido, con almorrana. *uqitsishqa warmi*: mujer con recto salido.

uqitiy v.: salirse el recto por el esfuerzo al parir o defecar. *Wacharnin, uqitinqanyaq hinchikuykun*: Hizo tanta fuerza al parir que hasta se salió su recto.

uqlla, oqlla s.: regazo, abrigo de la cama.

uqllaq (*uqlla-q*) p. pte.: 1. que lleva algo en el seno, que calienta en su seno. 2. que cobija en su cama. 3. que ova, que empolla. *uqllaq wallpa*: gallina que ova.

uqllanakuy (*uqlla-naku-y*) v. recíp.: abrigarse, calentarse en la misma cama, darse calor. *Aku uqllanakurishun*: Vamos a la cama a abrigarnos.

uqllatsiy (*uqlla-tsi-y*) v.: hacer ovar, hacer abrigar.

uqllay v.: 1. calentar en los senos, dar el calor del cuerpo, acunar. 2. hacer dormir en su cama. *Puñukashqa wamraykita uqllay*: Acuna a tu niño dormido. 3. empollar, ovar. *Wallpa uqllaykannam*: La gallina ya está ovando.

uqra s.: pérdida, extravío.

uqra uqra exp. adv.: vivir perdiendo cosas, vivir sin cuidado.

uqrakashqa adj.: perdido, extraviado.

uqrapakushqa (*uqra-pa-ku-shqa*) p. p.: que ha perdido algo. *Waakaakunata uqrapakushqa karmi Siwasyaq aywarqaa*: Por haber perdido mis vacas fui hasta Siguas.

uqrapakuy (*uqra-pa-ku-y*) v.: tener la mala suerte de perder algo. *Kaychauqa imatapis uqrapakushkaatsu*: Aquí no se me ha perdido nada.

uqray, oqray v.: perder algo. *Runapa qipinta uqrankimantaq*: Cuidado con perder bulto ajeno.

uqsha, oqsha s.: paja, ichu grande, pajonal. *Uqshata apamuy*: Trae paja. top. Oxapampa (*uqsha pampa*: pampa de pajonal).

uqsha kuru s.: langosta, saltamonte, chapulín. →**pintiq kuru**.

uqshakuy (*uqsha-ku-y*) v.: proveerse de paja, cortar paja para techar.

uqsha pishqu s.: lit. "pájaro pajizo" (Catamenia analis), pájaro pequeño de color de paja seca que no canta. →**upa pishqu**.

uqsha uqsha s.: pajonal, lugar donde hay mucha paja. top. Ocsha Ocsha (pastizal en Quitaracsa).

uqta num.: seis. →**suqta**.

uqtiy, oqtiy v.: 1. escarbar, cavar. *Qullanankunapa wasinta ama uqtiitsu*: No escarbes la casa de los antiguos. 2. escarbar el pasado, recordar para criticar.

uqu, oqu adj.: mojado, húmedo. *uqu wasi*: casa húmeda.

uqukuy (*uqu-ku-y*) v. refl.: mojarse, salpicarse.

uqullu s.: lit. " siempre mojadito", renacuajo. →**ultu**.

uqu patsa s.: tierra húmeda, per. oconal.

uqutsinakuy (*uqu-tsi-naku-y*) v. recíp.: mojarse.

uqutsiy (*uqu-tsi-y*) v.: humedecer, mojar.

uquy v.: mojarse, humedecerse. *Kay patsam sas uqun*: Esta tierra se humedece rápido.

ura: 1. adv.: abajo, la parte inferior. Se usa con morf. loc.: *urachau*: abajo, en la parte baja. *uraman*: hacia abajo, hacia la parte baja. *urapita*: desde abajo, desde la parte baja. 2. adj.: de la parte baja. *ura naani*: camino de la parte baja. *ura kallki*: quebrada de abajo.

uraakuy (*ura-a-ku-y*) v. enfát.: descender, bajar.

uraamuy (*ura-a-mu-y*) v.: venir hacia abajo, descender hacia el lugar de referencia. *Nuqa alliqlla uraamushaq*: Yo bajaré temprano aquí.

uraapa s.: piojo de ave, urapa, chuchuya. *uraapa siki wiskul*: gallinazo piojento. →**chuchuuya, puyaati**.

uraatsiy (*ura-a-tsi-y*) v.: hacer bajar.

uran witsan exp. adv.: sube y baja, lit. "baja y sube", por todo lugar. Se refiere a la acción frecuente de caminar subidas y bajadas. La orografía andina es más inclinada que llana. *Uran witsan ashirpis hampi hachata tarirquutsu*: No he encontrado la planta medicinal ni aún buscando arriba y abajo.

uray v.: bajar, descender. *Kay kallkipam Lachuq suwakuna uraayaanaq*: Los ladrones de Lachoc habían bajado por esta quebrada. C de H: *uree*.

uraysinqa (*uray sinqa*) expres.: boca abajo, a la inversa.

uraysinqay v.: lit. "poner la nariz abajo", poner boca abajo, voltear, invertir, poner la base hacia arriba. *Wallpata, ama uraysinqaytsu, wañunmanpismi*: No bocabajes la gallina, puede morirse.

urin adv.: abajo, parte inferior. →**ura**.

uritu s.: urito. Planta de la puna de hojas carnosas. Cura el mal viento.

uriwa s.: animal con deficiencia física y mental.

urku s.: frente, frontal. *paqla urku*: frente calva, frente pelada.

urkupa (*urku-pa*) adj.: relación familiar no directa, natural, político, astro. *urkupa yaya*: padrastro. *urkupa wauqi*: herma-

nastro. *urkupa tsuri*: hijastro, hijo político. *urkupa mama*: madrastra. *urkupa ñaña*: hermanastra.
urku pashta s.: urco pashta, lit. "que revienta en la frente". Planta de la puna de hojas menudas y de tallos delgados parecida al upay tucro. Sus flores como bolsitas amarillas revientan al presionarse en la frente o en la palma de la mano.
urkupay (*urku-pa-y*) v.: cargar en la espalda sosteniendo el cincho o la punta del poncho en la frente. Así cargan en Vicos y Parobamba (Ancash). →**parushllay**.
urmay v.: caer, caerse. →**ishkiy**.
urpa ‹ *hurupa* adj.: espeso, masacote.
urpay s.: palomita. C de H: *urpee*.
urpi s.: paloma, amada. *yana urpi*: paloma negra. *Urpinau shumaq kanki*: Eres bella como la paloma.
urpichallay (*urpi-cha-lla-y*) exp. afectiva: palomita mía, palomita de mi alma, amorcito mío, amada mía.
urpillay (*urpi-lla-y*) exp.: paloma mía, amor mío.
urpu s.: cántaro grande. →**puyñu**.
urqu s.: cerro, montaña. →**hirka**.
urqu, orqu adj.: macho. Se antepone al nombre de animal y planta para indicar el género masculino. Género epiceno. *urqu mishi*: gato macho. *urqu kuchi*: chancho macho, verraco. *urqu hacha*: árbol macho (que no da fruto).
urqutuuna adj.: marimacha, mujer que tiene carácter del varón, que tiene gustos de los varones. →**qari sina**.
uru s.: uro. Grupo étnico de las islas del Titicaca.
urunquy s.: moscardón, moscón negro que deja sus dulces en palos o en subsuelo. →**wayrunqu**.
urus s.: seso, médula. →**tuqshu**.
urwa adj.: estéril, que no da fruto. *urwa hara*: maíz sin fruto, sirve sólo para caña. *urwa runa*: hombre solo.
urwa rumi s.: menhir, lit. "piedra solitaria, piedra sin prole". En Quitaracsa las mujeres que tienen muchos hijos hacen el simulacro de cargar esta piedra para ya no tener más prole. →**ullma, hawi rumi**.
urwayay (*urwa-ya-y*) v.: hacerse estéril, quedarse sin frutos, quedarse solo.
urya s.: 1. aporque, trabajo que consiste en echar tierra en las raíces de algunas plantas en desarrollo (papa, maíz). *huk urya*: primer aporque. *ishkay urya*: segundo aporque. *papa urya*: aporque de papa. 2. trabajo, labor, faena.
uryakuy (*urya-ku-y*) v. enfát.: aporcar, trabajar, laborar. *Warmiimi imatach uryakuykan*: Mi mujer está preparando algo.
uryapakuy (*urya-pa-ku-y*) v.: hacer aporque en chacras ajenas. *Uryapakuqmi shamuu*: Vengo a ayudar a aporcar.
uryatsiy (*urya-tsi-y*) v.: hacer aporcar, hacer trabajar.
uryay v.: 1. aporcar, echar tierra en la raíz de plantas. *Papaykitaraq uryarishun, tsaypitanach nuqapata*: Primero aporquemos tu papal, después el mío. 2. trabajar, laborar. C de h: *uryee*.
usa s.: 1. piojo, parásito de animales y plantas. 2. piojera, plaga de piojo. *Uushakunata usa tsarishqa*: La piojera ha atacado a las ovejas. *usa* › *uha*. →**uha**.
usaakuy v. refl.: despiojarse, quitarse los piojos.
usaanakuy (*usa-a-naku-y*) v. recíp.: despiojarse, quitarse los piojos, matarse los piojos. *Usaanakuyay*: Despiójense.
usapaakuy (*usa-pa-a-ku-y*) v. refl.: estar despiojándose, despiojarse despacio. *Kananqa alli usapaakunki*: Ahora debes despiojarte bien.
usa siki adj.: lit. "culo con piojo, piojoso hasta en el culo", piojoso, sucio.
usay v.: despiojar, quitar los piojos, matar los piojos. *Wallpa kuchita usan*: La gallina despioja al cerdo.
ushakaatsiy (*usha-ka-tsi-y*) v.: hacer acabar, terminar.

ushakay (*usha-ka-y*) v.: terminarse, acabarse, llegar al fin. *Kay patsam ushakanqa nir mantsatsikuyan*: Hacen asustar diciendo que este mundo se va a acabar.

ushanan hampi exp. s.: lit. "último remedio", muerte, la última sentencia para un hombre incorregible. Los pasos que le preceden son tres: *yachatsiy* (aconsejar), *alli yachatsiy* (aconsejar bien, castigar), *hitarikuy* (expulsar de la comunidad). Sólo después de agotar estos pasos se decide el *ushanan hampi*.

ushapakatsiy (*usha-pa-ka-tsi-y*) v.: ayudar a terminar una obra. *Kay aruyta ushapakatsiy*: Ayuda a terminar esta obra.

ushapakaatsiy v.: ser cómplice del malgasto.

ushapakuy (*usha-pa-ku-y*) v.: 1. terminar un trabajo. 2. terminar lo que uno tiene, malgastar.

ushatsiy (*usha-tsi-y*) v.: 1. hacer acabar, terminar, dar los últimos toques. *Kay qillqata ushatsiinam*: Ya estoy acabando este escrito. 2. matar, exterminar. *Runakuna, yarpaayay: chapiturkuna ushatsimaynintsikta munayarqan*: Hombres, recuerden: los chapetones quisieron exterminarnos.

ushay v.: terminar, dar término, finalizar. *Llapanta ushaatsu*: No termino todo.

Ushi s.: hipoc. de Eusebio, -a.

Ushka s.: hipoc. de Óscar.

ushka s.: el pago que se hace con productos agrícolas.

ushkay v.: pagar con productos.

ushku s.: menhir, piedra plantada (por razones religiosas, señal de camino, lindero, reloj solar). →**usnu, urwa rumi**.

ushma adj.: haragán, ocioso, perezoso. *Ushma runata manam pipis wanantsu*: Nadie necesita al hombre ocioso.

ushmaatsiy v.: lit. "hacer una acción muy lenta", cocinar a fuego lento hasta que se espese o arroje el afrecho (chicha o mazamorra). *Mana ushmaatsiptikiqa apipis saksantsu*: Si no lo hierves a fuego lento ni la mazamorra se espesa.

ushmay v.: 1. ociosear, haraganear. 2. remojar. →**tullpuy**.

ushnu s.: hueco, cueva. →**tuqu**.

usnu s.: menhir, piedra plantada en lugares estratégicos que sirve para delimitación geográfica, sacralización del lugar o reloj solar. →**hawi rumi, ushku**.

ushpay (metátesis de *upshay*) v.: rebuscar el escaso alimento. →**upshay**.

ushpika s.: ushpica. Planta pequeña de la puna muy apreciada por los chamanes.

ushpiku s.: ushpico. Pequeña planta que cura el mal de la verruga. *ushpiku yaku*: té de ushpico.

ushqu, oshqu s.: gato montés. *Wallpata ushqu mikushqa*: El gato montés ha comido la gallina.

Ushta s.: hipoc. de Eustaquio, -a.

ushtiy v.: cavar, escarbar. →**uqtiy**.

ushun s.: per. ushun, cansaboca. Ciruelo de frutos de cáscara verde con manchas marrones, pero de interior colorado y muy dulce. Crece en zonas yungas. Los muchachos preguntan: *Maa ushun, niy*: A ver di ushun. Si el interpelado dice: *Ushun*. Al instante le dicen: *Panikita qushun*: Forniquemos a tu hermana. Quitaracsa.

Ushwa s.: hipoc. de Oswaldo, -a.

usunka s.: entumecimiento, adormecimiento de miembros. *chaki usunka*: entumecimiento de pie. →**tumshu**.

usunkay v.: entumecerse, adormecerse el cuerpo por mala circulación de sangre o por frío. *Chakii usunkashqa*: Mi pie se ha adormecido. →**tumshuy**.

ususi (Cuzco) s.: hija (si lo dice el padre). →**warmi tsuri**.

ususu s.: gallo, garañón.

usuta s.: per. ojota, sandalia andina, llanque. →**llanqi**.

usya s.: sequía, época de sol y calor. *usya pukutay*: nube de la época de sequía.

usyay v. unipersonal: escampar, hacer tiempo seco, no llover. *Kay wataqa allaapash usyanqa, mikuynintsikta alli churakushun*: Guardemos bien nuestra cosecha porque dicen que este año habrá mucha sequía.

uta: 1. s.: uta. Grano que aparece en el rostro, da escozor, se convierte en pus y deja cicatriz. Esta enfermedad ulcerosa es causada por picazón de mosquitos infectados. Enfermedad común en los valles muy cálidos. *uta mikushqa*: comido por la uta, utoso. *uta hampi*: remedio de uta (jabón germicida). 2. adj.: utoso, persona que tiene uta. *uta qaqlla*: cara utosa. *uta kuru*: gusano de uta.

utha ‹ *utka* adj.: rápido, veloz. →**sas**.

uthalla adv.: rápidamente, velozmente, pronto.

uti: 1. s.: epilepsia. *Mana alli wayrapitam, utiqa*: La epilepsia es por el mal viento. 2. adj.: epiléptico, loco. *uti runa*: hombre epiléptico.

uti wayra s.: lit. "viento loco", torbellino, huracán. Son almas de los hijos ruines con sus padres que andan llorando alocados.

utiy v.: 1. tener epilepsia, alocarse. *Qanyan watapitana kay runa utin*: Este hombre tiene epilepsia desde el año pasado. 2. cansarse, fatigarse.

utka adv.: rápido, de prisa. →**sas, ras**.

utkalla adv.: muy pronto, muy rápido.

utku s.: algodón. *utku punchu*: poncho de algodón. *utku muru*: semilla de algodón. *utku pampa*: pampa de algodón.

utku adj.: pálido y pelusiento (rostro de persona enferma y con dolores).

utkuyay (*utku-ya-y*) v.: 1. ponerse como algodón. 2. ponerse pálido y hasta con pelusas en la cara.

utqu s.: grano de maíz que se queda en el carozo y que no crece, mazorca que no granea. Es una enfermedad de maíz. *Kay wataqa harantsik utqulla yarqushqa*: Este año nuestro maíz no ha graneado.

utquy v.: no desarrollarse el grano de maíz en la mazorca.

utsu: 1. s.: ají, picante. Sazonador muy importante en la comida peruana. Hay muchas clases de ají: *puka utsu*: ají rojo, ají colorado. *qarwa utsu*: ají amarillo, ají escabeche. *tsiqyaq utsu*: ají verde. *ruqutu*: rocoto. *qapllaq*: capllaco. *chincha utsu*: chinchano, miracielo. *tsaki utsu*: ají seco. Adivinanza de ají: *Imallaqash, imallaqash kallan: shunquu shaqraq, shaqraq; runtuu plaq*: Qué será, qué será: mi corazón suena shajraj, shajraj (sonido de ají seco); mi testículo suena plaj (sonido del rocoto cuando se muele). 2. adj.: picante, picoso. *utsu mikuy*: comida picosa. →**uchu**.

utsu mikuq s.: ajicero, lit. "que come ají". Pájaro de plumaje plomizo con manchas marrones y pecho negro que come rocoto. →**pichkukus**.

utsu putu s.: 1. envase de ají, ajicero. 2. tobillo (porque se parece al envase de ají).

utsuq (*utsu-q*) p. pte.: que pica, picoso. *utsuq mikuy*: comida que pica. *utsuq kashki*: sopa que pica.

utsutsay (*utsu-tsa-y*) v.: sazonar con ají, echar ají.

utsu wayta s.: 1. flor de la planta de ají. 2. uchu huayta, lit. "flor de picante". Planta andina de flores anaranjadas o amarillas que se muelen para colorear el plato picante de papa. Su flor se parece a la de la caléndula.

utsuy v.: picar (ají), ser picante. *Kashkiki allaapa utsun*: Tu sopa pica mucho.

uturunqu s.: otorongo. Felino de la selva.

utush adj.: benjamín, el último de la familia. →**shullka**.

utush s.: gusano de maíz.

ututu s.: junco, totora. *ututu waylla*: pampa de junco, juncal. *ututu wayta*: flor de junco. →**tutura, matara**.

uusha: 1. s.: oveja, ganado lanar. *yana uusha*: oveja negra. Es la preferida para comer porque se supone que es más alimenticia. 2. adj.: de oveja, ovino. *uusha wanu*: guano de oveja. *uusha punchu*: poncho de lana de oveja.
uusi s. esp.: hoz. *mushuq uusi*: hoz nueva.
uusiy v. esp.: usar la hoz, segar.
uya (Q II) s.: cara, rostro. *uyu uya*: cara flaca. →**qaqlla**.
uyanchay v.: reprochar, amonestar, echar en cara, encarar. →**anyay, piñapay**.
uyay (Q II) v.: oír, escuchar. →**wiyay**.
uymaa s.: uymá. Planta mediana que se usa en la tintorería. Sin ninguna mezcla da el color amarillo; pero con salitre da el verde oscuro.
uytu s.: buche. →**ukshi**.
uyu adj.: flaco, delgado. *Uyu aytsallata rantikuyan*: Venden sólo carne flaca. Antónimo de *wira*.
uyush (Huaraz) s.: cuy tierno. →**ulluksha**.
uyuukuy (*uyu-u-ku-y*) v.: enflaquecer, enflaquecerse.
uyuulu adj.: flacuchento, delgaducho.
uyuyaatsiy (*uyu-ya-a-tsi-y*) v.: hacer enflaquecer.
uyuy v.: enflaquecer, adelgazar. *Imatanatan yarpachakunki, tsaynauna uyunki*: Qué te preocupa, tanto te enflaqueces.
uyuyay (*uyu-ya-y*): enflaquecer, adelgazar. *¿Uyuyaytaku munarki?*: ¿Quieres enflaquecer?
uywa s.: animal (toda especie de animal). *llapan uywakuna*: todos los animales. *Wasi uywatam waata nirtsik*: Decimos *waata* al animal doméstico

W

w [w]: fonema fricativo velar. En la ortografía castellana propuesta por Antonio de Nebrija equivale a los diptongos crecientes escritos con <h>: <hua>, <hui>.

-wa (Q II) pronombre de primera persona o. d. incorporado en el verbo (transición): me, a mí. *Kuyawanki*: me amas. *Pay kuyawan*: Ella me ama. En Q I: *-ma*.

waachu adj.: huérfano, que se ha quedado solo. *waachu wamra*: muchacho huérfano.

waachu s.: billete suelto de la lotería, billete huérfano.

waachu s.: corderito, huacho. *Huk waachuta rantikallaamay*: Véndame un corderito, por favor.

¡waahi! interj.: huaji, aaji. Exp. de alegría y desafío.

waaka s. esp.: vaca. *waaka qishyay*: enfermedad vacuna. *waaka waka*: huaca con figura de vaca. *waaka wanu*: excremento de vaca.

waaka kuru s.: lit. "gusano de vaca" (porque vive en guano de vaca), ragao. →**raqau**.

waaka murpaa s.: murpá de vaca (le gusta a la vaca). Planta de la puna, medicina para dolor de estómago y para cólico de mujer embarazada. Su raíz tomada en mazamorra cura el mal del susto.

waaka tumpush s. onomat.: tábano de vaca. Moscón pequeño que tiene una bolsita de miel en su abdomen. Se saca su miel y se come. Generalmente revolotea junto a las vacas. Se mete una pajita en el abdomen para que lleve la carta al diablo. *tumpush pampay*: el entierro del moscón. Los tábanos se entierran en huecos bajo tierra donde inviernan.

waalli s.: espantapájaros. *Waallim atuqta mantsatsin*: El espantapájaros espanta al zorro.

waalliy v.: ser un espantapájaros, poner un espantapájaros.

Waashi s.: hipoc. de Washington.

waata s.: animal doméstico. *Waatakunata alli rikanki*: Cuida bien los animales.

waatakuq (*waata-ku-q*) p. pte.: criandero, ganadero. *Waatakuq kaptinmi aytsapis kan*: Hay carne porque hay ganadero.

waatakuy (*waata-ku-y*) v.: criar, cuidar.

waatana adj.: persona y animal amparados o bajo tutelaje.

waatanakuy (*waata-naku-y*) v. recíp.: convivir, cohabitar.

waatay v.: 1. criar, cuidar, amparar, hacer crecer. *rakan waataq*: (ref. mujer) lit. "que cría sólo su vagina", botarate, que no sabe tener nada. *ranin waataq*: (ref. varón) lit. "que cría su pene", botarate. *haka wataq*: que cría cuyes. →**qishpitsiy**. 2. tener por esposa. *Alli warmitam waatanaq kanki*: Ocurre que habías tenido una buena esposa.

waatay adj.: criado (que se ha criado), amparado, tutelado. *waatay wamra*: muchacho que se ha criado en casa. *waatay ukumari*: oso domesticado. *waatay amaru*: culebra domesticada. C de H: *waatee*.

wachaaka s.: correa, cincho. *qara wachaaka*: correa de cuero.

wachakas adj.: con línea que casi contornea como cinturón. →**wachkas**.

wachakay adj.: que tiene línea que contornea.

wachakay v.: cargar en la espalda un peso liviano envuelto en forma diagonal, las puntas del poncho o manta deben cruzarse por el pecho, una de las puntas sobre un hombro y la otra punta debajo del otro hombro.

wachakaakuy (*wachaka-a-ku-y*) v.: vestirse, amarrarse la cintura (pantalón o pollera). *Wachakaakuyayna, patsapis naaqanam warashqa*: Vístanse ya, hace rato

que ha amanecido.
wachakuy (*wacha-ku-y*) v. enfát.: parir, dar luz, concebir.
wachanay (*wacha-na-y*) v.: tener síntomas de parto.
wachapakuy (*wacha-pa-ku-y*) v.: parir un hijo natural (sin estar casada ni convivir).
wachatsiy (*wacha-tsi-y*) v.: hacer parir, engendrar.
wachauka s.: cuero que sirve para amarrar la punta o reja en el arado. →**qara wanku**.
wachay s.: 1. parto, alumbramiento. *Wachaywan mamaa ichikpa wañurqan*: Mi mamá por poco murió con el parto. 2. fruto, producto, ganancia. *chakrapa wachaynin*: producto de la chacra. *qillaypa wachaynin*: ganancia del dinero, el interés que gana el dinero. C de H: *wachee*.
wachay v.: 1. dar luz, parir, alumbrar, dar fruto, poner huevos. *¿Imanirninraq, taqay warmi, warmillata wachan?*: ¿Por qué será que aquella mujer sólo da a luz mujeres? *Supaypa wachashqan*: hijo del diablo, malvado. *wachaq wallpa*: gallina ponedora. 2. dar ganancia, rendir en dinero. *Kay qatun alli wachan*: Este negocio rinde bien. 3. filtrar agua. *Kaypa yaku wachan*: Por aquí filtra el agua.
wachi s.: huachi. Gusano largo y delgado que come tubérculo de papa. *Hampita rantiyaamuy, wachim papantsikta usharinna*: Compren remedio que el huachi ya va a terminar nuestro papal
wachi s.: flecha, dardo, algo punzante.
wachiq (*wachi-q*) p. pte.: que punza, punzante.
wachiq wachiq, wachiwachi s.: tábano negro de alas azuladas, avispón negro. Es una especie de avispa negra cuya picadura es dolorosa e infecciosa. Su presa preferida es la tarántula a la que lleva a su hueco para tener comida al invernar. Existe la creencia de que el tábano negro picó los senos de Virgen María cuando estaba lactando a su niño; por eso, quien mata este animal hace méritos para su salvación. →**tankayllu**.
wachi walli, wachi walliitu s.: silulo, árbol del carnaval "vestido" de serpentinas, muchos regalos y frutas, la gente baila en su contorno mientras va cortando lentamente. Es un vestigio del rito al árbol. →**silulu, unsha**.
wachiqya s.: punzada, dolor agudo como de un aguijón.
wachiqyay v.: sentir algo punzante.
wachiy v.: punzar, hincar, herir punzando, aguijonear. *Pullan hunaqmi rupay wachin*: El sol punza a mediodía. *Shimpum wachimashqa*: La avispa me ha picado.
wachkas ‹ *wachakas* adj.: que tiene una raya como cinturón. *wachkas kuru*: gusano con franja de otro color.
wachu s.: surco, camellón. *maman wachu*: camellón madre, camellón principal de donde se reparte el agua.
wachuku s.: 1. faja. *¿Imaypaqtan wachukuu ruramunki?*: ¿Para cuándo vas a hacer mi faja? 2. meseta alargada.
wachukukuy (*wachuku-ku-y*) v.: fajarse, amarrarse la cintura. *Manaraqpis wachukukuyta yacharnin warmita munanki*: Quieres mujer sin saber siquiera amarrarte la cintura (pantalón).
wachuq p. pte.: fornicador, hechor.
wachuy v.: 1. fornicar, violar. 2. surcar, abrir surcos.
wachwa s.: huachua. Ave grande de la jalca. →**watswa**.
wahakuy (*waha-ku-y*) v. enfát.: espantar. *Warmiimi hara chakrapita wallpata wahakuykan*: Mi esposa está espantando la gallina del maizal.
wahanakuy v. recíp.: empujarse, arrearse, mandarse.
wahapakuy (*waha-pa-ku-y*) v.: sentir los síntomas de alguna enfermedad.
wahapaakuy (*waha-pa-a-ku-y*) v.: estar en la labor de arrear o espantar.

wahay v.: arrear, espantar, mandar, conducir el ganado. *Taqayman uushantsikkunata wahaykushun*: Arreemos hacia allá nuestras ovejas.

wahay v.: comenzar otra vez el dolor, retornar el mal. *Unay nanaynin wahan*: Otra vez comienza su dolor de antes.

¡wahay! interj.: ¡huajay! Grito con que se remata la risa alargando el sonido final. Propio de mujeres poco serias; en caso del varón, propio de los afeminados. Es la risa del *Chakri*, el diablo incestuoso.

wahayllay (*wahay-lla-y*) v. onomat.: reírse a gritos, gritar ¡huajay!

wahi (C de H) s.: casa, hogar. *wasi* › *hahi* › *wayi*.

wahu s.: provocación, desafío, pendencia.

wahu adj.: adj.: provocador, desafiador, buscapleitos.

wahukuq adj. enfát.: buscapleitos, provocador, pendenciero. *wahukuq runa*: hombre buscapleitos.

wahukuy (*wahu-ku-y*) v. enfát.: provocar, buscar líos. *Aypa kaqnaupis wahukunki*: Provocas como si pudieras.

wahunakuy (*wahu-naku-y*) v. recíp.: provocarse, buscarse líos. *Kaykunaqa, wahunakuyta qallaykurqa, maqanakuyanqam*: Éstos, si comienzan a provocarse, van a pelearse.

wahuy v.: provocar, fastidiar, buscar líos, buscar pleitos.

wak: adj.: lejano, remoto. *wak marka*: pueblo lejano.

wak adv.: lejos, allá, allende. Se usa con morf. locat. *wakchau*: en un lugar lejano. *Wakpitam kutimushkaa*: He regresado de lejos. *Wakmanmi aywakushaq*: Me iré lejos. →**waq**.

waka s.: 1. huaca, adoratorio, lugar sagrado que emana mucha energía, piedra de forma muy rara. Estos lugares, generalmente, quedan en las partes más altas del pueblo. 2. Elemental zoomorfo que contiene el espíritu original de los animales, sale de cerros, pantanos y lagunas cuando hay nube con sol o en luna llena para encastar animales que después llegan a tener crías muy preciosas. *waaka waka*: huaca de vaca. *haka waka*: huaca de cuy, piedra en forma de cuy que se pone en el cuyero, y los cuyes aumentan. Los que conocen a las huacas diferencian *wamani* (huaca grande) de *illa* (huaca pequeña).

wakakay v. onomat.: reír sin control, destornillarse de risa, reír a carcajadas. No es propio de damas. *Wakakaq warmita manam warmiipaq munaatsu*: No quiero por esposa a una mujer que no sabe controlar su risa.

wakamayu s.: huacamayo, papagayo. Ave selvática de vistosos colores, más grande que el loro. *waqaq mayu* › *wakamayu* (río gimiente, llanto del río, canto del río).

wakatay s.: huacatay (Tagetes minuta). Planta aromática que se usa para dar sabor y aroma al ají molido y guisos. Es vermífugo.

wakay v.: 1. llorar. 2. cantar (ref. animales). 3. sonar (ref. naturaleza). →**waqay**.

wakcha adj.: pobre. *wakcha runa*: hombre pobre. →**waktsa**.

wakchayay v.: volverse pobre, empobrecerse.

waki s.: una parte del todo, algunos, una porción, lo demás, lo restante. Se usa seguido del morf. pers. *wakiikikuna*: algunos de nosotros. *wakikikuna*: algunos de ustedes. *wakinkuna*: los demás. *Wakinllata apakullay*: Llévese sólo una parte.

wakinakuy (*waki-naku-y*) v. recíp.: separarse, repartirse.

wakiy v.: separar. →**rakiy**.

wakiyaq s.: huaquero, escarbador de ruinas y tumbas.

wakiyay v.: huaquear, escarbar ruinas.

waklliy v.: ladearse, desequilibrarse el peso. →**tikshuy**.

wakra s.: cuerno. →**waqra**.

wakshu s.: aguardiente, ron. *wakshu pacha*: borracho.
wakshiyay v.: beber aguardiente.
waktsa adj.: pobre, mísero, desgraciado. *Allaapa waktsa kaypis a'litsu*: Ser muy pobre, tampoco es bueno. →**wakcha**.
waktsayaatsiy (*waktsa-ya-a-tsi-y*) v.: empobrecer, hacer que se vuelva pobre. *Tukuy laaya qishyaykunam waktsayaatsiyaaman*: Muchas clases de enfermedades nos empobrecen.
waktsayay (*waktsa-ya-y*) v.: empobrecerse, hacerse pobre.
waku: 1. s.: huaco, cerámica prehispánica. 2. adj.: feo, parecido al huaco.
wakuyay (*waku-ya-y*) v.: volverse huaco, semejarse al huaco.
wakway v.: socavar, cavar haciendo para derrumbar cerros.
wakyaq s.: per. huaquero, profanador de tumbas en busca de tesoros.
wakyay v.: per. huaquear, profanar tumbas en busca de tesoros, excavar buscando huacos. →**wakiyay**.
waltaku s.: hualtaco (Loxopterigium huasango). Planta medicinal andina.
wallaka: 1. s.: raya o línea en curva. 2. adj.: con líneas o rayas en curva. *Wallaka kuru*: gusano con franja que la circunda.
wallaka s.: huallaca. Una especie de papa que tiene franjas blancas o coloradas que la contornean.
wallata s.: huallata. Ave palmípeda de la región puna.
Walli s.: hipoc. de Valerio -a.
wallinku s.: conejo silvestre, liebre.
wallka adj.: poco, insuficiente, escaso. *wallka yaku*: poca agua. *Qamqamishari wallka mikuq kanaq kanki*: Ocurre que tú habías sido de poco comer.
wallkay v.: menguar, disminuir, escasear. *Mana tamya kaptin yaku wallkan*: El agua escasea cuando no hay lluvia.
wallkayay (*wallka-ya-y*) v.: disminuirse, reducirse. →**yauyay**.

wallki s.: huallqui. Bolsa especial para llevar la coca, cartera, billetera. →**piksha**.
wallkiq (*wallki-q*) p. pte.: que acompaña en el velatorio del muerto.
wallkiy v.: acompañar en los ritos a los muertos (velatorio y pichcay). En esos ritos se mastica coca.
wallkush s.: papada, lóbulo de oreja.
wallkuy s.: lunar resaltante, verruga que sale generalmente en la cara de las personas de edad.
wallmi wallmi s.: huallmi huallmi. Planta de la puna, remedio para cólico estomacal.

Ay, pachallaa, mamay, mamay:
wallmi wallmiwan shupaykamay, mamay.
Mana wallmi wallmi kaptin, mamay.
Shumaq warmita pushaykamuy, mamay.

Ay, mi barriga, mamá, mamá. / Sóbeme con huallmi huallmi, mamá. / Si no hay huallmi huallmi, mamá, mamá. / Tráigame una mujer bonita, mamá. – En esta canción hay analogía fonética de *warmi* (mujer) con *wallmi wallmi* (nombre de planta, que también es mujer en lenguaje infantil).
wallpa s.: gallina. *wallpa wira*: grasa de gallina, enjundia. *wallpa qara*: piel de gallina. *wallpa chiku*: gallinero.
wallpa puku s.: jaula de gallina.
wallpa llupiy v.: 1. desplumar la gallina. 2. chismear, propagar chismes como plumas de gallina.
wallqa s.: collar. *wayruru wallqa*: collar de huayruro.
wallqakuy (*wallqa-ku-y*) v.: ponerse el collar.
wallqatsiy (*wallqa-tsi-y*) v.: 1. poner el collar. 2. engañar, embaucar (*runtuta wallqatsiy*: poner los testículos como collar sin que la otra persona se dé cuenta).
wallqay v.: llevar puesto el collar, colgar el collar.
wallqayuq (*wallqa-yuq*) s.: que tiene collar. top. Hualgayoc (*wallqayuq*), Perú.

walluy v.: talar, cortar.
wallwa s.: gusano delgado. top.: Huallhua. Poblado en Pomabamba (Ancash).
Wallwa s.: hipoc. de Bárbara.
wallwaku s.: sobaco. →**iñaksu, lluki**.
wallwakuy v.: llevar algo debajo del brazo. →**iñuy**.
wallwatukuy, wallwa tukuy v.: serpentearse, moverse en zigzag, cosquillear en el interior del cuerpo.
wamalliishu adj.: miedoso, cobarde, muermo. →**mantsalliishu**.
waman s.: halcón, águila americana. *Waman puñunan qaqa*: cerro donde duerme el halcón.
wamani s.: huaca grande.
waman pinta s.: huaman pinta (Chuquiraga spinosa). Planta espinosa de la puna. Cura el mal viento y epilepsia. Muy apreciada por los brujos porque tiene otros usos.
wamanrripa s.: huamanripa (Senecio chionogeton). Planta de la jalca que cura la tos y el susto.
waman tullu s.: lit. "hueso de halcón", hombro, clavícula.
wamaq (*wama-q*) adj.: famoso, importante. *wamaq runa*: persona importante. *wamaq marka*: pueblo famoso.
wamaq adj.: raro, genuino. *wamaq tsuku* (*chuku*): sombrero raro. top. Huamachuco (Perú).
wamaqpa (*wamaq-pa*) adv.: por primera vez. *Wamaqpa lluytsuta illapashqa karmi ushapakuntsu willakur*: Por haber cazado venado por primera vez no acaba de contar su hazaña.
wamaqta (*wamaq-ta*) adv.: cuando menos se espera, rara vez, momento menos pensado. *Wamaqta kutimunki*: Vuelves en el momento menos pensado.
wamaqyaatsiy v.: dar fama o renombre.
wamaqyay (*wama-q-ya-y*) v.: hacerse famoso.
wamay v.: tener fama.

wamayay v.: temer, recelar. →**mantsay**.
Wambilyay v. esp.: bambolear, oscilar. →**wampalyay, millmillyay**.
waminka s.: jefe de un batallón, capitán.
wamiy v.: batir harina en agua.
wamla (Huancayo) s.: niño, muchacho. →**wamra**.
wamllaatsi s.: huamllachi. Planta de hojas menudas y carnosas que crece en las rocas. Cura el susto y la inflamación.
wampalyay, wambalyay v.: bambolear, balancearse.
wampu s.: canoa, balsa, flotador.
wampu qaywina s.: remo.
wampuutsiy (*wampu-u-tsi-y*) v.: hacer flotar.
wampuy v.: flotar. *Taqay quchachau pushuqay wampunraq*: La espuma está que flota en aquella laguna.
wamra, wambra s.: niño, niña. *muyla wamra*: niño que fastidia pidiendo algo. *ullqu wamra*: niño. *warmi wamra*: niña. →**warma**.
-wan morf. comitativo (de compañía): 1. con, junto a. *Shantiwan ayway*: Ve con Santiago. 2. *mana -wan*: sin, carente de. *Shantiqa mana munaywan aywan*: Santiago va sin querer.
-wan morf. instrumental: con, por medio de. *Kay laapiswan qillqayay*: Escriban con este lápiz.
-wan morf. causativo: por, con, de. *Chuqawan kimsa wamra wañuyashqa*: Han muerto cinco niños con tos. *Puñuywan wañuuna*: Ya me muero de sueño.
-wan conj. copulativa: y. *qamwan nuqa*: tú y yo.
wanaaku: 1. s.: guanaco (Lama guanicoe). Auquénido andino de cabeza grande y redonda que le da la apariencia de tonto. 2. adj.: tonto, estúpido.
wanakuq (*wana-ku-q*) p. pte.: que escarmienta, que saca la lección de la vida, que se enmienda. *Mana wanakuq kanki*: Eres uno que no escarmienta. No escar-

mientas.
wanaakuq adj.: que necesita, necesitado.
wanakuy v.: escarmentar, sacar la lección de la vida. *Qusayki maqaykaashuptikipis, kutinyanki. Mana wanakunkitsu*: Aunque tu esposo te esté pegando, vuelves junto a él. Tú no escarmientas.
wanaakuy v.: necesitar, requerir de algo.
wanaanakuy (*wanaa-naku-y*) v. recíp.: necesitarse. *Kawanqantsikyaqqam wanaanakushun*: Mientras vivamos nos vamos a necesitar.
wanaatsiy v.: hacer sentir la necesidad, no satisfacer.
wanaq (*wana-q*): 1. que necesita, necesitado. 2. (Chiquián – Ancash) adj.: de mal genio, malo, fiero. →**aksay, yaqa**.
wanarpu s.: huanarpo (Jatropha sp.). Planta de la región yunga, de tallos gruesos y cortos como tubérculos de yuca, de flor roja que se convierte en bellota. Su savia lechosa es excitante sexual.
wanay v.: necesitar, merecer. *¿Wanaamankiku manaku?*: ¿Me necesitas o no?
wanay s.: guanay (Phalacrocorax bougainvillii). Ave marina de aspecto tonto.
wanchaaku s.: huanchaco. Pájaro de la región yunga, de pecho rojo, come maíz en germen y choclo por lo que hay que espantarlo. *puka qasqu wanchaaku*: huanchaco de pecho colorado. →**wanchaq**.
wanchaq s.: huanchaco.
Suqu punchu wanchaq,
puka qasqu wanchaq;
unay kaq kawayniita
amari willakuytsu.
Huanchaco de poncho gris, / huanchaco de pecho rojo. / Mi vida pasada, / por favor, no cuentes (huayno). →**wanchaaku**.
waniyay v.: per. guanear, abonar, echar abono. →**wanutsay**.
wanka s.: 1. huanca. Grupo étnico al sureste de Ancash. Por comer carne de perro fueron llamados *allqu mikuq wanka*,

allqu wiksa wanka. 2. Música y danza de los huancas. Es rítmica, pausada y sólo para varones.
wanka adj.: ovalado, alargado. *wanka piqa*: dolicocéfalo. *wanka rumi*: piedra larga. →**shuytu**.
wankana s.: huancana, cerdo silvestre. *Purun kuchitam wankana niyan*: Llaman huancana al cerdo salvaje.
wankar s.: huáncar. Tambor guerrero más grande que tinya.
wankash (*wanka-sh*) adj.: ovoide, alargado. →**waywash**.
wankay s.: caruacasha. Planta cactácea de la puna, de espinas grandes, amarillas y punzantes como agujas. C de H: *wankee*. →**qarwa kasha**.
wanki s.: huanqui. Plátano silvestre. *Purun plaatanum wanki*: El plátano silvestre es huanqui.
wankilla s.: huanquilla. Danza guerrera de hombres, los danzantes llevan cascabeles, espejo en la frente, sable, manopla, cintas diagonales en el pecho.
wanku s.: envoltijo, fardo, vestido muy ceñido.
wanku adj.: ceñido, apretado, estrecho, envuelto. *qara wanku*: carahuanco. Cinta de cuero con que se amarra la punta metálica en el arado. *aya wanku*: mortaja.
wanku, wangu s.: (Ecuador) trenza de las damas envuelta con algo.
wankuku s.: adorno de animales con flores y frutas.
wankukuy v.: adornar animales con flores, frutas e hilos. Este rito es para que aumente el ganado, en el Callejón de Conchucos se celebra el 24 de diciembre. →**puylluy**.
wankukuy killa s.: mes de adornar animales, diciembre.
wankuna (*wanku-na*) s.: venda, cinta.
wankuy v.: envolver, vendar, enredar. *Wishushuta wankushun*: Enredemos al potrillo.

wanlis adj.: ancho, acampanado (ref. ropa).
wanlis wanlis exp. adv.: bambolearse pesadamente de un lado a otro.
wanquyru s.: moscardón, moscón negro. →**urunquy**.
wansa adj.: cobarde, muermo, maricón. →**wayllaallu, lausa**.
wanshallu s.: huanshallo. Pequeña planta de la puna que se da a los cerdos para que engorden rápido.
wanti s.: sífilis, buba en el trasero de algunos pájaros. Lavarse con agua empozada en las piedras no es bueno porque allí se lavan también los pájaros enfermos.
wantiyuq (*wanti-yuq*) adj.: que tiene sífilis, sifilítico.
wantu s.: rampa, camilla, anda.
wantuna s.: camilla para cargar el cadáver, rampa. →**tsaqana**.
wantuq (*wantu-q*) p. pte.: cargador de camilla o anda. *aya wantuq*: cargador de cadáver o féretro.
wantuq s.: floripondio, campanilla. Esta planta "traslada" a otro mundo.
wantuy v.: cargar entre varios sobre los hombros, llevar en anda o camilla.
wanu s.: per. guano, abono animal o vegetal, fertilizante, humus. *haka wanu*: guano de cuy. *runa wanu*: abono humano. *chincha wanu*: guano de isla, guano de aves marinas. *hacha wanu*: abono vegetal.
wanutsay (*wanu-tsa-y*) v.: per. guanear, echar fertilizante, abonar.
wanuy v.: guanear, abonar.
wanuy v.: morir. →**wañuy**.
wanwa s.: zancudo. *llullu wanwa*: zancudo tierno. *Usya kaptillanmi wanwa yurikan*: El zancudo aparece sólo cuando hay sequía. →**titira, qinllaatsi**.
wanway v.: zumbar, producir el sonido del vuelo del zancudo.
wañukuy (*wañu-ku-y*) v.: morirse. *Kananqa wañukushaqpis*: Ahora no me importa que me muera.
wañunay (*wañu-na-y*) v.: 1. agonizar, estar a las justas, estar en proceso de morirse. 2. desear la muerte propia, querer morirse, morirse por desear algo (exageración). *Qilallam, wañunaa, wañunaa nin*: Sólo el ocioso dice: quiero morirme, quiero morirme. *Tushuman aywayta munar wañunaa*: Me muero por ir al baile.
wañupakuy (*wañu-pa-ku-y*) v.: morírsele, ser responsable de la muerte de un animal o persona. *Chipshata shumaq apay, wañupakunkimantaq*: Lleva bonito el pollito, cuidado que se te muera.
wañuq (*wañu-q*) p. pte.: el que muere, mortal. *Llapantsikpis wañuqllam kantsik*: Todos nosotros, sin excepción, somos mortales. *mana wañuq*: inmortal.
wañushqa (*wañu-shqa*) p. p.: muerto, finado, difunto. →**aya**.
wañutsinakuy (*wañu-tsi-naku-y*) v. recíp.: matarse.
wañutsiy (*wañu-tsi-y*) v.: matar, asesinar. *¿Kuchi wañutsiyta yachankiku?*: ¿Sabes matar chancho?
wañu wañu adj.: enclenque, debilucho, enfermizo, moribundo. *Wañu wañu runa kaykar wahukunki*: Provocas siendo un hombre enclenque.
wañuy s.: muerte, deceso, fallecimiento. *Wañuyta mantsaatsu*: No temo a la muerte. *inti wañuy*: lit. "muerte del sol", eclipse solar. *Wañuywanqa, may tsaychaupis, paqtallam purintsik*: En donde sea caminamos acompañados de la muerte. A nadie se le debe desear la muerte.
wañuy v.: morir, fallecer, expirar, apagarse. *Inti wañun*: Se muere el sol. El sol se eclipsa. *Chiuchiki wañun*: Se apaga tu candil.
wañuypa (*wañuy-pa*) exp. adv.: de muerte, mucho, -ísimo. *Wañuypa yakunaa*: Me muero de sed. Tengo mucha sed. *wañuypa alli*: muy bueno. *wañuypa yachaq*: sapientísimo.

¡wapi wapi! interj.: voz para espantar o avisar la presencia de aves rapaces.
wapapay v. onomat.: flamear el fuego. →lapapay.
wapu s.: 1. ave rapaz. 2. adj.: rapaz, glotón, que come a boca llena.
wapulay v.: comer a boca llena.
waq 1. adj.: lejano, remoto. *waq marka*: pueblo lejano. 2. adv.: lejos, allá, allende, afuera. Se usa con morf. locat. *waqchau*: en un lugar lejano. *Waqpita kutimun*: Vuelve de lejos →wak.
waqaallu s.: huagallo (Andaymayo – Ancash), turuna. Árbol de espinas grandes, de semillas amarillas y amargas. →turuna.
waqakuy (*waqa-ku-y*) v. enfát.: llorar, lamentarse, sonar el estómago, cantar los pájaros.
waqalliishu adj.: llorón, flojo.
waqanay (*waqa-na-y*) v : estar por llorar, querer llorar.
waqanaykachay (*waqa-na-ykacha-y*) v.: gimotear, soportar el llanto.
waqanku s.: huaganco. Flor de la puna parecida a la azucena. Su pétalos parecen lágrimas como si estuviera llorando.
waqapakuq (*waqa-pa-ku-q*) s.: plañidera, llorón, persona que llora previo pago.
waqapaakuq (*waqa-pa-a-ku-q*) s.: persona que busca algo con sus lloriqueos.
waqapakuy (*waqa-pa-ku-y*) v.: hacer el papel de plañidera, llorar por paga.
waqapaakuy v.: llorar cierto rato.
waqapay (*waqa-pa-y*) v.: llorar cierto rato.
waqarpa s.: garza. *yuraq waqarpa*: garza blanca.
waqatsinakuy (*waqa-tsi-naku-y*) v. recíp.: hacerse llorar.
waqatsiy (*waqa-tsi-y*) v : hacer llorar, hacer gemir, causar el llanto, hacer sonar. *Ama mamata waqatsiytsu*: No hagas llorar a mamá. *Kay aukismi antaarata shumaq waqatsin*: Este anciano toca bonito la antara (flauta pan).

waqay v : 1. llorar. *Atska wamrash kapushunki, amana wañuq wamraykipaq waqaytsu*: Ya no llores por tu hijo muerto, dicen que tendrás muchos hijos. *Mamay, ama waqaytsu, imay karpis kutimushaqmi*: Madre mía, no llores, voy a volver cuando sea. 2. cantar (ref. animales). *Pishqukuna shumaq waqayan*: Los pájaros cantan bonito. 3. sonar el estómago. *Mallaqarnin pachaa waqan*: Mi estómago llora de hambre. →qaullulluy. 4. filtrar líquido como lágrimas. →wachay. 5. sonar el instrumento musical. *Kay arpa shumaq waqan*: Esta arpa suena bonito.
waqay siki adj.: lit. "culo que llora, que llora hasta por el culo", llorón, flojo, gemebundo
waqinakuy (*waqi-naku-y*) v. recíp.: doblarse, tumbarse, hacerse requiebros de amor.
waqiy v.: doblar (el río cuando arrastra a la persona). *Kawallullaa yarqushaq, yarqushaq nikaptin, miraq mayu waqiskin*: Pobre mi caballo, cuando ya estaba por salir, el río crecido lo dobló.
waqra s.: 1. cuerno, cacho, cresta, antena de gusano. *waaka waqra*: cuerno de vaca. *quña waqra*: cuerno con pelusas. *gaallupa waqran*: cresta de gallo. Planta de la jalca que produce diarrea, su humo mata las polillas. →hirkan puriq. 2. cosa inútil, lo inservible. *Waqrata kaptuy*: lit. "Muerde cuerno". Come mierda.
waqrakay (*waqra-ka-y*) v.: chocarse de frente.
waqra masi s.: lit. "cuerno como tú", semejante, calaña, hijo del adulterio, bastardo. Se usa en forma insultativa. *Waqra masikita mikutsiy*: Da de comer a tu calaña. C de H: *waqra mayi*.
waqranakuy (*waqra-naku-y*) v. recíp.: cornearse.
waqranyay v.: lit. "irse al cuerno", irse sin despedirse, largarse, irse al carajo. *Maypapapis waqranyaatsun, mana alli*

aywapakurqam upaallalla kutimunqa: Que se largue a donde sea, si le va mal, volverá calladito.

waqrapuuka, waqrapuuku s.: huacrapuco, instrumento de viento hecho de cuernos de res.

waqra puukaq s.: persona que sopla el cuerno, huacrapuco.

waqrash s.: huacrash (Duranta rupestris). Arbusto espinoso.

waqrashqa adj.: con cuerno, demonio, diablo, inmoral.

waqratsiy (*waqra-tsi-y*) v.: 1. hacer cornear. 2. poner cuernos a la pareja.

waqray v.: 1. cornear, embestir con los cuernos. *Tooru wamraykita waqrashqa*: El toro ha corneado a tu hijo. 2. cometer adulterio.

waqrayuq (*waqra-yuq*) s., adj.: que tiene cuerno, cornudo, diablo.

waqruy v.: morder con los caninos, roer, tascar. *Allqunau tulluta waqrunki*: Muerdes el hueso cual un perro.

waqshay v.: saltar como corderillo y cabrito.

waqta 1. s.: espalda. ¿*Waqtaykiku nanan?*: ¿Te duele la espalda? →**wasa**. 2. la parte de atrás, parte posterior, detrás de, atrás de, a la vuelta de. *hirkapa waqtan*: al otro lado del cerro. *Wasiki waqtanchau shapashta tukirqaa*: Sembré zapallo detrás de tu casa. →**qipa**. 3. afuera, fuera. *Waqtachau puñuy*: Duerme afuera. *Waqtapita rikaashun*: Veamos desde afuera. *Waqtaman aywakuy*: Vete afuera. →**aq**.

waqta tullu s.: hueso de la espalda, vértebra. →**wasa tullu**.

waqtsa s.: astilla. *qiru waqtsa*: astilla de madera. →**turupa**.

waqtsi adj.: ref. cría separada de su madre. →**wasqi**.

waqtsiy v.: destetar.

waqtsuy v.: cambiar o mudar los dientes de leche.

waqtuu s., adj.: colmillo, diente que sale sobre otro.

waqu s.: muela de juicio, raigón. *Kakashpa waqun hiqaptinmi, nuqa wañushaq*: Yo moriré cuando al gallo le salga la muela.

waqunakuy (*waqu-naku-y*) v. recíp.: abrazarse y zamaquearse.

waquru s.: huagoro (Opuntia lagopus). Planta cactácea muy pequeña, de fruto gomoso y dulce parecido a la tuna, crece casi a ras del suelo y sus espinas se confunden con el pasto. Es de clima jalca. *waquru pampa*: la pampa de huagoro.

waquy v.: abrazar y zamaquear.

waqyaa s. onomat.: per. huaico, avalancha de agua y lodo. *Waqyaa naanita yaqatsin*: El huayco daña el camino. →**wayku**.

waqya s. onomat.: ladrido.

waqyapay (*waqya-pa-y*) v.: 1. ladrar por un rato. 2. resondrar, llamar la atención, molestar en voz alta. *Yayaykita waqyaparquu*: He llamado la atención a tu padre.

waqyaq (*waqya-q*) p. pte.: que ladra, ladrador.

waqyatsiy (*waqya-tsi-y*) v.: hacer ladrar, hacer producir el sonido como de ladrido.

waqyay v. onomat.: ladrar. *Allquykiqa llapan paqas waqyakun*: Tu perro ladra toda la noche.

wara s.: pantalón o falda de bayeta. *suqpi wara*: pantalón o falda mal amarrados, que están por caerse. top. Yanahuara.

waraanin s.: día siguiente, pasado mañana. →**waraatin**.

waraapakuy (*wara-a-pa-ku-y*) v.: amanecer sin que se haya concluido lo programado, cogerle el día.

waraapu s.: per. huarapo. Bebida hecha de caña de maíz.

waraatin, warantin s.: pasado mañana.

waraatsiy (*wara-a-tsi-y*) v.: hacer amanecer, retener toda la noche.

warachiku s.: rito de ponerse los pantalones, rito de la mayoría de edad.

waraka s.: honda, huaraca, instrumento de cacería. *aabaspa tuktan waraka*: lit. "honda de flor de haba", tejido de honda. *Kuntur waqay waraka*: lit. "honda del llanto del cóndor", de dieciséis hebras de diferentes colores. *paki waraka*: honda paqui, tiene ocho hebras. Protege de los malos espíritus. *puka waraka*: honda roja.
warakanakuy (*waraka-naku-y*) v. recíp.: tirarse hondazos.
waraka rumi s.: piedra redonda de tamaño adecuado como para la honda.
warakay v.: hondear, utilizar la honda, tirar la honda. *Haka warakaq runapa makin pakishqa*: La mano del hombre que mata cuyes con honda se ha roto.
waranka num.: mil. *waranka runakuna*: mil personas. →**waranqa**.
waranqa num.: mil. *huk pachak waranqa*: cien mil. *waranqa waranqa*: miles de miles. *waranqa kimsa*: mil tres. *ishkay waranqa pitsqa wata*: año dos mil cinco.
waranqu s.: huarango (Acacia huarango). Árbol de clima yunga semejante al algarrobo, de madera dura pero que pronto se apolilla.
waran waran exp. adv.: cada día, diariamente.
waratapsi, wara tapsi s.: lit. "la sacudida del pantalón", el último hijo, benjamín, producto de la última sacudida. →**shullka**.
waraq s.: huarango. Árbol de región yunga. →**waranqu**.
waraq (*wara-q*) p. pte.: que amanece.
waraq adj.: temprano, de amanecer, alba. *waraq wayra*: viento del amanecer.
waraq adv.: al amanecer, al rayar el alba, temprano. *Waraq chaamunki*: Llega temprano (al amanecer).
Waraq Quyllur s.: estrella matutina, Venus. →**Kuchi Tuksi**.
warat (*wara-t*) exp. adv.: toda la noche. *Warat puñuykuutsu*: No pude dormir toda la noche.

warauyaa s.: huaroma, huarauya (Tecoma sambucifolia). Árbol de la puna de flor amarilla, de buena madera.
waray s.: el amanecer, el alborear. →**alliq**.
waray v.: 1. amanecer, clarear el nuevo día. ref. tiempo y naturaleza. *Patsa waraarin*: Ya amaneció (mundo, tiempo). 2. amanecer (despertarse). *Mana qanyan imatapis mikushqa karmi mallaqashqa waraa*: Amanezco hambriento porque ayer no comí nada.
waray adv.: mañana, futuro. *Waray watukamanki*: Visítame mañana. *waray pun*: tiempo futuro, el mañana. C de H: *waree*.
wari s.: 1. Wari, Huari: dios de la agricultura. 2. huari. Grupo étnico del Callejón de Conchucos que resistió a los incas. También llamado *sati*.
wari s.: huari. Música y danza guerrera de los caseríos del Callejón de Conchucos (Ancash). La quena para esta música es pequeña y delgada.
wari adj.: autóctono, primitivo, natural. *wari runa*: hombre primitivo. Tiene relación con *ariy*.
waricha s.: prostituta, ramera, mujer pública. →**pampa warmi**.
wariy v.: inaugurar. *Mushuq mankata waririshun*: Inauguremos la olla nueva. →**ariy**.
warka s.: 1. pelo grande y enredado que se corta en la ceremonia con padrinos y fiesta. →**qitu**. 2. cualquier objeto adicional colgante de la boca de los animales, baba.
warkakay (*warka-ka-y*) v.: colgarse, suspenderse, ahorcarse, quedarse colgado.
warkakaykachay (*warka-ka-ykacha-y*) v.: jugar colgándose.
warkakuna (*warka-ku-na*) s.: colgador (de ropas u otras cosas). →**warkuna**.
warkakuy (*warka-ku-y*) v. enfát.: colgar algo.
warkaray (*warka-ra-y*) v.: estar colgado, estar suspendido.

warkay v.: 1. colgar, pender. *Uqu punchuykita warkay*: Cuelga tu poncho mojado. 2. ahorcar. *Haka mikuq allquta warkayan*: Ahorcan al perro que come cuyes.
warku s.: peso, balanza.
warku (Calluash – Huaylas) s.: huarco. Cacto largo de clima templado, de fruto ácido, comestible, remedio para úlcera estomacal. →**mankaullu**.
warkuna s.: percha, colgador. Síncopa de *warkakuna*.
warkuy s.: rata.
warma s.: niño, niña. Metátesis de *wamra*.
warmi s.: 1. mujer. *shumaq warmi*: mujer bella. *alli warmi*: mujer buena. *warmi mandanan*: per. sacolargo, que es mandado por la mujer, hombre sin autoridad. *warmi aruy*: trabajo de mujer. *warmi wamra*: niña, muchacha. *warmi rikuq*: idéntico a mujer, afeminado. *warmi traasa*: afeminado. *Warmipaqam paltaran, ullqupaqam muqruran*: De la mujer está plano, del hombre está resaltante. Ref. sexo. 2. esposa. *Warmiimi qishyan*: Mi esposa está enferma.
warmiitsiy (*warmi-i-tsiy*) v.: enojar a mujer o animal hembra. Antónimo de *ullquutsiy*.
warminchu (*warmi-nchu*) s.: afeminado, andrógino, maricón. *Warminchukunaqa warminau wahayllaayan*: Los afeminados se ríen como las mujeres.
warminnaq (*warmi-nnaq*) adj.: sin mujer, soltero. *Kuuraqa, warminnaq kaykar, tsuriikun*: El cura, siendo soltero, tiene hijos.
warmiy v.: enojarse la mujer o animal hembra. Antónimo de *ullquy*.
warmiyuq (*warmi-yuq*) adj.: casado, que tiene esposa. *Warmiyuq karpis, tarillarqa yawallaami*: Aunque soy casado, si encuentro, pruebo.
waru s.: puente de un solo palo o piedra delgada. top. Huarupampa, Pacayhuaro (*pakay waru*: puente de madera de pacay. Nombre antiguo del actual Bocatoma en Cañón del Pato). Si el puente es ancho: *tsaka, chaka*.
waruuma s.: huarauya, huaroma (Tecoma sambucifolia). →**warauyaa**.
wasa s.: cuento, relato.
wasa s.: espalda. →**waqta**.
wasarrima, wasa rima s., adj.: hipócrita, que habla a la espalda. →**washarrima**.
wasa tullu s.: hueso de espalda, vértebra. →**waqta tullu, hirka washu**.
wasay v.: hablar a su espalda, detractar, calumniar.
washa s.: vértebra. →**wasa tullu**.
washa- + morf. locat.: allá, lejos. *Washachau*: allá. *washapita*: de allá. *washaman*: hacia allá. *washapa*: por allá lejos.
washaakuq (*washa-a-ku-q*) p. pte.: persona que separa a los que pelean, el que impide la pelea. *Allau, washaakuqtapis kutaskiyan*: Pobrecito, al que separa a los peleadores también le dan un puñetazo.
washaakuy (*washa-a-ku-y*) v. enfát.: separar a los que pugnan.
washaanakuy (*washa-a-naku-y*) v. recíp.: separarse el uno del otro cuando hay pelea.
washa waqta s.: al otro lado de la montaña. Dicen los del Callejón de Huaylas refiriéndose al Callejón de Conchucos.
washarrima, washa rima s.: que habla a espalda ajena, hipócrita, detractor, rajador. →**wasa rima, nina shimi**.
washa rimay v.: hablar a la espalda, ser hipócrita, rajar.
washay v.: separar a los que pelean, impedir que se peleen.
Washi s.: hipoc. de Basilio, -a.
washki s.: animal tierno que queda huérfano. *washki ashkash*: corderito sin madre. →**waachu**.
washkiyay v.: 1. (*washki-ya-y*) quedar sin madre. 2. beber alcohol.
washku s.: alcohol, cañazo, ron, aguardiente. Metátesis de *wakshu*.

washllaq s.: huashllac. Planta de hojas menudas como las de la acacia. Remedio para el mal viento.

wasi s.: casa, hogar. *hatun wasi*: casa grande. *wasi punku*: patio, puerta de casa. *wasi › wahi › wayi*.

wasinnaq (*wasi-nnaq*) s.: sin casa.

wasiyuq (*wasi-yuq*) s.: dueño de casa, amo, que tiene casa.

waska s.: soga, cordel. *Qara waskaqam alli hinchi*: La soga de cuero es bien fuerte. *aya waska*: ayahuasca. Planta sicotrópica de la selva.

Waskar s.: Huáscar. Penúltimo inca, hijo de Huayna Cápac. En el sur es símbolo de lealtad y amor fraterno porque respetó la vida de su hermano Atahualpa, quien después lo mandó matar. Las madres, al llorar por sus hijos, dicen: *¡Waskarllay, Waskar!*

waskar s.: huáscar. Una especie de trigo, centeno.

waska shikullu s.: cacto de soga, huasca shicullo. Cacto alargado como soga, de frutos ácidos que son remedios para la úlcera estomacal. →**warku, mankaullu**.

waska shupru s.: lit. "grano largo", especie de trigo de granos largos.

waskay v.: echar lazo, lacear. →**shaway**.

waspi s.: vapor, vaho. →**haaka**.

wasqikuq (*wasqi-ku-q*) p. pte.: que rechaza lo que se le da, que se hace de rogar.

wasqina (*wasqi-na*) adj.: rechazable.

wasqinakuy v. recíp.: hacerse de rogar, rechazarse.

wasqitsiy (*wasqi-tsi-y*) v.: hacer que la cría se separe de su madre para que ya no mame, destetar.

wasqiy v.: 1. destetar, abandonar la cría, dejar de sobreproteger. *Llullu wawaykita amaraq wasqillaytsu*: Por favor, todavía no destetes a tu tierna criatura. 2. rechazar, hacerse el "despeinado".

waswaka s.: piojo de ave. →**asaksa**.

wata s.: amarre, atadura. *Kay watata paskay*: Desata esta amarradura.

wata s.: año. *¿Ayka watayuqtan kanki?*: ¿Cuántos años tienes? *shamuq wata*: el año entrante. *qanyan wata*: el año pasado. *watanpi*: un año completo.

wata wata exp. adv.: cada año, de año en año, anualmente.

watakaashu, wata qallu adj.: tartamudo, tartaleta.

watakay (*wata-ka-y*) v.: 1. atarse, enredarse. 2. tartamudear, atarse la lengua.

watana s.: 1. algo que sirve para amarrar, soga. 2. adj.: amarrable, atable.

watantin (*wata-ntin*) exp. adv.: durante todo el año, todo el año, año íntegro. →**watanpi**.

wataray (*wata-ra-y*) v.: estar amarrado mucho tiempo.

watatsay (*wa-ta-tsa-y*) v.: cumplir el año.

watay v.: amarrar, atar, asegurar con la soga. *Ashnuykita alli watanki, runapa mikunantataq ushaskinman*: Debes amarrar bien tu asno, no vaya a ser que termine la sementera ajena. *ashnuta watay*: lit. "amarrar el burro", ser cortés, dejar a un lado las burrradas.

watay s.: manojo, haz. →**aptay**.

watqaq p. pte.: el que vigila o acecha.

watqay v.: per. ahuaytar (aguaitar), vigilar, acechar.

watu s.: 1. hilo para coser. *Watu mana kaptin hirashkaatsu*: No he podido coser por no tener hilo. 2. pita, cinta, correa. *pilta watu*: cinta de trenza. *llanqi watu*: correa de llanque. *tsiqlla watu*: cinturón. *tsuku watu*: cinta del sombrero. *shunqu watu*: lit. "cordón de donde pende el corazón", un ser querido

watu s.: soga corta que sirve para amarrar animales. *kuchi watu*: soga para amarrar cerdos.

watu adj.: que va detrás siempre. *siki watu*: lit. "hilo del culo", cola, seguidor.

watuchi s.: adivinanza, acertijo.

watuchiy v.: hacer adivinar.

watukanakuy (*watuka-naku-y*) v. recíp.: echarse de menos, visitarse. *Qamkunaqa manamishari watukanakuyankitsu*: Ocurre que ustedes no se visitan.
watukay v.: echar de menos, visitar. *Waakantsiktaraq watukay*: Primero echa de menos nuestras vacas.
watupa s.: aguja grande para coser costales, aguja de arriero. →**anta kasha**.
watupiilla s.: per. huatupilla. Serpiente venenosa y pequeña del tamaño de la aguja de arriero.
watutsay (*watu-tsa-y*) v.: poner el hilo o soga, amarrar.
watsi s.: raicilla.
watswa s.: huachua (Chloephaga melanoptera). Ave grande de plumaje blanco con partes negras, vive en las lagunas de los Andes. Es símbolo de fidelidad conyugal, porque cuando pierde a su pareja vive solitaria. →**wachwa**.
watsu s.: fila, uno tras otro.
watsutsuy v.: enfilar, ir en fila. *Rashta hananpa tasrushkuna watsutsuyan*: Sobre la escarcha las tarugas van en fila.
watsutsuypa watsutsur exp. adv.: en fila muy larga.
watya s.: horno pequeño para asar.
watyay v.: asar en pequeño horno, asar en brasa. →**kuway, shikshiy**.
¡wau! interj.: ¡ay! Expresión de susto y dolor.
waullay v.: gritar muchos ayes.
wauqi s.: hermano referente al hermano (entre varones). *urkupa wauqi*: hermanastro. *yashqa wauqi*: hermano mayor.
wauqi masi exp.: "hermano", hombre que comparte la misma mujer. *¿Imanirtan chikimanki? Nuqaqa manam qampa wauqi masikitsu kaa*: ¿Por qué me odias? Yo no soy tu "hermano" (Yo no comparto la mujer contigo).
wauqi pura exp.: entre hermanos. *Wauqi puraqa shumaq upyakushun*: Bebamos tranquilos entre hermanos.

wauqitsaakuy (*wauqi-tsa-a-ku-y*) v.: aceptar como hermano, adoptar como hermano (trato de varón a varón).
wausa s.: masturbación, sodomía.
wausay v.: masturbarse, cometer sodomía.
wauyay v. onomat.: aullar.
wawa s.: 1. hijo (-a) de la madre (animal) fruto de planta. 2. fruto. *shumaq wawa*: bonito hijo (-a), bonito fruto. *wawannaq*: mujer sin hijo, animal hembra sin cría, planta sin fruto. →**wayu**. 3. muñeca. *rumi wawa*: muñeca de piedra. *qiru wawa*: muñeca de madera.
wawakuy (*wawa-ku-y*) v.: (ref. mujer y animal hembra) hacerse de hijo, engendrar, concebir.
wawanay (*wawa-na-y*) v.: (ref. mujer, animal hembra) desear tener un hijo.
wawannaq (*wawa-nnaq*) s.: mujer sin hijo, animal hembra sin cría, planta sin fruto. Si es estéril: *qulluq*.
wawatsaakuy (*wawa-tsa-a-ku-y*) s.: (ref. mujer) tomar por hijo o hija, adoptar.
wawayuq (*wawa-yuq*) s.: mujer que tiene hijo, animal hembra con cría, planta con fruto.
waya adj.: inclinado, declive, desnivel, desigual.
wayaka s.: bolsillo, bolsa para llevar la coca. →**piksha**.
wayakan s.: huayacán (Tabebuia sp.). Árbol de zona yunga de madera dura.
wayanay s.: golondrina. *wayanay qaqa*: cerro de golondrinas.
wayaniitu (el morf. -ito es español) s.: golondrina.

Hirkan puriq wayaniitu,
ima nirtan waqar purinki.
Maymi nuqa waqallaatsu,
markan, markan tumaramurpis.

Golondrina de las colinas / por qué tú andas llorando. / Mírame, cómo no lloro / viajando por tantos pueblos (huayno).
wayantsa s.: zanja o acequia alrededor

de casas y chacras para protegerlos de agua y animales. →**pintsa**

wayantsay v.: hacer zanja alrededor de casa o chacra.

waychau s. onomat.: huachao. Pájaro de la puna de color plomizo y cola blanca, su excremento cura el susto y el mal sitio. *waychaupa qishun*: nido de huaichao.

wayi (Cordillera Negra) s.: casa, hogar. *wasi › wahi › wayi*.

waykakuy (*wayka-ku-y*) v. enfát.: quemar, incendiar.

waykay v.: atizar la candela, hacer incendio, quemar. *Saslla mikuy chaananpaq, alli waykay*: Atiza bien para que la comida se cocine rápido.

wayku s.: per. huaico, huayco, deslizamiento de tierra con agua. *wayku kallki*: quebrada de huaicos. →**waqyaa**.

Waylas s. top.: Huaylas. El valle del río Santa, prov. y distrito en Ancash. *waylla › wayla*.

waylash, waylas s.: huaylash. Música y danza de competencia entre hombres y mujeres.

waylulu s.: huayruro, huaylulo (Erythrina sp.). →**wayruru**.

waylla: 1. s.: césped, per. champa. *tsiqyaq waylla*: césped verde. *kuyuq waylla*: pantano cubierto de césped por lo que se mueve como alfombra. C de H: *weella*. 2. adj.: verde, lozano. top. Huayllabamba.

wayllaallu s.: maricón, afeminado, hombre que pega a su mujer, hombre que se comporta como mujer, cobarde, huayllallo. *Waylaskunatam wayllaallu niyan*: Dicen huayllallo a los del Callejón de Huaylas.

wayllay v.: verdear como el césped.

waylli s.: canción de alegría.

wayllukuy (*wayllu-ku-y*) v. enfát.: amar, querer, estimar.

wayllunakuy (*wayllu-naku-y*) v. recíp.: amarse, quererse.

waylluy v.: amar con ternura, querer entrañablemente, amar como si fuera del mismo ayllu.

Wayllullaqmi nillamarqayki.
Kuyallaqmi nillamarqayki.
Hatun Mayuta tsimparillarnin,
riqillaqtsu nillamarqayki.

Te quiero mucho me dijiste. / Te amo mucho me dijiste. / Después de cruzar Jatun Mayu, / no te conozco me dijiste.

wayna s. 1. (Q II) joven varón. *Wayna Qapaq*: Joven Poderoso. 2. (Q I): amante. Sólo se ref. al varón. *¿Waynaykitaku shuyanki?*: ¿Esperas a tu amante? C de H: *weena*.

waynaakuy (*wayna-a-ku-y*) v.: conseguirse un amante.

Wayna Qapaq (Joven Poderoso) s.: Inca Huayna Cápac que repartió el imperio a sus dos hijos, a Huáscar el sur (Cuzco) y a Atahualpa el norte (Quito).

waynu s.: per. huayno, música y danza, se baila en parejas. Es lento pero termina en una fuga de zapateo.

waynuy v.: bailar huayno.

wayquu s.: 1. lombriz. *patsa wayquu*: lombriz de tierra. *pacha wayquu*: lombriz de estómago. 2. pene (por analogía). C de H: *weequu*.

wayra s.: viento, aire. *uti wayra*: ventarrón, mal viento. *wayra apashqa*: lit. "llevado por el viento", forastero. *Wayrapis waqanmi*: El viento también llora. C de H: *weera*.

wayraatsiy (*wayra-a-tsi-y*) v.: ventear, producir aire, ayudar a ventear.

wayra killa s.: mes del viento, agosto. En este mes se cuida el fuego para que no sea arrastrado por el viento.

wayralla (*wayra-lla*) adv.: rápido, pronto. C de H *weeralla*.

wayranpa tamya, wayrampa tamya (n › m por el contacto con /p/) s.: lluvia con viento. →**shiqimpa tamya**.

wayrapay 1. v.: ventear, hacer viento. *Kaychauqa alliq wayrcparqunmi*: Aquí ha

hecho viento un rato en la mañana. 2. v. transitivo: ventear, airear. *Chawa mankata wayrapay*: Airea la olla no horneada.
wayra warmi s.: mit., lit. "mujer del viento", hada, mujer fugaz e invisible como el viento. *wayra › ayra*.
wayra wayra exp. adv.: como el viento, rápido, pronto.
wayray v. unipersonal: ventear, airear. *Taqay hirkachaumi allaapa wayran*: Hace mucho viento en esa colina.
wayrinka ‹ *wayraringa* s.: huayrinca. Repisa colgante, tejida con soguillas, sirve para secar mates (platos) y guardar comida (carne, queso) lejos del alcance de perros, gatos y ratones. →**ashanqu, shinqi**.
wayrinkay v.: columpiar.
wayriyay v.: 1. ventear, echar al viento. 2. gastar sin ninguna medida.
wayru s.: huayro. Una especie de papa.
wayrunqu s.: moscardón, moscón negro. *Wayrunqupa mishkinta ashii*: Busco el dulce del moscardón. →**urunquy**.
wayruru s.: per. huayruro (Erythrina sp.). Árbol de la selva de semilla roja y negra que se usa como collar y amuleto. C de H: *weeruru*.→**waylulu**.
wayta s.: flor. *hallqa wayta*: flor de la puna. *quri wayta*: flor de oro, respetable dama. *utsu wayta*: flor de picante. Planta de flor amarilla que se usa como colorante en guisos. La flor es parecida a la de la caléndula. C de H: *weeta*.
waytay v.: florecer, estar en flor. *Achisniki waytannam*: Tu ajonjolí ya está en flor.
wayu s.: fruto del árbol. *mishki wayu*: fruto dulce. *wayuyuq*: con fruto. *wayunnaq hacha*: árbol sin fruto. →**wawa**.
wayu s.: 1. colgador, objeto que sirve de colgador. 2. bulto adicional a la carga (va colgando).
wayukuy v. enfát.: llevar como soberno.
wayuna: 1. s.: percha, cordón que sirve para colgar ropas. 2. adj.: que se puede colgar, colgable.

wayunakuy (*wayu-naku-y*) v. recíp.: 1. apretarse por la cintura, balancearse agarrados de la cintura. 2. ayudarse cargando los bultos adicionales sobre las acémilas. C de H: *wayunakiy*.
wayunka s.: 1. per. huayunca, sarta de mazorcas de maíz unidos por la panca. Cada huayunca tiene dos mazorcas. *Huk chunka wayunkata suwayashqa*: Han robado diez sartas de maíz. 2. sexo masculino (por analogía).
wayunkaakuy (*mayunka-a-ku-y*) v. enfát.: buscar huayunca, proveerse de huayunca. C de H: *wayunkaakiy*.
wayuukuy v. enfát.: frutear, echar frutos. *Kay hachaqa shumaqmi wayuukun*: Este árbol frutea bien.
wayuy v.: 1. frutear, echar frutos. 2. colgar, suspender, llevar como soberno.
waywash adj.: alargado, delgado y largo. *waywash papa*: papa larga. *waywash rumi*: piedra delgada y larga. →**wankash**.
waywash s.: comadreja. *china waywash*: comadreja hembra. Para espantar la comadreja se hace sonar la tinya o cualquier objeto de percusión ya que su tímpano débil no soporta los sonidos fuertes. C de H: *weewash*. →**mashallu**.
weeta (C de H) s.: flor. →**wayta**.
wichichiy v. onomat.: chillar, gruñir (zorrillo, lechón).
wichqa s.: huichga, cerradura, traba, tranca. Los brujos hacen la huichga para impedir el descubrimiento de algo.
wichqakay (*wichqa-ka-y*) v.: quedarse encerrado, encerrarse.
wichqakuy (*wichqa-ku-y*) v. enfát.: cerrar, cerrarse.
wichqapakuy (*wichqa-pa-ku-y*) v.: cerrar las puertas, asegurar las puertas.
wichqaraakuy (*wichqa-ra-a-ku-y*) v.: estar encerrado, estar encarcelado.
wichqatsiy (*wichqa-tsi-y*) v.: hacer encarcelar, hacer cerrar. *Suwata wichqatsiy*: Haz encarcelar al ladrón.

wichqay v.: cerrar, tapar, encarcelar. *Qillayyuqkunata wichqayantsu, waktsakunallata wichqayan*: No encarcelan a los ricos, sólo encarcelan a los pobres.
wichu 1. s.: pantalón estrecho de los campesinos. 2. adj.: huraño. →**pinqaysaa**.
wichya s.: silbido, chiflido.
wichyana adj.: silbable, que hace caso al silbido.
wichyanakuy (*wichya-naku-y*) v. recíp.: silbarse.
wichyaq (*wichya-q*) p. pte.: que produce silbos, que chifla.
wichyaq punku s.: puerta que rechina fuerte y cuyo sonido parece silbido.
wichyay v.: silbar, rechiflar. *Atuqta ayqitsinaykipaq wichyakunki*: Silba para espantar el zorro.
wikapa s.: palo que sirve para arrojar.
wikapanakuy (*wikapa-naku-y*) v. recíp.: 1. aventarse, empujarse. 2. tirarse algo.
wikapay v.: lanzar, aventar, botar, arrojar. *Waskata wikapamuy*: Bótame la soga.
wiksa s.: 1. hambre. *papa wiksa*: hambre de papa. *¿Wiksata pitan hampin?*: ¿Quién cura el hambre? 2. (Q II) estómago, barriga. *allqu wiksa wanka*: huanca comeperro. → **pacha**.
wiksanay (*wiksa-na-y*) v.: tener hambre, sentir el estómago vacío. *Wiksanarqa mutita mañakunki*: Si tienes hambre pedirás mote. →**mallaqay**.
wiksasapa (*wiksa-sapa*) adj.: barrigón, ventrudo, panzón. →**pachasapa**.
wikshu adj.: torcido (ref. boca).
wiksu adj.: torcido, doblado a un lado, sin puntería. *wiksu kunka*: cuello torcido. *wiksu maki*: mano sin puntería.
wiksuy v.: torcerse, doblarse, ladearse. →**muqay**.
wiksutsiy (*wiksu-tsi-y*) v.: torcer, doblar.
wiksuyaatsiy (*wiksu-ya-a-tsi-y*) v.: hacer que se tuerza o doble, torcer.
wiktsiy v.: esparcir granos. →**maqtsiy**.
Wiku s.: mit. Huico. Ser fantasmagórico de formas grotescas. Son los elementales que se manifiestan en algunos lugares y épocas.
wiku s. onomat.: huico. Pájaro nocturno que defeca en telas blancas, su excremento produce gangrena.
wiku s.: gangrena, gangrena incurable y contagiosa que lentamente va pudriendo el miembro afectado. Posibles causas: picazón de algún insecto infectado, gas de antimonio, excremento del pájaro huico.
Wili s.: hipoc. de Wilfredo. Wili.
wililiy v. onomat.: salir la diarrea, chorrear, tener diarrea. →**qichay**.
will s. onomat.: sonido de la diarrea muy líquida.
willachi (*willa-chi*) s., adj.: soplón, chismoso, que no guarda secretos, que trabaja para buscar datos ajenos. →**raka shimi**.
willaku s.: aviso, noticia, información.
willak uma s.: sumo sacerdote de la religión solar. → **willka uma**.
willakuq (*willa-ku-q*) p. pte., s.: el que avisa, anunciador, mensajero, pregonero, agorero.
willakuq pishqu s.: pájaro mensajero. Pájaro que se alimenta de frutos amargos. Su llegada es anuncio de alguna visita.
willapaakuq (*willa-pa-a-ku-q*) s., adj.: soplón, chismoso. *Huk mishtipa ñaupanchauqa, upaallalla; mishtikunaqam imaypis willapaakuq kayashqa*: Delante de un mestizo, calladito; porque los mestizos siempre han sido soplones. →**raka shimi**.
willaq uma s.: sacerdote de la época incaica. →**willka uma**.
willay v.: avisar, comunicar, dar nuevas, anunciar.
willaykachay (*willa-ykacha-y*) v.: divulgar datos, andar avisando, andar chismoseando.
willchi adj.: tierno (que puede reventar como grano tierno). *willchi tsuqllu*: choclo muy tierno que mana leche.

Willhi s.: hipoc. de Virgilio, -a.
willka s.: nieto. *Willkaapaqmi mushuq tsukuta rantimushkaa*: He comprado un sombrero nuevo para mi nieto.
willka adj.: sagrado, lugar de respeto. top. Huillca, Vilcabamba, Vilcanota.
willka uma s.: lit. "cabeza consagrada", sacerdote de la religión solar.
willka yuyu s.: lit. "verdura sagrada", berro. Remedio para la inflamación.
Willki s.: hipoc. de Virginio, -a.
winanish s.: mollera, la parte más alta de la cabeza. →**pukllukshu, ñupu**.
wincha s.: 1. vincha, diadema. Cinta para sujetar el pelo. 2. cordel grande que sujeta la oroya (andarivel).
winchu s.: mal presagio, mal agüero. *Tukum wasii qipanchau waqarqun. Tsayqa winchum*: El búho ha cantado detrás de mi casa. Eso es mal agüero. La pacapaca, chushec, huercuch son también aves de mal agüero. →**ranya, tapya**.
winchu rumi s.: lit. "piedra de mal agüero", piedra imán. →**kichikala**.
winchus s.: picaflor, colibrí. *Winchusmi kunturta maqan*: El picaflor es quien vence al cóndor. Símbolo de libertad y poder.
wini s.: martillo de piedra con mango de madera. →**wipu**.
winku adj.: 1. torcido, ondulante. *winku mati*: mate torcido. 2. resentido, que quiere llorar y tuerce sus labios.
winkuyay (*winku-ya-y*) v.: 1. doblarse a un lado (como los platos de plástico por calor). 2. resentirse, torcer los labios para llorar. →**haqayay**.
winla adj.: (ref. aves) cuello sin plumas, carioco, cuello calato. *winla kakash*: gallo carioco.
winqu adj.: torcido, serpenteante. *winqu naani*: camino serpenteante.
winqu winqu exp.: en zigzag, muy torcido. →**millu millu**.
winquyay (*winqu-ya-y*) v.: torcerse, hacerse zigzag.

wintuy v.: ayudar a otro para que gane, hacer cargamontón.
wiñapu s.: cereal germinado, germinado de maíz para chicha.
wiñatsiy (*wiña-tsi-y*) v.: 1. hacer crecer, criar. 2. hacer llenar algo a un depósito.
wiñay s.: época, período. *unay wiñay*: época pasada. *wiñay masi*: contemporáneo.
wiñay v.: 1. crecer, aumentar de tamaño. *Qanyan watapitana wiñankitsu*: No creces desde el año pasado. 2. llenar algo en recipiente. *Kay uchkuman allpata wiñay*: Llena tierra en este hueco.
wiñay adj.: antes, en tiempo pasado. C de H: *wiñee*.
wiñay wiñay exp. adv.: en una época remota, antiguamente, "in illo tempore", por siempre. *Wiñay wiñaypitam kay marka kikintsikpa*: Este pueblo es nuestro desde épocas remotas. *Patsantsikqam wiñay wiñay kawanqa*: Nuestro mundo va a existir por siempre.
Wiñi s.: hipoc. de Benigno, -a. Nino, Nina.
wipachi s.: plomada, nivelador.
wipachiy v.: poner la plomada, medir el nivel.
wipi s.: huipe, libra. Balanza para pesar objetos livianos. Es de madera, se parece a una botella, el cuello delgado y largo tiene nervaduras donde se atan dos hilos: uno, al extremo, para amarrar el objeto que se pesa (lana, hilos); y otro, para alzar al aire. La base ancha y pesada hace contrapeso. *wipi kunka*: cuello delgado y largo.
wipiy v.: pesar con huipe.
wipu s.: martillo de piedra con mango de palo. →**wini**.
wipyay v.: 1. zarandear, golpear contra algo. 2. hacer zumbar el látigo, golpear fuerte con palo o soga. →**sipyay**.
wiqapi adj. fem.: despeinada, descuidada, sucia. →**wiqla**.
wiqay v.: lavar las tripas volteándolas.
wiqi, weqi s.: lágrima, jugo, savia. *wiqisapa*: que tiene mucha lágrima, jugosa.

hachapa wiqin: resina de planta.
wiqis (apóc. de *wiqisapa*) adj.: legañoso.
wiqisapa, adj.: que tiene mucha lágrima, legañoso.
wiqitsiy v.: sajar corteza para sacar la savia.
wiqla, weqla adj. fem.: sucia, descuidada, desaseada, ociosa, percudida.
Wiqla warmitc rikaykullaptii
shunqu nanaymi tsarikaykallaamam.
Allish choolu karnin witizaallaptii
shunqu milancy tsariykallaaman.
Apenas veo a mujer sucia, el corazón me duele al instante. / Por ser audaz cuando me acerco / náusea y náusea me atacan.
wiqllaa, weqllaa s.: hueclla. Planta de hojas lanceoladas que crece sobre rocas, árboles, su hoja sirve de alimento al ganado, su flor (*machitu*) de adorno para la capilla y procesión en Semana Santa. En la base de las hojas mantiene el agua por mucho tiempo. *suqu wiqllaa*: huecla gris. Musgo que crece en rocas y árboles añosos. *puka wiqllaa*: huecla de hojas rojas. →**tuyu tuyu**.
wiqru, weqru adj.: torcido, chueco, tullido. →**wishtu**.
wiqruy v.: patear chueco, cojear.
wiqti, wiqiti 1. s.: legaña, lagaña. *Allqupa wiqtinwan ñawita kuparqam ayata rikantsik*: Si se soba el ojo con legaña de perro se ve el alma. 2. adj.: legañoso, lagañoso.
wiqsa s.: papa que madura casi en un año. →**iusha, kurau**.
wiqtsu s.: tallito germinado del tubérculo por estar mucho tiempo guardado. este tallito también es sembrable.
wiqtsuy v.: quitar el germen del tubérculo.
wiqu s.: lombriz. →**wayquu**.
wiqu wiqu exp. adj.: zigzagueante, serpenteante. →**winqu winqu**.
wira: 1. s.: manteca, grasa. Es símbolo de vida. El mal sitio y el arco iris atacan más donde hay grasa. *kuntur wira*: grasa de cóndor. *rinri wira*: cerumen, sebo del oído. *shisha wira*: grasa que cubre el estómago. *puma wira*: grasa de puma. *wira manka*: olla donde se guarda la grasa. 2. adj.: gordo, voluminoso, vital, seboso. *wira kuchi*: cerdo gordo.
wiraqucha (*wira qucha*) s.: 1. lit. "lago grasiento, espuma del lago", magma primigenia, sustancia de la vida. *Tiksi Wira Qucha*: Fuente de vida universal. 2. trato de cortesía: caballero, señor.
Wiraqucha s.: Huiracocha. 1. Señor, dios sureño. Se apareció al príncipe Ripac para aconsejarle y ayudarle en la defensa de Cuzco. 2. Octavo inca de la dinastía de Janan Cuzco.
wiraqutsa (Q I) s.: señor, don. Trato a personajes importantes y autoridades.
wiraqsa ‹ *wiraqutsa* s.: señor, don.
wiras (*wira-s*) adj.: un poco grasiento.
wirasapa (*wira-sapa*) adj.: que tiene mucha grasa, mantecoso.
wirataka ‹ *wira takaq* (sebero) s.: grasiento, mugriento.
wiratsay (*wira-tsa-y*) v.: engrasar, untar.
wirawira s.: oreja de venado, huirahuira (Culcitium canescens). Planta de la jalca cuyas hojas pelusientas y de color gris claro se parecen a orejas de venado, su tallo es grasiento. Remedio para la tos. →**lluytsupa rinrin**.
wirayaatsiy (*wira-ya-a-tsi-y*) v. t.: hacer engordar, cebar, engordar.
wirayay (*wira-ya-y*) v.: engordar, aumentar de peso. ¿*Ima nirnintan mana wirayankitsu?*: ¿Por qué no engordas?
wiray v.: engrasar, untar con sebo.
wirikiki s. onomat.: huerequeque. Pájaro como la gallareta.
Wirna s.: hipoc. de Bernardo, -a.
Wirnachu (*Wirna-chu*) s.: hipoc. más afectivo. Bernardito.
wirpa s.: labio. *hana wirpa*: labio superior. *ura wirpa*: labio inferior. *qara wirpa*: lampiño. *rakta wirpa*: labio grueso.
wirpa adj.: jetón, de labios resaltantes.
wirpas (apóc. de *wirpasapa*) adj.: jetón.

wirpasapa (*wirpa-sapa*), adj.: jetón.
wirpay v.: resaltar los labios por cólera o infección.
wirquch, werquch s. onomat.: huergoch. Ave nocturna que va en el hombro de las almas. Algunos dicen que es la gallareta.
wiru s.: caña de maíz o de azúcar. *mishki wiru*: caña dulce.
wiruna (*wiru-na*): 1. s.: mazo, golpeador. 2. adj.: golpeable, majable.
wiruy v.: garrotear, golpear con palo, dar palizas, majar. *Aku pushkuta wiruq*: Vayamos a garrotear el frejol (para que salga de su vaina seca).
wirwina s. esp.: verbena. Remedio para la jaqueca.
wishi s. esp.: becerro.
Wishi s.: hipoc. de Vicente, Vicenta.
wishiy v. sacar el líquido con un envase pequeño. *Kay pukyupitam yakuta wishiyaa*: Sacamos agua de este manantial.
wishkacha s. onomat.: per. vizcacha. Roedor silvestre andino semejante a la ardilla. Se sienta doblando sus patas traseras y juntando sus patas delanteras como si orara o pidiera compasión. →**wishkash**.
wishkash s. onomat.: vizcacha, ardilla andina. →**wishkacha**.
wishlla s.: cucharón. *qiru wishlla*: cucharón de palo.
wishllay v.: sacar algo con el cucharón, arrojar algo con el cucharón.
wishpa s.: pollito. *Yana wishpata pitsak apashqa*: El gavilán ha llevado al pollito negro. →**chipsha**.
wishqa s.: catarro, constipación. *Wishqa tsarimashqa*: Me ha atacado el catarro. Me he acatarrado.
wishqa hacha s.: planta de catarro. Planta pequeña que cuando se arranca sus hojas exhala un olor fuerte que produce estornudo y catarro, posiblemente es su defensa. Esta planta crece en las alturas de Pachma (Yuramarca).
wishqay v.: estornudar.

wishtu adj.: chueco, torcido, sin puntería, torvo. *Wishtu kaykarqa imapaqtan haytanki*: Para qué pateas siendo chueco. *wishtu sapatu*: zapato gastado sólo en un lado. *wishtu shillu*: uña torva. →**wiqru**.
wishtuy v.: caminar pisando a un lado, caminar torcido, arrojar sin puntería.
wishtuyay (*wishtu-ya-y*) v.: volverse de pie torcido, perder la puntería.
wishtuutsiy (*wishtu-u-tsi-y*) v.: desnivelar el zapato o llanque gastando sólo un lado del taco.
wishushu s. onomat.: potrillo. *Wishushu shumaq tushun*: El potrillo baila bonito.
wisku adj.: ciego, tuerto, bizco. *wisku runa*: persona ciega, tuerta. *wiska warmi*: mujer tuerta. La oposición de género (*wisku / wiska*) es influencia del español. →**ñausa, qapra**.
wiskul s.: gallinazo, zopilote, zamuro, aura. Ave de zona yunga que come carroña. Según el mito Dios le mandó llevar un mensaje, pero el gallinazo se tardó por comer animales muertos, cuando lo hizo ya era tarde. Dios le pateó en la rabadilla hasta que se le torciera; por eso anda torcido. En otra ocasión compitió con los pájaros para quitar el collar del arco iris al sol. Por error o rara táctica se metió a un túnel atravesando el mundo, adentro bebió el agua de la inmunidad y se volvió negro. →**wiskur**.
wiskur s.: gallinazo. →**wiskul, shinqu**.
wiskuyaatsiy (*wisku-ya-a-tsi-y*) v.: volver ciego o bizco, enceguecer.
wiskuyay v.: volverse ciego o bizco.
wisqi adj.: divorciado, separado. *wisqi runa*: hombre divorciado. →**rakikashqa**.
wisuq s.: gorgojo, gusano de maíz.
wiswi adj.: grasoso, manteceso, sucio, mugriento.
wiswiy v.: estar grasiento, sudar mucho.
witikuy (*witi-ku-y*) v. refl.: retirarse, hacerse a un lado, apartarse.
witipanakuy (*witi-pa-naku-y*) v. recíp.:

ayudarse en la parte del trabajo, acercarse para ayudarse. *Witipanakushun*: Ayudémonos. Es la música y exhortación en los trabajos comunales.
witipaanakuy (*witi-pa-a-naku-y*) v. recíp.: acercarse mutuamente.
witipunakuy (*witi-pu-naku-y*) v. recíp. regalarse parcelas de sembrío.
witipuy (*witi-pu-y*) v.: 1. regalar parte del sembrío, ayudar en la porción del trabajo. 2. acercársele, juntársele.
wititsiy (*witi-tsi-y*) v.: retirar, sacar, cambiar de lugar. *Kay rumita wititsishun*: Retiremos esta piedra.
witiy v.: retirarse, salir, irse.
witpi adj.: delgado, que está por romperse por ser muy delgado. *witpi kunka*: cuello muy delgado.
witpitsiy (*witpi-tsi-y*) v.: trozar por la parte más delgada.
witpiy v.: trozar, trozarse por la parte más delgada.
witsa s.: la ladera de arriba, cuesta arriba. Antónimo: *ura*.
witsaatsiy (*witsa-a-tsi-y*) v.: hacer subir, arrear hacia arriba, llevar hacia arriba.
witsay s.: 1. subida, las regiones altas. *Tsay witsayqa alli qiwam*: Esa zona alta es buen pastizal. 2. tiempos pasados, tiempos idos, entonces. *Tsay witsayqa atskam waatantsik karqan*: Entonces teníamos muchos animales. C de H: *witsee*.
witsay v.: subir, caminar hacia arriba. *Hirkakunatam tarushqa witsaypa witsan*: La taruga sube que sube las colinas.
witsi adj.: desparramado, esparcido.
witsikay (*witsi-ka-y*) v.: desparramarse, esparcirse, romper las filas, irse en diferentes direcciones.
witsiq (*witsi-q*) p. pte.: el que desparrama, el que esparce.
witsiy v.: desparramar, derramar, esparcir, terminar la reunión o clases. *Mayistruqa pullan hunaqlla wamrakunata witsin*: El maestro bota a los estudiantes de la escuela solamente a mediodía.
witsu s.: talón, calcañar.
Witu, Wituuchu s.: hipoc. de Víctor, Victoria. Vito, Vitucho, Vitucha.
wiu s. onomat.: el sonido del silbido.
wiwa s.: animal doméstico. →**waata**.
wiway v.: criar animales.
wiyachakuy (*wiya-chaku-y*) v.: escuchar con mucha atención. *Llapan niyanqanta alli wiyachayakunki*: Escucharás bien todo lo que dicen.
wiyachi (*wiya-chi*) adj.: que escucha hasta lo que le no le concierne, chismoso. *Wiyachikunapa ñaupanchauqa upaalla kakushun*: Estemos callados delante de los chismosos.
wiyakuy (*wiya-ku-y*) v.: oír con atención, atender, aceptar los consejos. *Mamapa shiminta alli wiyakunki*: Debes oír bien los consejos de mamá.
wiyapakay (*wiya-pa-ka-y*) v.: tener la sensación de escuchar algo, tener ilusión auditiva.
wiyapakuy (*wiya-pa-ku-y*) v.: buscar datos oyendo por todo lugar.
wiyapaakuy (*wiya-pa-a-ku-y*) v.: escuchar con detenimiento, chismosear.
wiyaq (*wiya-q*) p. pte.: que oye, que atiende. *Aku misa wiyaq*: Vayamos a escuchar la misa.
wiyaq wiyaq exp. adv.: atento, con los oídos prestos.
wiyatsinakuy (*wiya-tsi-naku-y*) v. recíp.: hacerse oír, murmurarse, rajarse.
wiyatsiy (*wiya-tsi-y*) v.: 1. hacerle oír algo que le ofende, murmurar para que el otro oiga. *Nimaanayki kaqta, nimay; ama wiyatsimaytsu*: Lo que tienes que decirme, dímelo; no me hagas oír en forma indirecta. 2. hacer escuchar algo. *Tsay mushuq diskuta wiyatsimay*: Hazme escuchar ese disco nuevo.
wiyay v.: oír, escuchar, atender. ¿*Wiyamankiku*?: ¿Me escuchas? →**uyay**.

Y

y [j], [i̯] (en diptongos decrecientes): fonema fricativo palatal. Equivale a la <y> del español. Se usa en margen inicial y final ([i̯]) de la sílaba.

-y 1. morf. del infinitivo: -ar, -er, -ir. *kuyay*: amar. *llalliy*: ganar. *aruy*: laborar. El infinitivo puede funcionar como verbo y nombre. *Mikuyta munaa*: Quiero comer. Quiero comida. 2. morf. de imperativo, segunda persona. *Upyay*: Bebe. *Upyallay*: Beba, por favor. *Upyayaallay*: Beban, por favor.

-y 1. morf. enfático y afectivo: muy, -ito, mío. *aksay* (*aksa-y*): muy fiero. *mamay* (*mama-y*): mamita, madre mía. 2. *-lla-y*: mucho afecto. *mamallay*: mamita mía, madrecita mía. *markallay*: pueblo mío. *urpillay*: palomita mía. 3. *-cha-lla-y*: expresión de muchísimo afecto. *urpichallay*: amada palomita mía (ref. a la amada).

-ya (Q I) morf. plural del verbo, precede al morf. pers.: En español: -mos, -steis, -n. No se usa en primera persona plural incluyente o universal (todos nosotros). *Munayaa*: queremos. *munayanki*: queréis. *munayan*: quieren.

-ya morf. v. transformativo, se pospone a adj. o sust.: convertirse en, transformarse en, hacerse. *yashqayay* (*yashqa-ya-y*): hacerse mayor, convertirse en mayor. *aukisyay*: envejecer. *hatunyay*: crecer. *runayay*: convertirse en persona, madurar.

yaatsi s.: amonestación, consejo.

yaatsikuy (*yaatsi-ku-y*) v. enfát.: amonestar, enseñar.

yaatsinakuy (*yaatsi-naku-y*) v. recíp.: amonestarse, aconsejarse.

yaatsiy v.: amonestar, aconsejar.

yachakaakuy (*yacha-ka-a-ku-y*) v. enfát.: acostumbrarse, habituarse. *Kaynau alaq markachauqa yachakaakuutsu*: Yo no me acostumbro en este pueblo tan frío.

yachakashqa (*yacha-ka-shqa*) p. p.: acostumbrado, habituado, paralizado, estático.

yachakatsiy (*yacha-ka-tsi-y*) v.: acostumbrar mal, enseñar mal.

yachakaatsiy (*yacha-ka-a-tsi-y*) v.: acostumbrarlo bien, habituarlo bien, adaptarlo bien.

yachakay (*yacha-ka-y*) v. refl.: acostumbrarse, ambientarse, habituarse. ¿*Kay markachau yachakankinaku?*: ¿Ya te acostumbras en este pueblo? *Yachakashqanam kaa*: Ya estoy acostumbrado.

yachakuq (*yacha-ku-q*) s.: alumno, estudiante, aprendiz.

yachakuy v.: aprender, estudiar, captar conocimientos, aprovechar las experiencias. *Runa kaytaqa, waktsakunawan kawarmi yachakurqaa*: Viviendo con los pobres aprendí a ser gente.

yachapa s.: imitación, remedo, eco.

yachapaakuq p. pte.: el que imita, imitador, remedador.

yachapay (*yacha-pa-y*) v.: imitar, remedar el sonido, hacer eco. *Huk alli wamraqa manam yashqakunata yachapantsu*: Un niño bueno no remeda a los mayores. *Qayakuptii qaqa yachapaaman*: La roca me hace eco cuando clamo.

yachaq (*yacha-q*) p. pte.: el que sabe, entendido, curandero, sabio. *Huk yachaqtam wanaa, manam huk musyaqtatsu*: Necesito a uno que sabe, no a uno que conoce.

yachaq tukuq s.: sabihondo, que pretende saberlo todo.

yachatsikuq (*yacha-tsi-ku-q*) p. pte.: el que enseña, docente, instructor, profesor.

yachatsikuy (*yacha-tsi-ku-y*) v. enfát.: enseñar, impartir conocimientos y experiencias, aconsejar.

yachatsinakuy (*yacha-tsi-naku-y*) v. recíp.: enseñarse, impartirse conocimientos y experiencias, aconsejarse. *Huk ayllu-*

chauqam llapantsik yachatsinakunantsik: Todos debemos enseñarnos en un ayllu.
yachatsiq (*yacha-tsi-q*) p. pte.: el que enseña, docente, instructor, profesor.
yachatsiy (*yacha-tsi-y*) v.: enseñar, impartir conocimientos y experiencias. *Qillqayta yachatsimay*: Enséñame a escribir.
yachay s.: sabiduría, conocimiento profundo, saber.
yachay v.: 1. saber, conocer con profundidad. *Chakra runaqam muruyta yachan*: El campesino sabe sembrar. 2. acostumbrarse, gustar. *Kay markata yachaami*: Me gusta este pueblo. Me acostumbro en este pueblo. 3. gustar ref. sabor. *Kay mikuyta yachaa*: Me gusta esta comida. Me sabe bien esta comida.
yachay wasi s.: lit. "casa del saber", escuela, centro educativo. *mushuq yachay wasi*: escuela nueva.
yakanqa s.: yacanga, juego del palito chino. Específicamente es una fase especial del juego parecido al "palito chino", que consiste en agacharse, abrir las piernas, coger un palo golpeador, meter el brazo de atrás hacia adelante por entre las piernas y golpear otro palito de forma de pico de ave para que salte, y cuando esté en el aire golpearlo las veces que se pueda antes de lanzarlo lejos y donde no haya contrarios; porque si lo cogen, el jugador está muerto.
yakaray (*yaka-ra-y*) v.: estar metido, estar escondido. Usado en discurso agresivo. *Tsay runa, maychauraq yakaran*: Dónde estará metido ese hombre.
yakay v.: meter, introducir. *Paymi ishkay gulta yakarqun*: Él ha metido dos goles.
yaku s.: agua, líquido. *alaq yaku*: agua fría. *quñu yaku*: agua tibia. *achaq yaku*: agua caliente. *timpushqa yaku*: agua hervida. *hanka yaku*: agua de nieve. *yaku ishpay*: orina. *yuraq yaku*: agua blanca, flor blanca, flujo blanco.
yaku adj.: aguado. *yaku hampi*: jarabe.

yakucha adj.: muy aguado, que tiene mucho líquido. También ref. tubérculos acuosos, ya por su naturaleza (yacón) o por malograrse. →**qaucha**.
yakuchaatsiy v.: aguar, hacer aguado algo (barro, masa), dejar que los tubérculos se malogren poniéndose acuosos.
yaku ishpay s.: orina.
yakuta ishpay v.: orinar, mear.
yakullmaa s.: yacullmá. Planta de la jalca, cura el mal sitio.
Yaku Mama s.: Madre Agua.
yakun s.: yacun, yacón (Polymnia sonchifolia). Planta de raíz tuberosa, jugosa y dulce. Para que esté más dulce se expone al sol. *yuraq yakun*: yacón blanco. *qarwa yakun*: yacón amarillo.
yakunay s.: sed. *Yakunayniipaq hampi kantsu*: No hay remedio para mi sed.
yakunay (*yaku-na-y*) v.: tener sed, querer agua. *Hirkata laatarpis yakunaatsu*: No tengo sed aunque suba la colina.
yakunnaq (*yaku-nnaq*) exp. adv.: sin agua, seco. *yakunnaq wiru*: caña sin jugo.
yakunsiillu s.: yaconcillo. Planta silvestre de la puna semejante al yacón; pero es más pequeño y menos dulce. También es conocido como: *purun yakun*.
yaku ñuñuuma, yaku paatu s.: pato salvaje, ánade multicolor de ríos y lagunas.
yaku pachaqnaa s.: yacu pachacná. Planta de la puna que cura el cólico estomacal e inflamación.
yaku pishqu s.: mirlo del río. Pequeño pájaro negro de cabeza blanca que come musgos de las piedras del río.
Yaku Runa s.: mit. Hombre del Río. Vive dentro de lagunas y ríos, cuando se enoja sale de su cauce y produce aluvión. Hay muchas clases de hombres: de aire (*wayra runa*), de tierra (*mitu runa*), de fuego (*nina runa*), de nieve (*rahu runa*), del bosque (*hacha runa*).
yakukuy (*yaku-ku-y*) v.: proveerse de agua.

yakuukuy (*yaku-u-ku-y*) v.: tomar agua, beber agua. *Kananqa alli yakuukushun, taqay pampachauqa manam yaku kantsu*: Ahora bebamos mucha agua porque en esa pampa no hay agua.
yakutsay (*yaku-tsa-y*) v.: verter agua, aguar.
yakuutsiy v.: 1. dar de beber, hacer beber, servir agua. *Ashnuuta pullan hunaq yakuutsillanki*: Dele agua a mi burro al mediodía. 2. dar agua de socorro al niño para que no se muera sin nombre ni bendición.
yakuyay (*yaku-ya-y*) v.: hacerse agua, aguarse.
yallku (Corongo – Ancash) s.: manto, rebozo. →**haku, lliklla, ayu**.
yallkukuy (*yallku-ku-y*) v.: ponerse el manto. *Alalanmi, yallkukuy*: Ponte el manto, hace frío.
yamay (por yeísmo) adj.: bueno, tranquilo. →**llamay**.
-yan morf. num. distributivo: *ichikllayan*: poquito a poco.
yana adj.: 1. negro, oscuro. *Qucha hanan yana pukutay*: Nube negra que está sobre la laguna. *yana hara*: maíz negro. 2. esclavo, sirviente, negro.
yanakuna (*yana-kuna*) s.: lit. "negros", esclavos, yanaconas, sirvientes.
yana muru s.: viruela, lit. "semilla negra" (ref. puntos negros que deja su huella).
yanapa s.: ayuda, auxilio.
yanapakuq (*yanapa-ku-q*) s.: ayudante, auxiliar.
yanapakuy (*yanapa-ku-y*) v. enfát.: ayudar, auxiliar, prestar servicios.
yanapanakuy (*yanapa-naku-y*) v. recíp.: ayudarse, prestarse servicios para *rantin*. *Yanapakurmi yanasakunaqa kawantsik*: Los amigos vivimos ayudándonos mutuamente.
yanapaq (*yanapa-q*): 1. p. pte.: que ayuda, auxiliar, ayudante. 2. exp.: te ayudo, te auxilio.

yanapay v.: ayudar, auxiliar.
yanaqa, yanaqi s.: acompañante, compañero.
yanaqaapakuy (*yanaqa-a-pa-ku-y*) v.: acompañar por propia decisión, hacer compañía.
yanaqaq (*yanaqa-q*) p. pte.: acompañante, compañero. →**yanaqi**.
yanaqay v.: acompañar, estar junto. *Wauqikita ayway yanaqay, paqtsachauqa imaykapis kanmanmi*: Ve y acompaña a tu hermano, que puede haber cualquier cosa en la catarata.
yanaqi s.: acompañante.
yanas (*yana-s*) adj.: negruzco.
yanasa s.: amigo, amiga. *Alli yanasakunaqam yanapanakuyan*: Los buenos amigos se ayudan recíprocamente.
yanasaakuy (*yanasa-a-ku-y*) v.: conseguir amigos, hacerse de amigos.
yanash (*yana-sh*) exp. adj.: muy negro, negrísimo.
yana siki s.: lit. "culo negro", yana siqui. Especie de papa morada oscura, deliciosa. →**chipirraura**.
yana turmanyay s.: lit. "arco iris negro". Vapor negro que emanan ciertas lagunas y pantanos. Es un inmenso árbol negro que se levanta hacia el cielo y cae donde hay grasa (*wira*: grasa, símbolo de vida). Si cae sobre la persona, le "come el corazón", la víctima muere vomitando sangre o secándose como paja. →**turmanyay**.
yanatsay (*yana-tsa-y*) v.: negrear, teñir o pintar de negro.
yanayaatsiy (*yana-ya-a-tsi-y*) v.: ennegrecer, oscurecer.
yanayay, yanayaakuy v.: ennegrecerse, oscurecerse.
yanqa adv.: despacio, con cuidado, con prudencia, muy leve. *Yanqa wiyakan*: Se oye muy leve.
yanqa ichik exp.: un poco menos.
yanqalla (*yanqa-lla*) adv. enfát.: con mucho cuidado, muy despacio, despacito,

a las justas, apenas. *Chankaa yanqalla nanan*: La pierna me duele apenas.
yanqatam ninki exp.: dices porque no sabes (por falta de experiencia o conocimiento).
yanta s.: leña. *tsaki yanta*: leña seca.
yantakatsiy (*yanta-ka-tsi-y*) v.: hacer buscar leña.
yanta kamayuq s.: leñador, provisionador de leña. →**yantakuq**
yantakuq (*yantaku-q*) p. pte.: que leña, leñador. *Yantakuqshi mayuman ishkishqa*: Dicen que el leñador se ha caído al río.
yantakutsiy v.: hacer buscar leña.
yantakuutsiy (*yanta-ku-u-tsi-y*): ayudar a leñar.
yantakuy (*yanta-ku-y*) v.: buscar leña, recoger leña. *Mayparaq yantakuq aywashaq*: A dónde iré a buscar leña.
yantay v.: hacer leña, leñar. *Kay qiruta ama yantashuntsu*: No hagamos leña esta madera.
yanu s.: sancocho, comida sancochada. *papa yanu*: papa sancochada. *uqa yanu*: oca sancochada.
yanukay (*yanu-ka-y*) v.: 1. sancocharse, hervir hasta que se cocine. *Kay papaqa manam sas yanukantsu*: Esta papa no se sancocha rápido. 2. erisipelarse, insolarse, tabardillarse.
yanukuy (*yanu-ku-y*) v. enfát.: sancochar. *Imallatapis, waktsa wasintsikchau, yanukurishun*: Sancochemos cualquier cosita en nuestra pobre casa.
yanuy v.: sancochar, hervir.
yapana s.: yapa, ñapa, añadidura.
yapa s.: yapa, ñapa, porción que regala el vendedor al comprador, adicional, complemento. *¿Yapa kanku?*: ¿Hay yapa?
yapanakuy (*yapa-naku-y*) v. recíp.: agregarse, aumentarse.
yapay s.: oportunidad, vuelta, la vez siguiente. *Yapaychauqa lukma ilaadusta rantishaq*: En otra oportunidad compraré helados de lúcuma.

yapay v.: 1. aumentar, agregar, dar algo adicional. 2. porfiar, insistir, repetir.
yapta adv.: adrede, a propósito. *Yapta ruraskirnin, upa tukunki*: Te haces el tonto después de hacer adrede.
yapya s.: trabajo de arar, terreno arado. *Yapyaaqa shumaqmi rikakakan*: Se ve bonito mi terreno arado.
yapyaq (*yapya-q*) p. pte.: arador, que ara.
yapyay v.: arar, abrir surcos con el arado. *Nikachaq unibersitariukuna yapyayta yachayantsu*: Los pretenciosos universitarios no saben arar.
¡yaq! interj. de sorpresa: ya, caramba, Dios mío.
-yaq morf. nominal: 1. limitativo: hasta. *kananyaq*: hasta hoy. *hirkayaq*: hasta la colina. 2. despreciativo: *¿Qamyaqku ashamanki?*: ¿Hasta tú me insultas? → **kama**.
-yaq morf. v. temporal: mientras. *Puñunqaayaq watqay*: Vigila mientras duermo. *Illanqaayaq apaakuy kanaq*: Había habido aluvión mientras estaba ausente.
yaqa adj : malo, fiero. *Qillayta mañaykamay, ama yaqa kaytsu*: Préstame dinero, no seas malo. *Yaqa allquta yatapaytsu*: No toques al perro fiero.
yaqaa yaqaa exp. adv.: con errores, equivocándose.
yaqakuy v.: hacerse a un lado, apartarse.
yaqapakuy v.: equivocarse en alguna obra.
yaqashqa (*yaqa-shqa*) p. p.: malogrado, corrupto, de malas costumbres. *Yaqashqa warmi karmi lluta purikun*: Anda sin rumbo porque es una mujer malograda.
yaqatsiy (*yaqa-tsi-y*) v.: malograr, corromper, desbaratar. *Wamrapa pukllananta pichi yaqatsishqa*: No sé quién ha malogrado el juguete del niño.
yaqay v.: dañarse, malograrse, hacerse malo, adquirir actitud más peligrosa, cambiar de temperamento.
yarawi s.: per. yaraví, canción y poema triste. →**harawi**.

yarawiy v.: cantar o componer yaraví.
yarkuy v.: subir el animal macho sobre la hembra para realizar el acto sexual.
yarpaatsi s.: hacer recordar a quien se ha olvidado de su deber. Los mayores hacen recordar a los adultos solterones que deben casarse.
yarpaatsinakuy (*yarpa-a-tsi-naku-y*) v. recíp.: hacerse recordar (buenas o malas experiencias).
yarpaatsiy (*yarpa-a-tsi-y*) v.: hacer recordar, refrescar la memoria de alguien.
yarpachakuy (*yarpa-chaku-y*) v.: preocuparse. *Mamantsik allaapa yarpachakun*: Nuestra madre se preocupa mucho.
yarpay s.: recuerdo, memoria, pensamiento, imaginación, opinión. *Yarpaynikipitaqa, ¿imaypita kay pasta kawan?*: Según tu opinión, ¿desde cuándo existe este mundo? *alli yarpayyuq*: de buena memoria, que piensa bien.
yarpay v.: acordarse, hacer memoria, recordar. Ref. al cerebro; mientras que *llakiy* se refiere al corazón. →**yuyay**.
yarpukuy (*yarpu-ku-y*) v. refl.: bajarse, descender. *Allaapa chaniyuq kaptin kaarrupita yarpukurqaa*: Me bajé del carro porque costaba mucho el pasaje.
yarpuy v.: bajar, descender. *Saslla yarpuy*: Baja rápido.
yarqamuy v.: salir aquí. →**yarqumuy**.
yarqukuy (*yarqu-ku-y*) v. refl.: salirse, irse, retirarse.
yarqumuy (*yarqu-mu-y*) v.: salir hacia donde está el interlocutor.
yarquy v.: salir. *¿Yarqunkinaku?*: ¿Ya sales?
yashqa adj.: adulto, maduro (ref. personas y animales). *Yashqa warmiqach musyanna ima ruranan kaqta*: La mujer adulta ya debe saber lo que debe hacer.
yashqayay (*yashqa-ya-y*) v.: madurarse, hacerse mayor.
yata adj.: manilarga, que toca lo ajeno, cleptómano. *Yata runata pipis allau ninantsu*: Nadie debe compadecerse de persona que toca lo ajeno. →**lapta**.
yatanakuy (*yata-naku-y*) v.: tocarse, palparse, manosearse.
yatapanakuy (*yata-pa-naku-y*) v. recíp.: tocarse las cosas, robarse.
yatapaanakuy (*yata-pa-a-naku-y*) v. recíp.: tocarse, manosearse, acariciarse con las manos.
yatapay (*yata-pa-y*) v.: tocar un rato, manosear, acariciar con las manos.
yatay v.: tocar, palpar. →**laptay**.
yauri s.: aguja de arriero. →**watupa**.
yaurina s.: anzuelo.
yauyay v.: disminuir, bajar el volumen, mermar. *Mayu yauyaptinraqmi tsimpashun*: Pasaremos a la otra orilla cuando el río haya mermado.
yawar s.: sangre, raza, familia, casta. *yawar mayu*: río de sangre. *yawar qucha*: laguna de sangre. *Yawar musquyqa manam allitsu*: No es bueno soñar sangre. *yawar pichu*: sangrecita, aderezo de sangre. *tsukan*: sangre coagulada para comer. *puñushqa yawar*: lit. "sangre dormida", sangre coagulada.
yawar masi adj.: consanguíneo, familiar, de la misma sangre. C de H: *yawar mahi, yawar mayi*.
yawar pura exp.: entre familiares sanguíneos, de la misma sangre.
yawar yawar exp. adv.: sangriento, horrible derramamiento de sangre.
yawarlla (*yawar-lla*) adj.: ensangretado, pura sangre.
yawarllaatsiy (*yawar-lla-a-tsi-y*) v.: hacer sangrar, causar derramamiento de sangre. →**pukallyaatsiy**.
yawarllay v.: sangrar, manar sangre. *Sin-qanta takakuskirmi yawarllarqun*: Ha sangrado después de golpearse la nariz.
Yawar Waqaq s.: Yahuar Huaca, lit. "que llora sangre". Séptimo inca de quien se dice que había llorado sangre.

yawar shuquq s., adj.: sanguijuela, chupasangre.
yawartsay (*yawar-tsa-y*) v.: embadurnar de sangre.
yawaryay (*yawar-ya-y*) v.: sangrar.
yawa s.: prueba, primera degustación.
yawatsinakuy (*yawa-tsi-naku-y*) v. recíp.: hacerse probar.
yawatsiy (*yawa-tsi-y*) v.: hacer probar.
yaway v.: probar, gustar por primera vez. *Chakrantsikpa llullu papanta yawarishun*: Probemos la papa tierna de nuestra chacra. →**llamiy**.
yaya s.: papá, padre. *Qapaqllay, yayaa kaptikim qamnan qayakamuu. Wiyamay*: Dios mío, te clamo porque eres mi padre. Escúchame
yayan (*yaya-n*) s., adj.: padrillo, macho que sirve para encastar hembras, reproductor. *yayan haka*: cuy padrillo.
yayayay (*yaya-ya-y*) v.: convertirse en padre.
yaykapuy (disimilación de *yayku-pu-y*) v.: acercarse al animal o persona sin que se dé cuenta. *Chukaru toorutaqa shumaqlla yay-kapunki*: Debes acercarte con cuidado al toro bravo.
yaykukuy (*yayku-ku-y*) v. refl., enfát.: esconderse, meterse, introducirse, entrar. C de H: *yeekukiy*.
yaykuna (*yayku-na*) s.: portada, entrada.
yaykupuy v.: acercársele. →**yaykapuy**.
yaykuq p. pte.: que entra. *yaykuq wata*: año entrante.
yaykutsiy (*yayku-tsi-y*) v.: hacer pasar, hacer entrar.
yaykuy v.: entrar, pasar adentro, penetrar. *Yaykuy, tamya qallamunnam*: Entra, ya comienza la lluvia.
yaynin: 1. adj.: abundante. *Yaynin rumichauqa rumi pirqata ruray*: En un lugar de piedra abundante haz una pared de piedra. 2. (*yayni-n*): abunda, hay mucho. *Kaychauqa rumi yaynin*: Aquí abunda la piedra (hay mucha piedra).

yayniy v.: abundar. →**ishyay**.
Yaynu s. top.: Yaynu, Yayno. Ciudad mítica que se hundió con toda su riqueza ante la presencia de ambiciosos extraños, está en la comunidad de Quitaracsa. Por razones de seguridad se evita su profanación, sólo los escogidos han logrado visitarla.
yiisu s. esp.: yeso. →**isku**.
yiisuy v.: enyesar, echar yeso en la pared.
yiiwa s. esp.: yegua, potranca.
-yka morf. v., después del tema verbal, precede al morf. pers.: acción progresiva, estar + gerundio. *Inti shapraykaamun*: El sol está saliendo.
-ykacha morf. v. de acción frecuente y sin seriedad. Opuesto a *-chaku* (acción con seriedad): -ear, acción que se repite. *¿Ima nirtan ñaupaachau puriykachanki?*: ¿Por qué pasas y repasas por mi delante? *pintiykachay*: saltar de un lado a otro, brincotear. *wiruykachay*: garrotear sólo para atemorizar. Algunas veces, la "y" del morfema no se pronuncia: *musyakachay*: chismosear, buscar información. *muskikachay*: olisquear, olfatear.
-yki morf. de segunda persona, después de vocal breve: 1. posesivo: tu, tuyo, vuestro. *markayki*: tu pueblo. *markaykikuna*: tus pueblos, vuestro(s) pueblo(s). Si la palabra termina en *-i* es *-ki* por simplificación del grupo de vocales gemelas. *mishiki*: tu gato. *warmiki*: tu esposa. Después de vocal larga, diptongo decreciente y consonante se usa el alomorfo: *-niki*.
-yki morf. v. de segunda persona en los tiempos pasados: *mikurquyki* (*miku-rqu-yki*): has comido. *mikurqayki* (*miku-rqa-yki*): comiste. En presente y futuro: el alomorfo *–nki*.
-ypa morf. adv. modal: mente, con, a. *tsinkaypa*: a escondidas, sigilosamente. *kuyaypa*: con amor.
yuka s.: yuca, mandioca. Tubérculo de

zona yunga. →**yuuka**.
yukis s.: zorzal. →**yukris, yuuku**.
yukra s.: camarón. *mayu yukra*: camarón del río.
yukray v.: camaronear, atrapar camarones.
yukris s.: 1. zorzal. Pájaro de bello y canoro canto, de plumaje marrón, de pico y patas amarillentas, con buba en el trasero, defeca mientras come. Pregonero del día, noche y presencia de enemigos. Por haber pregonado al revés el mandato divino, es el causante del mundo al revés; y tiene buba por los azotes divinos. →**chiwanku**. 2. persona que promete y no cumple, político, embaucador.
yukuy v.: realizar el acto sexual ref. macho. →**yuquy**.
yukyuk s. onomat.: 1. zorzal. →**yukris**. 2. canto del zorzal.
yulaq adj.: blanco, claro. →**yuraq**.
yuma s.: semen. →**muku**.
yumay v.: derramar el semen, eyacular.
yumpay adj.: enclenque, débil.
yumpay adv., adj. exagerativo: demasiado, definitivamente, en absoluto, totalmente, a las justas, muy, mucho, apenas. *Shantiqa, yumpay arukuntsu*: Santiago, definitivamente no trabaja. *Yumpay mikun*: Apenas come. *yumpay runa*: hombre a las justas. *Yumpay mikuntsu*: No come nada. *sas yumpay*: inmediatamente. C de H: *yumpee*. →**pasaypa**.
yunka s.: yunca, bailarín que guía a las bailarinas (pallas) en el baile anaca.
yunki s. esp.: yunque. *rumi yunki*: yunque de piedra.
yunqa s.: per. yunga, región tropical, región cálida de 500 a 2500 m. s. n. m.
yunqa adj.: cálido, caluroso. top. Yungay, Yungaypampa, Yungar.
yunqa s.: habitante de la región yunga. *Yunqakunaqash yanasata rantikuyan*: Se dice que los yungas venden al amigo.
yunta s. esp.: yunta, un par. *yunta buyis*: yunta de bueyes.
yupakuy (*yupa-ku-y*) v. enfát.: contar, contar en beneficio de uno mismo. C de H: *yupakiy*.
Yupan s. top.: Yupán. Pueblo en la provincia de Corongo (Ancash). *Yupan tanta*: pan de Yupán.
yupana (*yupa-na*) s.: lo que se cuenta, lo contable.
yupaq (*yupa-q*) p. pte.: el que cuenta (cantidad), contador.
yupay v.: contar, llevar la cuenta. *Yupayta alli yachakuy*: Aprende bien a contar.
yupay adv. modal: como, igual que. Va pospuesto al nombre referido. *Ashnu yupay puñurmi, waqaptiipis rikchankitsu*: Por dormir como burro no te despiertas aunque llore. *Runaqa manam uywa yupaytsu mira-nan*: La gente no debe aumentarse como animal.
yupay tukuy exp. v.: hacerse de rogar. *Nuqawanqa yupay tukuytsu*: Conmigo no te hagas de rogar.
-yuq morf. nominal de tenencia: 1. que tiene, que posee. *waatayuq*: que tiene animales, ganadero. *shimiyuq*: que tiene boca, que habla. 2. capaz de, -ble: *Kay nanayqa hampiyuqmi*: Este mal es curable (tiene remedio).
yuqullmaa s.: yocullmá. Planta de la puna con que se domina al más brioso y fiero animal. El zumo de sus hojas molidas con agua se vierte en el oído y nariz del animal que pronto se vuelve tonto.
yuqu s.: fornicación (ref. macho).
yuqukuy (*yuqu-ku-y*) v.: fornicar (ref. macho). →**quy**.
yuquy v.: realizar el acto sexual referente al macho.
yura s.: mata de planta, estructura física de persona, tamaño. *Chapaqa yuranman*: La raíz es según el tamaño. *Kay runaqa, yuranmantsu arun*: Este hombre no trabaja de acuerdo a su físico. *yana yura rayan* (trabalenguas): arrayán de mata

negra. top. Yuramarca (*yura marka*).
yuraq adj.: blanco, claro. *yuraq aqtsa*: cana, pelo blanco. →**yulaq**.
Yaana mishipis waranmi yuraq mishipa uqllanchau, tsaytsuraq mana waraaran taqaylla warmipa uqllanchau. Si el gato negro amanece / en la cama del gata blanca, / cómo no he de amanecer / en la cama de esa mujer (huayno).
yuraq, runtupa yuraqnin s.: clara del huevo.
yuraqay ‹ *yuraqyay* v.: blanquearse, hacerse blanco. *Allish choołuqam mana yuraqantsu, mana yanayantsu; imaypis kikin kikinllam*: El buen cholo no se blanquea ni se negrea; siempre es él mismo.
yuraq muru s.: varicela. →**muru**.
yuraq yaku s.: flor blanca, flujo blanco. Enfermedad de las mujeres. Se cura con musgo de piedra (*rumipa chapran*).
yuraq yuraq exp. adj.: muy blanco, blanquísimo.
yuraq qispi umiña exp.: diamante, cristal blanco.
yuraqsa (*yuraq-sa*) adj.: blancuzco, blanquecino.
yuraq shunqu s.: lit. "corazón blanco", pulmón.
yuraq turmanyay s.: lit. 'arco iris blanco". Vapor blanco que emanan lagunas y pantanos a ciertas horas. →**turmanyay**.
yuraqyay (*yuraq-ya-y*) v.: volverse blanco, blanquearse.
yuraqyaatsiy (*yuraq-ya-a-tsi-y*) v.: blanquear, hacer que se aclare. *Achikay, tsaynauna añaspa qaranta kuparpis, yuraqyaatsinaqtsu*: Aunque Achicay había sobado tanto el cuero del zorillo no había podido blanquearlo.
yuraushu s.: mata de papa destroncada, ramas y hojas secas de papa.
yuripakuy v.: aparecérsele. →**yuripukuy**.
yuripukuy (*yuri-pu-ku-y*) v. enfát.: 1. aparecérsele algo repentino, revelársele. 2. parir sorpresivamente.
yuripuy (*yuri-pu-y*) v.: aparecerse a alguien, manifestarse, revelarse.
yuriy v.: aparecer, nacer, brotar. *Mushuq qiwa yuriptin uywakuna kushikuyan*: Los animales se alegran cuando brota pasto nuevo. *Kay wasichaumi yurirqaa*: Yo nací en esta casa.
yusilupaaki ‹ Dios se lo pague. exp. esp. de gratitud.
yutu s.: perdiz. →**tsakwa, piiwash**.
yuugu s. esp.: yugo. *ankash yuugu*: yugo liviano.
yuuka s.: yuca, mandioca (Manihot esculenta). Tubérculo de zona yunga. *yuuka umita*: humita de yuca. *yuuka api*: mazamorra de yuca.
yuuka iusha s.: yuca iusha. Papa alargada, un poco áspera y de mucho almidón. De sabor exquisito. Buena para mazamorra.
yuuka yuuka s.: yuca iusha.
yuuyu s.: verdura. *chiina yuuyu*: col china. *qucha yuuyu*: lit. "verdura del mar", alga marina. →**kushuru**.
yuuyukuy (*yuuyu-ku-y*) v.: recoger verdura o alga.
yuyay (Q II) s.: pensamiento, memoria. →**yarpay**.
yuyay (Q II) v.: pensar, recordar, reflexionar. →**yuyay**.

Contenido

PRÓLOGO	5
INTRODUCCIÓN	9
I. ADVERTENCIAS PARA EL USO DEL DICCIONARIO	9
II. ALGUNAS PARTICULARIDADES DEL QUECHUA DE ANCASH	9
1. Vocales breves y largas	9
1.1. Valor fonológico de la cantidad vocálica	10
1.2. Realización fonética	10
1.3. Valor morfemático (marca de la primera persona)	11
2. Consonantes	11
2.1. /ts/	11
2.2. /ʃ/ (<sh>)	11
III. ALFABETO USADO EN ESTE DICCIONARIO	12
IV. PRÉSTAMOS DEL ESPAÑOL	13
V. MORFEMAS GRAMATICALES	14
VI. ABREVIATURAS	21
DICCIONARIO	23
A	25
B	44
CH	46
D	60
E	62
G	63
H	65
I	80
K	88
L	109
LL	113
M	120
N	138
Ñ	143
O	146
P	147
Q	172
R	192
S	204
SH	214
T	228
TS	246
U	253
W	264
Y	284